MARADONA

GUILLEM BALAGUÉ

MARADONA

»FUSSBALL IST MEIN GLÜCK«

DIE BIOGRAFIE

Aus dem Englischen von Ronit Jariv und Sonja Kerkhoffs

Inhalt

Prolog ... 7

Teil I   El Pelusa

Kapitel 1   Der Vater – Don Diego ... 25
Kapitel 2   Die Mutter – Doña Tota ... 35
Kapitel 3   Goyo Carrizo, ein Freund,
             der heute noch in Villa Fiorito lebt ... 45
Kapitel 4   Francis Cornejo und die Cebollitas ... 53
Kapitel 5   Debüt in der ersten Liga ... 61

Teil II   Diego

Kapitel 6   Stärkster Spieler bei Argentinos Juniors ... 75
Kapitel 7   Treffen mit Pelé ... 83
Kapitel 8   Die Junioren-Weltmeisterschaft 1979 ... 93
Kapitel 9   Jorge Cyterszpiler ... 103
Kapitel 10   Wechsel zu Boca Juniors ... 113

Teil III   Maradona

Kapitel 11   Die Zeit bei Boca Juniors ... 127
Kapitel 12   Die WM in Spanien 1982 ... 133
Kapitel 13   FC Barcelona:
             Die Mannschaftskameraden und die Medien ... 145
Kapitel 14   Seine Freunde in Barcelona – der »Clan« ... 157
Kapitel 15   Claudia Villafañe ... 167
Kapitel 16   César Luis Menotti und Andoni Goikoetxea ... 175
Kapitel 17   Adiós Barcelona, ciao Napoli! ... 191
Kapitel 18   Corrado Ferlaino und das Stadio San Paolo ... 203

Kapitel 19	Von Cyterszpiler zu Cóppola	215
Kapitel 20	Guillermo Cóppola	227
Kapitel 21	Carlos Salvador Bilardo	233
Kapitel 22	Die WM 86 in Mexiko – Aberglaube und Rituale	243
Kapitel 23	England – Argentinien: Erste Halbzeit	257
Kapitel 24	England – Argentinien: Zweite Halbzeit	265
Kapitel 25	England – Argentinien: Nachspiel	281
Kapitel 26	Das Halbfinale gegen Belgien und das Finale gegen die BRD	291

Teil IV Diego Armando Maradona

Kapitel 27	Cristiana Sinagra und der erste Scudetto	305
Kapitel 28	Maradona und Neapel	319
Kapitel 29	Vom zweiten Scudetto zur WM 1990	333
Kapitel 30	WM 1990 in Italien	349
Kapitel 31	Das Ende bei Napoli	361
Kapitel 32	FC Sevilla	371
Kapitel 33	Newell's Old Boys und der Weg zur WM 1994 in den USA	383
Kapitel 34	Der Dopingfall der WM 1994	391
Kapitel 35	Auf dem Weg nach unten: Ein Wiedersehen mit den Boca Juniors	399
Kapitel 36	Auf dem Weg zur Gottwerdung	409

Epilog	427
Dramatis Personae	435
Danksagung	441

Prolog

Francis Cornejo, Trainer der *Cebollitas* (Zwiebelchen), der Nachwuchsmannschaft der Argentinos Juniors, fuhr mit nach Villa Fiorito, um sich das Alter des Jungen bestätigen zu lassen. Goyo Carrizo hatte einen Freund zu einem Testspiel in den Parque Saavedra mitgebracht. Als der Trainer Diego Maradona spielen sah, dachte er: Er ist so klein, er kann unmöglich schon acht sein.

Fiorito ist ein Elendsviertel am Stadtrand von Buenos Aires, das im Zusammenhang mit Schlägereien, Schießereien und Mordfällen regelmäßig in Polizeiberichten auftauchte. Mehrere seiner Schützlinge lebten dort.

In José Trottas orangerotem Pick-up, einem argentinischen Rastrojero, lieferten sie zunächst ein paar Jungs zu Hause ab und fuhren dann weiter nach Fiorito. Trotta wusste ungefähr, wie er dorthin gelangte, die Straße, in der Diego wohnte, kannte er indes nicht. Diego – *El Pelusa* – musste ihm den Weg zeigen.

Sie überquerten Bahnschienen, kamen an mehreren Brunnen vorbei und fuhren schließlich auf hauptsächlich von Pferdekarren genutzten Sandpisten entlang eines Abwasserrinnsals, das unter verrottenden Müllbergen kaum zu erkennen war. »Da ist es«, sagte Diego endlich. Cornejo stieg aus, ging über die Straße und klopfte an die Tür. Diegos Mutter, Doña Tota, öffnete, eine ihrer Töchter stand hinter ihr. Die beiden schauten Cornejo fragend an. »Wir stellen ein neues Team bei den Argentinos Juniors zusammen«, erklärte er, »und brauchen eine Bestätigung des Alters Ihres Sohnes …« Inzwischen hatten sich ein paar andere Jungs um Cornejo geschart.

»Treten Sie ein«, entgegnete Doña Tota freundlich. Dann suchte sie die vom Evita-Hospital ausgestellte Geburtsurkunde Diegos. Sie besagte, dass er am 30. Oktober 1960 zur Welt gekommen war. Der Junge war also tatsächlich schon acht Jahre alt.

Francis hatte einen Rohdiamanten entdeckt, den er zum Glänzen bringen konnte. Und Diego glänzte nicht nur, er strahlte förmlich.

Mit seiner Hilfe blieben die Cebollitas ab März 1969 für 136 Spiele in Folge ungeschlagen.

In seinem Buch *Cebollita Maradona* – in dem er die Geschichte seiner Beziehung zu dem Jungen mit dem dichten Haarschopf, dem runden Gesicht und den schnellen Beinen erzählt, dem »Zwiebelchen«, das kleiner war als alle anderen – erinnert sich Cornejo an viele besondere Momente. »Er bekam den Ball rechts vom Sechzehner auf den linken Fuß, lupfte ihn kurz an und drang – den Zuschauern blieb die Spucke weg – mit dem Ball am Kopf in einem irrwitzigen Tempo in den Strafraum ein. In Höhe des Tores stoppte er, ließ den Ball auf den linken Fuß tropfen und donnerte ihn nach kurzer Drehung gegen den rechten Pfosten. Der Torwart klebte regungslos, wie hypnotisiert, auf der Linie. Der Ball prallte vom Pfosten zurück aufs Feld, Polvorita Delgado reagierte als Erster und drosch ihn in die Maschen. Es war der Wahnsinn!« Das ganze Stadion jubelte, auch die Fans der gegnerischen Mannschaft.

Eines Tages, während eines Trainings im Parque Saavedra, schenkte ein alter Mann, der sein *bocce*-Spiel unterbrochen hatte, um beim Training zuzusehen, Diego ein Fahrrad. »Aber nein, vielen Dank, Señor, das kann ich nicht annehmen«, sagte Diego. »Nimm es, mein Sohn, es ist deins. Ich möchte, dass es dir gehört. Du bist ein wahrer Teufelsdribbler. Denk an mich, wenn du in der Nationalmannschaft spielst.« Und da der Trainer zustimmend nickte, nahm Diego das Geschenk an. Noch Jahre später, als er international bekannt war, erinnerte er sich an den Mann mit dem Fahrrad. Mit 15 gab das Zwiebelchen sein Debüt in der ersten Mannschaft der Argentinos Juniors und wurde im Handumdrehen der Liebling der Fans. Derweil half der Verein der Familie aus dem Slum von Fiorito heraus und mietete eine Wohnung in Villa del Parque, ganz in der Nähe des Trainingsgeländes, für sie an, in der Hausnummer 2750. In Nummer 2046 lebte ein Mädchen namens Claudia. Sie trug eine gelbe Hose, und Diego verliebte sich schlagartig in sie. Claudia wusste nicht, wer er war. Maradona erzählte die Geschichte später allerdings etwas anders.

Don Diego und Doña Tota verdienten nicht genug Geld für die Miete, immer wieder drohte die Zwangsräumung. Wieder kam der Verein zu Hilfe und finanzierte Diego sein erstes Haus, da war er 18. Es handelte sich um ein schlichtes zweigeschossiges Gebäude mit Innenhof in La Paternal, einem Wohnviertel drei Blocks entfernt vom Argentinos-Stadion. Maradona wohnte dort mit seinen Eltern und Geschwistern, Schwager und Schwägerinnen. Er verfügte über ein eigenes Zimmer, die Toilette befand sich allerdings ein Stockwerk höher auf der nächsten Etage, auf derselben Ebene wie die Dachterrasse.

Mit 19, lange bevor er zu dem »schmutzigen Gott und Sünder« wurde, als den der Journalist Eduardo Galeano ihn drei Jahrzehnte später bezeichnete, gewann Maradona mit der argentinischen U20-Nationalmannschaft die Weltmeisterschaft in Japan. Der Rastrojero-Pick-up war inzwischen Geschichte. Maradona war jetzt ein Autofreak, der seine Fahrzeuge als Visitenkarte betrachtete. (Als seine Fans *El Pelusa* für die Freude danken wollten, die er ihnen bereitete, sammelten sie Geld, um ihm, was sonst, ein Auto zu schenken, einen roten Mercedes 500 SLC mit stolzen 237 PS.)

Nach und nach konnte Diego von seinem Gehalt etwas zur Seite legen. Zu Weihnachten beschenkte er sich mit einem Fiat Europa 128 CLS, einem Wagen wie eine Kinderzeichnung: quadratisch, praktisch, gut. Heute befindet sich das Fahrzeug im Besitz eines Sammlers aus der Nähe von Buenos Aires, der alle Angebote italienischer Museen, die das gute Stück ausstellen wollen, ausschlägt.

Da ein echter Star, der Maradona schon mit 20 war, nicht allen Ernstes in einem Fiat 128 durch die Gegend gurken kann, legte er sich bald seinen ersten Sportwagen zu, einen dunkelgrauen Porsche 924 mit braunen Ledersitzen, direkt aus Deutschland importiert. Von diesem Schmuckstück trennte er sich, als er die Boca Juniors verließ, um nach Barcelona zu gehen. 30 Jahre später, als er als Chef der argentinischen Nationalmannschaft bei der WM in Südafrika antrat, wurde der Wagen für eine halbe Million Dollar angeboten. Zwei Jahre darauf war der Preis dann wieder drastisch gefallen – ebenso wie der Marktwert des Trainers: der Maradona-Porsche kostete jetzt nur mehr 77 500 Dollar.

Beim FC Barcelona wurde Maradona vertraglich unter anderem ein roter VW Golf zur Verfügung gestellt. In diesem Wagen fuhr der Fußballstar an einem Nachmittag im Jahr 1983 zum Training am Camp Nou. Der Eingang zum Trainingsbereich war allerdings verschlossen. »Sieh an, Diego! Da heißt es doch, nur der frühe Vogel fängt den Wurm, und jetzt kommst du zum ersten Mal früh, und es ist abgesperrt.« Der junge Fitnesstrainer Fernando Signorini fragte sich, ob er mit dem süffisanten Kommentar nicht vielleicht ins Fettnäpfchen getreten war. Das etwas gequälte Lächeln, mit dem Diego die Bemerkung quittierte, ließ jedenfalls Raum für Zweifel.

Maradona kannte Signorini, da er einer der wenigen war, die bei den Trainingseinheiten von Cheftrainer César Luis Menotti dabei sein durften. »Sie sind also der Trainer? Na gut, wir spielen morgen, danach mache ich Urlaub in Argentinien, aber wenn wir zum Vorsaisontraining wieder in Andorra sind, müssen wir uns unterhalten. Mein Agent Jorge Cyterszpiler und ich überlegen, eine Fußballschule in Barcelona zu eröffnen.« Später bat Diego *El Profe* (dt. Professor), sein Privattrainer zu werden, etwas, das es im Bereich des Mannschaftssports bis dahin noch nicht gegeben hatte. Mit einigen Unterbrechungen arbeiteten die beiden fast zehn Jahre lang zusammen.

Den ersten Tiefpunkt durchlebte Maradona nach dem Sieg Argentiniens bei der WM in Mexiko 1986. Nachdem er endlich den Ruhm errungen hatte, von dem er als Kind immer geträumt hatte, rutschte er in eine Depression ab. Sein Leben in Neapels Nobelviertel Posillipo als millionenschwerer Gefangener des eigenen Ruhms lastete schwer auf ihm. Just in dem Augenblick traf er jemanden, der ihm ein magisches Pulver anbot, und Diego, der längst zum Helden aufgestiegen und ein Mythos geworden war, zögerte nicht zuzugreifen. Als seine depressiven Schübe daraufhin nachließen, schwoll seine Brust wieder so an, wie sie es immer beim Klang der argentinischen Nationalhymne getan hatte, und Diego fühlte sich zu allem bereit.

Nachdem er 1987 mit dem SSC Neapel den ersten von zwei italienischen Meisterschaftstiteln geholt hatte und in den Rang eines

Heiligen erhoben worden war, entschied Maradona, dass es an der Zeit sei, sich einen Ferrari zuzulegen. Seinem damaligen Agenten Guillermo Cóppola erklärte er, dass er sich statt eines markentypischen Rosso Corsa einen schwarzen Testarossa wünsche. Cóppola kümmerte sich um Diegos Geschäfte, seitdem dieser nach Italien gekommen war. Außerdem stand er – selbst dem weißen Pulver zugeneigt – seinem Klienten zur Seite, als dieser durch die Kokainhölle ging. Die beiden Männer verband eine große Zuneigung. Guillermo tat alles für seinen Freund, wie er erzählt. Schließlich war er da, der schwarze Testarossa: »Wir stiegen beide ein, und Diego sah sich suchend um. Ich fragte ihn, ob es ein Problem gebe. ›Wo ist die Stereoanlage?‹, wollte er wissen. ›Was für eine Stereoanlage denn?‹, entgegnete ich. ›Der Wagen hat keine.‹ – ›Ja, das ist ein Rennwagen, der hat weder Stereo- noch Klimaanlage.‹ – ›Na, wenn das so ist‹, sagte Diego, ›dann schieb ihn dir in den Arsch.‹«

Letzten Endes behielt Maradona den schwarzen Ferrari dann doch. Er flüchtete darin vor den Vespas, die ihn auf dem Weg von seinem Haus zum Trainingsgelände verfolgten. Nach dem Training blieb er normalerweise noch, um Autogramme zu geben, vorausgesetzt, niemand kreischte oder versuchte seine Haare oder seine Schulter zu berühren.

Diego, der Junge aus Fiorito, der sich die Nase an der gläsernen Wand plattgedrückt hatte, die seine Welt von der restlichen trennte, und stets von einem anderen Leben geträumt hatte, verliebte sich in den erwachsenen Maradona, weil der all das besaß, was er einst haben wollte: Autos, Frauen, Schmuck. Und ständige Bewunderung.

Wie schon in Barcelona gingen in Maradonas Haus in Neapel rund um die Uhr Gäste ein und aus. Diejenigen, die ins Innere der hermetisch abgeriegelten Maradona-Welt vordringen konnten, profitierten uneingeschränkt von Diegos Großzügigkeit. Immer stand irgendwo etwas zu essen bereit. Auch Journalisten zählten zu Maradonas Freunden. Einer davon war der Ghostwriter seiner beiden Autobiographien, Daniel Arcucci. Er traf Maradona zum ersten Mal an Heiligabend und durfte auch den ersten Weihnachtstag mit ihm verbringen. Ihre Freundschaft hielt ein Leben lang.

Einige Jahre später, Ende Mai 1990 – Neapel stand kurz davor, sich zum zweiten Mal den Meistertitel zu sichern –, erhielt Arcucci von der *El Gráfico* den Auftrag, die Vorbereitungen zum Spiel gegen den Titelkonkurrenten Lazio Rom zu begleiten. In Neapel angekommen, beschloss er, einen Spaziergang durch Forcella zu machen, einen vom Giuliano-Clan kontrollierten Bezirk. Dem Journalisten und seinem Fotografen, Gerardo »Zoilo« Horovitz, war Fitnesstrainer Signorini als Stadtführer zur Seite gestellt worden. Sobald sie in Forcella waren, wurden sie von einer Gruppe bedrohlich wirkender Typen umringt. »Ich werde mit ihnen sprechen«, sagte der Fitnesstrainer.

»Alles in Ordnung«, meinte er, als er zurückkam. Er hatte den Männern erklärt, dass sie Freunde von Diego waren. »Aber wir müssen uns auf einen Drink mit jemandem treffen.« Von der belebten Straße bogen sie in eine schmale Gasse ein, verfolgt von zwei dubiosen Gestalten, einem etwas kleineren und einem recht finster wirkenden größeren Kerl. Die Geräusche der Großstadt wurden leiser und die Stimmen, die von den Hauswänden widerhallten, lauter. Schließlich kamen sie zu einem Café, und als sie eintraten, waren sie gleichermaßen fasziniert und verängstigt. Schlagartig erhoben sich die anwesenden Gäste und verschwanden. Das Geräusch von Stuhlbeinen, die über den Boden schleifen, wich plötzlicher Stille. Am anderen Ende des Ladens entdeckten sie einen Mann. Arcucci erkannte ihn sofort, es war Carmine Giuliano.

»*Vuoi caffè?*«

»Ja, gerne. Vielen Dank.«

»Brauchen Sie irgendetwas?«, fragte Carmine. Wie die *El Gráfico* verfügte auch der argentinische TV-Sender Telefe nicht über einen eigenen Korrespondenten in Italien, daher hatten sie Arcucci gebeten, ihnen ein paar Filmbeiträge aus Neapel zu schicken. Equipment hatten sie ihm zu diesem Zweck allerdings nicht zur Verfügung gestellt.

»Na, wenn Sie schon fragen, eine Kamera wäre nicht schlecht«, entgegnete der Journalist scherzhaft.

Carmine schnippte mit den Fingern: »Eine Kamera für den Herrn.«

Am selben Abend war Arcucci mit Maradona in dessen Haus zum Abendessen verabredet. Das Personal hatte frei, und Doña Tota bereitete ein Pastagericht zu. Arcucci und Maradona saßen im Wohnzimmer, sahen fern und diskutierten über Neapels Chancen auf den Meistertitel beim Spiel am kommenden Tag. Don Diego saß ein wenig abseits, und Maradonas Lebensgefährtin Claudia warf in unregelmäßigen Abständen einen Blick zu ihnen herein. Kurz vor Mitternacht läutete es an der Tür. Diego bat Claudia nachzusehen, wer geklingelt hatte, und als sie zurückkam, flüsterte sie ihm etwas ins Ohr.

Maradona, der die ganze Zeit über Flip-Flops getragen hatte, zog sich ein ordentliches Paar Schuhe an und sagte. »Komm mit, Dani, jetzt zeige ich dir das echte Neapel.« Der Journalist folgte Doña Tota, Claudia und Diego in die Tiefgarage. Dort standen zwei Ferrari, die Gruppe nahm jedoch einen VW Bus, eines der klassischen Modelle aus den 60er Jahren, das bei den Hippies so beliebt gewesen war. Diego saß wie immer am Steuer. Am Ende der Auffahrt bot sich ihnen ein wundervoller Blick auf die Bucht von Neapel – und auf einen roten Lancia-Sportwagen. Heraus stieg Carmine Giuliano in einem maßgeschneiderten Anzug. Er kam herüber zu Maradona und drückte ihm einen Kuss auf beide Wangen. Dann ging er zu seinem Lancia zurück, und die beiden Wagen machten sich auf in Richtung Stadt.

Der Lancia fuhr vorweg, der VW Bus folgte. Als sie ans Meer kamen, sahen sie sich plötzlich von einem Schwarm Vespas umringt. Darauf lauter junge Männer, die stundenlang darauf gewartet hatten, dass etwas passiert. »Maradona, Maradona«, riefen sie, als sie ihrem Idol durch die ausgestorbenen Straßen der Stadt hinterherfuhren. »Was für ein Leben«, seufzte Doña Tota. »Mit meinem Sohn kann man nirgendwohin fahren.«

Dalma Salvadora Franco, genannt Tota, hatte acht Kinder zur Welt gebracht und war eine Mutter, wie sie im Buche steht. Vor allem aber war sie Diegos Beschützerin, sie wurde von ihrem Sohn auf Händen getragen und mit Zuneigung überhäuft; in Maradonas extrem öffentlichem, gut dokumentiertem Leben nahm sie eine

Schlüsselrolle ein. Diegos Vater, Don Diego – oder *Chitoro*, wie seine Freunde ihn nannten –, war 1927 in Esquina in der Provinz Corrientes im Nordosten Argentiniens zur Welt gekommen, zumindest wurde das so erzählt. Als junger Mann hatte er auf einem Schiff gearbeitet, mit dem Vieh von Dorf zu Dorf transportiert wurde. Nachdem er mit der Familie nach Buenos Aires gezogen war, hatte er eine Stelle in einer Chemiefabrik angenommen, die allerdings so schlecht bezahlt war, dass er die Familie kaum über die Runden bringen konnte. Irgendwann bat Diego ihn, zu kündigen und zu ihm zu ziehen. Seine Barbecues und seine Schweigsamkeit waren legendär. Don Diego, der vermutlich indigene Vorfahren hatte, blieb am liebsten im Hintergrund.

Auf dem Höhepunkt seiner Profikarriere heiratete Diego seine langjährige Lebenspartnerin Claudia Villafañe. Zu diesem Zeitpunkt hatte das Paar bereits zwei Töchter: Dalma, zwei Jahre alt, und Gianinna, sechs Monate. Im Estadio Luna Park in Buenos Aires wurde ein rauschendes Fest gefeiert. Zu den geladenen Gästen zählten unter anderem Fidel Castro, der argentinische Präsident Carlos Menem, Silvio Berlusconi und Fiat-Chef Gianni Agnelli. Nicht alle konnten oder wollten kommen, dafür gaben sich etliche andere Politiker, Sänger, Schauspieler, Models und andere berühmte Persönlichkeiten die Ehre. Darunter auch das gesamte Team des SSC Neapel. Die achtstöckige Hochzeitstorte war mit 100 Bändern verziert, an denen die Gastgeschenke befestigt waren: 99 Ringe aus reinem Gold und ein mit einem Diamanten verziertes Exemplar. Bevor das Fest steigen konnte, mussten die Gäste allerdings warten, denn Maradona kam wie üblich zu spät. Er hatte noch etwas zu erledigen.

Diegos Freund Néstor holte ihn, seine Braut und Guillermo Cóppola in einem eleganten grünen Rolls-Royce Phantom vom Sheraton-Hotel ab. Claudias Schleppe nahm fast die gesamte Rückbank ein. Vor dieser Wolke aus weißem Stoff hob sich Maradonas Gesicht deutlich ab. Auf dem Weg zum Luna Park bat Diego Néstor plötzlich, nach rechts in die Avenida Córdoba abzubiegen. »Warum?«, fragte Néstor, während das Walkie-Talkie, über das er mit den

Organisatoren am Luna Park kommunizierte, langsam die Funkverbindung verlor. »Das ist der falsche Weg.«

»Bieg hier ein, in die Sanabria. Dann drei Blocks weiter links in die Castañares. Da, die große Tür, Hausnummer 344, halt da an.« Zwanzig Minuten hatte es gedauert, bis Maradona sie dorthin manövriert hatte.

»Was machen wir denn hier? Wir kommen zu spät«, murrte Cóppola.

»Klopf an die Tür, Guille. Frag nach Don José.«

Eine etwa 70 Jahre alte Frau öffnete. »Madame, könnten Sie Don José ausrichten, dass Maradona hier ist?«

Zwölf Jahre zuvor war ein damals noch junger Diego zusammen mit seinem Agenten Jorge Cyterszpiler zur Puma-Zentrale nach Deutschland gereist, um seinen ersten Werbevertrag zu unterschreiben. Puma hatte ihnen für den Flug drei Erste-Klasse-Tickets zur Verfügung gestellt, und Diego hatte Claudia gebeten, ihn zu begleiten. Daraufhin hatte Don José, ein Eisenwarenhändler aus der Nachbarschaft, sinngemäß gewettert: »Die Villafañes sollten ihre Tochter nicht diesem Fußballer anvertrauen. Für wen hält sich dieser Kerl?«

Don José trug Hausschuhe und einen hellblauen Schlafanzug, als er in der Tür erschien. Als er Maradona erkannte, trat er überrascht einen Schritt zurück. »*Buenas noches*«, sagte er.

»*Hola*. Ich habe heute die Frau dabei, die ich Ihrer Meinung nach nicht mit nach Deutschland nehmen sollte, als ich 16 war. Wir sind inzwischen verheiratet und haben zwei Kinder, Don José. Schauen Sie sich die Feier im Fernsehen an. – Jetzt können wir fahren, Guille.«

Die ausklingenden 80er Jahre waren keine ruhige Zeit. Maradona glaubte, dass alle Menschen mit einem Mindesthaltbarkeitsdatum geboren werden und jeden Augenblick ihres Lebens genießen sollten, weil sie es nicht lebend verlassen werden. Hedonismus sollte allerdings Grenzen kennen. Aber Diego machte keine halben Sachen, er verkörperte Ausschweifung und Überfluss geradezu, sprach von sich selbst oft in der dritten Person – ein messianisches Wesen, das keine Grenzen kannte. Wir alle wurden Zeugen seiner Verfehlungen durch all die Kameras, die sein Leben begleiteten. Wir sahen, wie er Frauen und Männer küsste, wie er betrunken war oder high. Wie er mit seinen Töchtern flachste, herumalberte, verfolgt wurde, umzingelt wurde, ihm die Luft wegblieb, auch wie er pfiffig, clever, verloren oder frech war.

Einmal, als sie in London waren, schlug sein ewiger Schatten Cóppola vor, einen nahegelegenen Range-Rover-Händler zu besuchen, weil sich Maradona für ein Modell dieses Herstellers interessierte. Just als sie das Park Lane Hotel, in dem sie wohnten, verließen, fuhr so ein Wagen vor. »Zwei Männer stiegen aus«, erzählte Cóppola in der argentinischen TV-Sendung *Pura Química*. »›Maradona, Maradona! Können wir ein Foto von dir machen? Können wir ein Autogramm bekommen?‹ – ›Klar doch, fragt an der Rezeption nach Stift und Papier.‹« Und während die beiden auf die Rezeption zusteuerten, warfen sich Maradona und Cóppola schelmische Blicke zu. »Sollen wir …?«, fragte Diego grinsend.

»Wir sprangen in den Rover und fuhren los zu irgendeiner Sportsbar in der Nähe. Den Wagen stellten wir irgendwo ab«, erinnerte sich Cóppola. Etwa zwei Stunden blieben sie mit dem geliehenen Wagen weg. »Als wir zurückkamen, saßen die beiden Männer, die mit dem Auto gekommen waren, auf den Stufen vor dem Hotel, genau da, wo wir sie zurückgelassen hatten. Sie umarmten uns, schossen Fotos, schenkten uns ein paar Schuhe, Hemden und Pullover, die sie im Kofferraum dabeihatten, und holten uns am nächsten Tag ab, um uns zum Flughafen zu fahren.«

Als Maradona 1995 zu den Boca Juniors zurückkehrte, immer noch auf der Suche nach dem ultimativen Wagen, kaufte er sich zwei schnittige Ferrari F355 Spider, diesmal in Rot. Diego verfügte inzwischen über eine stattliche Autosammlung und fuhr jeden Tag einen anderen Wagen. Montags sah man ihn in einem Porsche. Dienstags beantwortete er Journalistenfragen durch das Fahrerfenster eines großen Mitsubishi-Pick-up. Und mittwochs fuhr er zum Training in einem echten Truck, einer blauen Scania-360-Sattelzugmaschine.

Seine Profikarriere beendete Maradona schließlich in La Bombonera. Der Abend des Abschieds, an dem er Diego, dem Fußballer,

Lebewohl sagte, kam 2001, etliche Jahre nachdem er zum letzten Mal offiziell auf dem Platz gestanden hatte. »Der Ball bleibt unbefleckt«, erklärte er den Menschen im ausverkauften Stadion, unter denen sich auch viele seiner früheren Mannschaftskameraden befanden.

Aber Maradona ging nicht wirklich.

Er stellte sich einer neuen Herausforderung: Maradona zu bleiben und – wie Arcucci es einmal ausdrückte – weiterhin gegen England zu punkten. Seine narzisstische, manisch-depressive Persönlichkeit, im psychiatrischen Fachjargon auch bipolar genannt, beherrschte all seine Entscheidungen. Nach seinem Rücktritt wollte er dem Körper, in dem er lebte, kein gutes Leben gönnen. Stattdessen zog er es vor, der Mensch zu sein, den jeder in ihm sehen wollte. Auf Depressionen folgten Nahtoderfahrungen, Wiederauferstehungen und der erneute Sturz ins Bodenlose. Verstärkt und beschleunigt wurde diese Entwicklung durch den Tod seiner Eltern in den 2010er Jahren. Von da an begann der Boden unter seinen Füßen zu wackeln.

Sobald Maradona Stimulanzien in die Finger bekam, wurde seine Unfähigkeit, Nein zu sagen, zu einer Gefahr für sich selbst und sein Umfeld. Er manövrierte sich immer tiefer in eine Sackgasse hinein. Ein Drogensüchtiger auf Entzug ist extrem verletzlich und läuft leicht Gefahr, rückfällig zu werden. Der starke Drang, seine eigenen Regeln aufzustellen und diese auch selbst wieder zu brechen, ist laut Psychologen ein typisches Verhalten Süchtiger. Das erklärt die vielen Vorfälle, zu denen es kam, wenn Diego irgendwo eingeladen worden war und schließlich gebeten oder gar gezwungen werden musste zu gehen, was oft verbale oder auch körperliche Attacken des Herausgeworfenen nach sich zog.

Diegos argentinischer Teamkollege Jorge Valdano sagte einmal: »Viele glauben, Maradonas Problem seien seine Freunde, ich hingegen denke, dass das Problem seiner Freunde Maradona selbst ist.« Seine Freunde zollten ihm entweder gebührenden Respekt oder distanzierten sich von ihm. Zu Letzteren zählen zahlreiche Ex-Partner und ehemalige Lebensgefährten, die immer nur sein Bestes wollten, letztendlich jedoch vor die Tür gesetzt wurden. Maradona bekämpfte jeden, selbst diejenigen, die ihm am nächsten standen: Cyterszpiler, seine Frau Claudia, Cóppola. Und das in aller Öffentlichkeit. Die gerichtlichen Auseinandersetzungen waren endlos. Einige Forderungen sind noch heute offen.

Mit Maradonas Gesundheit ging es in den letzten zehn Jahren seines Lebens zunehmend bergab, den größten Schmerz bereitete es ihm allerdings, »sich nicht mehr wie Maradona zu fühlen«, so Arcucci. Und wenn man auf seine Zeit als Trainer bei Sinaola in Mexiko oder bei Gimnasia y Esgrima in Argentinien zurückblickt, wird schnell klar, dass es niemandem gelang, ihn davon zu überzeugen, dass es unnötig war, weiterhin der alte Maradona sein zu wollen. Diego war ein Leben lang auf der Suche nach Frieden gewesen, aber sobald er etwas fand, das dem nahekam, nahm er Reißaus.

Diego missbrauchte seinen Körper. Er entsagte dem Kokain und anderen Substanzen, die ihn glauben ließen, dass er über allem stand. Seine Sucht bezwang er aber nie. Er war süchtig nach Alkohol, nach Tabletten, nach Schmeicheleien, nach der Zerstörung seines eigenen Lebens.

Seine letzten Tage verbrachte er in dem schwach beleuchteten Haus, das er während der letzten dramatischen Verschlechterung seines Gesundheitszustands angemietet hatte. Sein Bett, das man in der Küche aufgestellt hatte, damit er keine Treppen gehen musste, wurde zu seiner Totenbahre.

Der Tod war die einzige Grenze, die Maradona nicht überschreiten konnte. Er starb kurz nach seinem 60. Geburtstag an einem akuten sekundären Lungenödem infolge einer schweren chronischen Herzinsuffizienz. Genauso gut hätte es auch vieles anderes sein können.

Diego lebte nur 19 Jahre ohne den Ball.

Sein Leichnam wurde mit einem Chevrolet-Pick-up der Polizei von Buenos Aires zur Autopsie ins Krankenhaus gebracht. Später wurde er in einem Krankenwagen, einem weißen Fiat Doblò, zur Casa Rosada transportiert, dem argentinischen Präsidentenpalast, wo eine gigantische Totenwache abgehalten wurde. Eine endlose Menschenschlange defilierte an Maradonas Sarg vorbei, Zigtausende Argentinier, von denen einige Hunderte von Kilometern weit angereist waren, um ihm zu huldigen. Sie nahmen nicht Abschied von

Maradona, sie inthronisierten ihn. Claudia und die zuständigen Behörden beschlossen zu früh, die Tore zu schließen. Die Menge, die davon abgehalten worden war, ihrem Volkshelden zu huldigen, begann zu randalieren. Es kam zu gewalttätigen Übergriffen und Festnahmen.

Ein dunkelgrauer Peugeot-Leichenwagen überführte Maradonas sterbliche Überreste zum Jardín Bella Vista, dem Friedhof, wo er von denen, die ihm von Anfang an zur Seite gestanden hatten, und den wenigen, die zum Schluss noch übrig waren – Claudia, Dalma, Giannina, Cóppola –, neben seinen Eltern zur Ruhe gebettet wurde.

Endlich hatte er seinen Frieden gefunden.

Hätten wir ihn nur warnen können, vor dem, was ihm bevorstand, damals, als er für seine ersten Fotos posierte, schüchtern und clean mit einem Ball in der Hand. Hätten wir seinem Leben nur einen Schubs in eine andere Richtung geben können.

Wie lässt sich Diego Armando Maradona, der Fußballer, erklären? Die zwei Tore gegen England in Mexiko 1986 könnten ausreichen. Ein ganzes Buch ist wiederum zu wenig. Maradonas Geschichte kann in großen Schlagzeilen erzählt werden, besser verständlich wird sie jedoch, wenn man zwischen den Zeilen liest. Es ist eine Chronik der Heldentaten und Anekdoten, der Widersprüche und Fehler, der Ungereimtheiten und Revolten. Unstritten sind die sportlichen Fakten, sein Weg, den er als Spieler zurücklegte, von den Anfängen bis zu dem Tag, an dem er sich in La Bombonera von seiner Profikarriere verabschiedete.

Um dieses Buch zu schreiben, musste ich mich dahin begeben, wo alles angefangen hatte, nach Buenos Aires in die Slums von Villa Fiorito. Es war der letzte Tag meines Aufenthalts in der argentinischen Hauptstadt Anfang 2020, und ich wollte mich dort unbedingt einmal umsehen, bevor ich vom Ezeiza-Flughafen aus den Heimweg antrat. Kein Taxi wollte mich in diese Gegend bringen. »Und Sie wollen ganz sicher dahin?«, fragte der Fahrer mehrfach nach, bevor er meinem Wunsch endlich und sichtlich unwillig nachkam.

Wir verließen die Autobahn und passierten ein paar Kreisverkehre. Keiner von uns sprach ein Wort. Ich wusste nicht, was mich erwartete, obschon ich eine gewisse Vorahnung hatte. Während die Straßen immer schmaler und rumpeliger wurden, schrumpften auch die Häuser, bis sie nur noch wie kleine Kisten aussahen, mit halbfertigen Zäunen und ein paar traurigen Pflanzen davor. Berge von Mülltüten verrotteten in halb veröderten Gärten. Wir fuhren an einem Mann vorbei, der einen mit Pappe beladenen Pferdekarren steuerte. Kinder kickten mit nackten Füßen einen Ball über die unebene Schotterpiste, über die wir fuhren, und Frauen trugen riesige Taschen umher, die mit Gott weiß was gefüllt waren. Ich vermutete, dass sich kaum etwas geändert hatte, seit Francis Cornejo zum ersten Mal hierhergekommen war.

Es gab kein Schild, das den Weg zu dem Ort wies, an dem die Weichen für Maradonas Karriere gestellt wurden, zu der Straße, wo er die Dinge gelernt hatte, die in keinem Lehrbuch stehen, zu jener *potrero*, jener Pferdekoppel, dem Stück Ödland, auf dem er tagein, tagaus Fußball gespielt hatte. Inzwischen stehen dort einfach weitere Wellblechhütten.

Wir verlangsamten unsere Fahrt hinter einem Mann in Shorts mit nacktem Oberkörper, der über die unbefestigte Straße marschierte. Ohne anzuhalten und mit nur leicht heruntergekurbeltem Fenster fragte der Fahrer zaghaft nach Diegos ehemaligem Haus. »Da hinten, nur 200 Meter weiter da runter.«

»Okay, da ist es. Können wir jetzt wieder fahren?«, fragte mein eingeschüchtert wirkender Chauffeur.

Endlich standen wir vor Maradonas erstem Haus. Den Motor stellte der Fahrer nicht ab. Der Garten war überwuchert, aber weiter hinten konnte man einen stark verschatteten Bungalow erkennen. Vor der Tür, die Doña Tota einst für Francis geöffnet hatte, saß ein Mann in einer weißen Weste, der flink aus seinem Schaukelstuhl sprang.

»Was suchen Sie?«

»Gar nichts, Señor. Mein Freund hier wollte nur …«, antwortete der Taxifahrer, legte flugs einen Gang ein und fuhr davon. Linker Hand kamen wir an einem matschigen Bolzplatz vorbei, ohne Markierungen, mit nur einem einzigen Tor.

Kurz nach Diegos 60. Geburtstag erklärte die Stadtverwaltung die erste Wohnstätte des Fußballstars zum »Kulturerbe«. Am Tag nach Maradonas Tod malte ein Künstler Diegos Konterfei offiziell auf eine der Wände der Baracke, umrahmt von einem goldenen Heiligenschein, darunter die Worte »Haus Gottes«.

Teil I
EL PELUSA

KAPITEL 1
Der Vater – Don Diego

»Don Diegos Vater ging barfuß«, sagten die Leute, um die bescheidenen Verhältnisse zu beschreiben, aus denen Diego Armando Maradonas Großvater stammte. Das sagten selbst die, die ihn nicht gekannt hatten. Und es war keineswegs abschätzig gemeint. Vielmehr brachten sie damit ihre Hochachtung vor einer einfacheren Lebensart zum Ausdruck, die sie mit den indigenen Völkern Argentiniens in Verbindung brachten, einem in Vergessenheit geratenen Teil der argentinischen Geschichte. Don Diego Maradona hielt sich aus solcherlei Spekulationen heraus – vielleicht ging sein Vater einst barfuß, vielleicht aber auch nicht.

Tatsächlich weiß man kaum etwas über Don Diegos Vater. Gewiss ist nur: Er wuchs in ärmlichen Verhältnissen auf und setzte zahlreiche Kinder in die Welt. Von einigen wusste er, von anderen nicht. Sein Leben verlief unkonventionell. Er war zwar Katholik, hatte aber eine ganz eigene Vorstellung vom Leben.

»Anscheinend hatte er indigene Wurzeln«, schrieb Fernando Signorini via WhatsApp. »Das zumindest erzählte mir ein Freund von Diegos Vater aus Esquina, einer Stadt in der Provinz Corrientes.« Das Personenstandsregister von Esquina lässt allerdings keine Rückschlüsse auf diese Spekulation zu. Recherchen in diese Richtung werden zudem dadurch erschwert, dass Don Diego den Nachnamen seiner Mutter, Maradona, annahm, da sein Vater die Familie sehr früh verließ.

Fest steht, dass Don Diego – von seinen Freunden *Chitoro* genannt – am 12. November 1927 das Licht der Welt erblickte. Sein Nachname ist nicht italienischen Ursprungs – auch wenn er so klingt, vor allem, wenn Neapolitaner ihn mit der Betonung auf dem »n« aussprechen: Mara-do-na. Der Ursprung des Namens scheint in Galicien zu liegen, einer Region im Nordwesten Spaniens, möglicherweise stammen Maradonas Vorfahren aus einem Ort südlich von Ribadeo oder Barreiros, aus Arante, Vilamartín Grande oder Vilamartín Pequeño, wo noch heute viele Maradonas leben.

Ein Francisco Fernández de Maradona, geboren im nordspanischen San Pedro de Arante, wanderte unterschiedlichen Quellen zufolge 1745 oder 1748 nach Nordwestargentinien aus und ließ sich in San Juan de Cuyo nieder. Nach heutigem Kenntnisstand war er der erste Maradona in Argentinien. In den 1920er Jahren war ein Nachfahre von Francisco Fernández, der Ingenieur Santiago Maradona, Gouverneur der Provinz Santiago del Estero. Er war der einzige Maradona, der in Santiago lebte. Verheiratet war er nicht, aber er hatte Kinder, die seinen Namen trugen, darunter auch *Chitoros* Mutter, Diego Armando Maradonas Großmutter. Einem alten Foto nach zu urteilen, war Don Diego seinem Urgroßvater mütterlicherseits, dem Ingenieur Santiago, wie aus dem Gesicht geschnitten, und auch sein Sohn Diego trug ähnliche Züge. Markante Merkmale sind das runde Gesicht, das hervorstehende Kinn und die Pausbacken.

Ein weiterer Nachfahre des ersten in Argentinien lebenden Maradona schloss kürzlich ein Studium der Rechtswissenschaften an der Universität von Buenos Aires ab. José Ignacio Maradona verriet der Website *Enganche* mehr über die familiären Hintergründe des Fußballstars:

»Da es nur wenige von uns Maradonas gibt, wissen wir über unsere Herkunft gut Bescheid. Als Diego seinen Durchbruch feierte, wusste allerdings niemand genau, welchem Zweig der Familie er angehörte. Also sprach mein Vater Don Diego einmal während eines Spiels an und fragte ihn danach. Don Diego kannte seinen Vater nicht, seinen Familiennamen hatte er von der Mutter übernommen, die aus Santiago del Estero stammte. Und die war mit ihm nach Esquina in die Provinz Corrientes gezogen, als er noch klein war.«

Es hatte immer geheißen, Don Diego sei in Esquina geboren worden, nun aber ist anzunehmen, dass sein Geburtsort elf Autostunden entfernt lag. Damals dauerte eine Reise von Santiago del Estero nach Esquina freilich um einiges länger, möglicherweise waren Don Diego und seine Mutter tagelang unterwegs gewesen, bevor sie ihr Ziel erreicht hatten. Warum hatten sie diese Tortur auf sich genommen? Waren sie vor irgendwas davongelaufen?

Don Diego wurde also in Santiago del Estero geboren, der Hauptstadt der gleichnamigen Provinz am Ufer des Río Dulce im Norden Argentiniens. Maradonas Großvater väterlicherseits hinterließ nur eine undeutliche Spur, und *Chitoro* konnte nicht helfen, sie zurückzuverfolgen.

Vielleicht, nur vielleicht zählte er zu den Nachfahren eines der indigenen Völker, die schon seit Jahrhunderten auf argentinischem Boden lebten. Die von den Spaniern unterdrückt und christianisiert worden waren. Ausgebeutet. In die Armut getrieben. Missachtet. Und im Zuge der Kolonialisierung nahezu ausgerottet. Ihr natürlicher Lebensraum war von den Siedlern, die über die neu gelegten Bahntrassen einreisten, zunehmend zerstört worden.

Mitglieder indigener Volksgruppen konnten als Holzfäller oder Abbrucharbeiter in den Bergen von Santiago arbeiten, andere Möglichkeiten gab es für sie kaum. Sie hatten ihre eigenen Gesetze. Sie legten keinen Wert darauf, ihre Kinder amtlich erfassen zu lassen, und zogen oft um. Während sie genau wussten, woher sie kamen, war ihnen ihr Ziel ungewiss.

Als Jugendlicher lernte Don Diego in Esquina Doña Tota kennen, die er schließlich heiratete. Das ist der Moment, an dem für ihn alles begann. Über die Zeit vor diesem Ereignis sprach er kaum.

Weit entfernt von Esquina trugen sich Dinge zu, die Don Diegos Welt bald völlig auf den Kopf stellten. 1946 gewann Juan Domingo Perón die Präsidentschaftswahlen in Argentinien. Seinen Machtgewinn verdankte er einer populistisch geprägten Politik. Er beschwor den Beginn eines neuen industriellen Zeitalters herauf und versprach Arbeit für alle. Tatsächlich verbesserte seine Wirtschafts- und Sozialpolitik das Leben vieler Arbeiter und verschaffte dem Staat mehr Einfluss auf die Ökonomie des Landes. Perón und seine Frau Evita setzten sich auch für die Rechte von Aussiedlern ein.

Infolge des aufkeimenden Peronismus wurde Buenos Aires in den 1950er Jahren zu einem Anziehungspunkt für die verarmte

Landbevölkerung, insbesondere für Menschen aus dem Norden Argentiniens, die motiviert von Péróns Versprechungen in die Hauptstadt strömten. Unter ihnen auch die Eltern von Diego Armando Maradona. Doña Tota hatte als Jugendliche schon einmal in Buenos Aires gelebt und bei Verwandten gearbeitet. Sie hatte sich dort jedoch einsam gefühlt und war nach einiger Zeit nach Esquina zurückgekehrt, um wieder bei Don Diego zu sein. Als ihre Schwester später nach Villa Fiorito zog, überzeugte sie ihren Gatten, dass sie von *changa* (Saisonarbeit) und dem kleinen Boot, mit dem *Chitoro* Vieh und Baumaterial transportierte, auf Dauer nicht würden leben können. Sie beschlossen, sich in Buenos Aires ein neues Leben aufzubauen. Doña Tota reiste zunächst jedoch ohne ihren Mann in die Hauptstadt, um die Lage zu sondieren. Sie nahm ihre Tochter María und ihre Mutter Salvadora Cariolicci mit. Als sie eine Bleibe gefunden hatte, holte sie Don Diego nach.

Don Diego verkaufte sein Boot und kehrte seinem alten Leben den Rücken, jedoch nicht ohne innerlich ein paar Tränen zu vergießen. Mit seiner und Doña Totas zweiter Tochter Rita legte er die über 1000 Kilometer lange Reise nach Buenos Aires auf einem Boot auf dem Rio Paraná zurück. Sein Gepäck bestand aus zwei Koffern und einer übergroßen Decke, in die er ein paar Kleidungsstücke, Töpfe und Pfannen eingewickelt hatte. Alles andere ließ er zurück.

Chitoro musste schnell erkennen, wie heruntergekommen Villa Fiorito war. Die Straßen waren dreckig und unbefestigt. Die Häuser bestanden aus Pappe, Holz und Wellblechdächern. Es war eine Gegend für Migranten, ein Ghetto für Benachteiligte und Außenseiter. Buenos Aires lag nicht weit entfernt, doch zwischen der Hauptstadt und dem Elendsviertel floss das trübe Wasser des am stärksten verschmutzten Flusses des Landes.

Eigentlich hatten sich die Maradonas ein leerstehendes Haus vormerken lassen, doch als sie ankamen, war es schon an jemand anderen vermietet worden. Nicht weit entfernt, an der Azamor 523, fanden sie ein anderes Haus. Wie die übrigen verfügte es weder über Strom noch über einen Gasanschluss. Es war nicht das, was Don Diego sich vorgestellt hatte, aber er nahm es stoisch hin. Es war nicht der richtige Moment, um »seinen inneren Indianer herauszulassen«, wie seine Freunde es nannten, wenn er gelegentlich wild herumfluchte.

Kurz nach seiner Ankunft in Villa Fiorito fand *Chitoro* eine Stelle bei Tritumol, einem Chemiebetrieb, in dem Knochenmehl produziert wurde. Um fünf Uhr früh ging er zur Arbeit und kehrte völlig erschöpft nachts um zehn heim. Dennoch reichte sein Gehalt nicht aus, um die Familie zu ernähren. Aber es gab Menschen, die sie unterstützten, wie Doña Totas Schwester oder der geliebte Onkel Cirilo. Don Diegos Bruder wurde aufgrund seiner eher geringen Körpergröße auch *Tapón* (dt. Stöpsel) genannt. Er war Amateurtorwart und lebte ganz in der Nähe der Maradonas. Jeder teilte hier mit jedem.

Doña Tota und Don Diego haben bereits vier Töchter – Ana, Rita, María Rosa und Lili –, als ihr erster Sohn Diego Armando am 30. Oktober 1960 in der Evita-Poliklinik in Lanús das Licht der Welt erblickt. Die erste Erinnerung, die Diego an seine Kindheit hat, ist, wie er sich in den Feldern am Rande von Villa Fiorito vor seiner Mutter versteckt, als sie ihn zur Schule bringen will.

Das Haus hatte eine Küche, aber kein fließendes Wasser. Es gab ein Schlafzimmer für die Eltern und die Großmutter und eines für die Kinder, die zum Schluss zu acht waren. Wenn es draußen in Strömen goss, tropfte der Regen durch das Wellblechdach, sodass sich auf dem Lehmboden dunkle Flecken bildeten, die wie kleine Käfer aussahen. Diego erzählt: »Mutter rief dann: ›Holt die Eimer!‹, und wir rannten durchs Haus und stellten die Eimer unter die Lecks, bis sie vollgelaufen waren, dann leerten wir sie durch die Fenster aus.«

An manchen Abenden tranken die Eltern nur Tee, überließen die Mahlzeit den Kindern und gaben vor, nicht sonderlich hungrig zu sein.

Diego spielte Fußball, manchmal bis zu zehn Stunden täglich, wenn es sein musste, auch allein. Dann kickte er den Ball gegen den Bordstein oder einen Pflanzenkübel, was auch immer. »Wir spielten von morgens bis abends auf dem *potrero*, einem Platz ganz ohne Markierungen, wo einem der Dreck nur so um die Ohren flog. Wenn ich nach Hause kam, war ich völlig eingesaut. Ich sah schrecklich aus!

Natürlich wollte mir mein Vater ein paar hinter die Löffel geben, so was machte man einfach nicht mit seinen guten Sachen. Dann flüchtete ich vor ihm und schlug Haken – wodurch sich mein Dribbling verbesserte!«

Diego erinnerte sich, dass er mit dem Ball mühelos Dinge veranstaltete, die anderen schwerfielen. »Ich konnte den Ball etwa mit meiner Ferse kontrollieren. Wenn jemand anderes aus der Mannschaft das versuchte, landete er auf den Knien. Mein Vater hat mir das nicht beigebracht, der war ein lausiger Spieler. Mein Onkel sagte immer: ›Sein Fußballtalent hat *Pelu* gewiss nicht von dir.‹« *Pelu* ist eine Kurzform für *Pelusa*, zu Deutsch Fluse, in Anspielung auf das volle Haar, das Maradona reichlich hatte.

An dem Tag, an dem Francis Cornejo bei den Maradonas vorsprach, um Diegos Alter zu überprüfen, war der Vater auf der Arbeit. Es war ein Samstag, aber er sagte nie Nein, wenn er etwas dazuverdienen konnte. Cornejo lernte Don Diego erst kennen, als der mit seinem Sohn zum Training kam – die beiden hatten den Zug und mehrere Busse nehmen müssen, um dorthin zu kommen. »Mein Vater brachte mich mit dem Bus zum Zug und war völlig erschöpft«, beschrieb Diego die Szene. »Er hielt sich am Handlauf fest, und ich stand unter seinem Arm und stützte ihn auf Zehenspitzen stehend, weil er im Stehen einschlief. So kamen wir gemeinsam voran, indem wir einander stützten.«

Cornejo schildert Don Diego als einen Mann, der nicht viel Worte machte, aber starke Überzeugungen hatte. Er und auch Doña Tota begleiteten Diego zu all seinen Spielen. José Trotta holte sie mit seinem Pick-up ab. Die Eltern saßen bei ihm in der Fahrerkabine, während Trainer Francis bei den Jungs auf der Ladefläche mitfuhr. Es waren willkommene Ausflüge für die Familie. Sie überquerten die Alsina-Brücke, wenige hundert Meter von ihrem Haus entfernt – durch die hölzernen Planken sah Diego das schlammige Wasser –, und befanden sich auf der anderen Seite auf dem Markt von Pompeya mit seinen Verkaufsständen für Spielwaren und Schuhe und T-Shirts (»Da gab es Shirts, die meine Schwester haben wollte, und Shirts, die ich haben wollte«, erinnert er sich).

Die Maradonas gingen selten shoppen, und wenn, waren die einzelnen Familienmitglieder reihum an der Reihe. »Heute kann sich María ein Paar Schuhe kaufen, das nächste Mal bist du dran, *Pelu*. Was hättest du gerne?«

»Ein kleines Holzpferd.«

»Mach dich nicht lächerlich, du brauchst etwas zum Anziehen.«

»Oh, *papi*, dann ein T-Shirt.«

»In Ordnung.« Dasjenige, das sie dann auswählten, blieb für immer in der Familie, ein Kind vererbte es dem nächsten, bis es schließlich als Putzlappen diente.

Gelegentlich musste sich Diego auch eine Unterhose vom Vater leihen. Der Journalist Diego Borinsky wollte einmal von ihm wissen, ob er nie versucht gewesen wäre zu stehlen, wie es so viele seiner Altersgenossen taten. »Oh nein, mein Vater hätte mich grün und blau geschlagen. Er hat mir die für seine Verhältnisse bestmögliche Erziehung zukommen lassen. Ganz gleich, welche Fehler ich später begangen habe –, mein Vater trägt keine Schuld daran.«

Als Diego noch bei den Cebollitas spielte, bevor er mit 15 zur Jugendmannschaft der Argentinos kam, putzte und polierte sein Vater seine Fußballschuhe so lange, bis sie wie neu aussahen. Selbst als Diego mit 18 zum Hauptversorger der Familie wurde und seinen Vater bat, nicht mehr arbeiten zu gehen, blieben seine Eltern für ihn tonangebend. Diego brauchte das, er benötigte seit jeher Führung und einen festen Bezugspunkt, an dem er sich klar orientieren konnte.

Mit seiner eher schweigsamen Art überließ Don Diego normalerweise seiner Frau das Reden, bis er keine Lust mehr hatte zuzuhören oder ihm etwas auf der Seele brannte. Obschon klein von Statur, konnte er zu einem wahren Riesen anwachsen, wenn er sich Gehör verschaffen wollte. Oder er Doña Tota zum Schweigen bringen musste. Manchmal reichte dazu auch nur ein Blick. Wenn Diegos Fitnesstrainer Fernando Signorini seinen Schützling zur Ordnung rufen musste, holte er oft Don Diego zu Hilfe. In seiner Gegenwart hatten die Albernheiten seines Sohnes schnell ein Ende.

Er ging ihm nicht darum, Angst zu verbreiten, sondern Respekt einzufordern. Die Furchtlosigkeit, die er im späteren Leben an den

Tag legte, wenn er die Reichen und Mächtigen hinterfragte oder sich über sie lustig machte, gründete nicht in einer grundsätzlichen Abneigung gegenüber Autoritäten, vielmehr protestierte er damit gegen alle, die ihre Macht missbrauchten und ihre Augen vor den Nöten jener Menschen verschlossen, die – wie einst er und seine Familie – eng zusammengepfercht in Villa Fiorito und den etwa 800 ähnlichen Siedlungen rund um Buenos Aires lebten.

Als Kind war Maradona einfühlsam, höflich und aufmerksam, wenn auch ein bisschen frech. Einmal fand Doña Tota heraus, dass sich seine Schulnoten nur deshalb wie von Zauberhand verbessert hatten, weil er einen Lehrer bezirzt hatte. Sie sprach mit ihrem Mann darüber, und Don Diego verbot seinem Sohn fast zwei Wochen lang, zum Training zu gehen. *Chitoro* ärgerte sich über jeden, der sich nicht an die Regeln hielt. Er war sehr gewissenhaft und pedantisch. Wenn er sagte: »Morgen früh um fünf fahren wir nach Corrientes zum Fischen«, saß er Punkt fünf im Wagen und wartete auf niemanden. Es war die einzige Möglichkeit, in eine chaotische Welt aus Wellblechdächern und Pappkartonwänden wenigstens den Anschein von Ordnung zu bringen.

Nachdem sie zwischenzeitlich in einem Haus nahe der Heimspielstätte der Argentinos Juniors gewohnt hatten, zogen Don Diego und Doña Tota in eine Wohnung, die ihr Sohn ihnen gekauft hatte. Sie lag in Villa Devoto, einem der besseren Wohnviertel von Buenos Aires, und verfügte über einen großen Innenhof, einen Fernseher, der fast immer lief, und natürlich einen Grill, über den Don Diego herrschte, stets mit einer Zigarette im Mund. Es war leichter, Diego vom Fußballfeld zu locken, als seinen Vater von seinem Grill loszueisen.

Auch in späteren Jahren, lange nach seiner Zeit bei den Cebollitas, kamen die Eltern zu Diegos Spielen, ob er nun für die erste Mannschaft der Argentinos auflief, für die Boca Juniors oder auch den FC Barcelona. Das Haus der Maradonas in der katalanischen Hauptstadt lag hoch oben auf einem der Stadthügel. Es verfügte über eine riesige Küche, in der Doña Tota stundenlang Speisen für die vielen Gäste zubereitete, die oft spontan bei ihnen vorbeikamen. Don

Diego beobachtete dieses Treiben aus der Ferne, er blieb unsichtbar, war aber dennoch omnipräsent. Die Zuneigung, die die Eltern für ihren Sohn empfanden, war grenzenlos. Je länger sie mitansahen, wie er sich in sein künstliches Paradies zurückzog, und je bewusster ihnen seine Schwächen wurden, desto tiefer wurde die Loyalität, die sie ihm gegenüber empfanden. Aber sicherlich lasteten der Druck der Verantwortung, die fehlende Kontrolle und das Zusammenleben mit einem Menschen, der so anders war als alle anderen, sehr auf ihnen.

Immer, wenn *Chitoro* gefragt wurde, wie es war, Diegos Vater zu sein, rang er um Fassung. »Wenn ich über die Straße gehe, werde ich von allen angesprochen: ›Glückwunsch zu ihrem Sohn‹, sagen sie. Und ich weiß gar nicht, was ich darauf antworten soll«, hier begann seine Stimme zu brechen. »Ich weiß, dass er der Beste ist, aber ich kann Ihnen versichern, dass er als Sohn noch weit besser ist denn als Fußballer.« Danach kamen ihm die Tränen.

»Er ist eine Heulsuse«, sagte Diego oft, kämpfte dabei aber selbst gegen seine Tränen der Rührung an. »Ich hätte gerne nur ein Prozent von dem, was er ist. Er ist großmütig und würdevoll. Ein ganzes Leben lang hat er darum gekämpft, uns durchzubringen. Als ich klein war, wollte ich so werden wie er, und jetzt als Erwachsener will ich das immer noch. Nur eine Stunde lang möchte ich die Ruhe erleben, die ihm zu eigen ist. Dann kann ich glücklich sterben.«

Es ist der Lauf der Dinge, dass unsere Väter eines Tages aus unserem Leben scheiden. Don Diego, der lange unter Atemwegs- und Herzproblemen litt, fand seine letzte Ruhe mit 87 Jahren nach einem einmonatigen Aufenthalt im Hospital Los Arcos in Buenos Aires.

Guillermo Blanco, der Maradona noch aus Teenagertagen kannte, reiste nach Buenos Aires, wo er sich mit Fernando Signorini verabredet hatte. Zusammen machten sie sich auf den Weg zu Don Diegos Totenwache. Um den Medien aus dem Weg zu gehen, wählten sie dafür bewusst die frühen Morgenstunden, aber es waren trotzdem eine Menge Menschen vor Ort. Der extrem übergewichtige Diego hatte sich hingesetzt, er war gerade aus Dubai gekommen, wo er zu jener Zeit wohnte.

»Diego, *El Profe* und *Guille* sind hier«, verriet ihm seine Sekretärin. Guillermo blickte dem gealterten Fußballer tief in die Augen und suchte darin nach dem wahren Maradona. Blanco fiel sofort auf, wie müde Diego nach fünf Jahrzehnten voller Abenteuer wirkte.

Es waren Jahre vergangen, seit sich die Männer zum letzten Mal gesehen hatten. Diego erhob sich langsam von seinem Stuhl. Seine Leibesfülle war ihm im Weg, der traurige Ausdruck in seinem Gesicht sagte alles. Wiederholt schlug er Signorini gegen die Brust. Zwischen jedem Klaps schien eine Ewigkeit zu vergehen, man hatte das Gefühl, der Szene eines Theaterstücks beizuwohnen. Hier agierte Maradona, die Kunstfigur, nicht Diego, der Junge. Er versuchte seine Trauer mit großen Gesten unter den Teppich zu kehren. Erst wenn er allein war, würde Diego sich daran erinnern, wie sein Vater seine Fußballschuhe gewienert hatte, wie er in dem Bus, mit dem sie zum Training gefahren waren, eingeschlafen war. Die Trauer und der Verlust würden ihn übermannen. Aber hier, bei der Totenwache, spielte Maradona eine Rolle und zögerte den Zeitpunkt, an dem ihn der Schmerz mit voller Wucht überwältigen würde, hinaus.

»Ich habe heute an dich gedacht, du Hurensohn«, sagte er zu Signorini. »Erinnerst du dich noch an den Tag, als wir gegen Rom spielten, damals, in unserem ersten Jahr in Neapel? Ich konnte nicht schlafen und bat dich, zu mir aufs Zimmer zu kommen. Wir setzten uns auf den Boden. Ich erzählte dir, dass ich lieber selbst sterben würde, als meine Mutter oder meinen Vater sterben zu sehen. Weißt du noch, was du mir geantwortet hast?«

Signorini versuchte zu lächeln: »Ich sagte, du seist ein Waschlappen, da das nun mal der natürliche Lauf der Dinge ist. Du solltest dir niemals wünschen, das Leid deiner Eltern gegen dein eigenes eintauschen zu können.«

Don Diegos Totenwache dauerte die ganze Nacht, und gegen Mittag machten sich die Männer auf zu der Trauerfeier auf dem Friedhof Jardín Bella Vista am Stadtrand von Buenos Aires.

Diego Armando Maradona war im Alter von 55 Jahren eine Waise geworden.

KAPITEL 2

Die Mutter – Doña Tota

»Er kommt!« Das Publikum im ausverkauften Stadion skandierte erneut seinen Namen.

Dieeeegooooooooooo, Dieeegoooooooo ...

Hoch oben von der Tribüne aus konnte man hinter dem riesigen aufblasbaren Wolfskopf mit dem offenen Maul, durch das er ins Stadion gelangen sollte, eine Hand erkennen, die ein weißes Käppi mit einer 10 darauf schwenkte. »Er ist hier!«

Wie ein römischer Gladiator betrat er die Arena, langsam, weil das kürzlich operierte Knie unter seinem hohen Gewicht litt. Wie ein Kämpfer, der schon bessere Tage gesehen hat. Maradona, 57 Jahre alt, war der neue Trainer von Gimnasia y Esgrima La Plata. Das hier war seine neue Bühne, auf der er, dessen Karriere abgebrochen war, noch einmal im Rampenlicht stehen wollte. Es sollte seine letzte Bühne sein. Er hatte angekündigt, Gimnasia y Esgrima La Plata zum Erfolg zu führen. Der Verein wusste, welches Abenteuer ihm mit Maradona bevorstand. Die Aufmerksamkeit der Öffentlichkeit war garantiert, und das war es, was für den Verein zählte.

Nach Beendigung seiner Spielerkarriere hatte Maradona als Trainer für verschiedene Klubs gearbeitet, in den Vereinigten Arabischen Emiraten, in Mexiko für Sinola, für die argentinische Nationalmannschaft. Seine Teams bekamen die Häme der Gegner, die den ehemaligen Weltstar nur zu gerne scheitern sehen wollten, in der Regel besonders zu spüren. Aber was soll's? Das war immer noch besser, als in der Versenkung zu verschwinden.

Dieeeegooooooooooo, Dieeegoooooooo ... Die Jubelrufe schwollen immer weiter an.

Jeder Schritt in Richtung Spielfeld weckte schmerzhafte Erinnerungen. Als Spieler hatte er viele brutale Attacken einstecken müssen, in Spanien wie in Italien. Sie hatten deutliche Spuren an seinem Körper hinterlassen. Sein künstliches Knie schmerzte, ebenso wie seine Schulter. Die Beruhigungsmittel, die er gegen seine Angstzustände nahm, bewirkten eine andauernde Müdigkeit, und der langjährige Kokainmissbrauch hatte seinem schwachen Herzen, das inzwischen häufig verrücktspielte, schwer zugesetzt.

Maradona war es nicht peinlich einzugestehen, dass er verschiedene kosmetische Operationen hinter sich hatte. Die Oberlippe hatte er sich richten lassen, nachdem er von seinem Hund gebissen worden war. Auch das Anlegen von Magenbändern, Leistenbrüche und Nierensteine hatten ihn gezeichnet. All das war nicht zu übersehen. Hinzu kam eine Menge persönlicher Probleme, die ihm Verdruss bereiteten: Er hatte die Vaterschaft von mindestens fünf Kindern anerkannt, sechs weitere Vaterschaftsprozesse waren anhängig. Außerdem stritt er mit Claudia – vor Gericht, im Fernsehen und privat. Er war in Dutzende laufende Verfahren involviert.

Und er hatte seine Eltern verloren.

»Diego, mein Sohn, meine Augen, mein Junge.«

Er glaubte diese Worte zu hören, während er durch den Wolfstunnel schritt, und ein Kloß formte sich in seinem Hals. Dann betrat er das aus allen Nähten platzende Stadion und blinzelte verwirrt in die Sonne.

Dieeegooooooo!

Als Vereinspräsident Gabriel Pellegrino ihn in den Arm nahm, versuchte Diego, sich zusammenzureißen. Doch es gelang ihm nicht, die Tränen brachen sich Bahn.

»Als ich aus dem Tunnel kam, sah ich plötzlich meine Mutter«, erklärte er später. »Ich glaube, dass es für alles einen Grund gibt.«

Emotional völlig am Boden, aber den Jubel auch irgendwie genießend, tat er einen weiteren schmerzhaften Schritt nach vorn. Er sah aus, als trüge er das Gewicht des gesamten Universums auf seinen Schultern. Erleichtert ließ er sich in ein Golfmobil fallen, dessen Fahrer ihm entgegen dem Protokoll ein Trikot der argentinischen Nationalmannschaft reichte, um sich darauf ein Autogramm geben zu lassen.

»Ich glaube nicht, dass ich je aufgehört habe, glücklich zu sein«, hatte Maradona einmal gesagt. »Die Sache ist nur … meine Eltern sind beide gestorben, das ist mein einziges Problem. Ich würde alles geben, um meine Mutter durch diese Tür kommen zu sehen.«

Und an diesem Tag im Stadion kehrte sie zurück.

La Tota, die Mutter der Nation, war acht Jahre zuvor mit 81 Jahren verstorben.

Die Nachricht war in ganz Argentinien durch die Presse gegangen. Vor jeder Begegnung an jenem Spieltag der Tornero Apertura, der dem Tod folgte, es war der fünfzehnte, wurde eine Schweigeminute abgehalten. So etwas hatte es für die Mutter eines Fußballers noch nie gegeben. Die Spieler der Boca Juniors trugen Trauerbinden, die Fans des SSC Napoli skandierten Doña Totas Namen und schwenkten eine Flagge mit der Aufschrift: »Ruhe in Frieden, Mama«. Eine Zeitung ließ sich zu der Schlagzeile hinreißen: »Die Mutter des Fußballs ist tot«.

Maradona hatte eine 28-stündige Reise von Dubai auf sich genommen, um ihr Lebewohl zu sagen. »Kommen Sie sofort«, hatte die Nachricht von Alfredo Cahe, dem Hausarzt der Familie, gelautet. Doña Tota lag auf der Intensivstation des Los-Arcos-Krankenhauses in Buenos Aires. In den letzten Monaten ihres Lebens war sie aufgrund von Herz- und Nierenproblemen immer wieder intensivmedizinisch behandelt worden. Während eines seiner Besuche in Buenos Aires hatte Maradona ihr das neue Tattoo auf seinem Rücken gezeigt: eine türkisfarbene Rose mit einem in verschlungenen Lettern geschriebenen »Tota te amo« (dt. Tota, ich liebe dich) darunter.

Aber Diego schaffte es nicht mehr rechtzeitig. Noch im Flugzeug erhielt er von Dr. Cahe die Nachricht, dass seine Mutter verstorben sei. Benommen vor Schmerz fuhr er nach Tres Arroyos, zu dem Haus, in dem die Totenwache gehalten wurde. In weißem Hemd, dunkler Krawatte, schwarzem Jackett und einer Sonnenbrille, die seine verquollenen Augen verdeckte, verbrachte er die kommenden Stunden weinend neben ihrem Sarg, an seiner Seite seine neue Partnerin Verónica Ojeda. Trost spendeten ihm auch die anderen Anwesenden: Claudia Villafañe, Dalma, Gianinna, seine sieben Geschwister und sein Vater Don Diego.

»Meine Freundin, meine Königin, mein alles ist gegangen«, sagte Diego, als La Tota an einem heißen Novembertag 2011 auf dem Friedhof Jardín Bella Vista beigesetzt wurde.

Als Sohn einer von Immigranten aus Süditalien und Spanien beherrschten, stark religiös geprägten Kultur, die das Bild der selbstaufopfernden, einzigartigen Mutter verherrlicht, die ihren abtrünnigen Söhnen stets verzeiht, hatte er die Frau verloren, die nie einen Fehler machte, die eine, die ihn vor allen »Windmühlen beschützte«. Maradona, der seinen Ödipuskomplex mit ins Grab nehmen sollte, sagte einmal scherzhaft, dass seine Mutter seinen Vater nur deshalb geheiratet habe, weil sie ihm begegnet war, bevor sie Diego kennengelernt hatte.

La Tota gab etwas zu, das normalerweise ein Tabu ist, nämlich dass Diego ihr Lieblingssohn war. »Sie hat ein Faible für mich«, wusste Maradona. »An meinem 46. Geburtstag sah ich sie an und sagte: ›Du bist die erste Frau in meinem Leben, meine ewige Freundin. Ich habe dir alles zu verdanken, Tota, und ich werde dich immer lieben, mehr und mehr.‹«

Sie war die Mutter, die in Hunderten argentinischen Volksliedern besungen wird, in Tangos, Milongas und Chacareras, die sich alle aus echten Empfindungen speisen, aber zugleich ihre eigene Wirklichkeit konstruieren. Im beliebten »Cómo se hace un tango« (dt. Wie man einen Tango tanzt) wird *ihr* Folgendes gesungen: »Sei ganz Ohr, der Mensch, der dich verehrt, wird sprechen / heute, morgen, jederzeit, denn für mich / bist du nicht nur meine Mutter, sondern meine Freundin.«

»Der Sänger Joan Manuel Serrat sagte einmal, dass man nicht aufhört, Kind zu sein, um ein Elternteil zu werden, wenn die eigenen Eltern gestorben sind«, erzählt Guillermo Blanco, Pressesprecher Maradonas während seiner Zeit in Barcelona und seinen ersten Jahren in Italien. »Diego hat der Tod seiner Eltern, insbesondere der seiner Mutter, sehr mitgenommen. Die Verbindung zwischen diesen beiden Menschen war eine ganz besondere.«

Die Geschwister akzeptierten den Sonderstatus, den Diego in den Augen ihrer Mutter und der Welt innehatte. Einige von ihnen leben noch heute in der Nähe des Argentinos-Juniors-Stadions – vom Schicksal übergangene, einfache Sterbliche, Verwandte eines Halbgottes. Dieses Schicksal wird man nicht mehr los, ganz gleich, was man tut. Lalo und Hugo stellten sich der Herausforderung, die Erwartungen zu erfüllen, die in sie gesetzt wurden, und versuchten es mit einer Fußballkarriere, aber der zündende Funke sprang nicht über, und sie blieben nichts als »die Brüder von«.

Doña Tota fühlte sich wohl in ihrer Rolle als Mutter, nicht nur der von Maradona, sondern der einer ganzen Nation. Sie war die Sonne, um die alles kreiste, die Anführerin des Rudels. »Wenn Doña Tota etwas sagte, war es beschlossene Sache, und niemand, nicht einmal Diego, traute sich, etwas dagegen einzuwenden«, erinnerte sich Fernando Signorini. Sie war weitaus redseliger als Don Diego, es sei denn, sie sah fern oder huschte geschäftig hin und her, um Teller und Tabletts von und zu einem immer gedeckten Tisch zu tragen.

Obschon sie lange Zeit mit ihrem Sohn in Europa lebte, suchte die allzeit fürsorgliche Mutter stets nach einer Bestätigung dafür, dass sie zurückgeliebt wurde. Sie war eifersüchtig auf Claudia und all die anderen Freundinnen, was deren Leben nicht einfach machte. Diegos Abwesenheit frustrierte sie. Sie beklagte sich oft bei ihm, er habe sie in Buenos Aires »zurückgelassen«. Diego erinnerte sich, wie Doña Tota ihm am Telefon vorjammerte, wie einsam sie sei. Im Hintergrund waren deutlich die Geräusche von Freunden und Familie zu hören, denn sie war ständig von Menschen umgeben.

La Tota dachte, sie habe sich ausreichend gewappnet für das Unvermeidliche: dass ihr die Alte Welt den Sohn nehmen würde, sobald er erwachsen geworden war, und man sein Talent wie einen wertvollen Rohstoff handelte. Nicolau Casaus, Vizepräsident des FC Barcelona, erwähnt sie in seinem Bericht über die Vertragsvorverhandlungen mit Maradona: »Ich vermute, sie ist ungefähr so alt wie ihr Mann, aber angesichts ihres zerknitterten Äußeren ist das schwer zu sagen. Wenn ich mit ihr über den potenziellen Wechsel ihres Sohnes nach Barcelona spreche, sagt sie nur: ›So Gott will.‹«

Fußball bereitete Doña Tota ebenso viel Freude wie Schmerz. Er war die Fahrkarte, die sie aus Villa Fiorito herausbrachte und ihr

Leben in ungeahnter Weise beschleunigte. Allerdings erhöhte sich damit auch die Unfallgefahr. »Bei der U-20-Weltmeisterschaft in Japan, die wir im Fernsehen verfolgten, kassierte Argentinien zunächst eine 0:1-Niederlage gegen die Sowjetunion«, erinnert sich Guillermo Blanco. »Und was tat La Tota? Sie war plötzlich nicht mehr bei uns in der Küche, sondern legte sich ins Bett, sie konnte die Anspannung nicht ertragen. Dann kam sie zurück, und Alves verwandelte einen Elfmeter für Argentinien. Davon gibt es sogar ein Foto in der *El Gráfico*. Danach legte sie sich wieder hin. Sie kam zurück, und Argentinien ging durch ein Tor von Ramón Díaz in Führung. Wieder legte sie sich hin, nur um rechtzeitig wieder dabei zu sein, als Diego ein Freistoßtor erzielte. Es war die totale Euphorie. Alle brüllten und lagen sich in den Armen.«

Maradonas Eltern liebten den Fußball, diese Leidenschaft war ihnen nicht aufgezwungen worden. Don Diego hatte früher sogar selbst für einige Amateurmannschaften in Esquina als Rechtsaußen gespielt. »Fußball war eines der wenigen Dinge, über das die Armen verfügen konnten«, sagt Blanco. Schon als *El Pelusa* bei den Cebollitas spielte, verpassten seine Eltern nur selten eines seiner Spiele. *Chitoro* wechselte häufig seine Arbeitsschichten, um dabei sein zu können. Dank José Trottas Pick-up-Taxiservice konnten sie oft zu Grillfesten fahren, wo sie mit anderen Familien aus der Mittelschicht in Kontakt kamen, deren Söhne das Gros der Cebollitas-Spieler stellten. Die meisten von ihnen wohnten ganz in der Nähe des Argentinos-Juniors-Stadions, eine Fahrtstunde, ja eine ganze Welt entfernt vom Haus der Maradonas.

Nachdem er seinen ersten Gehaltsscheck als Profifußballer erhalten hatte, lud Maradona seine Mutter in eine Pizzeria in Pompeya ein. »Nur wir zwei, wie ein Paar. Das ganze Geld ging dafür drauf«, erzählte Diego Jahre später.

Zu Hause gaben Doña Tota und Don Diego den Takt an. Er, der strenge Vater, der durchaus Funken sprühen konnte, sie, die versöhnliche Mutter. Einmal ignorierte Diego ihre Aufforderung, das Haus nicht zu verlassen, und ging zum Fußballspielen nach draußen. Dabei ruinierte er die Flecha-Sneaker, die er vor kurzem erst bekommen hatte. Seine Eltern hatten Wochen darauf gespart. Don Diego schäumte vor Wut und verpasste seinem Sohn eine Abreibung. Als Doña Tota hörte, was geschah, kam sie angerannt, zeigte mit dem Finger auf ihren Mann und drohte: »Wenn du meinem Sohn auch nur ein Haar krümmst, bringe ich dich um, wenn du heute Nacht schlafend im Bett liegst.«

La Tota trug Diego gelegentlich auf, etwas Schweine- oder Rindfleisch zu kaufen, um die Mahlzeiten der elfköpfigen Familie anzureichern. Immerhin mussten acht Kinder, die beiden Eltern und die Großmutter satt werden. Zu diesen besonderen Anlässen erhielt Diego immer die größten Stücke, die Schwestern bekamen stattdessen Unmengen an Salat. »Die armen Mädchen haben wie verrückt Grünzeug gefuttert«, erinnerte sich Maradona in seiner Autobiografie *Yo soy el Diego*. Aber nicht nur sie. La Tota klagte am Essenstisch gelegentlich über Magenschmerzen, sodass sie auf ihren Anteil verzichtete und das, was übrigblieb, an ihre Kinder verteilte. Don Diego hielt es ähnlich.

»Manchmal wusch ich bis fünf Uhr früh die einzigen Socken, die die Kinder hatten, damit sie ein sauberes Paar zur Schule anziehen konnten«, sagte Doña Tota im Gespräch mit der Zeitschrift *Gente*. »Ich weiß noch, dass ich sechs Schulanzüge waschen musste. Sechs! Man stelle sich das einmal vor. Wenn es regnete, musste ich sie auf dem Ofen trocknen, und ich stand auf, wann immer es nötig war, um sie zu bügeln.«

Das Wasser, das bei Regen durch die Decke tropfte, sammelte die Familie in Eimern und Töpfen, weil es im Haus kein fließendes Wasser gab. War nicht mehr genug Wasser vorrätig, musste Diego die leeren 20-Liter-Kanister an der öffentlichen Wasserstelle befüllen und nach Hause tragen – das war sein erstes Krafttraining. Das Wasser, das sie holten, wurde zum Kochen, Trinken und Waschen verwendet. Wenn es kalt war, verschob man das Haarewaschen auf einen anderen Tag.

Mit so vielen Personen unter einem Dach zu leben bedeutete ständiges Chaos. Wenn Doña Tota allerdings in dem Raum, der ihnen als Wohnzimmer, Küche und Esszimmer zugleich diente, den Fernseher anstellte und ihre filterlosen Zigaretten rauchte, zogen sich die Kinder in den hinteren Bereich zurück und waren mucksmäuschenstill. Die Mutter sah fern und rauchte, ohne mit der Wimper zu zucken, und wirkte dabei fast wie ein Teil des Mobiliars.

Morgens ging Diego zu Fuß von der Calle Azamor zu seiner Schule, der Remedios de Escalada de San Martín. Er tat es, weil er musste, und wartete nur auf den Tag, an dem der Fußball ihn von allen Verpflichtungen entband.

Nach der Schule verbrachte er seine Zeit auf den Schlammplätzen nahe seinem Elternhaus, er spielte Fußball mit seinen Freunden oder trat in Spielen für die von seinem Vater gegründete Mannschaft Estrella Roja an. Nachts schlief er mit seinem Ball im Arm ein. Es war sein erster, er hatte ihn mit drei Jahren von seinem Cousin Beto geschenkt bekommen, den er bewunderte.

Doña Tota war 30 Jahre alt, als sie sich mit dickem Bauch und unter Wehen zum Evita-Krankenhaus nach Lanús begab. Ihr Mann und ihre Schwägerin Ana María begleiteten sie. Drei Blocks mussten sie laufen, um den Bahnhof von Fiorito zu erreichen. Von dort aus nahmen sie die Bahn nach Lanús. Dort angekommen, lag noch einmal ein Fußweg von zweieinhalb Blocks bis zum Krankenhaus vor ihnen. La Tota hatte stechende Schmerzen und konnte kaum noch stehen. Bevor sie das Krankenhaus betraten, entdeckte sie etwas Glänzendes an der Bordsteinkante und beugte sich hinab, um es genauer zu betrachten. Es war eine sternenförmige Brosche, glänzend auf der einen Seite, dunkel auf der andern. Vielleicht ein Sinnbild ihrer Zukunft. Sie steckte das Schmuckstück ein. 15 Minuten später, um 7.05 Uhr am 30. Oktober 1960, wurde Diego geboren, »mit Haaren am ganzen Körper«.

Diego war Doña Totas fünftes Kind und ihr erster Sohn. Fünf Jahre zuvor war La Tota von Esquina nach Buenos Aires gekommen, um sich dort eine bessere Zukunft aufzubauen, an ihrer Seite ihre Tochter Ana und ihre Mutter Salvadora Cariolichi. Letztere war die Tochter von Mateo Kriolić, der am 29. September 1847 in Praputnjak, einem Ort in der Nähe von Bakar, 150 Kilometer westlich von Zagreb im heutigen Kroatien, geboren worden war.

Das Schicksal all dieser Menschen führte schließlich zur Geburt von Diego Armando Maradona.

KAPITEL 3

Goyo Carrizo, ein Freund, der heute noch in Villa Fiorito lebt

Goyo lehnt sich in seinem Rattansessel zurück, streicht mit der Hand über seinen kahlen Schädel und ringt sich ein Lächeln ab. Er blickt auf das Haus gegenüber, sein Haus, in dem er seit seiner Geburt wohnt und in dem drei Generationen seiner Familie gelebt haben und gestorben sind. Diego Borinsky, einen Journalisten der *El Gráfico,* hat er allerdings gebeten, ihn im Haus seines Sohnes zu besuchen, vor dem er jetzt sitzt. Es ist noch nicht fertig, aber der Patio ist größer als seiner.

Goyo fragt sich, ob er das Richtige tut. Jetzt zu sprechen. Die Aufmerksamkeit, die ihm wegen seiner engen Verbindung mit Diego Armando Maradona zuteilwurde, war ihm nie ganz geheuer. Ja, sie waren Freunde. Ja, er hatte *El Pelusa* zu dem Auswahlspiel mitgenommen, das seine steile Karriere begründete. Aber jetzt? Die Distanz zwischen ihnen ist so groß. Und sein eigenes Leben? Es ist die Geschichte von einem Jungen, der ein guter Spieler hätte werden können, es aber nicht ganz geschafft hat. Vielleicht konnte man dieser Geschichte noch etwas abgewinnen, aber sein späteres Leben als Erwachsener wollte er lieber für sich behalten.

Gregorio Salvador Carrizo, Goyo, ist klein, schmal und sieht älter aus, als er ist. Er wurde neun Tage vor Maradona geboren. Er und Diego gingen in unterschiedliche Schulklassen. Goyo lernte *El Pelusa* kennen, als dieser einen Ball vor sich her kickte. Der Ball bestand aus einem mit leeren Keksverpackungen gefüllten Beutel. Diego jonglierte damit auf einem kleinen Rasenstück, das mit einem Blumenbeet umfriedet war. Betreten strengstens verboten. Goyo rief ihm zu: »Gib mir den Ball!« Die beiden kickten, bis sie wieder in ihre Klassen gerufen wurden. Nach der Schule traf Goyo Diego am Bahnhof, und sie kamen ins Gespräch.

»Wo wohnst du?«

»Auf der Calle Azamor«, antwortete Diego.

»Ah, nur ein paar Straßen von unserem Haus entfernt.«

»Wir gehen bolzen, mit meinem Vater, kommst du mit?« Von diesem Moment an waren sie unzertrennlich.

»Auf welchem Platz?«, fragte Goyo.

»Auf dem *Potrero*.«

Nun, weil Kühe und Pferde darauf standen und jemand das Areal mit Draht umzäunt hatte, hätte man denken können, es sei nicht erlaubt. Niemand hatte jemals jemanden hier spielen sehen. Und obendrein war das Gras sehr hoch. Aber Diego erklärte, wenn man das Gras niedertrampeln würde, wäre es prima. Aus Schilfrohr könne man ein Tor bauen.

Heute gibt es einen Bolzplatz fünfzig Meter von Goyos Haus entfernt. Wenn es regnet, ist es eine einzige Schlammwüste, übersät mit rostigen Dosen, genau wie der Weg, der dorthin führt. Ein Symbol für ein Leben, in dem man es mit Problemen und Dreck zu tun hat. Der Platz wird von den Kindern des Viertels gern genutzt. Sie lernen dort, dass man vor allem zusammenhalten muss.

Maradona sagte einmal, in Villa Fiorito sei alles ein Kampf, und in den letzten fünf Jahrzehnten hat sich daran nicht viel geändert. Als er und Goyo klein waren, aß man, wenn es etwas zu essen gab. Und wenn nicht, dann verschwendete man keine Zeit damit, lange darüber zu sprechen. Da es kein fließendes Wasser gab, zogen Goyo und Diego oft los, um mit Kanistern Wasser aus der öffentlichen Zapfstelle zu holen. Ihre Turnschuhe trugen sie so lange, bis sie auseinandergefallen waren.

Nicht weit von Diegos Elternhaus war eine Klärgrube, in der alles Mögliche herumtrieb. Er war noch keine zehn, als er einmal hineinfiel und bis zum Hals in den Exkrementen versank, weil er einem Ball hinterhergejagt hatte. Einmal darin gelandet, suchte er weiter nach dem Ball und geriet tiefer und tiefer in die Scheiße. Wo war nur dieser verdammte Ball? Diegos Onkel zog den völlig versifften Jungen aus der Kloake. Goyo sorgte dafür, dass diese Geschichte nicht vergessen wurde.

El Lalo und *El Turco*, Diegos jüngere Brüder und frühe Sparringspartner auf dem *potrero* oder den Straßen von Villa Fiorito, lernten früh, dass das Leben unfair ist und man, wenn man klein ist, den Ball von den Großen nicht bekommt – von *El Goyo* und *El Pelusa* schon mal gar nicht. Die Maradonas waren seit jeher eine große, eher harmonische Familie. Seinen beiden Brüdern fühlte sich Maradona aber lange Zeit nicht verbunden, und der Kontakt zwischen ihnen brach ab. Das setzte ihm zu. *El Turco* wohnt in Neapel, *El Lalo* blieb in Argentinien. Der Tod der Eltern brachte die Geschwister einander wieder etwas näher, aber es blieb schwierig.

Sobald gespielt wurde, ging es Diego und Goyo ums Gewinnen, ganz gleich, ob sie Mannschaftskameraden waren oder in gegnerischen Teams spielten. Goyo war ein klassischer Neuner, beidfüßig, ausgestattet mit gutem Reaktionsvermögen und Auge für den Nebenmann, im gegnerischen Strafraum fackelte er nicht lange. Diegos Position war nicht so ganz klar. Er begann als Libero, weil er dann das ganze Feld vor sich hatte und das Spiel aufziehen konnte – er wollte immer der Chef auf dem Platz sein.

Goyo Carrizo spielte für die Argentinos Juniors. Ein Maurer aus Villa Fiorito, der in der Nähe des Argentinos-Stadions arbeitete, hatte ihn einst zu einem Testspiel mitgenommen. Als Goyo sich nach dem Spiel umzog, legte ihm Francis Cornejo, der gerade dabei war, eine neue Mannschaft der Acht- und Neunjährigen für den Verein zusammenzustellen, die Hand auf die Schulter: »Du bleibst«, sagte er zu Goyo. Ein paar Monate später sagte Goyo zu Francis, dass es in seiner Nachbarschaft einen noch besseren Spieler gäbe. »Wir sind eigentlich vollzählig«, sagte Francis, »aber bring ihn mal mit.«

Und so rannte Goyo aufgeregt zu Diego und erklärte ihm atemlos: »Sie brauchen noch Jungs. Komm am Samstag vorbei.« Diego lief zu seiner Mutter, die ihn weiterschickte: »Frag deinen Vater.« Also wartete er am Gartentor, bis sein Vater nach Hause kam. »Bringst du mich am Samstag hin?«, fragte er ihn. Don Diego, der nach einem langen Arbeitstag hundemüde war, antwortete nicht. Doch Diego ließ nicht locker. Am nächsten Tag bettelte er weiter, und die beiden gingen zu Goyo, um mit dessen Vater über Cornejos Mannschaft zu sprechen.

Auf dem Heimweg sagte Don Diego: »In Ordnung, ich bringe dich hin.« Am Samstag darauf regnete es, und als sie in Malvinas ankamen, wo das Testspiel stattfinden sollte, stellte sich heraus, dass der Austragungsort verlegt worden war. Sie mussten weiter zum Parque Saavedra fahren. Dazu brauchten sie zwei zusätzliche Tickets für die Fahrt, und Don Diego hatte kein Geld mehr.

Im Saavedra-Park steckte Francis Cornejo unter den Eukalyptusbäumen unterdessen ein Spielfeld ab, Sweatshirts dienten als Torpfosten. Don Diego hatte inzwischen einen Mann überredet, ihn und seinen Sohn in seinem Lkw mit zum Park zu nehmen. Sie kamen gerade noch rechtzeitig. Francis wies Diego Goyos Team zu – und erkannte sofort, dass die beiden hervorragend zusammenspielten. Francis musste nicht lange nachdenken. »Du bleibst«, sagte er zu Diego, wie er auch schon zu Goyo gesagte hatte, und Diego fühlte sich, als könne er »mit seinen Händen den Himmel berühren«.

Später erzählte Maradona, dass er mit seinem Vater den Bus der Linie 28 genommen habe, der die La-Noria-Brücke überquerte, um zurückzufahren. Die zwanzig Blocks von der Haltestelle bis nach Hause hätten sie zu Fuß zurückgelegt, schweigend, weil sie so glücklich gewesen seien. Aber so ist es nicht gewesen.

Francis hatte Zweifel, ob Diego tatsächlich schon acht Jahre alt war, und weil der Junge keinen Ausweis dabeihatte, fuhren sie mit dem Rastrojero-Pick-up von José Trotta – dem Vater eines anderen Jungen aus der Mannschaft – zu Diego nach Hause. Doña Tota musste die Geburtsurkunde vorzeigen. Erst danach bekam Diego grünes Licht für die Aufnahme ins Team. Es war der Beginn einer langen Reihe wundervoller Augenblicke für die Cebollitas.

Da Don Diego in den ersten Jahren, in denen sein Sohn in der Mannschaft spielte, immer lange arbeitete, brachte Goyos Vater die Jungs zum Training nach Malvinas und wieder zurück nach Villa Fiorito. Da er kein Auto hatte, brauchten sie fast zwei Stunden für einen Weg. Damit er noch ein Stück Pizza kaufen konnte, stieg er mit den Jungs oft ohne Fahrschein in Fiorito in den Zug, fuhr mit ihnen bis zur Haltestelle an der Alsina-Brücke und nahm erst von dort aus den Bus.

Auf dem Rückweg schliefen die Kinder meist ein. Wenn sie samstags ein Spiel hatten, übernachteten sie vorher manchmal bei Jorge Cyterszpiler, der in der Nähe des Argentinos-Stadions wohnte. Diego und Goyo hatten sich schnell mit ihm angefreundet. Jorge war in der Mannschaft so etwas wie ein Mädchen für alles. Für Diego wurde der junge Mann zu einer Art großer Bruder.

Goyo und Diego verstanden sich blind auf dem Platz. Francis Cornejo erinnert sich: »Sie machten Sachen, die in ihrem Alter nicht normal waren. Ihr Trainer nannte sie *Könige der Unberechenbarkeit*. Diego stoppte den Ball mit der Brust, legte ihn sich auf den Fuß und umdribbelte alles, was sich ihm in den Weg stellte. Er trug den Ball mehr oder weniger ins Tor. Einmal rannte Roberto Maino zu Diego, fiel ihm um den Hals und küsste ihn. Ich sagte zu ihm: ›Das sieht nicht gut aus, Roberto, du bist der Schiedsrichter!‹ Und er antwortete: ›Was er da gemacht hat, war Grund genug, das Spiel zu unterbrechen.‹«

Bei einer Kinderparty fiel Francis auf, dass die beiden Jungs tanzten, wie sie spielten, mit derselben Ausgelassenheit und überbordenden Freude, die die beiden Freunde auf dem Platz auszeichneten. Mit dieser Freude gewannen sie in den nächsten 136 Partien Spiel für Spiel.

Im September 1971 erschien in der *Clarín*, einer überregionalen argentinischen Tageszeitung, der erste Artikel über *El Pelusa*. In dem Artikel, in dem er fälschlicherweise »Diego Caradona« genannt wird, heißt es: »Der Zehnjährige erntete tosenden Beifall, als er während der Halbzeitpause der Begegnung Argentinos Juniors gegen Independiente sein einzigartiges Talent unter Beweis stellte und einige Tricks vollführte.« Daneben ein Foto, das Diego mit einem langen Pony und in einem viel zu großen T-Shirt zeigt.

Goyo spielte für die Tres Banderas, Diego für Estrella Roja, die Teams, wo ihre Väter jeweils spielten. Sie traten gegeneinander an, wenn sie in ihrem Viertel spielten, bei den Cebollitas kickten sie Seite an Seite. Für die beiden Freunde war das ihr Leben.

Gelegentlich sprangen sie bei Herrenmannschaften ein, obwohl sie erst 13 waren. Nach einem Unentschieden musste im

Elfmeterschießen die Entscheidung fallen. Der Trainer wollte Goyo als Schützen nominieren, doch der meinte: »*Pelu* ist ein besserer Elfmeterschütze.« Maradona versenkte das Leder, und die Mannschaft siegte. Die Spieler erhielten ein Preisgeld. Da gerade Vatertag war, kaufte Goyo seinem Vater eine Flasche Kaffeelikör. Don Diego liebte Gin, aber dafür reichte Maradonas Geld nicht. Goyo schenkte ihm, was er übrighatte.

Im August 1973 erschien der erste Artikel über die Cebollitas in der namhaften *El Gráfico*. »Diese Jungs machen mächtig Dampf«, schrieb Horacio del Prado darin.

»*Pelusa*, hol mir eine Flasche Soda«, bat Doña Tota ihren Sohn eines Nachmittags. »Komm mit, Goyo«, forderte Diego seinen Freund auf. Natürlich legten die beiden den Weg rennend zurück. Diego stolperte, fiel hin und riss sich an den Scherben die Hand auf. Die Wunde musste im Krankenhaus mit sieben Stichen genäht werden, Diegos Arm kam in eine Schlinge. »Du wirst einen Monat lang pausieren müssen«, sagte der Trainer zu Diego. Diego ließ den Kopf hängen: »Goyo, sag ihm, dass ich spielen will, wir werden den Titel holen«, bat Maradona den Freund unter Tränen. »Wie will er denn mit der Verletzung spielen?«, fragte sich Cornejo, als er Don Diego anrief, um die Sache zu klären. »Papa, bitte lass mich spielen. Ich werde auch mit niemandem zusammenstoßen. Ich will dabei sein, wenn wir den Titel holen.« Am Ende lief er tatsächlich mit dem Arm in der Schlinge auf. Die Cebollitas gewannen 7:0, Maradona erzielte fünf Treffer.

Mit 17 Jahren trainierte Goyo mit der ersten Mannschaft der Argentinos Juniors, ein Jahr nach Diegos Debüt. Als Spieler der Jugendnationalmannschaft, die unter César Luis Menotti Weltmeister wurde, sagte Diego zu Goyo voller Zuversicht: »El Flaco [der dünne Mann: Menotti] will dich!« Ein Agent versprach, ihn aus Villa Fiorito herauszuholen. Auch der Verein wollte ihn unterstützen und ihm eine Wohnung in der Nähe des Stadions mieten. Aber sie hatte nur ein Schlafzimmer, und er wollte seine Schwester und deren Kinder nicht allein lassen. Also blieb er in Fiorito, wo er Einladungen zu Spielen gegen Bargeld erhielt, meist 500 oder 1000 Pesos (umgerechnet und an heutige Verhältnisse angepasst etwa 6 bis 12 Euro). Die Disziplin aufzubringen, die nötig gewesen wäre, um Erstligaprofi zu werden, besaß er nicht. Irgendwann sollte Goyo für das dritte Team der Argentinos in Huracán auflaufen, verdrehte sich aber am Abend zuvor in einem Spiel, für das er bezahlt wurde, das Sprunggelenk und musste zu Hause bleiben. Ein anderes Mal saß er bei der ersten Mannschaft immerhin auf der Ersatzbank und stand kurz vor seinem Debüt, aber der Trainer wechselte ihn nicht ein. Und dann zog er sich 1981 eine schwere Verletzung zu. Er spurtete zur Seitenlinie und flankte. Sein Gegenspieler kam nicht rechtzeitig zum Stehen und sprang ihm ins Standbein. Der schwere Kreuzbandriss im Knie bereitet Goyo bis heute Probleme.

Maradona stand damals kurz vor seinem Wechsel von Boca zum FC Barcelona. Argentino wollte Goyo nicht mehr haben, und so brachte Maradona seinen alten Freund ins Fitnessstudio und organisierte ein sechsmonatiges Reha-Training für ihn.

Goyo spielte, bis er 30 war. Etwas anderes hatte er nicht gelernt. Für ihn bestand die Wahl nur zwischen Fußball und Fußball. Und danach? Ging er containern, durchwühlte den Müll nach Flaschen und Altpapier. Wenn er dabei ein wenig Kupfer fand, war das für ihn ein Fest.

Am Weltkindertag 1980 besuchte Diego Villa Fiorito mit Guillermo Blanco, im Gepäck eine Lkw-Ladung voller Spielzeug. Er nahm an einem Grillfest teil. Fiorito hatte zu jener Zeit etwa 50 000 Einwohner, und in den Straßen herrschte die gleiche Tristesse wie noch heute. Ein weiteres Mal soll Maradona mit einer Limousine an seinen Geburtsort zurückgekehrt sein und sich mit ein paar Männern im Fond einen Whisky genehmigt haben. Andere wiederum wollen gesehen haben, wie er eines Tages vor der Tramhaltestelle angehalten sei, um sein Autogramm in den Buchstaben »o« von Villa Fiorito zu schreiben. Am nächsten Morgen sei das Autogramm verschwunden gewesen, mit einer Stichsäge aus dem Schild herausgetrennt. Diegos letzte nachweisliche Stippvisite in Fiorito erfolgte 2005 im Rahmen einer Dokumentation über sein Leben von Emir Kusturica. Diego wurde von den Anwohnern dabei regelrecht zerdrückt.

Von diesen dokumentierten oder vermeintlichen Besuchen Maradonas in Fiorito bekam Goyo nichts mit. Er traf seinen Freund noch dreimal, nachdem dieser nach Europa gegangen war. Vor seinem Wechsel zum SSC Napoli trug *El Pelusa* seinem Cousin auf, Goyo anzurufen und ihn in sein Haus einzuladen, das immer voller Gäste war. Goyo war der Einzige, den Maradona in die Küche bat. »Pass auf dich auf, Goyo«, sagte er ihm. »Und wenn du irgendetwas brauchst, wende dich an meine Schwester Lili.« Aber Gregorio bat nie um etwas.

Während der Vorbereitungen zur WM 1994 hörte Goyo von Leuten aus der Nachbarschaft, dass Diego bei einer Prominentenparty so high gewesen sei, dass er sich vom Balkon hatte stürzen wollen. Goyo brachte in Erfahrung, wo Maradona trainierte, und fuhr dorthin, um mit ihm zu sprechen. Man wollte ihn jedoch nicht aufs Gelände lassen. Also schrieb er eine Nachricht und drückte sie jemandem in die Hand. »Bitte, gib das Diego!«, flehte er. Kurz darauf kam ein Van wild hupend durch das Tor gefahren. »Goyo, Goyo!«, rief der Fahrer. Es war *El Pelusa*. Die beiden Männer fielen sich in die Arme und weinten. Die beiden zogen sich in einen Raum zurück und blieben dort vier Stunden lang.

Schließlich sahen sich Goyo und Diego 1997 noch einmal von fern bei einer TV-Show zu Ehren von Maradona mit Überraschungsgästen aus allen Phasen seiner Karriere.

»Da sind wir nun, Señor«, sagte Goyo und schaute Diego Borinsky, den Journalisten, der gerade eingetroffen war, an. »Wir wohnen in demselben Haus, in dem wir immer gewohnt haben. Diego hat früher oft hier übernachtet. Und der Platz, auf dem wir mit den Tres Banderas, der Mannschaft meines Vaters, spielten, lag rechts davon. Aber das Grundstück wurde verkauft, und sie haben Häuser darauf gebaut …«

KAPITEL 4
Francis Cornejo und die Cebollitas

Francis Cornejo, genannt *El Negro* oder auch *El Zurdo*, war ein durchaus talentierter Spieler. Zu den Profis hatte er es nicht geschafft, aber auch nie das Gefühl gehabt, etwas verpasst zu haben. Es machte ihm nichts aus, im Hintergrund zu bleiben, und er liebte es, mit jungen Spielern zu arbeiten, ihre Fehler zu korrigieren, an ihrer Technik zu feilen und sie an die Hand zu nehmen. Viele von ihnen träumten davon, groß rauszukommen. 1969 stellte er für Argentinos Juniors eine Nachwuchsmannschaft mit unter Neunjährigen zusammen. Eigentlich hatte er seinen Kader schon zusammen, doch eines Samstags im März stieß noch ein Junge dazu.

An diesem Tag goss es in Strömen, und Cornejo stand kurz davor, das Training abzusagen. Schließlich verlud er seine Jungs auf den Pick-up seines Freundes und Assistenten José Trotta und fuhr mit ihnen in den ein paar Blocks entfernt gelegenen Parque Saavedra, um dort zu trainieren und den Platz in Las Malvinas zu schonen. Ein kleiner Junge in langen, hellbraunen Hosen, ausgetretenen Turnschuhen und einer ausgeblichenen grünen Jacke, aus der er sich bereits herausschälte, als er auf die Gruppe zugerannt kam, wartete schon.

Francis ließ seine Jungs in der großen Parkanlage 9 gegen 9 antreten (vielleicht auch 8 gegen 8, ganz genau erinnert er sich nicht mehr daran). Diego stellte sich wie selbstverständlich ins Mittelfeld, ohne etwas zu sagen und ohne jemanden zu fragen. Die ganze Zeit über sagte er kaum etwas, dafür tat er Dinge, zu denen nur wenige in der Lage sind. Er stoppte einen Pass mit dem linken Fuß und chippte ihn lässig über den Gegner.

»Er kann unmöglich schon acht sein. Es sei denn, er ist ein Zwerg«, sagte Cornejo zu seinem Assistenten José Trotta.

Wer als Spieler erfolgreich sein will, muss sowohl das geistige als auch das körperliche Rüstzeug dafür mitbringen. Ein paar Tage nach dem Training ging Cornejo mit dem Jungen zu Dr. Roberto Paladino. Der empfahl eine Gewichtszunahme. Der Junge sei gesund, aber ein wenig mager. Er gab ihm ein paar Nahrungsergänzungspräparate.

El Pelusa stieg sofort in die erste Mannschaft ein, ohne Anpassungs- und Durchsetzungsprobleme. Und dort blieb er auch, mit gelegentlichen Ausnahmen. Einmal meldete er ihn für ein Spiel gegen das Juniorteam der Boca Juniors, einer der angesehensten Nachwuchsmannschaften des Landes und ein Tummelplatz für neue Talente, unter dem falschen Nachnamen Montanya an und setzte ihn erst einmal auf die Ersatzbank. Boca Juniors ging schnell mit 3:0 in Führung, doch dann betrat der kleine Zauberer die Bühne. Er verwandelte die gesamte Mannschaft, wendete das Spiel mit einem Doppelpack und verhalf dem Team zum Ausgleich. Der Trainer der Bocas fasste diese Strategie prägnant zusammen, als er nach dem Spiel zu Cornejo ging und sagte: »Du hast die Maradona-Karte ausgespielt, du Mistkerl!«

»Sein Talent ist angeboren«, glaubt Signorini. »Maradona folgt seinen Instinkten und dribbelt sich durchs Leben.« Schon mit acht »machte er Verteidiger der Reihe nach nass«, wie Cornejo sich ausdrückte. Und er tat Dinge, die man von jemandem seines Alters nicht erwartet hätte: Er konnte abrupt stoppen, seine Gegenspieler ins Leere laufen lassen, nutzte jeden Freiraum für geniale Schachzüge.

Wenn ein Spieler ein so überragendes Talent an den Tag legt, spielen seine Mannschaftskameraden ihm den Ball gerne zu. Maradona wusste, dass er mehr konnte als andere, ohne dadurch übermütig zu werden oder weniger Einsatz zu zeigen. Ganz im Gegenteil, er war immer mit großem Eifer dabei. Und er wusste, dass er in einer guten Mannschaft spielte. Diego, Goyo und die anderen waren unersättlich, sie liebten es zu gewinnen, selbst im Training, und genau diese Mentalität, diesen unbedingten Siegeswillen, förderte Francis. Nach dem Fitnesstraining gab es immer ein kleines Spielchen, bei dem den Gewinnern eine Cola, ein Sandwich oder an heißen Tagen auch schon mal ein Eis winkte.

Es kam zu wilden Zweikämpfen zwischen zwei Gegnern auf Zeit, die später, auf dem Weg ins Kino oder zum Angeln, wieder lebhaft miteinander diskutierten und lachten. Cornejo beschäftigte die Jungs, bereitete sie auf den Wettkampf vor und lehrte sie, ein Team zu sein. Er kaufte Diego seine ersten Fußballschuhe von Fulvence, die damals angesagt und – was noch viel wichtiger war – extrem strapazierfähig waren. Als sie völlig zerschlissen und zerkratzt waren, schenkte Diego sie Don José, der sie bis heute aufbewahrt.

Diego beachtete und befolgte Cornejos und Josés Anweisungen auf dem Platz, aber er brachte auch eigene Schusstechniken ein, spielte zielgenaue Pässe und dribbelte zum Spaß. Er mochte es, Spiele und Spielzüge ausführlich mit seinen Trainern und Mitspielern zu besprechen. Dabei verhehlte er nicht seine Bewunderung für Ricardo Bochini von Independiente. Dessen Balläufe und Dribblings wollte er nachahmen.

Wenn sich Goyo und die anderen nach dem Training umzogen, blieb *El Pelusa* oft noch auf dem Platz, um Elfmeter zu trainieren, an seiner Schusstechnik mit rechts zu feilen – obwohl er schon eine absolute Rakete war – oder sein Kopfballspiel zu verbessern. Cornejo versuchte ihm beizubringen, wie er Freistöße mit seinem stärkeren linken Fuß ausführte, aber letztlich konnte Diego das besser für sich allein austüfteln.

Schon bald zeigten sich körperliche Veränderungen. Diego strotzte nur so vor Energie. Er fand seinen Platz in der Mannschaft – als Halblinker mit der Nummer 10 –, erarbeitete sich aber nach und nach die Freiheit, den gesamten Platz zu nutzen. Im Alter von zehn Jahren sah er Passwege, die kein anderer erkannte, mit elf wagte er sich an seine erste Rabona-Flanke, die er Goyo zuspielte. Er übertrieb es jedoch selten mit seinen Tricks, gab mit seinen Fähigkeiten nicht an, sondern nutzte sie sinnvoll. Lieber passte er den Ball zu einem Mitspieler, der auf einer besseren Position stand, als selbst aufs Tor zu schießen.

»Gib *Pelu* mal ein Ei, Mama«, bat Daniel Delgado, ein weiteres vielversprechendes Zwiebelchen. Diego kickte den rohen Ballersatz mit spielerischer Leichtigkeit durch die Luft. Beim Versuch, es ihm nachzutun, zerbrach Delgado in den kommenden Tagen Dutzende Eier.

»Ich fing an dem Tag an zu träumen, an dem ich zum ersten Mal mit Argentinos Juniors trainierte«, sagte Diego. »Als ich erkannte, dass ich die besten Spieler mit links ausspielen konnte, wusste ich, dass mir der Fußball ein besseres Leben versprach, aber ich habe keine Show daraus gemacht. Und eins ist klar: Vieles verdanke ich meinem Vater. Er hat vor jedem Spiel meine Schuhe poliert. Die Schuhe der anderen sahen erbärmlich aus: Sie waren versifft, mit Dreck verkrustet … Mein Vater half mir zu glänzen.«

»Mit *El Pelusa*«, so Cornejo, »ging die Mannschaft ab wie eine Rakete.« Der alte Mann, der Maradona im Parque Saavedra sein Fahrrad schenkte, blieb nicht der einzige Fan. Trainer, Anhänger und Spieler unterschiedlicher Mannschaften behielten die Cebollitas im Auge, die von Teams aus ganz Argentinien eingeladen wurden. Mancherorts wurde die Mannschaft mit Sprechchören willkommen geheißen, erinnerte sich Mauro Mongiardini, der ebenfalls bei den Cebollitas spielte. 1971 hatte das Team sein erstes Spiel außerhalb Argentiniens, in Uruguay. Diego konnte nicht mitfahren, weil er seine Papiere vergessen hatte. Mehr und mehr unbekannte Gesichter tauchten auf, um sich ihre Spiele anzusehen, darunter auch Talentscouts anderer Mannschaften.

Der Fußball kann ungeahnte Möglichkeiten eröffnen, eine völlig neue Welt erschließen, voller Ruhm und Ehre, in der aber auch Versagen und Absturz drohen. Diego wurde in Manndeckung genommen, und weil er so flink und wendig war, wussten die Abwehrspieler sich nicht anders zu helfen, als sich mit überhartem Tackling gegen ihn zur Wehr setzen. Die gegnerischen Fans warfen ihm alles Mögliche an den Kopf, und *Chitoro* geriet nicht selten mit dem ein oder anderen von ihnen aneinander. Diego aber beschwerte sich nie. Es gelang ihm, die Provokationen einfach zu ignorieren – damals zumindest. Außerdem fiel es ihm leicht, die Menge mit einem seiner Kabinettstückchen auf seine Seite zu bringen.

Das Unvermeidliche ließ nicht lange auf sich warten. An einem Samstag im Jahr 1971 wurde Maradona von einem großen, langsamen Spieler gedeckt. Als der Verteidiger in der zweiten Halbzeit dem Ball hinterhersprang, trat er mit seinem gestreckten Bein in

Diegos rechtes Standbein. Es war seine erste ernste Verletzung, und Maradona hatte Tränen in den Augen. Sein Knie schwoll an, und eine Stunde später hatte er 40 Grad Fieber. Am nächsten Morgen musste er ins Krankenhaus. Das Knie wurde punktiert und das schwarze Blut aus der Wunde geholt. Während der Genesung durchlief Diego die typischen Phasen von Wut über Ungeduld bis hin zu Angst vor erneuten Zweikämpfen. Am Ende war die Verletzung aber vergessen.

Offiziell wurden die Cebollitas übrigens erst 1973 gegründet, im Rahmen der Trofeo Evita. Zwar habe ich die Mannschaft bisher so genannt, tatsächlich trug sie den Namen zuvor aber nicht. Noch am Tag der Anmeldung zur Trofeo wollte Cornejo sie eigentlich Argentinos Juniors nennen, doch während er anstand, um das entsprechende Formular abzugeben, hörte er die Namen der Konkurrenzteams: Villa Tachito, Los Soles, Lucero. Die Spieler seiner Mannschaft, die alle Jahrgang 1960 waren, schienen jünger zu sein als alle anderen. Geben wir ihnen einen Namen, der klein klingt, dachte Cornejo. »Les Cebollitas«. Die eingerahmte Anmeldeurkunde zierte später eine Wand im Haus von José Trotta.

Den Wettbewerb schlossen die Zwiebelchen als Zweitplatzierte ab. Diego war nach der Niederlage im Finale am Boden zerstört. Nach einem Lauf von 136 Siegen in Folge (oder 142 bzw. 151 – je nachdem, mit wem man spricht) fiel es ihm ungeheuer schwer, diesen seltenen Misserfolg zu akzeptieren. Wenn man so selten verliert, hat jede Niederlage etwas von einem kleinen Tod. »Er war total niedergeschlagen und fühlte sich schuldig«, erinnerte sich Francis.

Maradona erzielte auf dem Turnier einen denkwürdigen Treffer gegen River Plate, bei dem er an sieben Gegenspielern (eventuell waren es auch acht oder nur sechs) vorbeidribbelte. Das Interesse an ihm wuchs stetig. Auf Regionalebene war er schon so berühmt, dass er einen Auftritt in dem beliebten Familienprogramm *Sábados Circulares* bekam, in dem er die Tricks vorführte, die er auch in der Halbzeitpause im Argentinos-Stadion immer noch zum Besten gab. »Ich habe zwei Träume«, sagte er in die Kamera. »Der erste ist, an der WM teilzunehmen, der zweite ist, den Meistertitel zu holen und alles, was danach kommt [mit Argentinos Juniors].«

»Es mag verrückt klingen, aber Diego kapierte es«, sagte Cornejo. »Wenn Maradona auf eine Veranstaltung ginge, in einem weißen Anzug, würde er einen schmutzigen Ball, der auf ihn zuflöge, mit der Brust stoppen.« Das ist für Cornejo Fußball in Reinkultur, wenn die Kontrolle über den Ball wichtiger ist als alles andere. Diego, dessen Leben sich schon als Teenager nur um sein Training und das nächste Match drehte, durchlebte eine Phase seines Lebens, an die er sich später gerne und voller Sehnsucht zurückerinnerte.

Um es als Profi bis in die Königsklasse zu schaffen, muss man bestimmte Voraussetzungen mitbringen. Man braucht eine Familie, die hinter einem steht und begreift, welche Möglichkeiten der Fußball bietet, außerdem Mentoren und Trainer, das richtige kulturelle und nationale Umfeld sowie einen passenden Verein. Und das war Argentinos Juniors, der Klub, der talentierte junge Kicker aus der Region suchte.

Der 1904 von einer Gruppe junger, sozialistisch-anarchistisch gesinnter Männer gegründete Verein stammt aus La Paternal, einem bescheidenen Arbeiterviertel in Buenos Aires, in dem jeder jeden kennt. Der Klub unterhält eine der renommiertesten Fußballschulen des Landes, und seit 1979 wird jedes Jahr mindestens einer der Nachwuchsspieler in die erste Mannschaft aufgenommen.

Mit 13 konnte man als Fußballer allerdings noch keine Familie ernähren – zumindest damals nicht. Diego wurde nur für einzelne Spiele angeheuert, in denen er mit älteren Spielern auflief – und nur für diese Partien wurde er bezahlt. Daher musste er sich einen Job suchen. Fündig wurde er bei einem Desinfektionsmittelhersteller. Um 7 Uhr nahm er den Bus zur San-Martín-Brücke. In der Fabrik drückte man ihm Beutel voll Kakerlakengift in die Hand, das er in verschiedenen Gebäuden etagenweise auf Treppenrosten und in Ecken ausstreuen musste.

Und die Schule? Die schien ein Hindernis für *El Pelusas* unaufhaltsamen Aufstieg zu sein. Eines Nachmittags fuhr José Trotta, der Assistenztrainer, nach Fiorito, um mit Diegos Lehrer zu sprechen. Der bestätigte, dass Diegos Präsenz und Leistungen zu wünschen übrigließen. Oft ging er gar nicht zur Schule, und wenn er kam, hatte er immer nur Fußball im Kopf. Was immer auch bei diesem Treffen besprochen wurde – die Details gelangten nie an die Öffentlichkeit –, Diegos Fehlstunden wurden danach nie wieder erwähnt, und er schloss die Grundschule ohne weitere Zwischenfälle ab.

An Spieltagen tauchte in Las Malvinas immer öfter ein Junge aus La Paternal auf, der seit frühester Kindheit an Kinderlähmung litt. Sein Bruder Juan Eduardo hatte auch einmal für Argentinos gespielt, war jedoch früh an einer Krebserkrankung gestorben. Jorge Cyterszpiler, der nicht nur mit seinem komplizierten Namen, sondern auch mit seiner kompakten Statur und seiner ungeheuren Haarfülle Aufsehen erregte, entdeckte seine Liebe zum Fußball wieder, als er den fast zwei Jahre jüngeren Diego kennenlernte. Er freundete sich mit den Spielern an, kam mit ihnen zum Training, fuhr mit den Cebollitas auf der Ladefläche des Pick-ups mit, feuerte sie bei ihren Spielen an, ging mit ihnen spazieren und machte allerlei jugendlichen Unfug mit ihnen.

Darüber hinaus lernte Cyterszpiler aus dem, was er hörte. Vertreter mehrerer Vereine hatten versucht, die Maradonas zu einem Teamwechsel ihres Sohnes zu überreden. Zuerst sprach der Vorsitzende von Racing Don Diego an, doch ohne Erfolg. River Plate gingen die Abwerbung offensiver an. Ein ehemaliger Spieler des Vereins sprach *Chitoro* an, während Francis mit der Mannschaft trainierte, und bot ihm eine größere Summe für den Wechsel seines Sohnes an. Es muss ein nicht unbeträchtlicher Betrag gewesen sein, denn anders als sonst lehnte Don Diego das Angebot nicht sofort ab, sondern dachte darüber nach und sprach auch mit seiner Frau, den Eltern anderer Spieler und zu guter Letzt mit Cornejo darüber.

»Um es kurz zu machen: Ich denke, dass Argentinos Juniors die Wiege und das Sprungbrett für Diegos Fußballkarriere sind«, erklärte ihm der Trainer. Der 13-jährige Diego saß neben den beiden auf dem Boden. Mit gebrochener Stimme bat er seinen Vater, »bei Don Francis bleiben« zu dürfen. Es folgte Stille. Don Diego runzelte die Stirn, alle blickten ihn erwartungsvoll an.

»Das Maradona-Phänomen stand dem Vater in alle Furchen seines faltigen Gesichts und seiner rissigen Hände geschrieben«, meint

Fernando Signorini. »In anderen Familien aus Fiorito hätte der Vater den Sohn grün und blau geprügelt, wenn der nicht mit ihm zur Arbeit gegangen wäre. Er jedoch sah, dass Diego eine glänzende Zukunft vor sich hatte, und war entschlossen, ihm zu helfen.«

Damals war es natürlich Don Diego, der die wichtigen Entscheidungen fällte.

»Okay, du bleibst bei Francis«, sagte er. Möglicherweise war es seine letzte Entscheidung für die Karriere seines Sohnes gewesen.

1974 wurden der 14-jährige Maradona und der Rest seiner Mannschaft zu den Besten ihrer Altersgruppe gekürt. Im darauffolgenden Jahr, kurz vor seinem Debüt in der ersten Mannschaft, besorgte ihm der Verein eine Wohnung in Villa del Parque, die nah am Vereinsgelände lag und über Strom und fließendes Wasser verfügte, sodass er, seine Eltern und seine Geschwister nun über deutlich mehr Wohnkomfort verfügten. Die Familienhierarchie war auf den Kopf gestellt: Der Sohn brachte die Brötchen nach Hause und hielt sein und das Schicksal der Familie in den Händen.

Sieben Jahre später schenkte Diego Armando Maradona das Trikot, das er bei seinem Abschiedsspiel von Argentinos getragen hatte, Francisco Cornejo, den alle Francis nannten.

Maradonas Jugendtrainer starb 2008 im Alter von 76 Jahren im Bancario-Krankenhaus in Buenos Aires an Leukämie.

KAPITEL 5
Debüt in der ersten Liga

1972, Halbzeitpause im Spiel Argentinos Juniors vs. Boca Juniors. Der elfjährige Diego betritt den leeren Rasen, und während der nächsten 15 Minuten führt er Kabinettstückchen mit dem Ball vor, ohne dass dieser ein einziges Mal den Boden berührt. Eine Show, die er regelmäßig bietet und mit der er die Zuschauer immer wieder aufs Neue begeistert.

1974 werden die Cebollitas nicht nur argentinischer Meister in ihrer Altersklasse, sie gewinnen auch die Trofeo Evita, einen nationalen Wettbewerb, der in Embalse ausgetragen wurde (und nicht in Río Tercero, wie in Maradonas Autobiographie fälschlicherweise behauptet wird). Danach verabschiedete sich die Mannschaft von Trainer Francis Cornejo, das Team ging in der U-14 der Argentinos Juniors auf, der jüngsten Altersklasse, in der Spieler beim argentinischen Fußballverband registriert werden konnten.

Jorge Cyterszpiler war inzwischen zum Mannschaftskoordinator aufgestiegen. Freitags, wenn Diego bei ihm an der Calle San Blas in der Nähe des Stadions übernachtete, spielten sie Scrabble oder schauten fern. Eines Nachmittags ging Cyterszpiler mit Diego in die Redaktion der *El Gráfico*, der größten Sportzeitschrift Argentiniens. Jorge wollte, dass die *El Gráfico* über die Mannschaft schrieb, vor allem aber wollte er, dass das Magazin über Diego berichtete und ihn auf die Titelseite brachte.

Seine Initiative zahlte sich aus. Die Zeitschrift schickte einen Journalisten samt Fotografen zu einem der Argentinos-Spiele. Zum ersten Mal in ihrer Geschichte berichtete die *El Gráfico* über einen Spieler aus einer der unteren Ligen – so beeindruckend waren Diegos Fähigkeiten. Im Gegenzug musste Jorge dem Magazin versprechen, dass es die Exklusivrechte an einem Bericht über Diegos Debüt in der ersten Liga bekam, das aller Voraussicht nach in Kürze bevorstand.

Noch mit 14 lief er bei insgesamt fünf Spielen mit der U-16 auf. »Das Warten hat bald ein Ende«, erklärte Jorge der *El Gráfico*. Inzwischen schrieb man das Jahr 1975, und die Voraussetzungen waren perfekt. Die Profispieler streikten, sie verlangten bessere Bezahlung und bessere Arbeitsbedingungen. Die Nachwuchsspieler mussten einspringen. Für Argentinos Juniors stand ein entscheidendes Spiel im Titelkampf gegen River Plate an. Austragungsort war das Stadion von Club Atlético Vélez Sarsfield, ein ebenfalls in Buenos Aires beheimateter Verein. »Vielleicht ist es schon heute so weit«, ließ Cyterszpiler das Magazin wissen.

Diego wurde für das Spiel ausgewählt – allerdings nur als Balljunge. Ein Vorstand von Argentinos, der die Partie im Stadion verfolgte, entdeckte Diego am Spielfeldrand, wo er auf einem Ball saß. Von den Rängen rief er zu ihm herab: »Diego, was machst du denn da? Wie willst du diesen Eseln auf dem Spielfeld den Ball zuspielen, wenn du nur rumhockst? Los, rauf aufs Feld, zeig ihnen, wie man Fußball spielt!« Diego lachte.

Die meisten Teenager sind eingeschüchtert, wenn sie Abweisung erfahren und vor verschlossenen Türen stehen. Nicht so Diego. Ihm begegneten zahlreiche Herausforderungen, aber er setzte alles daran, sie zu bewältigen. Er sollte an einigen Freundschaftsspielen für die dritte Mannschaft der Argentinos Juniors teilnehmen. Kurz zuvor war Juan Carlos Montes als Trainer für die erste Mannschaft eingestellt worden. Er sollte wieder Ordnung ins Team bringen und das kenternde Schiff bis zum Ende der Saison sicher in den Hafen steuern. Montes lud Diego ein, mit der Mannschaft zu trainieren. Trainingsort war der Platz des Club Comunicaciones, eines Vereins in Buenos Aires. Ricardo Pellerano, der Kapitän der ersten Mannschaft, wärmte sich gerade mit seinen Teamkollegen auf, als Diego zu ihnen stieß: »Er war viel zu dick angezogen und schwitzte ziemlich.« Zusammen mit drei anderen Nachwuchsspielern zog er sich in der Kabine für das Training um.

Als sie auf den Platz kamen, fiel Pellerano der kleine Kerl mitten auf dem Spielfeld sofort auf. Der erfahrene Profi musterte ihn amüsiert. Was dann jedoch passierte, blieb dem Kapitän in bleibender

Erinnerung. Diego stürmte mit dem Ball in hohem Tempo über den Platz, stoppte abrupt, und noch bevor irgendjemand reagieren konnte, spurtete er weiter. Seine Gegenspieler ließ er weit abgeschlagen hinter sich.

»Er haute mich völlig von den Socken«, sagt Pellerano. »Es gab Spieler, die ihn nicht mochten und die kein gutes Haar an ihm ließen. Aber ich sagte ihnen: ›Wir werden uns um ihn kümmern. Ich habe den Eindruck, dass er anders ist als wir ... und es kann sein, dass wir ihn brauchen werden.‹«

Das Training dauerte 90 Minuten, aber Montes war schon nach fünf Minuten klar, was für ein Ausnahmetalent er auf dem Platz hatte. Er erklärte Diego, dass er aufgrund seines Alters – er war inzwischen 15 – vorerst weiter für die dritte Mannschaft spielen müsse, aber gelegentlich auch in die erste berufen werde. Wenig später reiste die dritte Mannschaft mit der ersten für ein paar Freundschaftsspiele nach La Plata. Als Diego aus dem Bus stieg, ließ Montes ihn wissen, dass er beim nächsten Spiel als Ersatzmann für die erste Mannschaft dabei sein werde. Zuerst bekam er fünf Minuten Spielzeit im Match gegen Estudiantes, dann eine halbe Stunde beim Spiel gegen Atlanta. Bis zum offiziellen Debüt konnte es also nicht mehr lange dauern.

Im September 1976 hatte die U-18-Mannschaft ein wichtiges Spiel gegen Vélez, und man bat Diego um Unterstützung. Der Schiedsrichter machte sich bei dieser Begegnung durch ein paar fragwürdige Entscheidungen nicht gerade beliebt. Diego konnte sich eine spitze Bemerkung nach dem Abpfiff nicht verkneifen. »Sie sind ja ein echtes Ausnahmetalent. Sie sollten mal ein paar Länderspiele pfeifen.« Sein Zynismus wurde mit einem strengen Blick erwidert, aber bevor er in die Kabine ging, legte er noch einmal nach: »Sie sind eine echte Katastrophe!« Obschon das Spiel bereits abgepfiffen war, kassierte er für seine Respektlosigkeit eine rote Karte – und war damit für die nächsten fünf Spiele gesperrt. Der Meteorit war auf seiner Flugbahn empfindlich gestört worden.

Ein paar Wochen später erfuhr Jorge Cyterszpiler eines Montags von Juan Carlos Montes, dass Diego am darauffolgenden Mittwoch sein Debüt beim Heimspiel der Argentinos gegen Talleres de

Córdoba im La-Paternal-Stadion geben dürfe, falls er am Dienstag beim Training überzeugen würde. Diego ahnte nichts von dieser Entwicklung. Vierzehn Monate war es her, seit Jorge der *El Gráfico* vom möglichen Einstand des Wunderkinds beim Spiel gegen River Plate erzählt hatte. Obschon er also schon einmal falschen Alarm geschlagen hatte, rief er erneut in der Redaktion an, und die Verantwortlichen erklärten sich bereit, die Deadline für ihre nächste Ausgabe nach hinten zu verschieben, um einen Bericht über das Spiel mit hineinnehmen zu können.

Diego machte sich sofort auf nach Villa Fiorito. Der Verein hatte für die Maradonas zwar eines der berüchtigten argentinischen *chorizo*-Apartments angemietet, die ihren Namen den langen, schmalen, würstchenförmigen Gebäuden verdanken, in denen sie sich befinden. Die nebeneinanderliegenden Wohneinheiten erreicht man über einen schmalen Gang, der außen am Gebäude vorbeiführt. Das Apartment der Maradonas lag an der Calle Argerich in Villa del Parque, nur wenige Blocks vom Argentinos-Stadion entfernt. Aber die Familie lebte mit all ihrem Hab und Gut immer noch in Villa Fiorito, darunter auch Mamá Dora, Diegos Großmutter, die keinerlei Interesse daran hatte, das Elendsquartier zu verlassen, und die nur mit einem Trick zu einem Umzug bewegt werden konnte.

Diego konnte vor Aufregung kaum sprechen, als er seiner Mutter von seinem bevorstehenden Debüt erzählte. Doña Tota fing an zu weinen, als sie davon hörte, und fiel ihrem Sohn um den Hals. Don Diego wandte seinen Blick ab und biss sich auf die Lippe. Daraufhin wischte sich Doña Tota die Tränen ab und schimpfte: »Schäm dich! Hast du nicht mitbekommen, dass dein Sohn für die erste Mannschaft spielen wird?«

»Kannst du dir das vorstellen …?«, erinnerte sich Diego später. »Es dauerte nur zwei Sekunden, bis ganz Fiorito davon wusste.«

El Pelusa erzählte es seinem Cousin Raúl und ging dann zu dem Menschen, der ihm seinen ersten Fußball geschenkt hatte: seinem geliebten Cousin Beto. Raúl und Beto hatten Diego gerne bei seinen Spielen mit der Jugendmannschaft zugesehen, sofern sie genug Geld für eine Fahrt mit dem *colectivo*-Bus zum Stadion aufbringen konnten. Jetzt lagen sich Beto und Diego in den Armen und konnten gar nicht aufhören zu weinen. In diesem Moment wurde Diego bewusst, welche Auswirkungen sein Spiel auf andere hatte. Er begriff, dass etwas Großes bevorsteht.

Don Diego musste an dem Mittwoch im Oktober, an dem sein Sohn sein Debüt bei der ersten Mannschaft von Argentinos gab, arbeiten. Er hatte darum gebeten, früher Schluss machen zu dürfen, um sich das Spiel ansehen zu können, wartete aber noch auf eine Rückmeldung. Diego musste also allein zum Stadion fahren. Obwohl es an diesem Tag heiß und schwül war, trug er ein weißes Hemd und die einzige lange Hose, die er besaß: eine türkisfarbene Cordhose mit Schlag, wie Gauchos sie im Winter tragen.

Doña Tota begleitete Diego zur Tür. »Ich werde für dich beten, mein Sohn«, sagte sie.

Durch die offene Bauweise der *chorizo*-Häuser war es von einigen Fenstern aus möglich, in andere Wohnungen hineinzublicken. Claudia wohnte im gleichen Gebäude wie Diego und konnte ihn sehen, wenn er zum Training ging. »Ich tat so, als würde ich nicht bemerken, wenn sie mich beobachtete, aber ich hatte sie immer heimlich im Blick. Die ersten acht Monate habe ich sie jedoch zu nichts ermutigt«, schrieb er über 25 Jahre später in seiner Autobiographie, und so wurde aus seiner ursprünglichen Faszination für das Mädchen in der gelben Hose eine Geschichte, in der er das Objekt der Begierde ist.

Diego nahm zuerst den Zug und fuhr dann mit den Bussen 44 und 135 zum Stadion. Auf dem Weg dorthin traf er bereits einige andere Argentinos-Spieler. Die Mannschaft traf sich im El Rincón de los Artistas, einem Restaurant an der Ecke Av. Álvarez Jonte und Av. Boyacá in der Nähe des Stadions. Diegos neue Teamkollegen tauschten erstaunte Blicke, als sie den Neuen in seiner Cordhose erblickten. »Sie dachten: *Der Kerl hat sich gründlich im Outfit vergriffen.* Aber … so etwas wie Outfits besaßen wir damals gar nicht!«, erinnerte sich Maradona Jahre später.

Nach Montes' Mannschaftsansprache und der Taktikbesprechung gab es für das Team Steaks mit Kartoffelpüree. Die Spieler munkelten etwas von einem Siegbonus, und Diego dachte: *Dann wird der*

Auswechselspieler sicher auch etwas bekommen, und wenn ich aufs Feld darf, gibt es bestimmt noch etwas mehr. Er rechnete ein wenig herum. *Ich werde mir ein paar neue Hosen kaufen,* beschloss er. Nach dem Essen machte sich die Mannschaft zu Fuß zum La-Paternal-Stadion auf. Um 14 Uhr waren sechs Journalisten der *El Gráfico* vor Ort, darunter Héctor Vega Onesime, der den Spielbericht verfassen, und der Fotograf Humberto Speranza, der Aufnahmen machen sollte.

Spielbeginn war am frühen Nachmittag. Im Verlauf des Tages wurde es zunehmend wärmer, und die Luftfeuchtigkeit stieg. Die Zuschauer suchten sich ein schattiges Plätzchen, während sie darauf warteten, dass das Stadion geöffnet wurde. Zahlreiche Talleres-de-Córdoba-Fans saßen auf dem Bürgersteig und ließen Weinflaschen kreisen. Sie waren ganze 700 Kilometer von Córdoba aus angereist, um ihre Mannschaft anzufeuern. Aber es waren auch andere Interessierte da. Die Schar der Fans war ungewöhnlich groß. Womöglich hatte es mit dem vom Trainer in Umlauf gebrachten Gerücht zu tun, dass an diesem Tag ein ganz besonderer Spieler auflaufen würde. Der argentinische Fußballverband (AFA) zählte offiziell 7737 Zuschauer bei diesem Spiel. Möglicherweise waren aber mehr Fans im Stadion, denn viele schlichen sich ohne Ticket auf die Tribünen. Doch wie viele Zuschauer es auch gewesen sein mögen, die Zahl derer, die später behaupteten, an diesem Tag dabei gewesen zu sein, wird immer um einiges höher liegen.

Wie der Journalist Diego Borinsky herausfand, zählte auf jeden Fall der argentinische Nationaltrainer César Luis Menotti zu den Stadionbesuchern. Ein paar Tage zuvor hatte Montes sich mit ihm verabredet und ihm von einem 15-Jährigen vorgeschwärmt, der ein absoluter »Crack« (Champion) sei. Halb scherzhaft hatte der Nationaltrainer drauf geantwortet: »Na, wenn er wirklich so ein ›Crack‹ ist, warum holst du ihn dann nicht in die erste Mannschaft?«

»Genau darum habe ich mich heute mit dir getroffen«, hatte Montes entgegnet. »Am Mittwoch hat er sein Debüt.«

»Hey, Diego, dein Alter ist da«, brüllte jemand, als die Spieler auf den Platz kamen. Maradona quittierte diese Information mit einem dankbaren Lächeln.

»Als wir die Kabine betraten, war mir, als könne ich mit der Hand den Himmel berühren«, erinnerte sich Diego. Er war Teil des 16-köpfigen Kaders und trug auch das Trikot mit der Nummer 16. Voller Ehrfurcht hielt er es hoch, bevor er es anzog, sanft und geradezu liebevoll. Er versank fast darin, als er es überstreifte, sodass seine kleinen Beine noch kürzer und schmaler erschienen, als sie ohnehin schon waren. »In der Kabine, beim Aufwärmen, der Trainer hält eine Ansprache … man weiß nicht, ob man sich jetzt die Schuhe zuschnüren soll oder … es war alles neu für mich. Völlig neu.« Er war glücklich und angespannt zugleich, als er zum Warm-up auf den Platz und wieder zurück in die Kabine ging. Kurz darauf saß er schon auf der Ersatzbank – möglichst weit vom Trainer entfernt – und wartete.

Talleres de Córdoba dominierten die erste Halbzeit und gingen nach 27 Minuten in Führung. Kurz vor der Pause wandte sich Montes zu Diego um und blickte ihn mit hochgezogenen Brauen an. »Ja, ich bin bereit«, signalisierte ihm dieser, indem er seinem Blick standhielt.

Am 20. Oktober 1976 wurde Diego Armando Maradona zu Beginn der zweiten Halbzeit für Rubén Aníbal Giacobetti eingewechselt und gab sein offizielles Debüt in der ersten Liga. Er war der bis dato jüngste Spieler, der je in der argentinischen ersten Liga gespielt hatte.

Montes wies ihn an, so zu spielen, wie er es immer tat. Als Diego das erste Mal den Ball bekam, stand er mit dem Rücken zu seinem Manndecker, Juan Domingo Patricio Cabrera. Gefühlvoll spielte er ihm den Ball durch die Beine. »Sauber und schnell«, beschrieb Maradona die Szene im Gespräch mit TyC. »Ich hörte sofort das ›Ooooolé‹ aus der Menge, als wollten sie mich begrüßen.«

Diego, der seit Jahren mit Spielern auf dem Platz gestanden hatte, die älter waren als er, wusste, wie man den Tritten und Stößen Größerer auswich. Zu seinen Überlebensstrategien zählten Dribblings und vor allem das furchtlose Nachvornpreschen mit dem Ball. Vom Tag seines Erstligadebüts an wurde Maradona, weil er als großes Talent galt, immer wieder getreten und gefoult. Gegen die Schmerzen halfen Tabletten oder Injektionen. Von solchen Mitteln wird man leicht abhängig, weil sie oft die einzige Möglichkeit sind weiterzuspielen. Und zu spielen war alles, was für Maradona zählte.

Der einzige Journalist der *Clarín*, der das Spiel verfolgte, war Miguel Ángel Bertolotto. Seine Zeitung hatte keinen Tipp bezüglich eines möglichen Maradona-Debüts erhalten. Er schrieb: »Der junge Maradona brachte Bewegung in den Sturm. Das löste allerdings nicht das Problem des mangelnden Ballbesitzes in der Cordoba-Hälfte. Maradona bewies großes Talent, hatte aber niemanden, den er anspielen konnte.«

Das Spiel endete mit einer 1:0-Niederlage für Argentinos, und Diego zufolge war alles »sehr nett«. Viel später sagte er: »Unsere Gegner hätten mühelos 18 Tore schießen können.«

Héctor Vega Onesime schrieb in der *El Gráfico*: »Argentinos gingen mit ihrer schwachen Offensive unter. Daran konnte auch der eingewechselte talentierte und intelligente Maradona, ein ehemaliger ›Cebollita‹, nichts ändern.« Das Magazin bewertete seine Leistung mit sieben von zehn Punkten.

Ein paar Wochen später erzielte Diego nicht nur zwei Treffer, sondern gab auch noch zwei Vorlagen im Auswärtsspiel gegen San Lorenzo de Mar del Plata, das 5:2 für Argentinos endete. Die Mannschaft reiste mit dem Bus zurück. Alberto Pérez vom Vereinsvorstand saß dem schlafenden Maradona gegenüber. Neben ihm saß Reinaldo Mediot, ein Mann Ende sechzig und ebenfalls Vorstandsmitglied. »Schauen Sie sich diesen Jungen an«, sagte Mediot. »Nicht einmal er weiß, wie weit er es noch bringen kann. Ich werde vermutlich nicht mehr miterleben, wie er sein volles Potenzial entfaltet, aber Ihnen wird er noch viel Freude bereiten.« Diego war damals gerade 16 geworden.

Zwei Tage zuvor war er zum ersten Mal von César Luis Menotti in die Nationalmannschaft berufen worden und landete auf einer vom Nationaltrainer geführten Liste mit Spielern, die nicht ins Ausland transferiert werden durften. »Alles ging so schnell«, sagte Diego nur einen Monat nach seinem Debüt bei seinem ersten Interview mit Horacio Pagani von der *Clarín*. »Ich genieße das alles mit Bedacht, denn wenn ich richtig darüber nachdenke, werde ich verrückt …«

An anderer Stelle in diesem Interview erklärte er, dass er sich seiner Meinung nach ganz gut geschlagen habe mit den zwei Toren und den drei Tunnels, die er gespielt hatte. »Wie bitte?«, fragte Pagani. »Du zählst die Tunnel?«

»In der ersten Mannschaft schon, weil ich bisher nur ein paar Spiele absolviert habe. Ich habe Cabrera von Talleres bei meinem Debüt getunnelt. Auch Gallego, aber der hat sich mit einem revanchiert. Am Sonntag habe ich Mascareño einen guten verpasst ...«

Pagani schließt seinen Artikel mit der Feststellung, Diegos Geschichte sei »das Abenteuer eines kleinen Jungen. Ihn erwarten Gefahren. Aber sein Fußball lässt hoffen. Und der argentinische Fußball hat eine solche Hoffnung bitter nötig.«

»Mach dich auf etwas gefasst, Jorge, ich brauche dich.« Anfang 1977 bat Diego Jorge Cyterszpiler, ihn zu managen. Jorge wurde zum ersten Spielermanager im argentinischen Fußball und handelte noch im Mai desselben Jahres Diegos ersten Profivertrag aus. Es war ein logischer Schritt. Jorge kümmerte sich ohnehin schon um Diegos geschäftliche Angelegenheiten und hatte eine klare Vorstellung davon, was sie zusammen erreichen konnten.

Anderthalb Jahre später, mit 18, erneuerte Maradona seinen Vertrag bei Argentinos. Vereinspräsident Prospero Cónsoli erkannte Maradonas Wert und wollte seinem Starspieler etwas Gutes tun. Er verbesserte dessen Wohnsituation und organisierte ihm nach dem kleinen *chorizo*-Apartment ein zweistöckiges Sechszimmerhaus mit Patio und Dachterrasse, das noch näher am Vereinsgelände lag. Maradona war noch minderjährig, daher wurden die Urkunden auf seinen Vater, Don Diego, ausgestellt. *El Pelusa* teilte sich die 130 Quadratmeter Wohnfläche mit seinen beiden Brüdern und vier seiner Schwestern. Ana, die Älteste, war mittlerweile verheiratet und führte ihren eigenen Haushalt. An ihrer Stelle kam die Großmutter mit. Die Familie hatte einen Weg gefunden, sie zum Umziehen zu bewegen: Diego und ein paar andere versetzten der alten Dame einen Riesenschreck, als sie auf der Terrasse des Hauses in Fiorito vor sich hindöste, und machten sich dann ungesehen aus dem Staub – wobei sie gleich noch ein paar Habseligkeiten mitgehen ließen. Danach fand die Großmutter, es sei an der Zeit, sich dem Rest der Familie im neuen Heim anzuschließen.

Die einzige Toilette in der neuen Unterkunft befand sich über Diegos Zimmer, auf Höhe der Dachterrasse. Als im Slum aufgewachsener Schlingel nahm er nicht den Weg durch seine Zimmertür und über eine kleine Treppe nach oben, sondern kletterte zu seinem Zimmerfenster raus und hoch, um sich die paar Schritte zu sparen.

Teil II
DIEGO

KAPITEL 6
Stärkster Spieler bei Argentinos Juniors

Nachdem 1958 Arturo Frondizi an die Regierung gewählt wurde und sich Argentinien ausländischem Kapital öffnete, gleichzeitig ein rigoroser Sparkurs gefahren wurde, kam es zu massiven Protesten innerhalb der Bevölkerung und zu Streiks im ganzen Land. In den folgenden Jahren wurden Tausende Argentinier inhaftiert und von Notgerichten zu Gefängnisstrafen verurteilt. Es war eine Zeit großer Instabilität. Allein zwischen 1958 und 1963 gab es in Argentinien sechs Staatsstreiche.

1960 wurde Diego Armando Maradona geboren. 1963 kam Artur Umberto Illía durch Wahlen an die Macht, aber nach drei Jahren wurde auch er durch einen Militärputsch gestürzt. 1973, als Maradona und die Cebollitas auf dem Weg waren, sich regional einen Namen zu machen, wurden Neuwahlen angesetzt. Juan Perón, der vor allem bei Arbeitern beliebte Ex-Präsident im Exil, durfte sich nicht zur Wahl stellen, unterstützte aber den Präsidentschaftskandidaten Héctor Cámpora. Dieser gewann die Wahl und setzte wenige Monate später Neuwahlen an, zu denen diesmal auch Perón zugelassen wurde. Bei dieser Wahl erhielt der alternde Ex-Präsident über 60 Prozent der Stimmen. Als er im Jahr darauf verstarb, übernahm seine Frau, Vizepräsidentin María Estela Martínez de Perón (»Isabelita«), das Amt. Aber ihre Unerfahrenheit und Führungsschwäche stürzten das Land weiter ins Chaos, das unter Hyperinflation litt. Ein Bündnis aus Kirchenoberhäuptern und Militärs übernahm am 24. März 1976 die Regierungskontrolle. María Estela Martínez de Perón wurde unter Hausarrest gestellt. Die Terrorbrigade AAA (Alianza Anticomunista Argentina), dazu legitimiert, jeden Staatsfeind zu eliminieren, verfolgte unliebsame Oppositionelle, es kam zu tausendfachen Verurteilungen ohne Prozess und systematischen Morden. Die Opfer dieser Säuberungsaktionen, deren Spuren sich meist im Nichts verloren, werden in Argentinien »die Verschwundenen« genannt.

Auch in anderen südamerikanischen Staaten wurde geputscht: Pinochet kam in Chile an die Macht, Bordaberry in Uruguay und Banzer in Bolivien. Brasilien war bereits seit 1964 eine Militärdiktatur, und in Paraguay herrschte seit 1954 Alfredo Stroessner.

Zu Beginn der 1980er Jahre konnten die überschuldeten lateinamerikanischen Staaten infolge hoher Zinsen die Kredite nicht mehr bedienen, das Wirtschaftswachstum kam zum Erliegen (»lateinamerikanische Schuldenkrise«). Heute spricht man von der Dekade als dem »verlorenen Jahrzehnt«.

Dies in groben Umrissen der turbulente politische Hintergrund, vor dem der 16-jährige Maradona sein Debüt in der ersten Mannschaft von Argentinos Juniors feierte. Der Journalist Horacio Pagani schrieb, Argentinien brauche neue Träume, um die Menschen zu einen. In der Kabine spielte Politik indes keine Rolle. Alles drehte sich um Fußball und Frauen. Diego rauchte nicht, er trank auch nicht, er liebte es zu trainieren und blieb so lange auf dem Platz, bis man ihm das Licht ausdrehte. Mit Torhüter Carlos Munutti veranstaltete er Elfmeterschießen, bei denen er und andere Spieler für Geld gegeneinander antraten. Und wenn niemand mitmachen wollte, schossen sie sich gegenseitig die Bälle vom Punkt ins Netz. Oft musste der Platzwart Maradona nach Hause schicken, damit er den letzten Bus erwischte.

Es gibt keine Filmaufnahmen von Diegos ersten Treffern für Argentinos, nur Fotos. Im Spiel gegen San Lorenzo de Mar del Plata im November 1976, das 5:2 für Argentinos endete, erzielte er einen Doppelpack. Es war sein fünfter offizieller Einsatz in der ersten Mannschaft. Diego saß zunächst auf der Bank. Zur Halbzeitpause herrschte Gleichstand. Nach der Pause war es so weit. Diego trug das Trikot mit der Nummer 15. Sein erstes Tor, das vierte für seine Mannschaft, erzielte er 42 Minuten nach seiner Einwechslung. Dabei ließ er drei Gegenspieler aussteigen, spielte einen Doppelpass mit seinem Teamkollegen López und versenkte den Ball mit links flach im Tor.

»Die Erwartungen, die man in ihn setzte, erfüllte er von Anfang«, schrieb Segundo Csar Cheppi in *La Capital*. »Er hatte unendliches Potenzial, seine fußballerische Intelligenz war überragend.« Die Zeitung veröffentlichte ein Foto von Maradonas zweitem Treffer in dieser Begegnung. Julio Macías Spielanalyse lautete: »Er kam erst zur zweiten Halbzeit auf den Platz, war aber der entscheidende Faktor für die Entwicklung des Spiels. Maradona bestätigte sein Talent und setzte es im passenden Moment ein. Er erzielte zwei wunderbare Tore, lieferte die Vorlage für ein weiteres und traf überdies auch noch zweimal den Pfosten. Kein Zweifel: Maradona spielte die Hauptrolle.«

Carlos Ruberto schrieb voller Begeisterung in der *Goles*: »Auch die San-Lorenzo-Fans zollten Maradona Anerkennung. Sie applaudierten ihm und rückten so nah wie möglich an die Platzumzäunung, um einen Blick auf den Jungen zu erhaschen, der sein Gesicht unter seiner Haarpracht verborgen hielt.«

»Dank Maradonas Einfluss dominierte Argentinos das Spiel und ging als verdienter Sieger vom Platz«, schloss Segundo Csar Cheppi seinen Bericht. Maradona besorgte sich ein Exemplar der Ausgabe, doch sie ging, wie so vieles, bei einem der zahlreichen Umzüge im Verlauf seiner Karriere verloren.

Benicio Acosta, der Trainer von San Lorenzo, kritisierte seine Spieler nach dem Spiel: »Es ist beschämend, wie dieses kleine Lämmchen euch auf der Nase herumgetanzt ist.«

Auch Maradonas Teamkameraden waren endgültig aufmerksam geworden auf ihren neuen Star. »Wir fingen an, uns um ihn zu kümmern. Uns wurde immer klarer, was die Mannschaft an ihm hatte. Irgendwann war das Team zehn Spieler, die nur für Maradona liefen«, erinnert sich Ricardo Giusti, einer der Weltmeister der WM in Mexiko 1986, der damals auch noch nicht lange bei Argentinos Juniors spielte.

Während einer Trainingseinheit soll Maradona eine Orange vom Boden gelupft, über seine Schulter und seine Brust hochjongliert, in die Luft geschleudert und im Nacken wieder aufgefangen habe. Giusti berichtet: »Er legte zehn Bälle mitten aufs Spielfeld und zielte auf die Latte. Die traf er dann nicht weniger als siebenmal. Das ist nicht übertrieben. Ich wollte es nachmachen, mein Ball hat nicht mal das Tor erreicht.«

Auch Argentiniens Nationaltrainer César Luis Menotti hatte genug gesehen. Im Februar 1977 durfte der 16-jährige Diego sein Debüt in der Nationalmannschaft feiern, anschließend gab er zu Protokoll: »Als ich jünger war, trainierte ich einmal am Tag. Jetzt trainiere ich die ganze Zeit. Ich will nicht, dass die Leute denken, ich hätte mich von meinen Freunden abgewandt, aber seit ich für das Spiel gegen Ungarn aufgestellt wurde, hatte ich keine freie Minute, um mich in meinem Viertel blicken zu lassen. Ich möchte nicht, dass man je über mich sagt, mir sei der Ruhm zu Kopf gestiegen. Alle setzten mir zu, die Zeitschriften, das Fernsehen, die Zeitungen, und alle fragen mich dasselbe. Es ist ermüdend. In Wirklichkeit bin ich niemand Besonderes, und das Einzige, worüber ich reden kann, ist meine Kindheit und mein Idol Bochini.« Maradona begann zu begreifen, welcher Preis für Ruhm zu zahlen war.

Im Sommer 1977 begann seine Beziehung zu Claudia Villafañe, dem Mädchen mit der gelben Hose, das ihn heimlich von seinem Fenster aus beobachtete. Zwei-, dreimal die Woche holte er Claudia nach dem Training zu einem Spaziergang ab. So viele Journalisten schossen Fotos von diesen Treffen, dass das ganze Land das Paar auf seinen Spaziergängen begleitete – eine Aufmerksamkeit, die niemals nachlassen sollte.

Die folgende Spielzeit war Maradonas erste vollständige Saison in der ersten Liga. Besonders in Erinnerung ist aus dieser Zeit ein Tor geblieben, das er im Stadion von Huracán, einem weiteren Verein aus Buenos Aires, erzielte. Von diesem Treffer sind nur wenige Aufnahmen erhalten, aber sie sind unvergesslich. Maradona nimmt den Ball in der eigenen Hälfte an, lässt vier Gegenspieler aussteigen, unter anderem mit einem Doppelpass, und läuft schließlich allein auf den Keeper zu. Eine Eins-gegen-eins-Situation. Er löst sie, indem er den Torwart tunnelt.

Nach all den Jahren bei den Cebollitas hatte Maradona die ungeschriebenen Gesetze des Straßenfußballs vollständig verinnerlicht. Auf sie besann er sich auch in einem Spiel gegen River Plate. Dort traf er auf den 37-jährigen Roberto Perfumo, der als bester Verteidiger in der argentinischen Fußballgeschichte galt und ein absoluter Fanliebling war.

Der Journalist Sergio Levinsky erinnert sich: »Perfumo wusste, wie man Gegenspieler von den Beinen holt, er machte es effektiv, aber immer mit Klasse. Er hatte etwas von James Bond, war unerbittlich, dabei saß die Frisur stets wie eine Eins. Maradona kommt auf den Platz und dribbelt, dribbelt, dribbelt. Bei einem Zweikampf tritt er Perfumo auf den Fuß, beide gehen zu Boden und müssen auf dem Platz behandelt werden. Maradona ist als Erster wieder auf den Beinen und fragt Perfumo: ›Marshal, deinem Fuß geht es hoffentlich gut?‹ Es ist sein Respekt vor dem legendären älteren Spieler. Perfumo antwortete: ›Keine Angst, Diego, mir geht es hervorragend.‹« Diego musste lernen, damit zu leben, hart angegangen zu werden, und er beschwerte sich nur selten.

El Pelusa verhalf einer eher unterdurchschnittlichen Mannschaft zum Erfolg, auch wenn er selbst abwiegelte: »Wir gewinnen die Spiele zusammen, alle elf Startspieler und die fünf Mann auf der Ersatzbank. Wenn Ríos nicht trifft, wenn Fren nicht abliefert, dann ist Maradona nutzlos. Es ist respektlos, wenn Journalisten schreiben: Maradona 2, dieses oder jenes Team 0, das verletzt die anderen Spieler.« Seine Teamkollegen äußerten sich ähnlich, doch war die Situation schon ziemlich bezeichnend, und es mutete reichlich sonderbar an, dass Diego von sich selbst in der dritten Person sprach.

Jorge Cyterszpiler brachte Diego dazu, an seinem Medien- und Marketing-Image zu stricken. Diego begann, Pressedossiers über sich zusammenzustellen (wofür er zunehmend mehr Zeit brauchte) und den Journalisten von den Autos zu erzählen, die er sich zulegte, von seiner Leidenschaft für importierte Modeartikel und Parfüms, während er zugleich darüber klagte, dass er nicht in der Lage sei, »zwei entspannte Wochen mit meiner Freundin und meiner Familie zu verbringen«.

»Mir fiel auf, dass seine Beziehung zur Presse schon sehr früh extrem offenherzig war«, resümiert Lalo Zanoni, der Maradonas öffentliches Leben in seinem Buch *Living Among the Media* unter die

Lupe nahm. »Als er für die Cebollitas spielte, führte Horacio del Prado ein Interview mit Diego für die *El Gráfico*. Del Prado lernte einen 12-Jährigen kennen, der schon sehr reif war für sein Alter, ein sehr freier Geist. Mit 15 spielte er für die erste Mannschaft von Argentinos Juniors, und mit 16 war er bereits ein Mann. Schauen Sie sich nur die Fotos von ihm in der Presse an, er war noch ein Junge, aber seine Haltung, die Art, wie er steht, entspricht der eines Erwachsenen. Wenig später ernannten sie ihn zum Mannschaftskapitän, obwohl die anderen Spieler um ihn herum alle älter waren. Er war der erste argentinische Spieler, wenn nicht sogar der erste weltweit, der einen Agenten hatte, und da war er noch nicht mal berühmt. Björn Borg hatte einen Agenten, aber in den 70ern war das nicht weit verbreitet.«

Zunächst drang die Kunde von Diegos Ausnahmetalent nicht über die argentinischen Grenzen hinaus. Nur wer in Argentinien lebte oder das Land bereiste, erfuhr von seinen Heldentaten. Von dem Jungen, der sich in die erste Mannschaft der Argentinos gekämpft hatte und der, seit er 18 war, wiederholt Torschützenkönig der ersten argentinischen Liga wurde, darüber hinaus des Torneo Metropolitano (1978, 1979, 1980) und des Torneo Nacional (1979, 1980) und der damit der bis dato jüngste Spieler war, der diese Auszeichnung erhielt – und bis heute der Einzige ist, dem dies fünfmal gelang. Mit 17 war Diego bereits Kapitän der Argentinos und ihr bester Spieler. Der herrschenden Militärdiktatur und ihrem auf Menottis Wunsch hin erlassenen Verbot, Maradona an einen ausländischen Verein zu verkaufen, war es zu verdanken, dass er insgesamt fünf Jahre bei diesem eher mittelmäßigen Klub blieb.

Argentinos ist jedoch bekannt dafür, Fußballer hervorragend auszubilden und den Spielern Teamgeist und Führungsqualitäten zu vermitteln. Viele argentinische Mannschaftskapitäne begannen hier ihre Karriere, unter anderem Juan Pablo Sorín, Juan Román Riquelme und Esteban Cambiasso. Für Diego war die Übernahme einer Führungsrolle ganz natürlich, völlig unabhängig von seinem jugendlichen Alter. »Wir sollten in Brasilien spielen«, erinnert sich Mannschaftskamerad Rubén Favret, der wie der Rest unter der Woche an nationalen und internationalen Freundschaftsspielen teilnahm, um das Geld zu verdienen, mit dem man sich den Komfort, der vermeintlich mit dem Ruhm einhergeht, finanzieren konnte. Einen besonderen Spieler in der Mannschaft zu haben, machte in dieser Situation einen bedeutenden Unterschied. »Es war die Ära des Farbfernsehens, und wir wollten alle so ein Gerät mit nach Hause bringen. Aber wir hatten unsere Boni nicht bekommen. Diego, der damals 18 war, sprach für uns alle und erklärte Cónsoli, dem Präsidenten von Argentinos, dass er nicht spielen würde, wenn wir unser Geld nicht bekämen.« In dem neuen Haus der Maradonas leerte Doña Tota ihre Tabaksbeutel noch vor einem Schwarz-Weiß-Gerät. Und dann brachte ihr Diego aus Brasilien endlich einen Farbfernseher mit.

Einen Monat nach der U-20-WM nahm *El Pelusa* an einem Freundschaftsspiel von Argentinos gegen San Martín de San Juan teil. Für Diegos Team lief es dabei zunächst alles andere als rund. Zur Halbzeit lag Argentinos 3:0 zurück. »Uns bleibt ausreichend Zeit«, sagte sein Teamkamerad Quique Wolff. Und in der Tat, als er wieder aufs Feld kam, war Maradona wie ausgewechselt und riss die gesamte Mannschaft mit. Kurz vor Ende der Partie ließ er fünf Gegenspieler aussteigen und hatte nur noch den Torwart vor sich. Die Chancen, das Spiel doch noch zu gewinnen, standen gut. Maradona sah den besser positionierten Wolff frei im Strafraum und legte ihm den Ball quer. Wolff hätte ihn nur über die Linie drücken müssen. Doch er stand stocksteif da, die Arme erhoben. Der Ball streifte seinen Knöchel und landete im Aus.

»Was ist denn los?«, wollte Diego wissen.

Wolff konnte ihm nicht in die Augen sehen: »Du hast so phantastisch gespielt, kaum zu glauben, was du da gemacht hast. Ich konnte nicht reagieren, konnte nur noch staunen und dich bewundern. Ich bin dein Fan.«

KAPITEL 7
Treffen mit Pelé

Maradona löste fußballerische Probleme in Momenten und Situationen, in denen weder ausreichend Zeit noch genügend Platz zur Verfügung stand. Er fror eine Situation quasi ein, während er sie beurteilte, ermittelte dann die beste Strategie und führte den entsprechenden Spielzug aus, so aberwitzig er auch erscheinen mochte. Seine Entscheidungen basierten auf einer verblüffenden Kombination aus Analyse und Intuition, fußballerischer Intelligenz und angeborenem Talent, gekrönt von einem Hauch Genie – und all das im Dienst des simplen Fußballspielens.

Warum Genie, mag man fragen. Nun, Diego löste Probleme auf dem Feld nicht nur in atemberaubender Geschwindigkeit. Neben bekannten Techniken und Finessen wie Dribblings, Pässen und Tricks, die er allesamt beherrschte, erfand er zudem seine eigenen. 1979 spielte er auf einem Niveau, das über dem aller anderen Spieler lag. Er zündete ein spektakuläres fußballerisches Feuerwerk und ließ eine Rakete nach der anderen steigen. Ganz Argentinien war begeistert von seinem erstaunlichen Können. Internationaler Ruhm schien greifbar nahe.

Vor diesem rundum perfekten Jahr war Maradona immer wieder hin und her gerissen gewesen zwischen Lob in den allerhöchsten Tönen und Ablehnung auf ganzer Linie. Allmählich wurde er süchtig nach dieser emotionalen Achterbahnfahrt, die sich zur neuen Norm für ihn entwickelte.

Nach elf Spielen in der ersten Liga gab Diego im Februar 1977 unter Trainer César Luis Menotti sein Länderspieldebüt. Es handelte sich um ein Freundschaftsspiel gegen Ungarn, ausgetragen in La Bombonera, der Heimspielstätte der Boca Juniors. »Wenn wir hier fertig sind, gehst du ins Hotel Los Dos Chinos, um dich zu sammeln«, erklärte Menotti ihm zum Ende einer Trainingseinheit. »Wenn das Spiel gut läuft, wechsle ich dich eventuell ein. Deinen Eltern darfst du es erzählen, aber auch nur deinen Eltern.« 20 Minuten vor Ende der zweiten Halbzeit lag Argentinien 5:0 in Führung, und Menotti löste sein Versprechen ein. Noch heute steht Maradonas Rekord als jüngster Spieler, der je in der argentinischen Nationalmannschaft gespielt hat. Der erfahrene Mittelfeldspieler Tolo Gallego nahm ihn beim Abpfiff väterlich in den Arm.

Sechs Monate später wurde er für ein paar weitere Freundschaftsspiele nominiert. Die WM 78 stand bevor. Sie wurde in Argentinien ausgetragen, und Menotti stellte seinen Kader zusammen. Er musste sich von drei Spielern seines 25-köpfigen Kaders trennen. Am 19. Mai stattete Admiral Emilio Eduardo Massera, Mitglied der Militärjunta, die Argentinien zu jener Zeit regierte, den Spielern einen Besuch im Mannschaftshotel ab. Begleitet wurde er von Vizeadmiral Carlos Alberto Lacoste, Vizepräsident jener Institution, die mit der Organisation der WM betraut worden war. Im Hotel trafen sich die beiden Männer zunächst mit Menotti und Alfred Cantilo, dem Präsidenten des argentinischen Fußballverbands. Anschließend wurden sie den Spielern vorgestellt, die danach eine Mahlzeit einnehmen und sich ausruhen sollten. Am späten Nachmittag sollten sie erfahren, wer es in den WM-Kader geschafft hatte.

Mit einem Bus wurden die Spieler zu einem nahegelegenen Stadion gebracht. Menotti versammelte die Mannschaft auf der Mittellinie und verlas die Namen der 22 Spieler, die es in den Kader geschafft hatten. Víctor Alfredo Bottaniz, Humberto Bravo und Maradona waren nicht unter den Auserwählten. Der Stürmer Leopoldo Luque sah, wie bestürzt Diego war, und versuchte, ihn mit leiser Stimme zu trösten, während der Trainer weitersprach. »Dieguito, ich hatte mir Chancen für die WM 74 ausgemalt, als ich für Unión spielte. Als ich ausgemustert wurde, konzentrierte ich mich auf die WM 78, und diesmal hat's geklappt. Du bist erst 17, du hast noch fünf Weltmeisterschaften vor dir.«

»Wer möchte, kann bleiben«, erklärte der Trainer den ausgemusterten Spielern. Maradona verließ die Mannschaft mit Tränen in den Augen. Er wusste, dass er besser war als einige der Spieler, die der Trainer in den WM-Kader berufen hatte. Er bat darum, noch am selben Tag für das Spiel Argentinos gegen Chacarita Juniors aufgestellt zu werden, und schaffte einen Hattrick bei dem Spiel, das 5:0 für Argentinos endete. Hugo Pena, der Verteidiger von Chacarita, sagte zu Diego: »Ich habe das Chacarita-Trikot getragen, aber als du dein letztes Tor gemacht hast, wäre ich dir beinahe um den Hals gefallen.«

»Jeder konnte sehen, dass Maradona ein großartiger Fußballer ist«, erinnert sich César Luis Menotti. »Ich habe mich dafür entschuldigt, dass ich ihn aus dem Kader gestrichen habe … Ich weiß, dass ihn das sehr verletzt hat. Ich hatte mich gegen ihn entschieden, weil ich an die U-20-WM in Japan im Jahr darauf gedacht hatte. Er war sehr jung, und es gab erfahrenere Spieler auf seiner Position – Kempes, Villa, Ardiles –, sie waren nicht unbedingt besser als er, aber erfahrener. Er hätte höchstwahrscheinlich überzeugt und das Vertrauen voll zurückgezahlt, wenn ich mich für ihn entschieden hätte, aber damals zog ich es vor, ihn zurückzustellen.«

In Argentinien, dem Land der Militärputsche, sind die Menschen an leere Versprechungen und Enttäuschungen gewöhnt; nichts ist, was es zu sein scheint. Im argentinischen Fußball sieht es nicht anders aus. Eine gern erzählte Geschichte in diesem Zusammenhang rankt sich um den beliebten Mittelfeldspieler Norberto Alonso von River Plate, den Menotti angeblich aus dem Kader für die WM 78 streichen wollte. Man sagt, dass Vizeadmiral Lacoste, ein River-Fan, Menotti bei dem besagten Mannschaftsbesuch im Hotel beiseitenahm und so lange unter Druck setzte, bis er Alonso in die Mannschaft aufnahm, die letzten Endes den WM-Sieg errang. Menotti konterte darauf: »Niemand hat meine Entscheidung beeinflusst. Ich kannte Lacoste überhaupt nicht und bin ihm im ganzen Leben nur zweimal begegnet. Cantilo, der Präsident der Nationalmannschaft, war extrem engagiert, Lacoste kam keine hundert Meter an ihn ran, geschweige denn in seine Hörweite.«

Maradona wollte seine Fußballkarriere hinschmeißen. Eine Zurückweisung wie diese konnte er nicht ertragen.

In dieser Situation leistete Jorge Cyterszpiler emotionale Unterstützung. »Wie könntest du den Fußball aufgeben?«, fragte er. »Das geht vorbei. Du wirst bei anderen Weltmeisterschaften dabei sein, zum Beispiel schon mit der U20 in Japan ...«

Mario Kempes Tore, Osvaldo Ardiles Weitblick und die technische Raffinesse von Ricardo Villa waren in diesem Sommer die Basis für den sportlichen Erfolg der argentinischen Nationalmannschaft. Lag es an dieser entspannten Atmosphäre, dass Maradona fast für 1,5 Millionen Dollar an Sheffield United verkauft worden wäre? Hatten das diktatorische Regime und Menotti ihre Meinung, die Spieler zum Verbleib in Argentinien zu zwingen, um damit der nationalen Sache zu dienen, geändert? Domingo Tessone, der Geschäftsführer von Argentinos, hatte während der Abwesenheit von Vereinspräsident Cónsoli die Möglichkeit gehabt, einen Deal mit den Engländern auszuhandeln. So zumindest wird die Geschichte bis heute erzählt.

Harry Haslam, der Trainer von Sheffield United, hatte Alejandro Sabella, einen talentierten Zehner, und den Mittelfeldspieler Pedro Verde überredet, zu den Blades zu wechseln, die damals in der zweiten Liga spielten. Während der WM 78 reiste Haslam mit Vereinspräsident John Hassall nach Buenos Aires, um die Verträge abzuschließen und sich nach weiteren argentinischen Talenten umzusehen, was damals noch ein ziemlich ungewöhnliches Vorgehen war. Begleitet wurden die beiden von Tony Pritchett vom *Sheffield Star*.

Keith Burkinshaw, der Trainer der Tottenham Hotspurs, sowie ein paar hohe Funktionäre aus dem Vorstand des Londoner Klubs flogen mit derselben Maschine wie die Sheffielder. Harry Haslam stand zu jener Zeit auch in Verhandlungen mit Ricardo Villa und Ossie Ardiles, zwei internationalen Spitzenspielern. Während des Flugs wurde Haslam und Hassall allerdings klar, dass Tottenham, die nach einem kurzen Intermezzo in der zweiten Liga gerade wieder in die Spitzenklasse aufgestiegen waren, die bessere Verhandlungsposition hatten. Villa und Ardiles zog es dann auch tatsächlich an die White Hart Lane, wo sie in den nächsten Jahren eine erfolgreiche Karriere hinlegten und mit ihrem Beispiel anderen ausländischen Spielern den Weg in die britischen Klubs ebneten.

Oscar Fulloné Arce, ein ehemaliger Reservespieler des Birminghamer Vereins Aston Villa, der seit kurzem als Trainer bei United arbeitete, holte die Herren aus Sheffield vom Flughafen ab und stand ihnen als Dolmetscher zur Seite. Im Verlauf ihres Aufenthalts trafen sie auf den legendären Bocca-Spieler Antonio Rattín, und von dem Augenblick an vermischen sich Fakten und Fiktion. Von Sheffielder Seite aus heißt es, dass die Gruppe bei einem Training der Bocca Juniors im Umland von Buenos Aires zusah, allerdings spielte Diego zu jener Zeit noch für Argentinos Juniors. Was auch immer genau geschah, Tatsache ist, dass Haslam Maradona beim Training beobachtete und über alle Maßen begeistert war von seinen Fähigkeiten. »Wie viel kostet er?«, wollte er wissen.

Anderslautende Versionen der Geschichte nennen konkrete Summen. Lalo Zanoni schreibt in *Living Among the Media,* dass der britische Verein fast eine Million Dollar für Maradona bot – eine immense Summe für die damalige Zeit. Wie dem auch sei, Prospero Cónsoli, der Präsident von Argentinos Juniors, und die Vorstandsmitglieder stimmten dem Verkauf zu. Es wurden entsprechende Verträge aufgesetzt, aber dann intervenierten die staatlichen Stellen. Offiziell hieß es: »Die AFA untersagte 40 Nachwuchsspielern, darunter auch Maradona, einen Wechsel ins Ausland … um die Pläne von Trainer Menotti nicht zu durchkreuzen und die Qualifikation für die Junioren-Weltmeisterschaft in Japan zu gewährleisten.«

»Du weißt nicht, wie viel Geld ich verloren habe!«, erklärte Maradona dem Journalisten Horacio del Prado in einem Interview für die Zeitschrift *Goles,* in dem er über seinen Beinahe-Wechsel nach England sprach.

In Sheffield kennt man noch einen anderen Grund für das Nichtzustandekommen des Vertrags. Domingo Tessone, der Geschäftsführer von Argentinos Juniors, soll 200 000 Dollar für Maradona verlangt haben. Haslam schien das nicht zu viel zu sein, und er stimmte dem Deal zu, zumal er überzeugt war, ein absolutes Juwel entdeckt zu haben. Doch am folgenden Abend stand unerwarteter Besuch vor Haslams Hotelzimmertür. Ein Beamter der Militärpolizei verlangte weitere 200 000 Dollar, nur dann würde Maradona die Erlaubnis erteilt, das Land zu verlassen. Immer noch hielt Haslam die Gesamtsumme für günstig, allerdings wusste er nicht, wie er die Zahlung tätigen und verbuchen sollte und ob es überhaupt eine gute Idee war, auf diese Forderung einzugehen. Er setzte sich mit dem Vorstand von Sheffield United in Verbindung und wurde von diesem aufgefordert, umgehend das Land zu verlassen, und zwar ohne Maradona. Argentinos-Präsident Cónsoli erfuhr von der Forderung der Militärs und schob daraufhin dem Vertrag von sich aus einen Riegel vor – so will es jedenfalls die aus Sheffield stammende Version der Geschichte.

Maradona war bereits ein Marketing-Objekt, die harte Währung im großen Finanzzirkus, der den Charakter des Fußballs verdirbt. Doch Diego bewahrte sich seine Träume, sein Enthusiasmus und die Wissbegier der Jugend halfen ihm, seinen Weg zu gehen. Eines seiner großen Vorbilder war Pelé.

»Diego spielte, als er 18 war, mit der U-20-Mannschaft in Uruguay im Rahmen der südamerikanischen Qualifikationsrunde für die WM in Japan 1979«, erzählt der Journalist Guillermo Blanco, der Arrangeur und Chronist der historischen Begegnung. »Menotti hatte der Mannschaft einen Tag freigegeben. Wir verbrachten den Tag mit Diego, Jorge [Cyterszpiler] und ihren Familien am Strand von Atlántida ... dort erzählte Diego mir zum ersten Mal, dass er unter anderem davon träume, Pelé kennenzulernen.«

Argentinien qualifizierte sich tatsächlich für die U-20-WM (damals noch Junioren-Weltmeisterschaft genannt) in Japan, und dank seiner hervorragenden Leistung schaffte Diego es auf die Titelseite der *El Gráfico* – die erste von vielen bevorstehenden Sensationen. Blanco schlug der namhaften Zeitschrift vor, ein Treffen zwischen Maradona und Pelé zu arrangieren. »Aber wenn Diego Zeit hatte, konnte Pelé sich nicht freimachen, und umgekehrt«, erzählt Blanco. »Diego verhielt sich dabei seltsam. Montags hatte Pelé Zeit für ein Treffen, also ging ich zu Diego und erzählte es ihm, aber er sagte nur: ›Da kann ich nicht.‹ Eine Woche später, wieder ein Montag, dasselbe Spiel: ›Ich kann nicht.‹ – *Aber er hat sich doch so sehr gewünscht, Pelé zu treffen*, dachte ich mir. Er erklärte mir nie, warum er montags keine Zeit hatte. Es dauerte drei Monate, bis es mir gelang, das Treffen zu ermöglichen.«

Am 8. April, nach dem Spiel von Argentinos Juniors gegen Huracán, gab es endlich grünes Licht. Maradona und Blanco fuhren zum internationalen Flughafen von Buenos Aires, Ezeiza. Don Diego und Jorge Cyterszpiler erwarteten sie dort bereits. Diego, der noch ganz fertig war vom gerade absolvierten Spiel, sagte, er würde sich mit einem Treffen von fünf oder zehn Minuten zufriedengeben, da ihm bewusst sei, wie beschäftigt Pelé sein müsse. Als sie in ihrem Hotel in Rio de Janeiro ankamen, war es schon nach Mitternacht. Diego nahm noch eine leichte Mahlzeit zu sich und kühlte seine Beine mit Eis.

Am nächsten Vormittag um elf Uhr erwartete Pelé sie in der Wohnung eines Freundes in Copacabana. Er empfing sie »mit offenen Armen und einem breiten Lächeln in einem offenen gelben Hemd mit weißen Blumen darauf«, schrieb Blanco in der *El Gráfico*. Pelé nahm zuerst Don Diego in den Arm, dann begrüßte er Maradona. Nachdem alle einander vorgestellt worden waren, setzten sie sich zusammen, während ein etwas nervöser Fotograf versuchte, sie abzulichten. Die Farbfotografie gewann für die Presse damals mehr und mehr an Bedeutung, war aber noch nicht weit verbreitet, und Ricardo Alfieri hatte ein paar technische Probleme. Blanco erinnert sich an fast jedes Wort, das in der Zwischenzeit bei einer der berühmtesten Zusammenkünfte der Fußballgeschichte gesprochen wurde:

> Was für ein Opfer, diese Reise nach dem Spiel am Sonntag auf sich zu nehmen, nur um mich zu sehen. Sie hätten zu Hause bleiben sollen, ich bin es nicht wert, dass meinetwegen so viele Umstände gemacht werden.
>
> Wie bitte, Opfer? Nein, nein …

Diego brachte kaum zwei zusammenhängende Sätze heraus. Es war, als hätte er sein ganzes Leben darauf gewartet, Pelé zu treffen.

Es tut mir außerordentlich leid [sagte Pelé]. Ich muss mich in Kürze wieder verabschieden. Ich hätte nicht gedacht, dass Sie nach dem Spiel noch herkommen. Ich habe einen Termin bei meinem Anwalt Samir in Santos, um ein paar Steuer- und Einkommensangelegenheiten zu klären. Und jetzt sind Sie hier, und ich würde gerne mit Ihnen zu Mittag essen. Erzählen Sie mir etwas, wie macht sich Ihre Mannschaft?

Wir stehen an der Tabellenspitze. Die Saison läuft gut. Delem ist der Chef, ich soll Ihnen Grüße von ihm ausrichten. Gestern haben wir 3:1 gegen Huracán gewonnen, wir haben ein paar tolle Tore geschossen. Und die Fans feiern uns, sie folgen uns überallhin.

Und neulich haben Sie einen Treffer mit der Hand erzielt, Diego [gegen Newell's Old Boys]? Aber machen Sie sich darüber keinen Kopf, das ist das Problem des Schiedsrichters.

Blanco widmete einen ganzen größeren Teil in seinem Bericht für die *El Gráfico* den Weisheiten, die Pelé Diego zu vermitteln versuchte:

»Nehmen Sie den Applaus an, aber leben Sie nicht für den Applaus.«

»Verträge: Jeder Spieler hat seine eigenen Probleme. Es ist eine sehr persönliche Angelegenheit, aber denken Sie immer daran, dass Sie sich das, was Sie wirklich wert sind, erkämpfen müssen. Man muss stets Respekt für sich haben und darf sich nie selbst verraten. Haben Sie einmal einen Vertrag unterschrieben, beklagen Sie sich danach nicht darüber und verlangen Sie nicht mehr. Ihre Unterschrift ist Ihr Wort.«

»In Argentinien kursieren diese Gerüchte darüber, dass Sie ins Ausland gehen wollen ... entscheiden Sie sich erst, wenn Sie die Situation ausgiebig analysiert haben. Sie sagen, Sie haben sieben Geschwister, dazu Ihre Mutter und Ihren Vater, berücksichtigen Sie das, wenn Sie Ihre Entscheidung treffen.«

Und eine Warnung: »Ihr Körper ist Ihr Werkzeug. Mir scheint, Sie sind in einer guten körperlichen Verfassung. Achten Sie darauf. Im Leben hat alles seine Zeit. Es gibt eine Zeit auszugehen, etwas zu trinken, zu rauchen, spät ins Bett zu gehen, zu essen, worauf man

Lust hat. Aber alles braucht eine gesunde Balance. Fehlt diese, ist es zu schnell vorbei.«

Pelés Anwalt kam herein, um die Fußballlegende daran zu erinnern, dass draußen ein Fahrer auf ihn warte. Pelé blickte auf und bat sich noch ein klein wenig mehr Zeit aus. Er schnappte sich eine Gitarre und spielte ein paar Akkorde. »Ich kann nicht singen. Meine Stimme klingt sehr heiser. Aber wissen Sie was? Trotzdem habe ich kürzlich eine Platte für Kinder aufgenommen.«

»Pelé, werden Sie weiterhin Fußball spielen?«, fragte Diego. »Ich habe Sie nur ein einziges Mal gesehen. Bei einem Spiel gegen Huracán in Buenos Aires. Erinnern Sie sich daran?«

»Ja. Ja, ich glaube, das war mein letztes Spiel in Argentinien. Ich bin mir sicher, dass ich noch bei vielen Benefizspielen dabei sein werde.«

Plötzlich nahm Pelé Diegos Hand. Ricardo Alfieriwas starrte die beiden Männer an, die Intensität dieses Augenblicks ließ ihn sich selbst vergessen.

Er schlug vor, auf den Balkon zu gehen, um noch ein paar Aufnahmen im strahlenden tropischen Mittagslicht zu machen. Pelé überreichte Diego ein brasilianisches Trikot und signierte einen Ball für ihn. Cyterszpiler bat zudem um ein Autogramm auf dem Hemd, das er gerade trug.

»Nehmen Sie diese Uhr«, sagte Pelé entschieden. »Sie ist nicht besonders gut, man kann sie nicht mit ins Wasser nehmen. Schenken Sie sie einem Ihrer Brüder, und nehmen Sie diese Medaille für sich selbst. Ich habe sie bei meinem Abschied von [dem New Yorker Klub] Cosmos erhalten.«

»Ich werde sie mein Leben lang behalten.«

Nach einer Stunde war alles vorbei. »Es war großartig«, sagte Blanco. »Wir fuhren zum Flughafen und sahen die Christusstatue direkt über uns. ›Eins nagt allerdings noch an mir‹, sagte ich zu Diego. ›Warum zum Henker wolltest du es nicht montags machen?‹

›Guille‹, antwortete Diego, ›die Montage gehören Claudia.‹«

»Ich wusste, dass er als Spieler ein Gott ist«, erzählte Diego seinen Mannschaftskameraden während der nächsten Trainingsstunde der

Argentinos, »jetzt weiß ich, dass er auch privat ein Gott ist. Wie viele junge Männer wie ich möchten Pelé treffen, ihn berühren, ein paar Worte mit ihm wechseln, und ich ... Es war Pelé, der auf mich zukam und mich in den Arm nahm, aber zuerst begrüßte er meinen Vater, er behandelte ihn wie seinen eigenen. Jedes Mal, wenn ich seine Hand nahm, stand mir der Mund offen, ich konnte ihn nur angaffen. Ich sah, dass mein Vater weinte, als Pelé mir Ratschläge gab. Das Treffen mit Pelé war für mich die WM, die ich nicht hatte.«

Auf dem Cover der *El Gráfico* wurde der Bericht über das Treffen nur in einer kleinen Ecke angekündigt. Verdrängt wurde es vom WM-Sieg des Halbschwergewichtboxers Víctor Galíndez.

KAPITEL 8
Die Junioren-Weltmeisterschaft 1979

Im Januar 1979, kurz nachdem sich Argentinien die Teilnahme an der Junioren-Weltmeisterschaft in Japan durch gute Leistungen im südamerikanischen Qualifikationsturnier in Uruguay gesichert hatte, erfüllte Diego sich und seiner Familie einen lang gehegten Traum: Er nahm sie mit an die Küste Uruguays, um sich an den weißen Sandstränden von Atlántida zu sonnen. Außerdem wollte er in Ruhe mit seinem Vater sprechen und ihn dazu überreden, in den Ruhestand zu gehen. »Er war 50 Jahre alt und hatte schon mehr als genug für uns getan. Jetzt war ich dran«, sagte Maradona Jahre später.

Diego wurde zum Familienoberhaupt, aber »er verlor keinen Vater«, sagt Néstor Barrone, ein enger Freund von *El Pelusa,* über die neue Stellung des Fußballers. »Es ist eine Sache, ein Haus zu kaufen, den Geschwistern auszuhelfen oder seinen Vater zu bitten, nicht mehr arbeiten zu gehen. Eine andere ist es, jedem seinen ganz speziellen Platz innerhalb der Familie zu gönnen. Diego war es immer wichtig, zwischen beidem zu unterscheiden. Einige Menschen mögen daran wachsen, andere nicht, aber zumindest erhält auf diese Weise jeder eine Chance.«

Während Diegos Brüder Lalo und Hugo einige Spiele in der ersten argentinischen Liga absolvierten und ihre Fußballkarrieren sie nach Spanien, Japan und Italien führten, spielten seine Schwestern in der Maradona-Saga kaum eine Rolle.

Der argentinische Staat wollte sich Maradona und seinen Erfolg schon sehr früh an die Brust heften. Als Argentinien 1972 den Zuschlag für die Austragung der WM 78 erhielt, hatte das diktatorische Regime im Land bereits die Macht an sich gerissen. 1976 beendete ein von Jorge Rafael Videla initiierter Militärputsch die kurze Phase der Regierung von María Estela Martínez de Perón. Die Junta nutzte den Sieg der Argentinier im eigenen Land bei der WM 78, deren Organisation sie bereits selbst übernommen und dem Fußballverband entzogen hatte, um ihre Existenz zu legitimieren und die eigenen Machtbefugnisse auszuweiten.

Darüber hinaus gab es »eine Menge zu stehlen, und man konnte vieles manipulieren und dem Volk glückliche Zustände vorgaukeln, während man sich gleichzeitig die dreckigen Westen reinwusch«, erinnert sich der Journalist Sergio Levinsky. Zahlreiche Menschen wurden entführt und in der Escuela de Mecánica de la Armada (Technikschule der Marine) gefangen gehalten, die nur etwa einen Kilometer vom Stadion Monumental de River Plate entfernt liegt. »Der Torjubel übertönte die Schreie derer, die gefoltert und getötet wurden«, sagte Estela de Carlotto, Vorsitzende der *Abuelas de Plaza de Mayo* (Großmütter der Plaza de Mayo), die zu den vielen Menschen zählte, die Tag für Tag vergeblich auf Nachrichten von ihren vermissten Kindern und Enkelkindern warteten.

Die Mitglieder der U-20-Mannschaft mussten Wehrdienst leisten, sich die Haare kurz scheren und das obligatorische Foto machen. Zwar hatten sie de facto nur wenige Stunden Dienst pro Woche, und dabei standen sie weder Wache noch hielten sie je eine Waffe in der Hand. Doch ihre Popularität half der Regierung, sich mittels entsprechender Presseberichterstattung ins gewünschte Licht zu setzen. Ihren Dienst nannten die Spieler unter sich *colimba*, eine Zusammensetzung aus den spanischen Begriffen *correr* (laufen), *limpiar* (putzen) und *barrer* (wischen), denn genau das war es, was sie während ihrer Dienstzeit taten. »Ich habe insgesamt neuneinhalb Stunden bei der *colimba* verbracht«, erklärte Maradona, dessen kurzes Gastspiel beim Militär im März 1979 in einem Gebäude vor dem Regierungssitz, der Casa Rosada, begann. Er lernte nicht einmal, wie man einen höherrangigen Offizier ordnungsgemäß grüßt.

Die ganze Zeit über trainierte er weiter mit dem Team von Argentinos Juniors sowie der Herren- und der Jugend-Nationalmannschaft. Bevor er für die Junioren-Weltmeisterschaft nach Japan reiste, absolvierte er mit den Herren mehrere Spiele in verschiedenen argentinischen Provinzen sowie in der Schweiz, in Italien, in Irland, den USA und in Schottland. Sein erstes Länderspieltor erzielte er bei einem Freundschaftsspiel in Hampden Park am 2. Juni 1979, das die Argentinier 3:1 gewannen. Nachdem er den Ball bis vors Tor gebracht hatte, täuschte er den Torwart mit einer Finte – einem angetäuschten Pass zu einem Mitspieler – und donnerte das Leder aus spitzem Winkel ins Netz.

Auf dem Weg nach Tokio erzählte Maradona seinen Teamkameraden wieder und wieder von seinem Treffen mit der brasilianischen Fußballlegende, und dass dies ein gutes Omen für sie alle sei und sie daraus Mut schöpfen sollten. »Es hat was zu bedeuten, er ist Pelé … er hat mir sogar Ratschläge gegeben, was für eine unglaubliche Ehre« – es war eine Geschichte, der sich niemand entziehen konnte.

Beim Wettbewerb in Japan traf Diego wieder mit Nationaltrainer César Luis Menotti zusammen, der sich entschlossen hatte, die U20 selbst durch das Turnier in Japan zu führen. Diego war der Kapitän einer Mannschaft, die über alles verfügte, was den argentinischen Fußball auszeichnete: Talent, Engagement und Durchsetzungsstärke. Laut Menottis eigener Aussage waren sie »besser als das Team von 78«.

Als Trainer der Nationalmannschaft gewährte die Militärjunta Menotti alles, was er verlangte. Er war es, der entschied, dass kein Spieler vor Ende der WM 78 zu einem Klub ins Ausland wechseln durfte. Die einzige Ausnahme galt für Mario Alberto Kempes, weil er schon einen Vertrag mit Valencia abgeschlossen hatte, bevor diese Regelung in Kraft trat. Im Falle des Juniorenteams verlangte Menotti, dass die Spieler von ihren Klubs freigestellt werden, um an einem vorbereitenden Wettkampftraining in Japan teilzunehmen.

El Flaco (Menotti) formte ein Team, das sich als verschworene Einheit verstand. Er verlangte den Spielern einiges ab, stand ihnen aber auch mit Rat und Tat zur Seite und stärkte ihnen den Rücken. »Sollen wir uns einfach mal für ein paar Wochen zusammentun und sehen, wie's läuft?«, fragte er. »Oder wollen wir uns auf unsere Aufgabe konzentrieren, und ihr tut, was ich sage? Wenn ihr mit Herz und Seele dabei seid, können wir vielleicht gewinnen.« Keine Frage, dass sich das Team für die zweite Option entschied.

Gabriel Calderón, der später zu Real Betis und Paris Saint-Germain wechselte, weiß noch, wie beeindruckt er war, in der Kabine einem amtierenden Weltmeister-Trainer gegenüberzustehen. »Menotti sagte zu uns: ›Ich gehe nach Japan, um Weltmeister zu werden, nicht Vizeweltmeister.‹« Bei ihm war auch geistiger Einsatz gefragt. Physische und mentale Fähigkeiten wurden beim Training gleichermaßen gefördert. Dabei wurden Allianzen geschmiedet, und die Gruppe Jugendlicher verschmolz zu einer Einheit, einem Team, das von den Fans unterstützt wurde und selbst bei Freundschaftsspielen große Stadien füllte, wie etwa anlässlich der Partie gegen Cosmos New York, für die zu jener Zeit Franz Beckenbauer spielte.

Menottis typische Startaufstellung sah so aus: Sergio García, Carabelli, Simón, Rubén Rossi und Hugo Alves; Barbas, Osvaldo Rinaldi und Diego Armando Maradona; Escudero, Ramón Díaz und Calderón. Argentinische Medien berichteten ausführlich von der U-20-WM, und viele Argentinier standen schon um fünf Uhr morgens auf, um sich die Spiele anzusehen.

Maradona wurde zum Aushängeschild des Teams. »Einmal erzielten wir elf Tore gegen San Telmo [ein Verein aus Buenos Aires]«, erzählte Mittelfeldspieler Osvaldo Rinaldi der argentinischen Tageszeitung *La Nación*. »Irgendwann im Verlauf des Spiels sagte er zu mir: ›Ich werde versuchen, an allen vorbeizukommen.‹ Und genau das gelang ihm dann auch. Es war, als wäre man jeden Tag in Disneyland. Und dabei war er so bescheiden. Er war ein großartiger Freund und ein humorvoller, fürsorglicher Kapitän.«

Auf dem Platz trieb Maradona sie mit seiner Persönlichkeit an. »Er sagte gerade genug zur rechten Zeit, er war der Anführer auf dem Platz. Wenn jemand den Ball verlor, sagte er: ›Mach dir keine Gedanken deswegen, spiel weiter, komm schon, weiter so!‹«, erzählte Calderón. »Und er hatte immer einen Scherz auf den Lippen. Besser, man ließ sich nicht auf ein Wortgefecht mit ihm ein, denn er hatte immer das letzte Wort, schlagfertig und gewitzt, wie er war.«

Während der Gruppenphase mussten sie drei Spiele innerhalb von sechs Tagen absolvieren. Im ersten Spiel fertigten sie Indonesien mit 5:0 ab, Maradona traf zweimal. Im zweiten Match lieferte ihnen Jugoslawien einen harten Kampf. »Wofür, zum Teufel, seid ihr nach Japan gekommen?«, schrie Menotti sie in der Halbzeitpause an und verlangte von ihnen, sich schleunigst auf ihr Spiel zu besinnen. Ein Tor in der zweiten Halbzeit sicherte ihnen am Ende den Sieg. Zwei Tage später folgte ein souveräner 4:1-Erfolg gegen den U-20-Europameister Polen.

Im Viertelfinale schlug die Mannschaft Algerien mit 5:0. Maradona erzielte den ersten Treffer und beklagte sich tränenreich, als er vor dem Abpfiff ausgewechselt wurde. Das Halbfinale war ein klassisches südamerikanisches Derby gegen Uruguay, das in Tokio ausgetragen wurde. Entschieden wurde es durch zwei Tore des genialen Duos Díaz/Maradona.

»Weißt du, wer Ramón Díaz beigebracht hat, wie das mit dem Abschluss klappt?«, fragte Diego Jahre später scherzhaft einen Journalisten bei einem Interview für *La Nación*. »Ich, Daddy, ich! Ich habe ihm klargemacht, dass er dem Torwart kein Loch in die Brust schießen muss, um ein Tor zu erzielen. Er hat zugehört und gelernt. Gern geschehen, Ramón.«

»Wache auf und sei glücklich, Argentinien!«, lautete die Dauernachricht in den argentinischen Medien. Die Regierung gab für einen Tag schulfrei, damit alle das Finale sehen konnten. Mitglieder der Juntaregierung und argentinische Prominente wollten nach Japan fliegen, um sich das Spiel vor Ort anzusehen. Präsident Videla plante bereits ein Siegerfoto mit Menotti und Maradona.

»Ihr habt meine Erwartungen erfüllt«, versicherte Menotti seinen Spielern während des letzten Trainings vor dem Finale gegen die Sowjetunion. »Ich werde meinen Kindern, wenn sie erwachsen sind, erzählen, dass diese Mannschaft dem, was ich mir von einem Team wünsche, von allen am nächsten kam. Ihr habt mir alles gegeben, was ich mir gewünscht habe. Mehr könnte ich von euch nicht verlangen.« Die erwünschte Resonanz auf diese Ansprache folgte prompt. Menotti hatte Druck von der Mannschaft nehmen, zugleich aber auch eine letzte große Kraftanstrengung provozieren wollen.

»Aber das Finale steht uns doch noch bevor«, wandten die Spieler ein. Doch Menotti blieb seiner Strategie treu. »Das Finale ist mir nicht wichtig. Alles kann passieren – nur ein Zufallstreffer, und wir könnten verlieren. Ich möchte, dass ihr wisst, dass ihr die beste Mannschaft seid, die ich je trainiert habe, ganz gleich, was passiert.« Dem stimmte Maradona in seiner Autobiographie *Yo Soy El Diego* zu: »Das war die bei weitem beste Mannschaft meiner ganzen Laufbahn.«

Am Abend des Finales war es in Tokio heiß und stickig. Nach einer torlosen ersten Halbzeit erzielte die Sowjet-Elf zu Beginn der zweiten Halbzeit den ersten Treffer. Die Argentinier hatten immer noch nicht ihren Rhythmus gefunden. Doch innerhalb von nur acht Minuten wendete sich das Blatt. Es begann mit einem Strafstoß, den Hugo Alves verwandelte. Ramón Díaz besorgte anschließend die Führung, während Maradonas folgender direkt verwandelter Freistoß den Endstand von 3:1 markierte. Mit insgesamt 20 Treffern bei nur zwei Gegentoren war Argentinien der verdiente Sieger dieses Wettbewerbs. Díaz wurde durch seinen Treffer zum 2:1 mit zwei Toren Vorsprung vor Maradona Torschützenkönig der WM, Diego wurde zum besten Spieler des Turniers gewählt: Er traf in fünf von insgesamt sechs Spielen der Argentinier.

»Die Wahrheit ist, wenn ich von meinen Töchtern absehe und nur über meine Karriere spreche, kann ich nur schwer etwas finden, das mir mehr Freude bereitet hat«, sagte Maradona zwei Jahrzehnte später. Zurück in ihrem Hotel, dem Takanawa Prince, sang die ganze Mannschaft: »Maradona steht nicht zum Verkauf, Maradona verlässt uns nicht, er ist ein nationales Denkmal, Maradona ist Argentinier …«

Zwei Tage später flog das siegreiche Team mit einigen Zwischenstopps zurück nach Buenos Aires – abgesehen von Menotti, der sich zur A-Nationalmannschaft in Europa begeben musste. Aufgrund seiner Wehrdienstverpflichtung durfte Maradona zu jener Zeit nicht in der A-Nationalmannschaft spielen. Er und fünf andere Spieler des Jugendnationalteams mussten noch mehrere Monate Militärdienst leisten. Auf ihrem Rückflug von Japan landeten sie zunächst in Rio. Dort stiegen sie in eine Militärmaschine nach Buenos Aires um, wo sie einen Hubschrauber nahmen, der sie zum Stadion von C.A. Atlanta brachte.

»Von dort aus fuhren wir die gesamte Corrientes hinunter [eine der Hauptstraßen von Buenos Aires, ca. 7,5 Kilometer lang]. Die Fahrt war unbeschreiblich«, erinnerte sich Mittelfeldspieler Osvaldo Rinaldi. »Viel später fanden wir heraus, dass dieses Spektakel eigens für die Abgesandten der Interamerikanischen Kommission für Menschenrechte inszeniert worden war, die einen Tag zuvor nach Argentinien gekommen waren. Die ganze Straße war eine einzige Partyzone. Wir hatten keinen Schimmer, was da vor sich ging.«

Die Kommission stellte Untersuchungen zu den von der Regierung verübten Verbrechen an. Sie hatte sich bereits mit den *Abuelas de Plaza de Mayo* getroffen und einige Gefängnisse inspiziert. Die Junta ermunterte die Bürger dazu, auf den Straßen Geschlossenheit und Nationalstolz zu zeigen und erklärte: »Argentinier sind Menschen, und wir haben Rechte«, ein Wortspiel, das sich auf den offiziellen Titel der Kommission bezog. Der Bus mit den Spielern fuhr bis zur Casa Rosada, wo Präsident Videla sie empfangen wollte.

»Wir hatten alle lange Haare«, erinnerte sich Maradona Jahre später. »Claudia sagte: ›Schneid dir die Haare ab‹ – ›So ein Quatsch, ich bin ein Weltmeister.‹ Nun denn, wir waren auf dem Weg zum Oberbefehlshaber, als jemand auf uns zukam und sagte: ›Alles abschneiden.‹ Weißt du, wie wir danach aussahen? Glatt wie ein Babypopo … Sie hatten diese kleine Maschine …« Alle Rekruten, darunter auch *El Pelusa,* wurden gezwungen, ihre Zivilkleidung gegen Uniformen zu tauschen. Diegos Kopfbedeckung war zu klein. »Es sah aus wie ein Papierschiffchen, das auf einem riesigen Kopf schwimmt«, erinnert sich Mannschaftskamerad Sergio García.

Einige Straßenzüge abseits der Feierlichkeiten in der Casa Rosada meldete eine Frau der Interamerikanischen Kommission das Verschwinden ihres Sohnes. Es war die Tante von Jorge Piaggo. Jorge gehörte zum gefeierten Team der U-20-Weltmeister, und bei dem Vermissten handelte es sich um seinen Cousin Guillermo Mezaglia.

Vor der Verleihung der Siegesmedaille und dem Posen für Erinnerungsfotos erhielten die jungen Spieler zur Vorbereitung ihres Treffens mit Präsident Jorge Rafael Videla und dem Oberbefehlshaber und künftigen Präsidenten Roberto Eduardo Viola eine halbstündige

Einführung in die korrekte Ausführung eines militärischen Saluts. Als es so weit war, schüttelte Maradona, der von den anderen an die Spitze der Schlange gedrängt wurde, nur Violas Hand.

»Ähmmmmm ... General Videla ... eine Sache«, begann Maradona und bat um die Entbindung vom Militärdienst für sich und seine fünf Mannschaftskameraden. Binnen eines Monats wurden alle entlassen, abgesehen von Juan Barbas. »Wenn du mir Maradona bringst, lasse ich dich gehen«, erklärte ihm ein Oberstleutnant. »Kein Ding«, erklärte Jorge Cyterszpiler, als er gebeten wurde, *El Pelusa* dem Oberstleutnant vorzustellen, und Maradona machte natürlich mit.

Wenige Tage nach den WM-Feierlichkeiten kam die Kommission im Rahmen ihrer Untersuchung zu folgendem Schluss: »Die Frage nach den Verschwundenen ist eines der drängendsten Menschenrechtsprobleme der Republik Argentinien.«

»Die Mächtigen haben immer Maradonas Nähe gesucht«, sagt Sportkommentator Victor Hugo Morales. »Und wenn die Nähe einmal hergestellt ist, wird es schwer, sich wieder zu distanzieren.« Die Diktatoren ebenso wie die darauffolgenden demokratisch gewählten Regierungschefs bedienten sich Diegos und des Fußballs, um ihre politischen Ziele zu verfolgen, und das alles verpackt in einen demagogischen Diskurs, der zu einem Teil der Legende Maradona wurde: ein nationalistischer Mythos, die Verherrlichung des besten Spielers der Welt, der natürlich Argentinier ist.

Auch die Medien hatten ein neues Idol gefunden. Diego war freundlich zu allen Journalisten, die ihn seiner Meinung nach verstanden und fair über ihn berichteten, wie zum Beispiel Guillermo Blanco. Jeden Tag wurde irgendwo irgendetwas über Dieguito geschrieben, über *El Pelusa* aus den Slums von Villa Fiorito, den Jungen aus der Nachbarschaft, das Kind mit dem großen Charisma, ein bescheidener Sieger, ein guter Kerl, der für seine Familie sorgt, immer noch mit seiner Jugendliebe zusammen ist und selbst seinen besten Freund aus Kindertagen nicht vergessen hat. Jorge Cyterszpiler war auch in Japan gewesen.

Diego wusste, dass der reißende Strom seines Lebens, der ihn unaufhaltsam vorantrieb, die Belohnung für sein bemerkenswertes

Talent war. Er freute sich über das Lob, das ihm zuteilwurde, hätte jedoch gerne auf den Druck verzichtet, den diejenigen auf ihn ausübten, die ihn zum Idol stilisierten.

Wenn Maradona sagte, er wolle nie als Beispiel für irgendetwas herhalten müssen, klang es immer so, als bitte er darum, nicht beurteilt zu werden.

KAPITEL 9
Jorge Cyterszpiler

Das emotionale Erbe einer Nation – ganz gleich, ob es ein echtes ist oder nur ein vermeintliches, angedichtetes – speist sich aus den Mythen, dem Glauben und der Geschichte des jeweiligen Landes. Es ist ein sich ständig im Wandel befindliches, subjektives Narrativ. Argentinien galt schon früh als eine Vorzeigenation für den Straßenfußball. Die vielen Ausweichmanöver, Dribblings und Tricks, die dort praktiziert werden, bildeten eine deutliche Antithese zu der Vorstellung, die die britischen Erfinder der Sportart, die vor allem auf körperliche Geschicklichkeit und exzellentes Kopfballspiel setzten, von ihrem Spiel hatten. Die 1919 gegründete *El Gráfico* nimmt für sich in Anspruch, die Zeitung gewesen zu sein, die die Idee verbreitet habe, dass der kreolische Stil dem Original einen Hauch von Argentinien verliehen habe, vom Flair und von der Eleganz dieser Nation. Als immer mehr argentinische Spieler ins Ausland verkauft wurden, die oft genug die Hoffnungen ihrer ganzen Familie schulterten, setzte sich diese Vorstellung auch international durch.

Um das Jahr 1979, in einer Zeit des politischen Chaos, in der es an verlässlichen Orientierungspunkten mangelte, wehte eine talentvolle, aber auch trügerische kreolische Brise über das schlummernde Bewusstsein Argentiniens hinweg. Sie wurde zur Verkörperung des argentinischen Geistes. Das Timing war großartig. Die Nation hatte auf ihn gewartet. Mit seinem Spielstil verkörperte Maradona den Inbegriff eines Fußballpoeten, dessen Muse das Spiel war, der besessen war vom reinen Geist des Amateursports und keine finanziellen Anreize benötigte, um sich ihm voll und ganz zu verschreiben. Er war ein Junge, ein *pibe*, ein Kind, das neue Tricks und Finten ersann und vorführte, nur um das Publikum jubeln zu hören und ihm seine reine Seele zu offenbaren.

Das Problem war, dass man dazu neigte, auch dann noch kindliche Genialität von ihm zu erwarten, als er lange schon kein Kind mehr war. Damit wurden ihm die typischen Entwicklungsphasen auf dem Weg zum Erwachsenwerden, das Glätten der rauen Kanten, verwehrt. Auf diese Weise entwickelt man sich zu einem Erwachsenen mit etlichen Unzulänglichkeiten, einem, der sich auf dem Spielfeld wie ein Kind benimmt, uns jedoch massiv beunruhigt, wenn er das auch im Privatleben tut. Wie bei Peter Pan muten manche seiner Entscheidungen verstörend an, wie beispielsweise die, Franz Beckenbauer zu versetzen, als Cosmos in Buenos Aires spielte. Diego hatte schlicht keine Lust gehabt, ihn an diesem Abend zu sehen.

Den Argentinos Juniors war inzwischen klar geworden, dass sie mit Maradona eine goldene Gans in ihren Reihen hatten und sie ihn dank der Einnahmen, die sie durch ihn erzielten, noch eine Weile würden halten können. Als erster Verein Argentiniens schlossen sie einen Vertrag mit einem Trikotsponsor. »Wir werden uns gut um diesen *pibe* kümmern, er wird uns die Welt zeigen«, war ein Scherz, der unter seinen Mannschaftskollegen kursierte, wenn sie unter der Woche zu einem Freundschaftsspiel nach Kolumbien oder Ecuador reisten. Im Dezember 1979 flog das Team nach Barcelona für ein Spiel im Camp Nou. Jorge Cyterszpiler, ganz in seinem Element als allererster Spielerberater, ließ Maradona Interviews nur gegen Bezahlung geben.

»Maradona ist zurzeit der beste Spieler überhaupt«, sagte der Torwart der Boca Juniors, Hugo *El Loco* Gatti im Gespräch mit der Zeitung *El Litoral*. »Aber wissen Sie, was mich beunruhigt? Sein Körperbau ... in ein paar Jahren wird er mit seiner Neigung zur Fülligkeit zu kämpfen haben.« Diego, der schon mit 20 Kapitän bei Argentinos war, bekam durch Freunde und seinen Spielerberater Wind von diesen Kommentaren. »Er hat dich ein Pummelchen genannt«, erzählte Cyterszpiler ihm und goss damit kurz vor der Begegnung der beiden Teams zusätzliches Öl ins Feuer.

»Ich wollte eigentlich nur ein paar Tore erzielen, aber jetzt visiere ich mindestens vier an«, entgegnete Diego. »Und dabei wird mir jedes Mittel recht sein ...« Gatti entschuldigte sich noch vor dem Spiel bei Diego und erklärte ihm, dass man seine Aussage missverstanden habe. *El Pelusa* akzeptierte die Entschuldigung. Und dann ging es aufs Spielfeld. Maradona verwandelte einen Elfmeter, drosch einen Freistoß in die Maschen und erzielte noch einen weiteren Treffer, durch einen ›vaselina‹-Lupfer: Er stoppte den Ball mit der Brust und chippte ihn über Gatti hinweg ins Tor. Der Hattrick war komplett. Aber das war ihm noch nicht genug. Als er erneut aufs Tor zustürmte, wurde er festgehalten, den folgenden Freistoß verwandelte er erneut direkt – es war sein viertes Tor, mit dem er zugleich den 5:3-Endstand besiegelte.

Das Spiel endete unter ungewöhnlichen Umständen: Die Boca-Fans skandierten lauthals »Maradó, Maradó!«. Es war der Beginn einer großen Leidenschaft. Cyterszpiler, der Maradonas Spiele in der Regel von der Tribüne aus verfolgte und die Tricks und Finten seines Freundes dort trotz seiner körperlichen Einschränkungen nachahmte, war völlig hin und weg von dem, was sich vor seinen Augen abspielte. Es war für ihn ein unvergesslicher Abend.

Beeindruckt von seinem Talent fragte er den Freund einmal, wie er eigentlich wissen könne, dass sein Manndecker hinter ihm sei. »Ich kann es hören«, antwortete Diego daraufhin. Irgendwie schien er einen sechsten Sinn entwickelt zu haben. Für ihn lief eindeutig alles wie geplant.

Jorge Horacio Cyterszpiler war der jüngste Sohn einer hart arbeitenden polnischen Familie, die Anfang der 1970er Jahre nach Argentinien gekommen war. Sie besaßen eine Schuhfabrik, nur 200 Meter vom Argentinos-Vereinsgelände entfernt; Jorge hatte also immer schon in unmittelbarer Nähe zum Fußball gelebt, den er so sehr liebte. Sein Bruder Eduardo war Außenverteidiger gewesen und hatte es bis in die erste Mannschaft der Argentinos Juniors geschafft, doch dann wurde bei ihm Krebs diagnostiziert, und er verstarb nur sechs Monate später, mit gerade einmal 23 Jahren. Es war ein schwerer Schlag für Jorge, der seinen lang gehegten Fußballtraum daraufhin ad acta legte – für immer, wie er damals glaubte. Er konnte sich zu nichts mehr aufraffen, bis ihm der Verein von einer Nachwuchsmannschaft erzählte, die etwas ganz Besonderes zu werden versprach. Das Team half Jorge, wieder Mut zu schöpfen und sich dem Leben zuzuwenden.

»Jorge konnte nicht sein, was er sein wollte«, erklärt Guillermo Blanco. Seit einer schweren Polio-Infektion, die Cyterszpiler sich in den 1950er Jahren im Alter von zwei Jahren zugezogen hatte, als das Virus in Argentinien grassierte, war sein rechtes Bein verkümmert. Er hinkte und trug einen Stützapparat am Unterschenkel, der die Muskelschwäche ausgleichen und das Bein stabilisieren sollte. Dieser körperlichen Beeinträchtigung stand ein großer Kampfgeist gegenüber, der sich zuweilen in Anflügen von Rachsucht und Jähzorn zeigen konnte.

Jorge Cyterszpiler besaß magische Anziehungskraft, sein Schulfreund Fernando begleitete ihn, wo auch immer Jorge hinwollte – und das waren oft die Spiele der Cebollitas. Gelegentlich besuchten sie auch das Grab von Eduardo auf dem jüdischen Friedhof La Tablada, wo Jorge mit seinem verstorbenen Bruder Zwiesprache hielt. Waren die Friedhofstore geschlossen, sprach er zuweilen auch durch die Mauer mit ihm.

»Was machst du samstagmorgens?«, fragte Jorge Fernando García eines Tages. »Nichts? Dann begleite mich doch zu einem Fußballspiel. Es gibt da ein Team mit einem neuen Pelé. Ich bringe Wasser und Zitronen mit. Du wirst überrascht sein.« Jorge, der zwei Jahre älter war als Diego, konnte das Schicksal des Neunjährigen damals schon voraussehen. »Es gab auch einen richtig guten Neuner, Goyo Carrizo, der spielte wie ein junger Gott«, erinnert sich Fernando García. »Er kam von einem völlig anderen Planeten. Aber seine Lebensumstände verhinderten, dass er Karriere machte.«

Bevor er krank geworden war, hatte Eduardo freitags meistens zwei oder drei Mannschaftskameraden in das große Haus der Cyterszpilers eingeladen, dessen Türen so gut wie jedem offen standen. An Heimspieltagen war das Stadion ja ohnehin direkt um die Ecke, und wenn sie auswärts spielten, brachen sie mit dem Bus vom Vereinsgelände aus auf, sodass das Haus der Cyterszpilers auch an diesen Spieltagen ein guter Treffpunkt war. Jorge tat es seinem Bruder später gleich: Er lud fünf oder sechs Cebollitas-Spieler ein, im Haus seiner Eltern zu übernachten, statt in unterschiedlichen Bussen nach Hause zu fahren. Wenn man an solchen Freitagen bei den Cyterszpilers den Kühlschrank öffnete, kam jedes Mal ein Kind herausgekrochen, zumindest ist es in der Erinnerung so gewesen. Natürlich war das Abendessen inklusive. Toncha, Jorges Mutter, kochte eine Milanese, die alle liebten. Als jemand, der gerne Grenzen austestete, plünderte Diego dennoch liebend gerne nachts den Kühlschrank.

So begann ihre Freundschaft. Jorge bot sich mit Diego die Möglichkeit, den Tod seines Bruders zu verarbeiten und seine Liebe zum Fußball zurückzugewinnen. Er brachte nicht nur Wasser und Zitronen mit, sondern auch Bälle und Leibchen und war immer bereit zu helfen. Einmal, kurz nachdem die Cebollitas die Saison als die Besten in ihrer Altersklasse abgeschlossen hatten, bat ihn Francis Cornejo, der an Gallensteinen litt, seinen Posten zu übernehmen. »Du musst nur auf eines achten, Jorge«, sagte er, »keine Prügeleien – und habt Spaß.« Das Ganze endete in einem großen Feldkampf und blieb ein gut gehütetes Geheimnis der Jungs.

Nach Diegos Debüt in der ersten Liga 1976 entwickelte sich aus der Freundschaft zwischen ihm und Cyterszpiler nach und nach eine Geschäftsbeziehung. Ein Jahr später reiste Jorge der argentinischen U-20-Mannschaft nach Venezuela hinterher, wo die U-20-Südamerikameisterschaft ausgetragen wurde. In Caracas bewies er Unternehmergeist, indem er sich ein wenig Geld durch den Verkauf von Ledermustern und Musterschuhen verdiente. Dass Argentinien bei diesem Wettbewerb nicht über die Gruppenphase hinauskam, wird in Maradonas Autobiographie stillschweigend übergangen. Aber er wird dadurch gelernt haben, dass man nicht jedes Spiel gewinnen kann und nicht jeder Schritt ein Schritt nach vorn ist, wie Jorge es ihm immer predigte.

Cyterszpiler schrieb sich für ein Studium der Wirtschaftswissenschaften ein, besuchte letztendlich aber nur wenige Vorlesungen und Seminare – so groß war sein Vertrauen in seine intuitiven Fähigkeiten, die nach der Südamerikameisterschaft auch bestätigt wurden. Diego bat seinen Freund, ihn dauerhaft als sein Agent zu vertreten. Jorge nahm die Herausforderung an und versprach Diego, ihn zu schützen und ihm ausreichend Geld einzubringen, um sich und seiner Familie ein besseres Leben zu sichern. Don Diego und Doña Tota wussten, dass Diego bei ihm in guten Händen war. Zusammen mit Argentinos Juniors arbeitete er Diegos ersten Profivertrag aus, der die Miete eines Hauses in der Calle Argerich und eine monatliche Vergütung von 400 US-Dollar beinhaltete.

Zu jener Zeit führten die Spieler ihre Vertragsverhandlungen noch selbst, und viele wurden dabei über den Tisch gezogen, weil sie von den finanziellen und rechtlichen Dingen in der Fußballbranche überhaupt keine Ahnung hatten. Jorge nahm sich die Welt des Tennis zum Vorbild, um sich mit den Besonderheiten, die es bei Vertragsabschluss- und anderen Beratungsfragen zu beachten galt, vertraut zu machen. Sein älterer Bruder Silvio studierte Jura und half ihm mit seinem Wissen. Jorge wollte rund um Diego die bestmöglichen professionellen Strukturen aufbauen. Um zum besten Fußballer der Welt zu werden, war es seiner Meinung nach nicht nur wichtig, dass Diego in den Kader der Nationalmannschaft aufgenommen wurde, diese Mannschaft sollte am besten auch regelmäßig die WM-Finalrunden erreichen und diese gewinnen.

Auch jenseits des Spielfelds gab es etliches für ihn regeln. So stellte Jorge für Diego den Kontakt zu Roberto *Cacho* Paladino her, einem Arzt, der sich auf die Behandlung von Boxern spezialisiert hatte, und zu Dr. Alfredo Cahe, der zum Hausarzt der Familie wurde und Diego viele Jahre später die Nachricht vom Tod seiner Mutter übermittelte. So baute er für Diego ein Ärzteteam auf, das vom Verein unabhängig war – eine weitere Neuerung, die es im Fußball bisher nicht gegeben hatte.

Jorge wusste, was Diego, der ihm vorbehaltlos vertraute, brauchte. Er wusste, dass der vielversprechende Spieler eher temperamentvoll als bedacht agierte, weshalb sie sich charakterlich hervorragend ergänzten. Cyterszpiler setzte seinen Charme ein und vertraute auf seine Intelligenz, seinen Esprit und seine Intuition, um diejenigen zu umgarnen, die umgarnt werden mussten. Ohne jedes Vorwissen gründeten die beiden ehemaligen Straßenkinder aus Buenos Aires ein auf Jorges Ideen basierendes bahnbrechendes kommerzielles Unternehmen. Mit Hilfe von »Maradona Producciones« sollten Filme produziert, Sponsoren gewonnen und das Image von Diego entwickelt und zu Geld gemacht werden. Cyterszpiler blickte nach vorn und ließ absolut nichts anbrennen, genauso wie er es als Torwart beim Rumbolzen mit Freunden getan hatte.

So starteten der selbstbewusste 19-jährige Jorge und der ebenso fest von sich überzeugte 17-jährige Diego auf direktem Konfrontationskurs mit der Welt ins Erwachsenenleben. Es war nicht leicht, doch Jorge gelang es, Diego einen Mercedes, innerhalb von nur fünf Jahren drei noch lukrativere Folgeverträge bei Argentinos Juniors, eine der begehrten Titelstorys in der *El Gráfico* und natürlich öffentlichkeitswirksame Auftritte und die Bewunderung der Fans zu sichern. Als Diegos Spielerberater kümmerte er sich auch darum, gute Beziehungen zur Presse herzustellen. Während Diego bei Argentinos war, tat Jorge alles für die Journalisten, er servierte ihnen sogar Coca-Cola in der Halbzeitpause, wobei er dabei besonders überschwänglich war, wenn Diego einmal kein gutes Spiel hatte.

Der italienische Journalist Pier Paolo Paoletti ist ein großer Kenner der Maradona-Welt. In Sergio Levinskys Buch *Rebel With a Cause* beschrieb er die Beziehung zwischen Jorge und Diego folgendermaßen: »Was kann man über Jorge sagen? Er ist so etwas wie ein anmutiger Gnom, aber auch ein Mann mit unschätzbaren inneren Werten, den eine große Leidenschaft und die Identifikation mit Diego antreibt. Während eines Spiels lief er oft von Tor zu Tor, ohne Rücksicht auf sein schwaches Bein. Er starrte Maradona ekstatisch hinterher, ahmte jede Bewegung nach, die Diego machte. Die Verbindung war vollkommen …«

Im gleichen Buch schrieb Bruno Passarelli, der Italien-Korrespondet der *El Gráfico*: »Wenn am nächsten Tag ein Training oder ein Spiel bevorstand oder Diego eine andere wichtige Verpflichtung hatte, schlief Jorge auf dem Boden neben Diegos Bett, um ihn davon abzuhalten, abends auszugehen und sein eigenes Ding zu machen.«

»Jorges Zuneigung zu Diego war unendlich. Unendlich«, sagt Néstor Barrone, der zu Maradonas innerem Kreis in Barcelona gehörte. »Und wo immer er jetzt auch sein mag, ich glaube, diese Zuneigung trägt er nach wie vor in sich.«

»Alles war gelassen, gesund, vielversprechend«, meint Jorges Freund Fernando García. »Der wahre Sport bestand ehrlich gesagt in der Jagd nach Frauen. Tagsüber überlegten sie, wie sie ihre Fußballkarriere noch professioneller managen konnten, und in ihrer Freizeit drehte sich alles um Frauen. Sie waren zwei Teenager, die sehr schnell erwachsen wurden. Am ehesten er selbst war Diego meiner Meinung nach während seiner Zeit bei Argentinos Juniors, Seite an Seite mit Jorge.«

Von seiner Reise zur Junioren-Weltmeisterschaft in Japan hatte Cyterszpiler eine Profikamera mitgebracht. Mit ihrer Hilfe wollte er den großen, noch unerschlossenen US-Markt erobern. Er wollte vor laufender Kamera festhalten, wie sich *Dieguito* – wie die Journalisten Maradona damals nannten – zum neuen Pelé entwickelte. Er engagierte Kameramann Juan Carlos Laburu, der Diego und ihn überallhin begleitete, auch später noch, als Maradona zuerst nach Barcelona und dann nach Neapel wechselte.

Ein weiteres Projekt, an dem Cyterszpiler nach dem U-20-Sieg in Japan arbeitete, war eine Weihnachts-TV-Sendung. Alle Erlöse der unter dem Titel »Maradona's Christmas« geplanten Show kamen der argentinischen Kinderstiftung El Patronato de la Infancia zugute. Über 2000 Zuschauer besuchten die Veranstaltung im Luna Park, jener Halle in Buenos Aires, in der Maradona später auch seine Hochzeit feierte. Es wurde ein bunter Abend mit Ballspielen, Tombolas, Musikeinlagen und anderen unterhaltsamen Programmpunkten. Neben Diego stand an diesem Abend auch Menotti auf der Bühne und sprach zum Publikum. Bei diesem Anlass wurde erstmals auch Maradona Producciones vorgestellt, die Firma, die in der Veranstaltungsbroschüre mit dem Slogan »ein Mann, ein Unternehmen« beworben wurde.

Einige der eher zynischen Pressevertreter hinterfragten die Motive, die sich hinter dieser Geschäftsgründung verbargen. Maradona sagte ihnen: »Denkt ihr, ich müsse für mich selbst die Werbetrommel rühren? Habt ihr vergessen zu erwähnen, dass alle Erlöse an El Patronato gehen? Das tut weh. Ich war selbst arm, als ich jung war, und ich weiß, wie es ist, wenn man keinen Ball in Größe fünf [Erwachsenengröße] hat.«

Tatsächlich aber kamen infolge des Events zahlreiche Werbeverträge zustande. Diego schloss zunächst einen Vertrag mit Coca-Cola und dann mit Puma ab. Puma war sein erster Sponsor unter den Sportartikelherstellern, und er trug die Schuhe und Sportkleidung des Unternehmens aus Herzogenaurach viele Jahre lang. Jorge Cyterszpiler verlangte für damalige Verhältnisse ein Vermögen von den Sponsoren, dennoch akzeptierten viele seine Bedingungen, darunter Agfa-Gevaert, Maurizio de Souza Producciones, TSU Cosméticos, Della Penna.

Jorge war auch derjenige, der Diegos ersten Transfervertrag aushandelte, als dieser seine Zeit bei Argentinos beendete. Viele weitere Verträge sollten folgen, doch 1985, als Diego für Neapel spielte, zogen sie einen Schlussstrich unter ihre Partnerschaft ebenso wie unter ihre Freundschaft. »Ich habe Diego geliebt, ich liebe ihn und werde ihn immer lieben«, sagte Cyterszpiler 2015. »Ich will nicht schlecht über ihn reden. Er ist der Inbegriff von Freundschaft. Ich werde nie ein schlechtes Wort über ihn verlieren.«

2002 feierte er sein 25-jähriges Berufsjubiläum, und die gesamte argentinische Fußballprominenz kam zu seiner Party, angefangen bei Julio Grondona, dem Präsidenten des argentinischen Fußballverbands, begleitet von vielen der Menschen, mit denen er im Laufe seiner Karriere verbunden war, bis hin zu Maradonas Eltern. Maradona selbst blieb der Feier fern. »Er ist Diegos bester Freund, ist es immer gewesen«, sagte Tota an diesem Tag über Jorge.

Cyterszpiler schaffte es, sich neu zu erfinden, und machte auch ohne Maradona weiter. Zunächst trat er eine Zeitlang nicht mehr als Spielerberater auf, sondern organisierte Veranstaltungen für die Entertainment-Branche sowie eine erfolgreiche Tour für die Nationalmannschaft. Als der ehemalige Fußballer und spätere Trainer Miguel Ángel Brindisi auf der Suche nach einem Agenten war, wandte er sich an Jorge, der daraufhin die Verantwortung für mehr als 200 internationale Transfers übernahm. Er stellte einen Kontakt zwischen dem argentinischen Fußballmarkt und Russland her und machte ein Vermögen, wobei auch ein paar Fehler unvermeidlich waren.

Maradona traf Jorge noch einmal 2011, während er als Trainer für Al-Wasl in den Vereinigten Arabischen Emiraten arbeitete. Er wollte sich einen seiner Schützlinge, Juan Ignacio Mercier, für den Verein sichern und lud Jorge in sein Haus auf der arabischen Halbinsel ein. Das Treffen verlief freundschaftlich, und der Transfer kam zustande. Danach sahen sich die beiden allerdings nie wieder.

Das gut laufende Beratungsgeschäft füllte Jorge leider nicht aus. Es verschaffte ihm nicht die Freude und Genugtuung, die er brauchte, um sich jeden Morgen glücklich und frohgemut wieder an die Arbeit zu machen. Und dann kam es zu seiner Scheidung, die ihn aus der Bahn warf und das Tor zu einem Teufelskreis öffnete, dem er nicht mehr entkommen konnte. Jorges Therapeut beobachtete seine Entwicklung voller Sorge, da es eine Zeit gab, in der ihm alles freudlos erschien und ihn nichts dazu bewegen konnte, morgens das Bett zu verlassen. 2017 reiste er nach Europa und kam unter anderem nach Malaga, wo er mit einem seiner früheren Klienten, dem ehemaligen Manchester-City-Spieler Martín Demichelis, zu Mittag aß. »Nicht bei dir zu Hause, Martín«, bat Jorge. Er wollte vermeiden, dass Demichelis' Frau mitbekam, in was für einer Verfassung er war. »Rückblickend würde ich heute sagen, dass Jorge wahrscheinlich damals schon wusste, was er tun würde, und dass dieses Mittagessen ein Abschiedsbesuch war«, sagte Demichelis im Gespräch mit Diego Borinsky.

Sieben Tage später, am 7. Mai 2017, einem Sonntag, logierte Cyterszpiler in einem Hotel in Puerto Madero, ganz in der Nähe von Buenos Aires. Sein Zimmer hatte die Nummer 707. Sobald er allein war, stürzte er sich vom Balkon sieben Stockwerke in die Tiefe. Er wurde 58 Jahre alt.

Als Maradona erfuhr, was geschehen war, schüttelte er den Kopf und suchte nach einem Grund: »Eine Frau lässt dich leiden, aber sie sollte dich nicht töten … Ich glaube, bei Jorge sind wir alle am Steuer eingeschlafen.«

KAPITEL 10
Wechsel zu Boca Juniors

Bereits 1979 hatte der FC Barcelona vorläufige Transferverträge aufgesetzt, die der Verein mit Argentinos bzw. Maradona abzuschließen gedachte. Vizevereinspräsident Nicolau Casaus war extra nach Buenos Aires geflogen, um das Geschäft unter Dach und Fach zu bringen. Folgenden Bericht setzte er nach seinem ersten Treffen mit *El Pelusa* auf:

> Das Haus befindet sich im selben Viertel wie das Vereinsgelände, Argentinos Juniors haben es für Maradona erworben. Es ist ein sehr einfaches, einstöckiges Gebäude. Wenn man eintritt, gelangt man in ein Atrium im kreolischen Stil, das als Mehrzweckraum genutzt wird: Esszimmer, Wohnzimmer und Spielzimmer für die Kinder. Maradonas Mutter und seine Brüder hießen uns willkommen. Es sind anständige, gute Menschen, aber die Familie stammt aus den allereinfachsten Verhältnissen. Maradona: trotz seiner Popularität extrem unkompliziert, hat sich eine charmante Bescheidenheit bewahrt. Kleidet sich immer wie ein Sportler. Freundlich, aber sehr schüchtern. Er hört lieber zu, als selbst etwas zu sagen, was er sagt, zeugt jedoch von gesundem Menschenverstand. Er hat eine Freundin.

Anfang 1980 lief ein sich bekreuzigender Maradona mit wilder Mähne auf den Platz, wo er mit seinem inzwischen landesweit bekannten linken Samtpfötchen dribbelte und in einer Tour perfekte Pässe spielte. Gegen Ende des Jahres hatte er sich zum begehrenswertesten Spieler auf dem Markt gemausert. Manch einer bezeichnete ihn bereits als den besten Spieler der Welt. Diego hatte in 45 Spielen 43 Tore erzielt, zwei davon gegen River Plate in deren Stadion El Monumental – ein Spiel, gegen dessen Ende River Plate ihn selbst bei sich unter Vertrag nehmen wollten. Er war bei Argentinos zum

Kapitän aufgestiegen, wusste, wie er mit der Presse umzugehen hat, und entschied selbst über seine Zukunft. Der Maradona Ende 1980 war ein ganz anderer Mensch als der Diego, den Casaus kennengelernt hatte.

»Unser Team war im Grunde genommen nicht sonderlich gut, aber da wir ihn hatten, wurden wir Vizemeister mit zwei Punkten Abstand zu River Plate«, erinnert sich Maradonas ehemaliger Mitspieler Ricardo *Gringo* Giusti. Drei Jahre nach seinem Debüt in der ersten Liga war der Saisonabschluss als Vizemeister *El Pelusas* größter Erfolg bei Argentinos.

Viele hochtalentierte Fußballer erreichen im Verlauf ihrer Karriere einen Punkt, an dem sie feststellen müssen, dass sie dem Verein, der sie groß gemacht hat, entwachsen sind. Mit dieser Erkenntnis umzugehen, ist nicht ganz einfach.

In der Zeit, in der er für sie spielte, erneuerten Argentinos Juniors Maradonas Vertrag mehrere Male und erhöhten dabei immer wieder sein Gehalt, bis er der bestbezahlte Spieler des Landes war. Der argentinische Fußballverband (AFA) griff ihnen dabei kräftig unter die Arme, was für einige Kontroversen sorgte. 1980 stellte die Regierung der AFA ein Budget für Verwaltungs- und Werbeaufwendungen zur Verfügung, das zum Teil in Maradonas Tasche wanderte. »Es handelt sich um einen außergewöhnlichen Fall«, lautete die Erklärung des Verbandsvorstands. Einen weiteren Zuschuss zu Maradonas Gehalt erhielten Argentinos von Austral, einer der beiden staatlichen Fluggesellschaften. Dieses Arrangement hatte General Carlos *Pajarito* Suárez Mason, ein einflussreiches Regierungsmitglied, eingefädelt. Angesichts der vielen ausländischen Vereine, die sich um Maradona rissen, war der Regierung und der AFA sehr daran gelegen, deutlich zu machen, dass sie ihren wertvollsten Spieler im Land behalten wollten, koste es, was es wolle.

Diego begann sich indes zu fragen, ob es gerecht sein konnte, einen Spieler, der ins Ausland gehen wollte, daran zu hindern. Die Regierung hatte das von Menotti für die Nationalspieler vor der WM 78 eingeführte Transferverbot aufgegriffen und ein generelles Transferverbot ins Ausland erlassen. Wollte ein Spieler ins Ausland gehen, musste er direkt mit dem führenden Regierungsvertreter, Vizeadmiral Carlos Alberto Lacoste, verhandeln.

Die weitgehend staatlich kontrollierte Presse drängte Diego zu bleiben. Ihre – vielleicht etwas überzogene – Befürchtung war, dass sein Weggang das Ende des argentinischen Fußballs bedeuten könne. Desselben Arguments bedienten sich River Plate, als sie Argentinos ein Transferangebot für Maradona unterbreiteten.

Giampiero Boniperti, der damalige Präsident von Juventus Turin, landete mit einem Vertrag in der Tasche in Buenos Aires, der Maradona ein Jahresgehalt von 1,3 Millionen US-Dollar garantierte, darüber hinaus enthielt er eine Klausel, die ihn vier Monate vor der WM 82 für das Training mit der Nationalmannschaft freistellte. Doch da Fiat, an dessen Tropf der Verein hing, sich zu jener Zeit in finanziellen Schwierigkeiten befand und mit der Gewerkschaft im Clinch lag, ließ Boniperti schließlich von seinem Vorhaben ab.

Unterdessen hatte sich der inzwischen 20-jährige Diego in den Kopf gesetzt, für Boca Juniors, die Lieblingsmannschaft seines Vaters, zu spielen. Mit dieser Wahl förderte er unbewusst die Entwicklung einer Legende, die sich langsam um ihn herum spann und die ihn zu weit mehr machte als einem einfachen Fußballer.

Das Boca-Viertel liegt im Südosten von Buenos Aires, direkt am Río de la Plata. Die vielen italienischen Einwanderer, die sich hier niedergelassen haben, konnten sich eine starke kulturelle Identität bewahren, für die das Viertel seit dem frühen 20. Jahrhundert bekannt ist. La Boca ist nicht einfach nur ein Stadtteil, es ist das Zentrum einer sozialen Identität, fast schon so etwas wie ein eigener Staat im Staat, getragen von Arbeitern, die in der Mehrzahl ausländische Wurzeln haben. Emir Kusturica, der mit Diego die Dokumentation *Maradona* drehte, sagte: »Bei den Dreharbeiten von [*Erinnerst du dich an*] *Dolly Bell* habe ich die positiven Seiten von Armenvierteln kennengelernt. Der aristokratische Geist ist aus den Villen der Reichen in die Heime der Armen gezogen. Dieses wundervolle Gefühl von Moral innerhalb der Familien, das respektiert wird und für das Opfer in Kauf genommen werden ... Als Diego zwischen River Plate, wo ihm mehr Geld angeboten wurde, und Boca Juniors wählen konnte, entschied er sich aus genau diesen Gründen für Boca.«

Die Fans der Boca Juniors – die Arbeiter und die Armen aus La Boca und Leute wie Diegos Vater – träumten alle denselben Traum: einmal vor Freunden im Bombonera-Stadion zu spielen. Denn wenn du es als Spieler bei Boca schafftest, würde die Presse dich – frei nach dem Soziologen Pablo Alabarces – als »Held der Armen« feiern. Das war durchaus in Maradonas Sinne.

Und so begann der erste große von den Medien begleitete – und gelenkte – Transfer der Fußballgeschichte.

Ein Verbleib bei Argentinos Juniors war undenkbar. Die Verhandlungen wurden quasi in aller Öffentlichkeit geführt, auch die Namen der Klubs, die darauf brannten, selbst ein Gebot abgeben zu können, falls diese Verhandlungen scheitern sollten, waren allseits bekannt. Dennoch zog sich das Ganze ungemein in die Länge, es dauerte, bis ein neuer Verein verkündet wurde und Maradona einen Vertrag unterschrieb. Warum? In einem Interview mit der *El Gráfico* im Juli 1980 erklärte Maradona sein Dilemma: »Ich stehe zwischen allen Stühlen, wie auf einer Auktion, bei der der Hammer schon über dem Pult schwebt und noch einmal gefragt wird: ›Wer bietet mehr?‹«

Die Regierung ließ Maradona wissen, dass er sich bedeckt halten solle, solange der Wechsel noch nicht endgültig entschieden ist, aber sie wussten, dass er sich nicht gerne etwas vorschreiben ließ. »Ich bin keine Ware, ich bin Fußballer«, erklärte Diego. »Ich gehe ein hohes Risiko ein, wenn ich in diesem Land bleibe, denn sobald Maradona etwas passiert, ist er wertlos. Und dann wird keiner mehr einen Penny für ihn bezahlen.« Da war es schon wieder, das Reden von sich in der dritten Person.

Fernando Signorini sagte einmal, dass Diego, dessen Rhetorik sich immer an diejenigen auf den billigsten Plätzen richtete, von sich selbst in der dritten Person sprach, »weil er manchmal selbst nicht glaubt, dass ihm das alles widerfährt. Er glaubt, es betrifft nur Maradona, während er der einfache, bodenständige Familienmensch Diego bleibt.«

Cyterszpiler traf sich zu inoffiziellen Gesprächen mit River Plate, um einen Kompromiss zu finden, von dem alle profitieren konnten. Nach den beiden Treffern von Maradona im El Monumental hatte Rafael Aragón Cabrera, der Präsident von River Plate, bei Argentinos nachgefragt, wie viel sie für *El Pelusa* haben wollten. »Wir verkaufen ihn nicht«, hatte ihr Vereinspräsident Prospero Cónsoli geantwortet. Doch River ließen nicht locker, und Anfang 1981 drängten sie ihn dazu, eine Summe zu nennen. Cónsoli musste einsehen, dass er seinen Star nicht länger halten konnte. »13 Millionen Dollar«, lautete seine Antwort. River boten ihm die Hälfte davon an sowie einen Spieler, der im Gegenzug zu Argentinos gehen sollte.

Diego ließ dieses Angebot kalt. Im Februar sah er sich zusammen mit seiner Familie im Monumental das Spiel einer Jugendmannschaft an. Dabei erinnerten ihn einige River-Fans wiederholt und abschätzig an seine unverhohlene Begeisterung für Boca, Rivers größten Rivalen. »Ich werde keinen Fuß mehr in dieses Stadion setzen«, erklärte er Claudia anschließend. River erhöhten daraufhin das Angebot, fügten allerdings eine neue Klausel hinzu: Diegos Gehalt dürfe nicht über dem von Ubaldo *Pato* Fillol liegen, dem damals bestbezahlten Spieler des Vereins. Diego betrachtete dies als weiteren Affront.

Ein Jahr nachdem er den Ball viermal im Kasten von Hugo Gatti versenkt und dafür die Ovationen der Boca-Fans – oder Xeneize, wie sie auch genannt werden – geerntet hatte – und obschon er einen Vorvertrag mit dem FC Barcelona geschlossen hatte –, beschloss Maradona, für Boca Juniors zu spielen. »Aber wie kriege ich das hin?«, fragte er sich.

Anders als heute wurden Nachrichten und Gerüchte zum Thema Fußball in den 1980er Jahren nur über ausgewählte Presseorgane verbreitet: ein einflussreiches Magazin (*El Gráfico*), ein großer Radiosender (*Rivadavia*) und ein paar Tageszeitungen (*Clarín, La Nación, La Razón* und *Crónica*). Diego wählte die *Crónica*. Er ließ Cayetano Ruggeri, einen der Redakteure des Blatts, wissen, dass er mit Boca Gespräche über einen Wechsel führe. Was völliger Unfug war – zu diesem Zeitpunkt zumindest. Ruggeri wird das womöglich auch gewusst haben, trotzdem spielte er das Spielchen mit und veröffentlichte die Story, entweder aus Gefälligkeit oder im Rahmen eines Deals mit Diego.

Bei Boca wehte zu jener Zeit ein ziemlich frischer Wind. Der neue Vereinspräsident, Martín Benito Noel, ernannte Silvio Marzolini zum Cheftrainer, der wiederum starke, talentierte Spieler in die Mannschaft brachte, darunter die Mittelfeldspieler Miguel Ángel Brindisi und Carlos Morete. Es war eine gute Zeit, um sich diesem Klub anzuschließen.

Der *Crónica*-Artikel, demzufolge es vielversprechende Verhandlungen zwischen Maradona und Boca gab, elektrisierte die Fans und verschaffte dem Verein etwas Spielraum. Der Vorstand kontaktierte Cyterszpiler, um ihn zu fragen, was es mit dem Wink, den sein Klient ihnen gegeben zu haben schien, auf sich hatte. Cyterszpiler bestätigte ihnen, dass Maradona Interesse an einem Wechsel zu ihrem Verein habe, ließ sie aber auch wissen, dass sie sich schnell entscheiden müssten, da er auch andere Optionen besäße. Dem Klub fehlten die Mittel, aber man versprach, ein Gebot abzugeben. Letztendlich ging es um die stattliche Summe von 10 Millionen Dollar. Diese sollten ursprünglich direkt und in vollem Umfang an Argentinos gezahlt werden, doch kurz vor Schluss einigte man sich auf eine Teilzahlung. Zusätzlich sollten sechs Boca-Spieler an Argentinos ausgeliehen werden, und ein paar, wie Maradona sie nannte, »dubiose Wohnungen« und Schecks wurden als Sicherheiten geboten.

Zunächst sicherte der Inhaber einer Tageszeitung aus Buenos Aires zu, für die an Argentinos zu zahlenden 10 Millionen Dollar zu bürgen. Außerdem unterstützte er Diego und Cyterszpiler bei der Ausarbeitung der Vertragsdetails. Zeitungen, Radiostationen und TV-Sender vermuteten, dass der Deal damit unter Dach und Fach war, zumindest so gut wie, und stellten spezielle Redaktionsteams zusammen, die über alle Einzelheiten des Kontrakts berichteten. Zwischen dem 13. und 20. Februar waren die Nachrichten voll davon.

Doch dann fand sich irgendwie ein Haar in der Suppe. Das Konkurrenzblatt zur Tageszeitung des Investors veröffentlichte einen Artikel, in dem es hieß, dass die Steuer- und Zollbehörde auf den

Deal aufmerksam geworden sei und wissen wolle, wie Boca sich den Transfer überhaupt leisten könne und woher das Geld dazu stamme.

Cacho Steinberg, Geschäftsmann und ehemaliger Agent des Boxers Carlos Monzón, versuchte, aus diesem Chaos Profit zu schlagen, und bot an, alle eventuellen Hindernisse aus dem Weg zu räumen. Er versuchte, direkt mit Diego ins Gespräch zu kommen. Der wiederum warnte seinen Freund Jorge: »Hey, Bighead – sie versuchen, das über deinen Kopf hinweg auszuhandeln.« Das sind die Momente, die eine Freundschaft festigen und ihren Wert beweisen.

Angesichts des öffentlichen Wirbels, der um Maradonas Wechsel gemacht wurde, konnte der Boca-Vorstand nicht so einfach sein Angebot zurückziehen. Allerdings sprang der erste Investor ab, sodass der Klub in kurzer Zeit eine neue Kapitalquelle finden musste. Eine Art Kredit vielleicht?

Wieder einmal kam Maradona zu Hilfe. Am Samstag, dem 14. Februar, reiste er in den 400 Kilometer südlich von Buenos Aires gelegenen Badeort Mar del Plata, um im Rahmen eines Sommerturniers für Argentinos gegen Ungarn zu spielen. Die *El Gráfico* versuchte, ihn dazu zu bewegen, ein Fotoshooting im Boca-Trikot zu machen. Diego dachte über diesen Vorschlag nach, verwarf ihn dann jedoch, weil er fürchtete, damit noch mehr Öl ins Feuer zu gießen. Zugleich war ihm klar, dass er die Parteien unter Zugzwang setzte, wenn er sich in den Bocas-Farben zeigte. Letzten Endes entschloss er sich dazu, das blau-goldene Trikot für ein Bild in die Hand zu nehmen, während es einige seiner Mannschaftskameraden, von denen nur die Hände zu sehen sind, vor der Kamera ausbreiten, sodass es gut zu erkennen ist. Diese Aufnahme landete auf dem Titelblatt der nächsten *El Gráfico*.

Es war das letzte komplette Spiel, bei dem er für Argentinos auflief. Am darauffolgenden Donnerstag und nach einigen sehr langen Sitzungen, die bis in die frühen Morgenstunden andauerten, kam es zu einer Einigung zwischen Boca und Argentinos. Für eine Zahlung von vier Millionen Dollar wurde Maradona bis zum Beginn der WM 82 in Spanien 16 Monate an Boca ausgeliehen. Nach der WM musste Boca weitere vier Millionen für den Transfer zahlen. Darüber hinaus wechselten vier Boca-Spieler zu Argentinos, zwei weitere wurden an den Verein ausgeliehen. Außerdem übernahm Boca die Rückzahlung der Schulden, die Argentinos Juniors bei der AFA hatte (es handelte sich um Geld, das der Verband dem Verein geliehen hatte, um Diegos Gehalt zahlen zu können), und löste ein paar ihrer Bankkredite ab, was auf etwa weitere 1,5 Millionen Dollar hinauslief.

Mit Guillermo Cóppola, einem Mitarbeiter der argentinischen Zentralbank, kam ein weiterer Geschäftsmann ins Spiel, der sich für das Zustandekommen des Deals einsetzte. Er überzeugte die sechs Boca-Spieler, die zu Argentinos Juniors wechseln sollten, davon, ihren Teil des Vertrags zu erfüllen und den Wechsel zu vollziehen. Maradona war beeindruckt und lobte Cóppolas überbordende Energie. Seinem Freund Jorge Cyterszpiler sagte er aufrichtig: »Danke, Bighead!«

Jahre später nannte Diego den Vertrag, den er mit seinem neuen Verein geschlossen hatte »etwas seltsam«. In seiner Autobiographie schrieb er: »Um den Deal abzurunden, stellten sie mir ein paar Apartments zur Verfügung, die von dem Geschäftsmann Tito Hurovich gebaut worden waren. Sie sahen aus wie aus Pappe, und es gab keinerlei Dokumente dazu. Wir konnten keinen Grundbucheintrag vornehmen lassen, nichts.« Aber er bekam, was er gewollt hatte: Er spielte fortan für Boca Juniors.

Der Medienrummel erreichte seinen Höhepunkt, als Maradona seinen Vertrag vor laufender Kamera unterzeichnete. Channel 13 hatte sich die Rechte für die Liveübertragung gesichert. Am Freitag, dem 20. Februar, lief ein verletzter Diego bei einem Freundschaftsspiel zwischen Argentinos und Boca in seiner neuen Heimspielstätte La Bombonera auf. Während der ersten Halbzeit spielte er im Trikot von Argentinos, das er später seinem Jugendtrainer Francis Cornejo schenkte, in der zweiten Halbzeit lief er für Boca auf.

Zwölf Jahre lag Diegos Testspiel für die Cebollitas im Parque Saavedra inzwischen zurück, viereinhalb Jahre waren seit seinem Debüt für Argentinos in der ersten Liga vergangen. In 166 Spielen hatte er insgesamt 116 Tore für die Mannschaft erzielt. Einige Freunde, die er gewonnen hatte, und ein liebgewonnenes Stadion musste er zurücklassen, dafür konnte er jedoch viele schöne Erinnerungen mitnehmen.

Dank des Geldes, das sie durch den Transfer eingenommen hatten, sowie einiger guter Neuverpflichtungen gewannen Argentinos 1984 die Meisterschaft und 1985 die Copa Libertadores, und im selben Jahr erreichten sie das Weltpokal-Finale. Ihre Heimspielstätte wurde 2003 in Estadio Diego Armando Maradona umbenannt – auch wenn es vielen Fans lieber gewesen wäre, es hätte seinen alten Spitznamen, La Paternal, behalten.

Diegos offizielles Debüt bei Boca fand zwei Tage nach dem Freundschaftsspiel beim Eröffnungsmatch der Torneo Metropolitano gegen Talleres statt. Maradona steuerte zwei verwandelte Elfmeter zum 4:1-Heimsieg bei. Den Worten des legendären Sportkommentators Víctor Hugo Morales zufolge »tropfte« sein erstes Tor »wie eine Träne«. »An diesem Tag war ich inspiriert«, erinnert sich Morales. »Aber es war auch immer einfach, seiner Phantasie freien Lauf zu lassen, wenn man Diego beobachtete, vor allem auf dieser Bühne, dem Boca-Stadion, La Bombonera, dieser Pralinenschachtel mit ihrem besonderen, einzigartigen Sound.«

Der Verein erzielte mit diesem Spiel Einnahmen von rund einer Million Dollar, was Boca half, die Forderungen, die durch den Transfer auf sie zukamen, zu begleichen. River Plate, denen der begehrte Fußballstar durch die Lappen gegangen war, holten stattdessen den erfolgreichen Stürmer Mario Alberto Kempes, den Helden der WM 78, der bisher für Valencia gespielt hatte, in die Heimat zurück. Allerdings währte das Glück über die Neuzugänge bei beiden Mannschaften nicht lange. Der explodierende Dollarkurs ließ den argentinischen Peso immer weiter abstürzen, und die Reaktion der Regierung hatte dramatische Auswirkungen auf die Finanzkraft der Vereine. Die Schecks, mit denen Maradonas Transfersummen gezahlt wurden, hatten plötzlich keine ausreichende Deckung mehr.

»Laut Vertrag war Boca verpflichtet, zunächst vier Millionen Dollar zu zahlen, in vier aufeinanderfolgenden Zahlungen zu je einer Million«, erklärt Alberto Pérez, der damalige Generalsekretär von Argentinos Juniors. »Es dauerte nicht lange, da sagten sie uns: ›Wir können die vereinbarte Summe nicht zahlen. Der Dollar ist heute viel mehr wert als zu dem Zeitpunkt, zu dem wir den Vertrag ausgehandelt haben.‹«

Die Abwertung des Peso hatte zur Folge, dass Boca die Zahlungen de facto nicht mehr leisten konnte, selbst wenn sie ihr Stadion für ein Spiel viermal ausverkauft hätten. Ebenso erging es River Plate mit Kempes, der aus diesem Grund wieder nach Valencia zurückging, nachdem er mit River den Meistertitel geholt hatte. Gegen Ende des Jahres musste auch Diego Boca wieder verlassen und zu Argentinos zurückkehren. Er absolvierte allerdings kein Spiel mehr für den Verein, da er zunächst für die Nationalmannschaft freigestellt wurde, die mit dem Training für die kommende WM in Spanien begann.

Und just in diesem Augenblick sah der FC Barcelona, der noch den Vorvertrag von 1979 im Tresor liegen hatte, dass seine Zeit gekommen war.

Teil III
MARADONA

KAPITEL 11
Die Zeit bei Boca Juniors

In den 15 Monaten, die er für Boca spielte, veränderte sich Maradonas Welt. Der Ruhm öffnete ihm zahlreiche Türen, und furchtlos und voller Selbstvertrauen zögerte er nicht, die neuen Räume zu betreten, die sich dahinter verbargen. Er wusste, dass er der Spieler war, der am meisten verdiente, womit er zugleich auch der einflussreichste war. Diesen Einfluss wusste er bei verschiedenen Gelegenheiten klug geltend zu machen. So setzte er beispielsweise beim Vorstand von Boca durch, dass die ganze Mannschaft pro Spiel ein Trikot vom Verein gestellt bekam – zuvor hatte der Klub den jüngeren Spielern die Trikots, die sie trugen, in Rechnung gestellt. Und beim Friends' Day im Juli verschenkte er Markenuhren – ein klassisches Statussymbol – an seine engsten Freunde.

Roberto Mouzo, Bocas Rekordspieler, erzählte Diego Borinsky von der *El Gráfico*: »Diego lieh mir seinen BMW, damit ich samstagsabends immer nach Morón [eine Stadt in der Provinz Buenos Aires] fahren und eine Ausgabe der *La Razón* kaufen konnte. Ich hatte das nämlich einmal gemacht, und danach hatten wir gewonnen, und daraufhin war es zu einem abergläubischen Ritual geworden.«

Die Wochenzeitschrift *Somos* veröffentlichte einen Bericht, in dem Maradonas Vermögenswerte aufgelistet wurden: zwei Mercedes plus Chauffeur, ein BMW, ein schwarzer Ford Taunus, ein Haus an der Calle Cantilo, das schätzungsweise 800 000 US-Dollar wert war, und ein weiteres an der Calle Lazcano. Darüber hinaus besaß Maradona ein Grundstück in Moreno, einer Stadt in der Provinz Buenos Aires, und das Büro von Maradona Producciones, das sich in einem imposanten Gebäude im Stadtzentrum befand. »Er besitzt 40 Paar Schuhe, 50 italienische Hemden und benutzt Parfüm von Paco Rabanne«, hieß es in dem Magazin weiter.

Diego sah sich gerne Revuen an und hatte nichts dagegen, sich mit den *vedettes*, den Hauptdarstellerinnen der Shows, ablichten zu lassen. Unzählige Male wurde er beim Verlassen einschlägiger Restaurants fotografiert, wo er Schauspieler, Politiker und Geschäftsleute traf. Passend zu seinem neuen Lebensstil mietete er in einem der nördlichen Viertel von Buenos Aires eine Wohnung an, in der er Freunde und Kollegen empfing. Carlos Salinas, einer der Spieler, die als Teil des Maradona-Deals von Boca zu Argentinos gewechselt waren, war einer von ihnen. »Nach dem Wechsel trafen wir Diego mehrere Male in seinem Apartment an der Avenida Santa Fe«, erzählte er Diego Borinsky von der *El Gráfico*. »Im Erdgeschoss gab es einen Nachtclub, Dover hieß er, und wir nahmen die Frauen von unten mit in die Wohnung. Guillermo Cóppola und Carlitos Randazzo waren auch dabei ... sie hatten so einen Rockstar-Appeal und wussten, wie man eine Party schmeißt.«

Randazzo war es gewesen, der Diego mit Cóppola bekannt gemacht hatte, kurz bevor der Banker seinen Teil zum Boca-Transfer beitrug. »Es war, als würde man ein Pärchen verkuppeln«, sagte Randazzo, der aus La Boca stammte und ebenfalls zu den Spielern gehörte, die für Diego zu Argentinos gewechselt waren. »Einmal machten wir eine Anzeige für Flipper Jet, irgend so ein neues elektronisches Spiel«, verriet Randazzo der *El Gráfico*. »Diego lud mich in seine Wohnung ein. Es war Abend, und als ich raufging ... waren schon Mädchen da, eine ganze Menge Mädchen.«

Als Maradona viele Jahre später mit Drogen in Kontakt kam, war Randazzo ebenfalls mit von der Partie. »Jedes Mal, wenn jemand von Drogen sprach ... zeigten sie mit dem Finger auf Diego und mich«, erzählte er Borinsky. »Aber niemand sprach über die Spritzen, die wir und viele andere als 17-, 18-Jährige von den Ärzten bekamen, damit wir besser spielten. An dem Tag, an dem sie mir Kokain anboten, sagte ich: ›Das ist gar nichts, das ist ein Witz verglichen mit den Spritzen.‹ Deshalb wurden wir süchtig.«

Randazzo zufolge versorgten die Ärzte Spieler quer durch alle Fußballschulen mit Amphetaminen, frei nach dem Motto: »Wenn denen über uns geholfen wird, wollen wir auch Hilfe haben.« Viele der Spieler sollen in der Folge an Schlafstörungen gelitten haben und auf regelmäßige Entgiftungskuren in Bädern und Saunen angewiesen gewesen sein.

Beim Freundschaftsspiel zwischen Argentinos Juniors und Boca war Diego angeschlagen. Er nutzte die kommenden Tage, um sich zu erholen und wieder zu Kräften zu kommen. Für den *Superclásico* gegen River in La Bombonera im April fühlte er sich dann wieder fit genug. Es regnete an diesem Abend, doch das hielt Maradona kein Stück davon ab, den Zuschauern einige unvergessliche Momente zu bescheren. Der offensive Mittelfeldspieler Miguel Ángel Brindisi erzielte die ersten beiden Treffer für Boca. Die Vorlage zum ersten dieser beiden Tore gab Diego. Er nahm den Ball in der eigenen Hälfte an, stürmte nach vorn und ging dabei zweimal wegen ungestümer Tacklings zu Boden. Beide Attacken wären durchaus einer gelben Karte würdig gewesen, doch der Schiedsrichter ließ weiterspielen, weil Diego nicht liegen blieb, sondern sich gleich wieder aufrappelte und weiterlief. Er preschte an drei Verteidigern vorbei und versuchte gegen den herauslaufenden Keeper Pato Fillol den Ball zu behaupten. Dabei landete das Leder bei Brindisi, der souverän einnetzte. Später traf Brindisi erneut zum 2:0, und der letzte Treffer, der den 3:0-Endstand für Boca markierte, ist ein Klassiker.

Cacho Córdoba, Bocas Nummer 3, trieb den Ball ungewöhnlich weit am rechten Flügel hoch und sah, dass Maradona völlig frei am Elfmeterpunkt stand. Er stoppte den Ball und lupfte ihn über zwei Gegenspieler hinweg zu Maradona. Der nahm das Leder in der Luft an und blieb dann wie angewurzelt auf dem matschigen Spielfeld stehen. Fillol stürmte von der Torlinie auf ihn zu, um ihn am Schuss zu hindern, worauf Diego links antäuschte, dann aber nach rechts vorbeiging und Fillol zappelnd am Boden liegen ließ. Das Kunststück dauerte weniger als eine Sekunde und spielte sich auf einer Fläche von weniger als einem Quadratmeter ab; Fillol wurde komplett ausmanövriert. Tarantini, ein River-Verteidiger, stand auf der Torlinie und sprang Maradona vor die Füße, ganz so, als sei er selbst der Keeper. »Glaub mir, ich hatte vor, ihn aussteigen zu lassen«, erinnerte sich Maradona. »Aber dann sah ich, dass das kurze

Eck offen war, und zack, schoss ich den Ball da rein.« Er schoss platziert, nicht hart, und der Ball rollte genau zwischen Tarantinis ausgestreckter Hand und dem rechten Torpfosten hindurch ins Netz. Für ein amüsantes Schmankerl zum Abschluss sorgte ein Pressefotograf, der den Torschützen am Spielfeldrand verfolgte, um seinen Torjubel einzufangen. Er stolperte und fiel der Länge nach in den Dreck, während der Blitz aus seiner Kamera Maradonas Gesicht erhellte.

Maradona und Brindisi erzielten je 17 Treffer für Boca in dieser Saison. Das torgefährliche Duo verhalf dem Team zum Titelgewinn im Torneo Metropolitano, Maradonas einzigem Profititel in Argentinien.

Diego liebte den Fußball, die Rivalitäten, den Lärm in den Stadien, den Torjubel und den Ball. Aber tief in seinem Inneren bildete sich bereits ein Riss, man hörte schon ein leises Knirschen, als ob etwas ganz Zartes und Feines zerbrach. Kaum hatte er seine ersten Treffer für die neue Mannschaft erzielt, kamen Zweifel an der Zahlungsfähigkeit der Boca Juniors auf. Und schon streckten andere Vereine wieder die Finger nach ihm aus.

Emotional, wie Maradona war, schnürte ihm die unentwegte Aufmerksamkeit der Medien an jedem Schritt, den er tat, die Luft zum Atmen ab. Er wollte sogar mit dem Fußball aufhören, um sich von dem Monster zu befreien, das er selbst erschaffen hatte, während er auf der Suche nach magischen Orten war, an denen das Gras immer grüner war als zuvor. Ausgelassene, durchzechte Nächte in Buenos Aires wechselten sich zu jener Zeit ab mit introvertierten Phasen, in denen er sehr verschlossen war. Zuweilen zog Diego sich ganz mit seiner Familie zurück, die in der Satirezeitschrift *Humor* als eine Gruppe von Touristen porträtiert wurde, die sich mit Diegos Geld amüsierte. »Ich kann nirgendwo meine Ruhe finden«, klagte er.

Die Steuerbehörde übte indes mächtigen Druck auf Boca aus und beschlagnahmte mit dem Sports-City-Komplex einen der größten Vermögenswerte des Vereins. Die Zentralbank drohte dem Klub mit gravierenden Konsequenzen, als offenbar wurde, dass der Vorstand weiterhin Schecks ausstellte, ohne über ausreichende Mittel zu verfügen. Und in der Presse war zu lesen, dass Maradona, der von den Betrügereien des Vereins nichts wusste, seine Steuerzahlungen eingestellt hatte und deswegen eventuell im Gefängnis landen könne. Der Druck, der dadurch aufgebaut wurde, dass all diese Angelegenheiten in der Sport- und Tagespresse ausgiebig thematisiert wurden, war immens.

Acht Monate nachdem Maradona den Vertrag bei Boca unterzeichnet hatte, organisierte der Verein eine Welttournee. Auf diese Weise wollten sie die nötigen Mittel aufbringen, um ihren Goldjungen bezahlen zu können. Und so machte sich der überforderte Maradona im Oktober auf den Weg zur Elfenbeinküste. Während der Reise vertraute er sich seinem Mitspieler, Bocas legendärem Verteidiger Roberto Passucci, an. »Wenn er das Licht ausmachte, konnte er nicht schlafen«, verriet Passucci bei einem Interview für Bocas Website. »Er sagte: ›Passu, ich kann nicht schlafen. Ich komme mit dem Erfolg nicht klar, ich kann nirgendwo abschalten. Wenn ich heute irgendwo hingehen und ein T-Shirt kaufen will, muss Cyterszpiler zuerst alle möglichen Vorkehrungen treffen, damit die Leute mich dabei nicht entdecken. Es ist schrecklich.‹«

Hunderte ivorischer Jungs, die T-Shirts mit Maradonas Konterfei trugen, hießen die Mannschaft am Flughafen von Abidjan willkommen. Es war ein inszeniertes Spektakel, das Diegos Agent arrangiert hatte. Diego selbst hatte so etwas zuvor noch nie gesehen. »Die Kinder rannten an diesen mit Macheten bewaffneten Polizisten vorbei und hängten sich einfach an mich dran. Dabei skandierten sie ›Diegó, Die-gó!‹«, schrieb er in seiner Autobiographie. »Später, als wir im Hotel zu Mittag essen gingen, kamen etwa 20 Kinder auf mich zu, und eines rief: ›*El Pelusa, El Pelusa!* Ein schwarzer Junge von der Elfenbeinküste kannte meinen Spitznamen, *El Pelusa!*«

»Im Ausland behandelte man mich wie einen König; zu Hause … je weniger man darüber spricht, umso besser.«

Diego fühlte sich überfordert und sprach auch mit seinem Vater darüber, was äußerst selten vorkam. Ein Teil von ihm wollte die Zeit zurückdrehen und wieder der Junge aus Villa Fiorito sein. Aber ihm wurde schnell klar, dass Rückkehrer nirgends mit offenen Armen empfangen werden. Er verspürte eine Art Höhentaumel und fühlte sich auf eine gewisse Weise entwurzelt.

»Ich will mit dem Fußball aufhören«, erklärte er Guillermo Blanco auf dem Rückflug von Afrika nach Argentinien. Maradonas Debüt in der ersten Liga lag fünf Jahre zurück, und sein 21. Geburtstag stand kurz bevor. Er wollte »ein Spiel mit Kindern spielen, gegen Kinder, mit Kindern auf der Tribüne, Kindern im Tor, Kindern als Polizisten … einfach nur mit Kindern … mit den Unschuldigen«.

»Maradona konnte sich keine Schwäche erlauben«, sagte Fernando Signorini in Asif Kapadias Dokumentarfilm *Diego Maradona*. »Einmal sagte ich ihm, mit Diego würde ich bis ans Ende der Welt gehen, mit Maradona hingegen würde ich keinen Schritt tun wollen. Und er antwortete: ›Ja, aber ohne Maradona wäre ich heute noch in Villa Fiorito.‹«

»Manchmal höre ich, dass ich tausend Treffer erzielen muss wie Pelé, aber ich verstehe nicht warum«, setzte Diego sein Gespräch mit Guillermo Blanco 1981 auf dem Rückflug von der Elfenbeinküste fort. »Wird mir das Ruhe und Frieden verschaffen? … Ich will, dass die Leute Maradona vergessen und dass die Zeitungen aufhören, diesen ganzen Müll zu verzapfen. Ihr letztes Meisterstück ist es, den Leuten weiszumachen, ich hätte mir eine Yacht gekauft. Mein Bruder Lalo sprach mich darauf an. Ich sagte, das sei Quatsch, aber er meinte: ›In dem Artikel wird sogar der Name des Mannes genannt, der sich um das Boot kümmert. Bist du dir sicher, dass es nicht stimmt?‹«

Es gab nur eine Möglichkeit, diesem Irrsinn zu entkommen.

KAPITEL 12

Die WM in Spanien 1982

Nachdem er einmal offen ausgesprochen hatte, dass er mit dem Fußball aufhören wollte, fiel Maradona in ein tiefes Loch. Verletzt und frustriert flüchtete er mit der Familie nach Las Vegas. Er schwänzte sogar mehrere Zusammenkünfte der Nationalmannschaft, was Menotti keine andere Wahl ließ, als ihn vorerst aus dem Kader zu streichen, auch wenn er erkannte, in welcher Verfassung sich Maradona befand. Diego verpasste ein weiteres Training, als er sich an einem Abend um seine kranke Mutter kümmerte. Er war 21 Jahre alt, und seine Emotionen kochten über.

»Nachdem wir den Verkauf abgeschlossen hatten«, erzählt Alberto Pérez, Generalsekretär von Argentinos Juniors, »erklärte ich [Josep Lluís] Núñez: ›Hör mal, ich weiß nicht, ob Diego sich in Barcelona wohl fühlen wird.‹ Núñez schaute mich fragend an. ›Na ja ... die Katalanen sind ziemlich förmlich. Diego kommt aus einer völlig anderen Welt ...‹« Damit war Barcelonas Vereinspräsident zum ersten Mal gewarnt worden.

»Als wir die Transferverhandlungen abgeschlossen hatten«, so Pérez weiter, »kam Jorge Cyterszpiler zu mir und sagte: ›Diego bekommt vom FC Barcelona ein Auto‹, und er meinte, ich solle Núñez darum bitten, auch für den Sprit aufzukommen. ›Der wird ausflippen, Jorge, rede selbst mit ihm.‹ Doch er meinte: ›Nein, nein, du musst das tun.‹ Also sagte ich Núñez, dass es da noch ein Detail gebe, über das wir sprechen müssten, ein wirklich klitzekleines ... Barcelona solle auch den Sprit für den Wagen bezahlen ... Er stand auf und schrie: ›Wie bitte? Den Sprit? Bei den vielen Millionen Peseten ... bitten Sie mich noch um Sprit!‹«

Jorge und Diego, zwei einfache Jungs aus Buenos Aires, machten sich auf, Europa zu erobern. Ihr Misstrauen und ihre Ängste trafen auf den Argwohn und die Feindseligkeit ihrer Gastgeber in Barcelona.

Doch sie waren bereit, es mit der Ersten Welt, die der FC Barcelona und das Land Spanien für sie symbolisierten, aufzunehmen.

Vor diesem Abenteuer gab es jedoch noch eine kleinere Angelegenheit zu regeln, nämlich die WM in Spanien. Frei nach dem Motto »Es wird nichts so heiß gegessen, wie es gekocht wird« fand Maradona seinen Seelenfrieden wieder und konnte sich wieder auf den Fußball fokussieren, als der Wechsel zu Barcelona geklärt war, und sich angemessen auf die WM 82 vorbereiten. Menotti begann mit den Planungen bereits am 14. Februar, vier Monate vor dem Eröffnungsspiel. Sein Team bestand aus einigen erfahrenen Weltmeistern (Fillol, Passarella, Ardiles, Kempes) und einer Handvoll Nachwuchstalenten, die in Tokio 1979 die Junioren-WM gewonnen hatten (Ramón Díaz, Calderón, Barbas und natürlich Maradona). In Argentinien absolvierten sie ein Freundschaftsspiel gegen Bulgarien, bei dem die Menge sie auspfiff, und eins gegen Polen, in dem Diego seine Führungsqualitäten zum ersten Mal deutlich unter Beweis stellte. »Ich hoffe, unsere Fans begreifen, dass das eine Form des Fußballs ist, die erhalten bleiben muss. Die Pfiffe beim letzten Mal haben mich verletzt«, gab Diego zu.

Allmählich überstrahlte er mit seiner Genialität alles und jeden, sogar den Trainer. »Konkurrieren Sie mit Diego?«, fragten Journalisten Menotti bei einer Pressekonferenz. »Ich spiele nicht, und er ist der beste Spieler der Welt, wie könnte ich mit ihm konkurrieren?«, entgegnete er. Diese ungewöhnliche Machtverlagerung wurde während der anschließenden Europatour der Nationalmannschaft zum Thema. Schweigen ist Gold, lautete Menottis Devise, als er seinem Starkicker persönliche Pressetermine untersagte, nachdem er erfahren hatte, dass Maradona für ein Interview in London 2000 Dollar verlangt hatte. Diego konnte es nicht ertragen, vorgeschrieben zu bekommen, wie er sich zu verhalten habe. Auch dass seine Kommunikation mit der Öffentlichkeit, seinem begeisterten Publikum, gefiltert wurde, war neu und gefiel ihm nicht. Aber selbst Cyterszpiler bat ihn, sich in seinen Aussagen zu mäßigen, und die argentinische Regierung hatte ihm Ähnliches nahegelegt. Der Maulkorb, den man meinte, ihm anlegen zu müssen, konnte anscheinend nicht groß genug sein.

In Interviews betonte Maradona, dass er immer noch derselbe sei wie früher und sich nichts verändert habe, seit er das Elendsviertel verlassen habe. Doch je öfter er dies wiederholte, desto formelhafter klang es.

Während der ersten Gruppenphase der WM logierten die Argentinier in Alicante, im Hotel Benidorm. Maradona war neben Karl-Heinz Rummenigge und dem Brasilianer Zico einer der Stars des Turniers. Aber es war allein sein Konterfei, das allerorts auf den Titelseiten und Posterbeilagen der Zeitschriften zu sehen war, er war es, der von den Werbeplakaten in Spaniens Straßen herabblickte. Die argentinische Presse pries ihn als den Auserwählten, auf dem alle Hoffnungen lagen. »Er ist kein Kind mehr ... er muss jetzt einlösen, ›was er uns versprochen hat‹.« Pelé, dessen Status als alleiniger Fußballgott bedroht war, äußerte Zweifel daran, dass Maradona »das Format« besaß, »um der Bewunderung gerecht zu werden, die ihm überall auf der Welt entgegengebracht« werde.

Mannschaftskamerad Ossie Ardiles glaubte, dass Diego etwas mehr Normalität vertragen könne und man ihm gelegentlich erlauben sollte, sich der künstlichen Welt, die um ihn herum errichtet wurde, zu entziehen. Er und Diego stahlen sich davon, um eine Kirche im nahegelegenen Küstenort Villajoyosa zu besuchen, wie Ardiles Andrés Burgos für dessen Buch *El Partido* verriet. »Als die Wachen feststellten, dass wir nicht da waren, schrillten alle Alarmglocken. Es gab Gerüchte, dass das Team eine Zielscheibe für Militäraktionen oder Entführungen durch den SAS [eine Spezialeinheit der britischen Streitkräfte] sein könne. Diego und ich nahmen gerade an einem Gottesdienst teil, bei dem eine Gruppe Kinder die erste heilige Kommunion empfing, als plötzlich diese sonnenbebrillten Anzugträger auftauchten und hörbar aufatmeten, weil sie uns gefunden hatten.«

Ardiles, einer der Weltmeister von 1978, kümmerte sich um den sensiblen jungen Mann mit der herausragenden Technik, der unbedingt mit der Nationalmannschaft erfolgreich sein wollte. »Beim Warm-up stellt er sich mitten aufs Feld und beginnt, mit dem Ball zu jonglieren«, erzählte Ardiles der *Daily Mail*. »Dabei kickt er das

Leder wie selbstverständlich in die Luft und fängt nebenbei einen kleinen Plausch mit dir an, als hätte er den Ball vergessen. ›Ossie, wie geht's dir heute?‹ Und dann – wums! – fällt ihm der Ball wieder auf den Fuß. Die gegnerische Mannschaft hält dann meist in ihrem eigenen Training inne und sieht staunend zu. Ihnen ist ja klar, dass sie nur zehn Minuten später gegen diesen Zauberkünstler antreten müssen. Und er weiß das auch … Die anderen denken nur: Schockschwerenot!, während wir innerlich frohlocken: Halleluja, der spielt für uns.«

Zu Hause, auf der anderen Seite des Atlantiks, nahmen die Spannungen indes immer weiter zu. Argentinien befand sich im Krieg mit Großbritannien. Stein des Anstoßes waren die Falklandinseln, eine Inselgruppe im Südatlantik, östlich von Südargentinien. Argentinien beanspruchte schon lange die Territorialhoheit über das von ihnen Islas Malvinas genannte britische Überseegebiet. Am 2. April 1982 besetzten argentinische Soldaten Port Stanley, die Hauptstadt der Falklandinseln, was im eigenen Land ein positives Echo fand. Die Militärjunta interpretierte dies als uneingeschränkte Unterstützung für einen Feldzug und nahm die Gelegenheit wahr, mit Großbritannien über die umstrittene Souveränität der Inselgruppe zu verhandeln. Wie viele andere argentinische Prominente spendeten auch Cyterszpiler und Maradona Geld für die Offensive.

Der Krieg war auch in der Kabine der Nationalmannschaft ein Thema. Einige der Spieler hatten Verwandte, die an den Militäraktionen beteiligt waren, andere empörten sich über das Vorgehen der Junta, wieder andere standen hinter den nationalistischen Parolen der Regierung. Es gab keine Klausel, die die Mannschaft dazu verpflichtet hätte, eine einstimmige Erklärung zur politischen Lage abzugeben, dennoch wollte die Regierung die Kontrolle über die Äußerungen der Spieler behalten. Die Mannschaft erhielt Anweisungen, wie sie sich bei Fragen zu dem Konflikt verhalten sollte. Menotti vertrat hierzu allerdings eine klare Meinung: Er erklärte dem Beamten, der ihnen den Kodex überreichte, dass es kein Schreiben in der Welt gäbe, das einen mutigen Mann davon abhalten könne, zu sagen, was er denke.

»Wir wollten gegen Belgien gewinnen für unser Land, das so leidet«, sagte Maradona über das erste Gruppenspiel der Argentinier. Das war aber auch schon die einzige öffentliche Äußerung zur politischen Situation. Über verlässliche Informationen zu dem, was vor Ort passierte, verfügten die Spieler ohnehin nicht. Jahre später erklärte Menotti bei einem Interview mit der *El Gráfico*, was hinter der augenfälligen emotionalen Distanz zum Falklandkrieg, die sie damals an den Tag legten, steckte. »Es war eine schlimme Zeit. Die Spieler sprachen mit ihren Familien in Argentinien, und die waren alle überzeugt, dass wir den Krieg 4:0 gewinnen würden. Uns, die wir in Spanien waren, wurde allerdings nach und nach klar, dass sich dort ein Massaker abspielte.«

Am Tag nach dem WM-Auftaktspiel, das die Argentinier mit 0:1 gegen Belgien verloren hatten, vereinbarten beide Seiten ein Waffenstillstandsabkommen. Der spanische Journalist Paco Aguilar, der die argentinische Mannschaft während der WM begleitete, erzählt folgende Geschichte aus dieser aufwühlenden Zeit: »Ramón *Pelado* Diaz besuchte nach dem Spiel einen Nachtclub, entgegen der Anweisung, dass niemand ausgehen sollte. Ardiles Cousin José, ein Pilot der argentinischen Streitkräfte, war an dem Tag gefallen. Als Daniel Passarella, der Mannschaftskapitän, davon erfuhr und bemerkte, dass Diaz fort war, machte er sich auf die Suche nach ihm. Er fand ihn, schlug ihn zu Boden und brachte ihn ins Hotel zurück.«

Auf dem Feld setzte Menotti Maradona als Stürmer ein, während er Mario Kempes, der eigentlich eher ein typischer Strafraumspieler war, weiter hinten aufstellte, um das Spiel mit aufzubauen. Diego aber war kein reiner Torjäger, sondern jemand, der für sich oder seine Mitspieler Räume öffnete und Chancen herausspielte. Den älteren Spielern gelang es nicht, ihn in die Mannschaft zu integrieren. Das mangelnde Zusammenspiel in der Mannschaft und die suboptimale Taktik hielten ihn nicht davon ab, seine Führungsqualitäten zu demonstrieren. »Für ihn war ein Spiel eine Show. Wenn er in Hochform war, musste er sich weder aufwärmen noch konzentrieren«, erzählte Ardiles der *Daily Mail*. »Aber vor einem Spiel geriet er fast schon in Ekstase, warf mit Schimpfwörtern um sich, um sich und uns zu motivieren. Er vermittelte allen deutlich, wie viel ihm das Spiel bedeutete.«

Diego begann, Menottis Anweisungen zu ignorieren, und bemühte sich, Angriffe von weiter hinten einzuleiten, war jedoch nicht erfahren genug, den optimalen Moment dafür auszuwählen. Im Camp Nou hatten die Belgier ihn aggressiv in Manndeckung genommen und mit unangemessener Härte in Schach gehalten, und mit einem einzigen Tor hatten sie sich zwei Punkte in der Gruppentabelle gesichert. »Maradona kann sich nicht beschweren«, schrieb Pelé über das robuste Verteidigen der Belgier. Der Brasilianer, der beste Kontakte zur FIFA unterhielt, war offensichtlich nicht couragiert genug, den Schutz eines Ballkünstlers einzufordern.

Ihre nächsten Gruppenspiele gewannen die Argentinier und qualifizierten sich damit für die zweite WM-Runde, und das, obschon sie eher wie eine Gruppe aus elf Einzelspielern wirkten als wie eine funktionierende Einheit. Maradonas beste Momente waren ein Doppelpack und eine Vorlage beim 4:1 gegen Ungarn.

In der zweiten Gruppenphase traten drei Teams gegeneinander an, wobei Argentinien auf zwei der stärksten Mannschaften des Wettbewerbs traf: Italien und Favorit Brasilien. Beide Spiele fanden im Sarrià-Stadion in Barcelona statt, und nur eines der drei beteiligten Teams konnte sich in dieser K.-o.-Runde für das Halbfinale qualifizieren. Als Erstes spielte Argentinien gegen Italien. Dieses Spiel wird allgemein als ein Wendepunkt des Fußballs betrachtet. Claudio Gentile, der knochenharte italienische Verteidiger und Abräumer, ließ Maradona während des gesamten Matchs nicht zum Zuge kommen. Der Italiener beging insgesamt 23 Fouls an seinem Gegenspieler, alle vier Minuten eines. Das war ein absoluter Rekord. Das Spiel der beiden Männer war nahezu synchron, es war, als würde ein flotter Kobold versuchen, dem Hammer des Schmieds, der auf ihn niedersaust, auszuweichen. Es war ein fesselnder, aber zugleich abstoßender Tanz.

»Gentile?«, wurde Maradona nach dem Spiel gefragt. »Gut, gut, er hat mich gut gedeckt.«

Marco Tardelli, der bei dieser Begegnung im Mittelfeld spielte, sagte: »Um Maradona zu stoppen, muss man Hände und Füße einsetzen, ihn treten, ansonsten hat man gegen ihn keine Chance. Ich hätte es genauso gemacht.«

Antonio Cabrini, der linke Außenverteidiger der Italiener, meinte: »Wir mussten seine Bewegungen vorhersehen und vor ihm an Ort und Stelle sein, ihn foulen, ihn nervös machen, ihn nicht ins Spiel und nicht an den Ball kommen lassen ... Vor allem mussten wir verhindern, dass er vor unser Tor kommt. Ein Spieler wie Maradona ist nicht so effektiv, wenn er nicht vors gegnerische Tor kommt.«

Maradona sagte: »Der Einzige, über den ich mich beschwere, ist der Schiedsrichter. Ich weiß wirklich nicht, was der wollte.«

Gentile sagte: »Die Argentinier sollten sich nicht beschweren. Natürlich sucht man nach Ausreden, wenn man verloren hat. Tarantini, Passarella, Gallego, das waren alle keine Engel. Pah! Es ist besser, die Sache zu vergessen.«

Tardelli meinte: »Ich glaube, heutzutage wäre es eine weitaus größere Geschichte. Heute kann im Fußball keiner mehr so viel foulen, wie wir das 1982 getan haben.«

Gentile sah erst in der 42. Minute eine gelbe Karte. Italien gewann das Spiel 2:1, und die destruktive Arbeit des Verteidigers wurde in seiner Heimat hoch gelobt. Die nahezu perfekte Demonstration des unansehnlich destruktiven, defensiven Spiels der Italiener verlieh der Squadra Azzurra genau den Aufwind, den sie brauchte, um das Turnier zu gewinnen. Maradona musste in seiner Karriere noch zahllose harte Fouls einstecken, aber nachdem er derart demonstrativ auf dem Platz zusammengetreten worden war, wurden in den Medien erste Stimmen laut, die forderten, die Filigrankünstler besser zu schützen.

Die Argentinier mussten jetzt gegen Brasilien gewinnen, um sich noch Hoffnungen auf das Halbfinale machen zu können. Timing ist alles im Fußball, und Diego wurde nicht die ideale Plattform geboten, um seinem Talent freien Lauf lassen zu können. Er schien wieder nur über das Feld zu schlendern, ohne dem Spiel eine Richtung geben zu können. Sein Team lag mit drei Toren in Rückstand in einer Partie, die schließlich 3:1 endete, als er wegen eines Tritts gegen Batistas Leiste mit einer roten Karte vom Platz gestellt wurde. »Das

Einzige, woran ich mich erinnere, ist, dass ich mein Bein hob mit dem Fuß auf gleicher Höhe, um mich selbst zu schützen. Es steckte keine Absicht dahinter«, erklärte ein noch immer aufgewühlter Maradona nach dem Spiel. »Irgendwann reicht es einem, ständig nur Fouls einstecken zu müssen.«

Kränkungen und Rachegelüste sollten in Maradonas Leben noch häufiger eine Rolle spielen, aber hier äußerten sie sich zum ersten Mal in solcher Deutlichkeit. Die WM 82 bot seiner Wut eine neue Bühne und neue Reibungspunkte für sein rebellisches Wesen. Für Argentinien war die WM vorbei. Menotti war es nicht gelungen, zwei talentierte Spielergenerationen in einem Team zu vereinen. In *Yo Soy El Diego* nannte Maradona unzureichende physische Vorbereitung und die Missachtung seines revolutionären Wunschs nach Individualtraining als Gründe für seine dürftige Leistung bei dem Turnier. »Man kann nicht unter der Voraussetzung planen, dass ein Kerl wie ich jedes Mal 150 Meter sprinten muss, um bei einem Angriff mitzumischen – ich hatte eine lange, ermüdende Saison hinter mir.« Der legendäre Trainer, der den argentinischen Fußball erneuert und ein erfolgreiches Team mit einer übergreifenden Mannschaftsphilosophie aufgebaut hatte, beschloss, den Verband zu verlassen.

Als er wieder in Argentinien war, versteckte sich Diego mit Claudia, seiner Familie und seinen Freunden in seiner Villa in Moreno und entzog sich den neugierigen Blicken der Medien. Er musste seine Wut verarbeiten und neue Kraft für seine Rückkehr nach Europa tanken. Es gab ein Abschiedsessen mit Weggefährten von Argentinos und Boca sowie verschiedenen Prominenten und Künstlern. Am 26. Juli machten sich Diego und Cyterszpiler schließlich auf zum Flughafen Ezeiza, beide in weißen Anzügen. Claudia, Diegos Eltern und seine Brüder begleiteten sie, um sich überschwänglich von ihnen zu verabschieden; sie reisten ihnen erst später nach Barcelona nach.

Der Verein, dem sich Maradona jetzt anschloss, steckte in einer Flaute und hatte Verstärkung und etwas Prestige durchaus nötig. Der FC Barcelona hatte zwar gerade den Europapokal der Pokalsieger gewonnen, war aber schon seit acht Jahren nicht mehr Meister in der

Primera División geworden und hatte während der vergangenen 22 Spielzeiten überhaupt nur einmal diesen Titel geholt. Für Präsident Josep Lluís Núñez war Maradonas Verpflichtung in erster Linie ein strategischer Schachzug. Das Camp Nou war gerade erst erweitert worden und fasste statt 90 000 nun sage und schreibe 120 000 Zuschauer. Alle Plätze auszuverkaufen, Sponsoren zu akquirieren und Kredite zu sichern, war einfacher, wenn man den besten Spieler der Welt im Kader hatte.

Der stets dezent auftretende Núñez besetzte 22 Jahre lang den Posten des Vereinspräsidenten beim FC Barcelona. Er sicherte die finanzielle Unabhängigkeit des Klubs durch seine Weitsicht, erhebliche Einkünfte mit dem Verkauf von TV-Rechten und Merchandise-Produkten zu generieren. Dank der aus diesen Verwertungen erzielten Gewinne konnten die großen Stars unter Vertrag genommen, das Stadion zweimal renoviert und das Grundstück gekauft werden, auf dem sich heute die Joan Gamper Sports City befindet. Núñez hatte nie einen Sportdirektor an seiner Seite, sondern verhandelte mit Trainern und Spielern stets selbst.

Während einer früheren Stippvisite von Maradona in Barcelona hatte Núñez alle fünf Verträge, die mit dem Transfer in Zusammenhang standen, unterzeichnet: Zwei wurden mit Argentinos geschlossen, einer mit Boca, einer mit Maradona Producciones (ein Teil des Spielergehalts wurde an die Produktionsfirma ausgezahlt) und einer mit dem Spieler selbst. Diego hatte einen Sechsjahresvertrag unterschrieben. Er bekam zwar nicht so viel Geld wie der damalige Barça-Trainer Udo Lattek, aber mehr als der deutsche Starkicker Bernd Schuster. Tatsächlich wurde er durch den Vertrag zum damals bestbezahlten Spieler der Welt mit einem Gesamteinkommen von umgerechnet 421 000 Euro im Jahr, das sich aus seinem Gehalt, Bonuszahlungen und Werbeeinnahmen zusammensetzte. Durch eine Klausel im Vertrag behielt sich der Verein allerdings eine vorzeitige Kündigung vor, sollte er mit der Leistung Maradonas nicht zufrieden sein.

Am 27. Juli landete Maradona in Barcelona. Die Begrüßung fiel den spanischen Medien zufolge eher unterkühlt aus, nur etwa ein

Dutzend Fans und ein paar Journalisten erwarteten den prominenten Neuzugang am Flughafen. Um die anderen Mannschaftsmitglieder nicht zu verärgern, waren keine Arrangements getroffen worden, Maradona der Öffentlichkeit gesondert vorzustellen. Als man ihn fragte, was er sich von seiner Zeit in Spanien erhoffe, sandte er eine erste Warnung aus: »Ich weiß, dass es viele Gentiles gibt, aber ich habe Vertrauen zu den spanischen Schiedsrichtern.«

Im Hotel angekommen, rief er als Erstes seine Mutter an. Anschließend chauffierte ihn der Fahrer von Joan Gaspart, Hoteldirektor und Vizepräsident des FC Barcelona, zu einem Restaurant, wo er sich mit Osvaldo traf, einem ehemaligen Mannschaftskameraden von Argentinos Juniors, der jetzt probeweise bei Barcelona Atlético, der zweiten Mannschaft des FC Barcelona, spielte. Diegos neues Team wurde am nächsten Morgen im Camp Nou den Fans vorgestellt.

Maradona vergaß zu diesem Anlass seine Fußballschuhe und verpasste auch die kurze Messe, die in der Kapelle im Tunnel auf dem Weg zum Spielfeld abgehalten wurde. Barcelona lag zu jener Zeit im Clinch mit den spanischen TV-Sendern, daher wurde die Zeremonie nur privat gefilmt. 60 000 Fans hießen ihn und die Mannschaft willkommen, lauter als üblich vielleicht, allerdings galt der größte Jubel Bernd Schuster, der bis vor kurzem verletzungsbedingt einige Monate lang ausgefallen war. Aufgrund des damals geltenden UEFA-Reglements durfte es nur zwei ausländische Spieler im Team geben, und Udo Lattek hatte sich für den deutschen Mittelfeldspieler entschieden, der dänische Stürmer Allan Simonsen wurde wegen des Neuzugangs verkauft.

Maradona im Land zu haben, kam den Spaniern für das Image, das sie der Welt 1982 vermitteln wollten, durchaus gelegen. Nicht nur das Farbfernsehen, das die alten Schwarz-Weiß-Geräte mehr und mehr ablöste, ließ die Nation in fröhlichem Bunt erstrahlen. Sieben Jahre nach dem Ende des Franco-Regimes und nur 18 Monate nach einem gescheiterten Putschversuch hatte die WM das Bild eines Landes vermittelt, das dazugehören wollte. Ein denkwürdiges Regenkonzert der Rolling Stones in Madrid und eine rege Musik- und Kunstszene in den Metropolen waren Ausdruck eines nationalen

Erwachens. Der Sieg der Sozialisten (PSOE), die Einsetzung des jungen und charismatischen Felipe González als Ministerpräsidenten sowie die Erkenntnis, dass es innerhalb des Staates weitere Gruppierungen gab, die sich mit Fragen ihrer eigenen regionalen Identität auseinandersetzen durften, gab den Spaniern das Gefühl, wieder lebendig und relevant zu sein.

Aber es gab auch Bedenken in Bezug auf Maradonas Verpflichtung. In den spanischen Medien klangen durchaus Unmut im Hinblick auf die hohe Transfersumme und Zweifel an der Anpassungsfähigkeit des Neuzugangs an. Barça-Stürmer Quini (Enrique Castro) meinte, »kein Spieler ist so viel Geld wert«, womit er sich auf die Rekordablösesumme von 7,3 Millionen US-Dollar bezog zu einer Zeit, in der das durchschnittliche Jahresgehalt eines Spielers bei 10 200 Dollar lag. Pablo Porta, der Präsident des spanischen Fußballverbands, hielt die Summe ebenfalls für »exorbitant« und gab zu bedenken: »Der Fußball hierzulande ist anders, die Manndeckung ist härter, wir werden sehen, ob er damit klarkommt.«

Der Journalist Lluis Canut erinnert sich an die erste Unstimmigkeit, zu der es mit Maradona abseits des Spielfelds kam, und zwar schon zu einem sehr frühen Zeitpunkt: »Er sollte sein erstes Vorsaison-Freundschaftsspiel gegen Bordeaux absolvieren und verlangte von Barças Vizepräsidenten, Nicolau Casaus, eine Million Peseten [ca. 6500 Euro] fürs Auflaufen. [Anm. d. Übersetzung: Anders als hier dargestellt, absolvierte Maradona seinen ersten Auftritt im Trikot des FC Barcelona nach Angaben mehrerer Quellen – kurioserweise – in einem Freundschaftsspiel gegen den SV Meppen.] Núñez war sprachlos, als er das hörte, und weigerte sich natürlich, die geforderte Summe zu zahlen. Als der Argentinier persönlich zum Büro des Präsidenten ging, um mehr Geld zu fordern, versteckte sich Núñez vor ihm.« Warum tat er das?

Núñez' Führungsstil erhielt damals einen Namen, der noch heute benutzt wird: *Nuñismo*. Der katalanische Journalist Frederic Porta erklärt: »Sagen wir mal, an der Spitze des Fußballolymps stehen Di Stefano, Pelé, Kubala, Maradona, Cruyff und Messi. Vier davon spielten für Barça. Eigentlich sollte man sich darüber doch freuen.

Aber Núñez ließ es so aussehen, als gehöre Maradona nicht zu Barcelona, als verdiene er es nicht, als *culé* [Barça-Fan] angesehen zu werden. Das erinnert mich an die Fotos von Stalin, aus denen Trotzki herausretuschiert wurde. Warum? Statt stolz darauf zu sein, ihn im Verein zu haben, war *Nuñista* vielmehr pikiert darüber, dass Maradonas persönliches Auftreten in der Stadt nicht zu den vermeintlich ›edlen‹ Werten des Vereins passte.«

Im ewigen Kampf zwischen dem Freigeist und einem sehr kritischen Establishment wurde ein neues Kapitel aufgeschlagen.

KAPITEL 13

FC Barcelona:
Die Mannschaftskameraden und die Medien

In kritischen Situationen zeigte sich Diegos wahrer Charakter: Einen Stier, den man ihm in den Weg stellte, packte er bei den Hörnern. Doch er konnte nicht immer alles alleine machen. In solchen Momenten zeigte sein Assistenzteam – Jorge Cyterszpiler, Guillermo Blanco und Fernando Signorini –, was es draufhatte.

Nach dem aus argentinischer Sicht enttäuschenden Ausgang der WM 82 ging Diego die Herausforderung bei seiner neuen Station in Barcelona entschlossen an. Zunächst lief alles bestens. Bei einem Unentschieden gegen Roter Stern Belgrad im Europapokal der Pokalsieger feierte ihn die Menge im Marakana-Stadion für einen meisterhaften *vaselina*-Lupfer, mit dem er den Ball nach einem 30-Meter-Sprint vom Strafraum-Halbkreis aus in hohem Bogen über den Kopf von Torwart Stojanović hinweg ins Tor beförderte. Es war der vielleicht schönste Treffer, den er für Barcelona erzielte.

Nach diesem vielversprechenden Einstieg hatte Diego gegen Ende 1982 »einen riesigen Stier zu bezwingen«, wie Blanco sich erinnert. »Diego hatte Hepatitis. Cyterszpiler rief mich aus Spanien an. Er brauchte jemanden, der Diego etwas Nähe und Zuwendung schenkte. Er meinte, ich würde Diego kennen, würde wissen, was er braucht, und könne ihn aufmuntern und helfen, seine positive Einstellung wiederzufinden. Er fragte, ob ich den Job annehmen und ihm helfen könne …«

Blanco nahm das Angebot an, wobei es für ihn damals eher ein Gefallen war, den er einem Freund erwies, als ein Job. Er lieh sich Geld von einem Kumpel, um sich ein Flugticket nach Spanien zu besorgen, und pendelte zunächst zwischen Valencia und Barcelona hin und her. Cyterszpiler hatte ihm eine Stelle bei der Zeitschrift *Match* besorgt. Als im Mai 1983 César Luis Menotti als Trainer nach

Barcelona kam und Signorini Diegos Privattrainer wurde, zog Blanco ganz nach Barcelona. Inzwischen arbeitete er für die *Sport* und die *Don Balón* und war durch seine enge Beziehung zu Diego und Cyterszpiler zu einem wichtigen Ansprechpartner für katalanische Journalisten geworden.

Signorini war erfolgreich, und zwar bei der Ausarbeitung eines individuellen Trainingsplans für Diego. Zu jener Zeit war so etwas noch völlig neu. An ihrem allerersten Trainingstag brachte er Diego zur Laufbahn ins Olympiastadion von Barcelona. »Lass mich mal sehen, wie weit du in zwölf Minuten laufen kannst«, sagte er und legte ihm einen Herzfrequenzmesser an. Es war noch etwas völlig Neues, dass so ein Gerät dazu verwendet wurde, die Kondition eines Fußballers zu bewerten. Nach zehn Minuten war Diego platt. »Genug. Stopp, stopp, stopp.« Maradona sah aus wie ein wütender kleiner Kobold, wie er so dastand, die Hände in die Hüften gestemmt und nach Luft ringend. Ich werde ihm am besten gleich alles erklären, dachte Signorini bei sich und fing an: »Diese Methode wurde von Dr. Cooper an der Universität von Kalifornien entwickelt …«

»Und wie weit schaffst du es in zwölf Minuten?«, fragte Diego patzig. Signorini war mit seinen 32 Jahren in guter körperlicher Verfassung und lief schneller als Maradona. Maradona starrte ihn an und nahm einen großen Schluck von dem Getränk, das er dabeihatte: »Okay, dann spielst nächsten Sonntag du …« Es war die erste Lektion, die Signorini als Personal Trainer eines Fußballers lernte. »So läuft man natürlich nicht auf dem Spielfeld«, räumte der Fitnesscoach ein. »Darauf war ich in all den Jahren des Studiums nie gekommen. Diegos Erwiderung ließ mich alles noch einmal überdenken.«

Blanco begleitete Maradona auch, als dieser nach Buenos Aires zurückreiste, um sich von seiner »Goikoetxea-Fraktur« zu erholen (mehr dazu später). Er versprach, Diego in jeder Hinsicht zu unterstützen, und sei es, dass er lediglich jemanden brauchte, der ihm zuhörte. Zusammen mit Don Diego organisierte er ein Wiedersehen der Cebollitas bei Maradonas Familie.

Irgendwann bot Cyterszpiler Blanco an, ihn als Pressereferent einzustellen und ihm ein Gehalt zu zahlen – damit wurde er zum ersten PR-Manager im Fußballbusiness. Maradona wollte Einfluss auf das Bild, das sich die Welt durch die Darstellungen anderer von ihm machte, insbesondere jetzt, da die ersten kritischen Stimmen gegen ihn laut wurden.

In Barcelona begleitete Blanco Maradona jeden Tag zum Training und verbrachte etliche Stunden bei ihm zu Hause zusammen mit Claudia, Doña Tota und Don Diego sowie Diegos Brüdern, wenn sie ebenfalls dort waren, und das waren sie oft. Natürlich hatte er selbst eine Familie, deren Bedürfnisse es zu berücksichtigen galt, doch sich um Maradona zu kümmern, war eine allumfassende Aufgabe. Jeder wollte ein Stück vom Maradona-Kuchen abbekommen. Und so organisierte Blanco Interviews und erzählte denen, die es hören wollten, inoffiziell von Diego, seinen Gedanken und seinen Wünschen.

Ein Bild davon, wie intensiv und unvorhersehbar ein Tag mit Diego war, vermittelt folgender Bericht, den er Signorini gab: »Diego hat einen Brief an den spanischen König geschickt – ich habe ihn für ihn geschrieben –, er will ihn treffen. Der König antwortet, lädt ihn zu sich ein und fängt an, ihm kleine Anekdoten aus seinem Leben zu erzählen, so als wäre er gar kein König. Etwa wie er sich eines Nachts einmal mit Hilfe eines Motorrads davonstahl, um von niemandem erkannt zu werden. Dann gesellt sich noch Felipe González dazu und sagt: ›Entschuldigen Sie, könnten Sie vielleicht dieses Trikot für meinen Sohn signieren …‹«

Maradona begeisterte zweifellos die Großen und Mächtigen, auch in Barcelona und Spanien, aber wie standen seine neuen Mitspieler im Herbst 1982 zu ihm?

»Er war als Retter gefeiert worden«, sagt Juan Carlos Rojo, Stürmer des FC Barcelona, als Maradona zu den Blaugrana kam. »Seit der Zeit von Johan Cruyff etwa acht Jahre zuvor waren wir nicht mehr Meister geworden, und wir glaubten, Diego könne uns helfen, wieder den Titel zu holen.« Mit nur einem Meistertitel in den vergangenen 22 Spielzeiten und keinem einzigen Titelgewinn im Europapokal der Landesmeister war Barça zu jener Zeit keine bedeutende Kraft unter den europäischen Mannschaften, lediglich ein Verein mit einem großen Namen, der – wie so viele vor ihm – die schwere Last einer glorreichen Vergangenheit zu tragen hatte.

Als *El Pelusa* die Mannschaft und das Trainer-Team zum ersten Mal traf, trug er einen Trainingsanzug von Puma und grüßte jeden Einzelnen ruhig und gelassen. »Man dachte bei sich: Das also ist Maradona …«, erinnert sich Jaume Langa, der Physiotherapeut der Mannschaft. »Mit diesen Haaren und klein, wie er war, wirkte er etwas … gedrungen. Seine untere Körperhälfte war sehr kräftig.«

Diego saß in der Nähe des Flügelstürmers Julio Alberto und des Außenverteidigers Marcos Alonso. »Hey, wenn du was brauchst, lass es mich wissen«, sagte Julio. »Plötzlich nahm er ein paar Socken zur Hand, stopfte sie zu einem Ball zusammen und machte Kick-ups damit – zack, zack, zack.« Er traf einmal, noch einmal und noch einmal. »Er schaffte ungefähr 200 Stück«, erinnert sich Marcos, »und wir saßen in der Kabine um ihn herum und starrten ihn an: ›Was soll das?‹«

Marcos flüsterte Julio Alberto zu: »Am besten fangen wir gar nicht erst an zu trainieren, sonst sehen wir nur wie Idioten aus.« So stellte sich Diego dem Team vor. Ein paar Tage später führte er denselben Trick mit einer Zitrone vor und hielt sie mit der Schulter oder dem Kopf in der Luft. Die Leute wunderten sich, dass er sich die Schuhe nicht zuband. »Er hatte sehr breite Füße, und wenn er die Schuhe zuband, taten sie ihm weh«, erklärte der Physiotherapeut Angel Mur. »Beim Aufwärmen und wann immer es möglich war, ließ er die Senkel offen.«

Flügelstürmer Lobo Carrasco wurde einer von Diegos Fremdenführern, er zeigte ihm die Stadt und erklärte ihm den Verein und die katalanische Kultur. Er selbst kam zwar aus Alicante im Südosten Spaniens, aber oft können Auswärtige die Eigenheiten einer Region besser erkennen als Einheimische. »Diego war sehr bescheiden, als er nach Barcelona kam«, erinnert sich der ehemalige Barça-Profi. »Er trug seinen Ball selbst zum Trainingsplatz und nahm ihn wieder mit zurück in die Kabine. So nebensächlich das vielleicht klingen mag, es zeigte uns, dass er sich nicht für etwas Besseres hielt.«

Los Culés, die Fans des FC Barcelona, kamen von nun an eine halbe Stunde früher ins Stadion als üblich, um Maradona beim Aufwärmen zuzusehen. Unter ihnen war auch der junge Pep Guardiola. »Diego stand in der Mitte des Spielfelds, schnappte sich einen Ball und schoss ihn hoch in die Luft«, erinnert er sich. »Sobald er runterkam, kickte er ihn erneut himmelwärts, er traf direkt beim ersten Mal und ohne dass der Ball das Gras berührte. Das machte er wieder und wieder, sechs- oder siebenmal hintereinander, und verließ dabei nie den Mittelkreis. Ich habe erst gar nicht versucht, das auch nur einmal nachzumachen. Ich kenne meine Grenzen.«

Nach dem Anpfiff demonstrierte Maradona jedes Mal eine Ballbeherrschung, wie man sie in Camp Nou noch nie gesehen hatte; er kontrollierte den Ball, als würde er ihn in Zeitlupe wahrnehmen. Er konnte aus dem Stand urplötzlich damit losstürmen oder genauso abrupt stehenbleiben. Seine Sprints und seine Geschwindigkeit schüchterten jeden Verteidiger ein, der ihm im Weg stand. Er spielte gut positionierten Mitspielern präzise Pässe zu. Marcos Alonso hatte seinen Torrekord nicht zuletzt Diego wegen seiner Vorlagen zu verdanken. Bekam er einen schwachen Pass zugespielt, schickte er ihn als echte Rakete weiter. Wenn ein Spiel schlecht lief, beanspruchte er den Ball für sich und brachte die Mannschaft mit seiner reinen Willenskraft wieder zurück ins Spiel. Keiner war nach einer Niederlage enttäuschter und wütender als er. Es dauerte nicht lange, bis er auf und jenseits des Spielfelds zum Anführer wurde.

Zu Beginn der Saison organisierte der Verein Freundschaftsspiele. Sie mussten das Letzte aus Maradonas Verpflichtung herausholen, um ihn bezahlen zu können. Für diese Zusatzspiele, bei denen der Verein gezwungen war, seinen Starspieler aufzustellen, gab es allerdings keine vertragliche Grundlage, und Diego musste oft mit Rückenschmerzen auflaufen, weil er keine ausreichenden Ruhephasen zwischen den Partien hatte. Zwei Stunden vor Anpfiff bei einem Freundschaftsspiel gegen Fiorentina in Florenz fragte Maradona seinen Mannschaftskollegen José Vicente *Tente* Sánchez, ob die Mannschaft eine separate Vergütung für solche Spiele erhielt. Er erfuhr, dass dem nicht so war. »Wenn man euch nicht mehr zahlt, spiele ich nicht. Das ist kein Scherz«, erklärte er kategorisch seine Haltung zu diesem Thema.

Als *Tente* Vizepräsident Nicolau Casaus über diese Forderung informierte, »musste der in Barcelona anrufen und beim Präsidenten Rücksprache halten«, erinnert sich der Spieler. »Núñez meinte, er solle sich keine Gedanken machen, er würde die Angelegenheit regeln, wenn wir wieder in Barcelona seien.« Aber Diego ließ nicht locker. »Die Sache muss jetzt geklärt werden.« Sobald sie die Zusage hatten, dass jeder eine Vergütung bekam, wurde das Spiel angepfiffen, allerdings mit einer kleinen Verspätung. Bei einer anderen Gelegenheit erfuhr Maradona, dass Boni verhandelt werden müssten, und bot spontan seine Hilfe an. Konsequenterweise wurde er in seiner zweiten Spielzeit zu einem der vier Mannschaftskapitäne ernannt.

Der zweite Ausländer im Team und ebenfalls ein Spielführer war der ruhige, aber willensstarke Bernd Schuster, ein hochintelligenter Mittelfeldspieler, der unglaublich präzise lange Pässe spielen konnte. »Wir teilten uns ein Zimmer, doch von der Mentalität her waren wir komplett unterschiedlich«, erzählte Schuster Lluis Canut vom katalanischen TV-Sender TV3. »Aber wir verstanden uns hervorragend, auch wenn unsere Biorhythmen nicht synchronisiert waren. Diego stand am liebsten erst mittags auf. Ich war daran gewöhnt, nach dem Aufstehen die Rollos hochzuziehen, die Fenster aufzumachen und das Licht anzumachen … aber ich merkte bald, dass das absolut tabu war. Also schlich ich mich leise ins Bad.«

»Es gab ein kleines Problem … und der Fehler lag beim Team ebenso wie bei mir«, erklärte Schuster. »Wir dachten, Diego würde auf dem Feld all unsere Probleme lösen, weil er so gut war und eine so große Führungspersönlichkeit. Wir anderen hielten uns deswegen etwas zurück, und das rächte sich bald.«

Maradona glänzte in den ersten Monaten, unter anderem bei einem 2:0-Sieg über Real Madrid im Bernabéu-Stadion. Während des Spiels beschimpfte eine Gruppe von Real-Fans den Fußballstar und beleidigte dabei unter anderem auch seine Mutter. Nun saßen

Diegos Familie und seine Freunde allerdings ganz in der Nähe, und so entflammte eine lautstarke verbale Auseinandersetzung, die später in Handgreiflichkeiten mündete. Schließlich musste die Polizei eingreifen, um die Lage zu beruhigen. Natürlich stürzte sich die katalanische Presse auf den Tumult, und in der Diego-Show gab es einen neuen Akteur: den Maradona-Clan.

Diegos erste Unterkunft in Barcelona war das Hotel Avenida Palace, das Joan Gaspart gehörte. Es gibt dort eine Beatles-Suite, deren Namen daran erinnert, dass die berühmte britische Band nach einem Konzert in der nahegelegenen Stierkampfarena La Monumental einst dort übernachtet hatte. Maradonas Aufenthalt in dem Hotel wird heute nirgends erwähnt. Nach seiner Zeit im Hotel bezog er mit Claudia, seinen Eltern und Schwiegereltern sowie weiteren Verwandten und Freunden ein großes freistehendes Einfamilienhaus in den Hügeln am Stadtrand von Barcelona an der Avenida Pearson de Pedralbes.

»Seine erste Maßnahme war es, die Mitte des Pools mit dem Vereinsemblem von Barcelona verzieren zu lassen«, erzählt Marc Bardolet, einer von Diegos katalanischen Freunden. »Das Haus war riesig, es verfügte über drei Stockwerke, einen Aufzug und stand auf einem 6000-Quadratmeter-Grundstück, wirklich beeindruckend«, meint Fernando García, ein Freund von Cyterszpiler. »Diego ließ sich dort auch ein Fitnessstudio einrichten. Wenn er trainierte, war er wie ein wildes Tier.«

Es gab einige Schulen in der Nähe, und während der Mittagspause kamen viele Kinder zum Haus. Diego ging raus und gab ihnen Autogramme oder schenkte ihnen PR-Fotos von sich. Manchmal kickte er auch spontan ein paar Bälle mit ihnen.

Doña Tota hatte immer eine Portion Gnocchi für jeden parat, der unerwartet vorbeikam. »Die Küche war riesig. Das Tischtuch war aus Kunststoff. Zu jeder Zeit traf man dort jemanden bei einem *asado* [Barbecue] an«, erinnert sich Pepe Gutiérrez, der der Familie eng verbunden war. Im Patio stand ein Grill, und es gab auch einen Tennisplatz, der sehr gerne genutzt wurde. Maradona investierte viel Zeit, um sein Tennisspiel zu verbessern, konnte sein fußballerisches Talent jedoch nicht auf den Court übertragen.

Er war der ultimative Freund – er stellte ein Zelt auf, damit jeder seinen Spaß hatte und immer das Gefühl herrschte, die Zeit wäre stehengeblieben, und jeder Tag wäre ein Feiertag. Oder wie es sein katalanischer Freund Marc Bardolet ausdrückte: »Diego brachte ein bisschen von ›drüben‹ nach hier« – ein Stück Buenos Aires nach Barcelona.

»Sie bauten ein paar Säulen an, ähnlich wie bei den Veranden amerikanischer Häuser in den Südstaaten«, sagt Josep María Minguella, der während der Transferverhandlungen zwischen dem FC Barcelona und Boca Juniors als Vermittler agierte. Ein Fotograf, der für die Tageszeitungen *El Periódico* und *La Vanguardia* arbeitete, war schockiert, als er Diego im Rahmen eines Auftrags besuchte und das Haus in Pedralbes sah. Er erzählte Lluis Canut: »Alle Friese und Säulen dieses Hauses, eines phantastischen Hauses, waren verputzt und in den verrücktesten Farben bemalt worden … Sie haben eine Genehmigung eingeholt, die nötige Summe gezahlt und dann das Haus zerstört. Um die Mittagszeit saßen zwanzig Leute dort herum, plötzlich kommt Maradona den Hausflur entlang mit zwei Tabletts voller Chips und Essen und macht dabei Kick-ups mit einem Ball. Ein verrücktes Haus.«

Mit gerade einmal 22 Jahren hatte Maradona einen hohen Gipfel erklommen und konnte die Möglichkeiten, die das Leben zu bieten hat, vom schönsten Punkt aus betrachten. Doch ein paar wilde Pflanzen bohrten ihre Wurzeln tief in den Fels hinein und brachen das Festgeformte von unten auf. Im Dezember wurde öffentlich bekanntgegeben, dass Maradona an Hepatitis litt und für drei Monate die Ersatzbank drücken musste. Zweifel am Ursprung seiner Krankheit machten schnell die Runde.

»Die Frage, ob es eine echte Hepatitis war oder eine sexuell übertragene Krankheit, stand immer im Raum«, meint Lluis Canut. Jaume Langa, der Physiotherapeut des FC Barcelona, verteidigt die offizielle Version. »Es war Hepatitis – zu hundert Prozent. Ich habe ihn bei sich zu Hause behandelt. Welches Präparat ich ihm verabreicht habe, werde ich allerdings nicht verraten.«

»Ach ja, die Hepatitis ...«, sagt der in Barcelona ansässige argentinische Sportjournalist und Psychologe Fabián Ortiz. »Ich weiß davon, weil meine damalige Partnerin für die First Champions Production arbeitete, die offizielle Bezeichnung für Maradona Producciones. Die Hepatitis war in Wahrheit eine Geschlechtskrankheit, die sich Diego durch sein sorgloses Sexualleben eingefangen hatte. Das konnte man der Presse so natürlich nicht erzählen, das wäre undenkbar gewesen, daher hat sich der Verein die Geschichte mit der Hepatitis ausgedacht, um zu erklären, warum er sich erholen musste und nicht spielen konnte.«

»Wenn Claudia oder die Eltern im Haus waren, war alles unter Kontrolle«, meint Lobo Carrasco. »Ich bin zweimal da gewesen und habe nie etwas gesehen, wodurch sein sportliches Leistungsvermögen hätte beeinträchtigt werden können. Aber natürlich können irgendwo im Haus oder davor Leute gewartet haben ... Eins kann leicht zum anderen führen.«

Maradonas Freunde wohnten praktisch bei ihm. »Es war von Anfang an verrückt«, meint Lluis Canut. »Es war wie die Invasion eines argentinischen Clans, es schwirrten immer rund 20 Leute um ihn herum. Im Camp Nou füllten sie den ganzen Kabinenbereich, und wenn man sich an ihnen vorbeidrückte, hatte man das Gefühl, man müsse Angst um sein Leben haben. So etwas hatten wir noch nie erlebt.«

Diverse Journalisten, Nachtclubbesitzer und Türsteher, die anonym bleiben wollen, können jeweils ihre eigenen »Clangeschichten« erzählen. Einige berichten, dass Freunde, die Maradona am Flughafen erwarteten, kreuz und quer über das ganze Gelände rasten. »Sie fuhren in ihren Mercedes-Schlitten über die Rambla Catalunya, um Prostituierte aufzugabeln, die sie dann zu Diegos Haus brachten«, behaupten andere, die ebenfalls nicht genannt werden wollen. Angeblich erhielt der Clan Hausverbot im berühmten Up & Down Club. »Sie spazierten da rein wie die Mafia«, sagt einer. »Sie wirkten einschüchternd«, sagte ein anderer. »Und sie sind der PR-Frau des Klubs zu nahe getreten.«

Der Journalist Alex Botines moderierte damals eine Sendung beim spanischen Radiosender SER. Einmal hatte er eine Frau in der Sendung, deren Name nicht genannt wurde, die aber vielsagende Andeutungen machte. »Tja, wenn ich über die Nächte sprechen würde, die ich mit Diego hatte ...«, sagte sie.

»Der Clan war ziemlich verärgert«, sagt Canut. »Maradonas Leute kamen zum Sender und warteten, bis die Sendung vorbei war. Sie wollten ein Hühnchen mit Botines rupfen. Cyterszpiler verpasste ihm einen Schlag gegen den Kopf.« Der spanische Sportjournalistenverband meldete dieses aggressive Verhalten dem FC Barcelona.

Diego wollte sich später eine Luxusvilla am Stadtrand von Maresme zulegen, einem Küstenort nördlich von Barcelona, wo auch Sportdirektor Joan Gaspart und Trainer Udo Lattek wohnten. Er brauchte jedoch die Zustimmung der Nachbarn, die sie aufgrund des Rufs, der ihm vorauseilte, nicht erteilt haben.

»Maradonas Verhalten – und alles, was er mit seinen Freunden unternahm – wurde von da an in der Presse heftig kritisiert«, schreibt Lalo Zanoni in seinem Buch *Vivir en Los Medios*. »Fast täglich musste sich der Superstar Kritik an seinem Verhalten stellen, musste Aussagen erklären oder widerrufen oder sich einem neuen Gefecht stellen.«

»Die europäischen Journalisten machten ausländische Spieler, die viel Geld verdienten, fertig«, sagt der argentinische Journalist Carlos Ares in Zanonis Buch. »Wenn sie stolz und eitel waren wie Maradona, war es besonders schlimm. Der Russe [damit ist Cyterszpiler gemeint, der aber polnische Wurzeln hatte] war ein guter Freund, aber die Sache entglitt ihm, er dachte, er sei ein gewiefter Geschäftsmann, aber er wusste nicht, wie man guten Rat erteilt. Der Clan war überfordert ... Man verdiente mit seinem Namen Geld. Und Maradona brauchte den ganzen Trubel, um sich stark zu fühlen.«

Ramón Miravitllas, der Chefredakteur der spanischen Zeitschrift *Interviu*, schreibt in seinem Buch *La Caída de un Ídolo*: »Meine Beziehung zu Maradona während seiner Zeit in Barcelona beschränkte sich darauf – skeptisch – zuzuhören, wie junge Frauen mit müden, traurigen alten Augen mir für Geld erzählten, wie und mit wem sie es auf irgendeiner vom Clan organisierten Party getrieben hatten.«

Etwas änderte sich für Maradona. Der schüchterne, unprätentiöse U-21-Weltmeister schien nur noch ein Schatten des selbstbewussten, frechen Barça-Anführers Maradona zu sein.

War er denn tatsächlich ein Anführer? Die Mannschaft brauchte einen, also übernahm er die Rolle. Und die Außenwelt, die florierende Fußballindustrie, die ständig nach neuen Idolen suchte, betrachtete ihn ebenfalls als solchen. War er selbstbewusst? Er war sich gewiss seiner Möglichkeiten bewusst, etwas, das viele Katalanen, die mit der südamerikanischen Direktheit nicht gut klarkommen, verunsichert. Und war er frech? War es möglich, dass Maradona nicht derjenige werden wollte, den alle gerne gehabt hätten?

»Mit seiner Persönlichkeit passte er einfach nicht zu den Katalanen«, vermutet der in Barcelona geborene Journalist Emilio Pérez de Rozas. Vielleicht wollten sie ihn nicht verstehen oder sich in ihn hineinversetzen, weil er nicht der stereotypen Vorstellung entsprach, die ein Teil der katalanischen Gesellschaft wohl hatte – er weigerte sich, der gefügige und dankbare südamerikanische Fußballer zu sein.

Und die Verletzungen, die man ihm zugefügt hatte, konnte Diego nur auf eine Art beantworten: mit Rebellion.

KAPITEL 14
Seine Freunde in Barcelona – der »Clan«

Angel *Pichi* Alonso, der spanische Stürmer, saß auf der Fahrt zu Auswärtsspielen oft neben Maradona im Bus. Er erkannte schnell, dass der argentinische Neuzugang sehr »nostalgisch« gesinnt war. Um es mit den Worten des uruguayischen Autors Mario Benedetti zu sagen: Sentimentalität ist der Preis, den man für gute Zeiten zu zahlen hat. Diegos Rezept gegen sein Heimweh war, möglichst ein Stück Argentinien nach Barcelona zu holen.

»Es war Donnerstag«, erinnerte sich Maradona lachend in einer Sendung des argentinischen TV-Senders TyC Sports. »Claudia und ich lagen im Bett, im Tiefschlaf. Zwei Tage später stand mein erstes Spiel gegen Real Madrid an. Und Loco Galíndez sagt zu mir: ›Ich bin mal weg, Diego. Ich treff mich mit ein paar Frauen.‹ Loco Galíndez, das ist Miguel di Lorenzo, der legendäre Physiotherapeut und Zeugwart, der während der Weltmeisterschaften von 1986 und 1990 für die argentinische Nationalmannschaft arbeitete. Maradona war 15, als er ihn bei Argentinos Juniors kennenlernte, und während seiner Zeit in Barcelona machte er ihn zu einem engen Mitarbeiter.

»Um ein Uhr nachts weckt Claudia mich auf: ›Diego, sie verprügeln Galíndez!‹ Ich nehme das Telefon. ›Hallo, Diego, die verprügeln mich, die schlagen mich tot, die machen Brei aus mir. Bitte komm!‹ Ich schnapp mir das Telefon, steh auf, zieh einen Kapuzenpulli und ein Paar Slipper an und sage zu Gabriel [das Walross], der zu Hause war: ›Komm mit, sie bringen Galíndez um!‹ Wir nahmen noch einen anderen Freund mit, der gleich um die Ecke wohnte. Claudia traf sich mit Chino Vallejo, und wir riefen die Argentinier an und sagten ihnen, sie sollten zum Club fahren. Ich komme da an und frage den Türsteher: ›Gab es hier nicht gerade eine Schlägerei? Wurde hier nicht …?‹ – ›Neee, der sitzt an der Bar und genehmigt sich einen Drink.‹ Wir gehen rein, und ich sehe Galíndez mit einem Glas in der Hand, der sich kaputtlacht. Ich sage zu ihm: ›Galíndez, bist du irre, oder was ist los?‹ – ›Das hab ich gut gemacht, was, Boss? Siehst du, wie verbunden wir miteinander sind, du bist extra für mich hergekommen.‹ Und ich sage: ›Ich habe geschlafen, du Arsch! Ich bring dich um.‹ Da stand ich nun, donnerstagsnachts in einer Disco, zwei Tage vor dem Samstagsspiel gegen Real. Wir wollten gerade wieder aufbrechen, da trudelten die anderen Argentinier ein.«

Loco Galíndez, Gabriel *El Morsa* (das Walross), *Chino* Vallejo, Diegos Brüder, seine Eltern und Schwiegereltern, der »Clan« – Maradona hatte sich rasch ein kleines Villa Fiorito in Barcelona erschaffen. Aber wer opferte wirklich etwas, um sich dieser Clique anzuschließen? Und was sprang für ihn dabei heraus? Néstor *Ladilla* (»Klette«) Barrone war ein Mitglied dieser ausgewählten Freundesgruppe.

»Ich komme aus bescheidenen Verhältnissen aus einem Viertel von Buenos Aires. Ich bin 1982 zur WM rübergekommen – César Menotti und [Julio] Grondona, der Präsident der AFA, haben mich und einen meiner Freunde unterstützt. Wir fuhren mit dem Tross der Nationalmannschaft in einem separaten Bus, unabhängig von den Spielern. Die WM war eine ziemlich kurze Sache für uns, und danach bin ich einfach in Spanien geblieben.«

Barrone spielte selbst Fußball und machte ein paar Testspiele, unter anderem bei Barcelona Atlético. Er war auch bei einem *testimonial match* für den peruanischen Stürmer Cholo Sotil beim FC Barcelona mit von der Partie – ein Match, bei dem er zusammen mit Sotils ehemaligem Kollegen Johan Cruyff auflief. Die Zeit verging, er baute sich einen neuen Bekanntenkreis auf und versuchte, sich in seiner neuen Heimat einzuleben. Nach Argentinien zurückzukehren, war für ihn aufgrund der dortigen politischen und wirtschaftlichen Situation keine Option. Zusammen mit Jorge Vallejo – *el Chino* – fand er einen Job in einem argentinischen Restaurant, dem Corrientes 348. Eines Tages kamen Cyterszpiler, Diego und vier oder fünf andere Argentinier dort zum Essen vorbei.

»Kommt mit zu mir, und wir trinken noch was«, schlug Diego vor. Dann wurde es spät, und Diego lud auch den damals 27-jährigen Barrone ein, über Nacht zu bleiben. »Ich schlief auf einer riesigen Couch, die gemütlicher war als jedes Bett. ›Mir geht es hier gut‹, sagte ich Diego. Ich glaube, drei oder vier andere blieben auch über Nacht, José Luis *El Gordo* Menéndez blieb auf jeden Fall.« Kurz nach diesem Abend fragte Jorge Cyterszpiler Barrone, ob er sich nicht den Freunden anschließen wolle, die Diego in Barcelona den Rücken stärkten.

»Diego vertraute uns, und er unterstützte uns sehr. Keiner von uns hatte eine bestimmte Aufgabe, wir waren Freunde, und er hatte seine Privatsphäre. Keiner von uns lebte bei Diego. Wir wohnten zusammen mit Jorge in einer Wohnung, die auch in Pedralbes lag. José Luis, *el Pato*, Osvaldo, Nando und ich waren etwa gleich alt. Tagsüber verbrachten wir fast die meiste Zeit bei Diego. Wir aßen, spielten Karten, sprachen über das letzte Spiel oder das bevorstehende – wir trafen uns einfach nur bei ihm. Es wurde oft so dargestellt, als hätten wir bei ihm gewohnt, aber so war es nicht.«

Alle aus diesem Freundeskreis waren aus demselben Holz geschnitzt. Sie ähnelten sich von ihrer Herkunft her, ihren Ansichten, ihrem Sinn für Humor und ihren Gewohnheiten. Néstor Barrone war auf der Straße groß geworden und hatte sich mit Kaltschnäuzigkeit und Raffinesse durchs Leben geschlagen. Als Kind hatte er immer genug Geld gehabt, um die Busfahrt zum Training bezahlen zu können. Das Ticket für die Rückfahrt konnte er sich allerdings nicht immer leisten. Er musst zusehen, wie er nach Hause kam. So ein Typ war er.

Er und seine Freunde liebten Fußball, und Gegenspieler zu tunneln, war für sie die höchste aller Künste. Genau das war es, worum es ihrer Meinung nach bei diesem Spiel ging – um die Tricks, die Kniffe, den Spaß. Maradonas Schelmenakrobatik brachte perfekt auf den Punkt, worum es der Gruppe ging. »Ein intelligenter Fußballer, der sich solidarisch zeigte und eine klare Vorstellung von Verantwortung hatte, so würde ich ihn in einfachen Worten beschreiben«, sagt Néstor.

»Wir brauchten ihn. Keinem von uns ging es sonderlich gut in Barcelona, aus den unterschiedlichsten Gründen. Wir waren hergekommen, um Arbeit zu finden, aber keiner von uns hatte irgendwas

Nennenswertes vorzuweisen. Wir gehörten zu denjenigen, die vom Leben mehr gelernt hatten als in der Schule. Kaum jemand gab uns eine Chance.«

Die engsten Mitglieder des Clans, diejenigen, von denen Néstor Barrone spricht, lebten etwa zehn Blocks von Maradonas Haus entfernt. Wenn Diego auswärtige Gäste hatte, betätigte sich einer von ihnen als Fremdenführer und zeigte ihnen die Sehenswürdigkeiten Barcelonas, um ihnen die Zeit zu vertreiben. »Es stand immer ein Wagen zur Verfügung. Das weiße Mercedes-Coupé war einer meiner Favoriten. Maradona selbst konnte sich kaum in der Öffentlichkeit blicken lassen, worunter er ungemein litt. Es war sehr schwer, Maradona zu sein, ist es immer noch. Wir begleiteten Diego damals, egal wo er hinging, und die Leute provozierten uns, schlugen uns die Brillen von der Nase und so was – stell dir vor, wie er sich da gefühlt haben mag.«

Die Gruppe begleitete Diego zu Veranstaltungen und Fotoshootings, zu Spielen und zum Training. Manchmal, wenn sie alle großes Heimweh hatten, zog einer von ihnen los und besorgte in einem argentinischen Restaurant, üblicherweise dem El Seis, eine *pastafrola* (süße Tarte), ein paar *medialunas* (Croissants) oder ein Glas dulce de leche (einen karamellartigen Brotaufstrich). Einmal setzte sich Diego eine Perücke auf, um mit ihnen ausgehen zu können.

»Diego hatte ein Zimmer, in dem es aussah wie in einem Bekleidungsgeschäft, überall hingen Sachen von seinen Sponsoren herum. Einen Teil davon schenkte er uns. Er besaß auch eine Menge Autos. Einen BMW hatte er sogar aus Argentinien mitgebracht, das muss man sich mal vorstellen.« Niemand hatte daran gedacht, dass die Wagen aus Argentinien vom Zoll beschlagnahmt werden könnten. Doch genau das passierte. Man betrachtete sie als illegale Importe. Diego wollte seine Wagen jedoch unbedingt haben, und so halfen Josep María Minguella und ein paar andere Freunde ihm, sie wiederzubekommen.

Das war allerdings nicht das einzige Problem, dem sich Diegos Freunde annahmen. »Einmal fuhr ich mit dem BMW nach

Deutschland«, erinnert sich Néstor Barrone. »Ich sollte ein paar Taschen mit Klamotten abholen, die Puma Diego zur Verfügung stellte. Der Wagen hatte ein argentinisches Kennzeichen, und natürlich wurde ich von der Polizei angehalten.«

Néstor fuhr auch mit Maradona nach Monaco, nachdem dieser eine Einladung von Fürst Rainier bekommen hatte. »Vom Balkon meines Hotelzimmers in Monaco aus blicke ich auf 200 Yachten hinab, unser Mittagessen nahmen wir an einem 30 Meter langen Tisch ein. Erstaunlich, wie sich die Dinge verändern, dachte ich mir. Aber einflussreiche Menschen aus der Wirtschaft, Gesellschaft oder was weiß ich interessierten sich nicht wirklich für jemanden wie ihn. Oder besser gesagt, sie interessierten sich schon für ihn, aber aus anderen Gründen. Warum lud Prinz Rainier Diego in seinen Palast in Monaco ein, warum wollten König Juan Carlos und Felipe González ihn treffen oder Papst Johannes Paul II. und König Fahd von Saudi-Arabien? Was haben diese Leute mit Diego gemein? Sie wollten, dass etwas von seinem Glanz und Ruhm auf sie abstrahlte.«

Diego spielte und trainierte trotz dieses chaotischen Trubels weiter wie zuvor und investierte viel Zeit und Energie in seine Fitness und sein Training. Er ließ ein Tor auf seinem Tennisplatz aufstellen und kaufte eine Mauerattrappe, um Freistöße zu üben. Diego liebte *portero*-Fußball, spontanen Straßenfußball, der überall, auf jedem Feld oder jeder Straße, gespielt werden konnte. Montags lud er alle zu sich nach Hause ein, auch Menotti. Von dort aus gingen sie zu einem kleinen Spielfeld an der San-Juan-Bosco-Schule in Sarriá, das nur einen Block von der Wohnung des Clans entfernt lag. Sie spielten dort, bis es dunkel wurde, und aßen dann bei Diego zu Abend.

»Er war einfach auch so gerne unter seinesgleichen, weil er auf andere Formen des Zusammenseins nie vorbereitet worden war«, sagt Fernando Signorini. Maradona hatte nie viel gelesen, aber er war ein neugieriger, einfühlsamer Mensch, der sich für vieles interessierte. Wenn ein Thema sein Interesse weckte, stellte er Fragen und wollte mehr darüber wissen. »Er war ein sehr spontaner Mensch, der die Dinge quasi im Vorbeigehen mitnahm, er war scharfsinnig und intelligent«, fügt Signorini hinzu.

»Cristiano Ronaldo hat fünf Bodyguards, Diego hatte uns«, sagt Barrone. »Wir kümmerten uns um ihn wie um einen Freund, wir beschützten ihn. All diese Verzerrungen und Lügen … Sie nannten uns ›den Clan‹, und das war abfällig gemeint. Ein gewisser Teil der katalanischen Gesellschaft fühlte sich von uns belästigt. Nicht alle Katalanen, das muss dazugesagt werden.«

»Diego war fit und führte ein gesundes Leben. Die Leute übertrugen das, was wir abends taten, auf ihn, aber wir waren es, die diese Dinge machten, nicht er«, räumt Barrone ein. »Es lag wohl auch an unserer Verehrung für ihn, dass sich viele Leute ein ganz bestimmtes Bild von ihm machten.«

Fernando Signorini verbrachte viele Stunden mit Diegos Freunden: »Ich glaube, ich bin ihnen zum ersten Mal beim Finalspiel um die Copa del Rey begegnet. Einer von Diegos Kumpeln, ein sehr athletischer Typ, trank ein Bier. Dieser andere Kerl nannte ihn einen *sudaca* [abfällige Bezeichnung für Südamerikaner]. Also baute sich Diegos Kumpel mit seinem Bier in der Hand vor ihm auf und … wums! Gebrüll, Blut … Diese Jungs … kamen alle aus einfachen Verhältnissen.«

»Die meisten von ihnen waren Argentinier«, erinnert sich Signorini. »Die Leute bezeichneten sie als Penner, Säufer, Gammler. Sie sagten auch, Diego sei kein echter Sportler, er würde nicht so leben, wie es sich für einen Sportler gehöre, ihn interessiere nur das Nachtleben … Völliger Quatsch! Diego war nicht blöd. Er ging aus, natürlich, so wie alle anderen. Warum auch nicht? Sollte er wie ein Mönch leben? Er konnte gar kein zurückgezogenes Leben führen, das hätte ihn unglücklich gemacht.«

Seine Freunde, die so anders waren als die katalanischen jungen Männer, hatten Erfolg bei den Frauen. »Diese Kerle sprachen anders, dieser süße argentinische Akzent wird ihnen sicher geholfen haben«, sinniert Signorini mit einem Lächeln. »In Barcelona, wo die Leute etwas distanzierter sind, hatten sie Schlag bei den Frauen. Kein Wunder, dass sie dadurch bei manchen Leuten aneckten. Mehr als einmal flog die Gruppe aus dem Up & Down Club.«

Maradonas Beziehung zur Presse war eigentlich entspannt – zumindest zu den meisten Pressevertretern. Die negativen Schlagzeilen über ihn und seinen Clan gab es erst, als Diego mit dem Verein aneinandergeriet. Er stand immer zu seinen Freunden und verteidigte sie – bis zum Schluss. »Solange Diego spielte und Tore schoss, an acht Gegenspielern vorbeidribbelte und den Ball aus allen Lagen im Netz versenkte, war er ein Phänomen und unantastbar«, meint Néstor Barrone.

Einige katalanische Journalisten gingen von sich aus auf den Clan zu, und, so Barrone, »sie liebten und beschützten uns. Pepe Gutiérrez und Paco Aguilar waren in wichtigen Momenten bei uns. Sie haben uns kennengelernt.«

»Wir reisten damals mit dem Team«, erinnert sich Aguilar, der im Verlauf seiner langen Karriere vor allem für die *Mundo Deportivo* schrieb. »Nach dem Training tranken wir einen Aperitif mit den Spielern oder warteten auf dem Parkplatz auf sie. Manchmal konnte man sie zum Mittag- oder Abendessen treffen, auch Maradona.« Paco, ein Journalist der alten Schule, holte Doña Tota einmal vom Flughafen ab und brachte ihr einen Blumenstrauß mit, was ihr auf ewig in Erinnerung blieb. »Man konnte bei ihnen zu Hause vorbeifahren, und wenn Diego nicht da war, luden sie dich ein, ein wenig mit ihnen zu plaudern. Manchmal waren 15 Leute da, manchmal überhaupt keiner, mal so, mal so.«

»Damals gab es noch keine Handys«, erzählt Quique Guasch, ein anderer renommierter Journalist, der während Maradonas Zeit bei Barcelona für TVE arbeitete. »Ich musste seine Festnetznummer wählen und einen speziellen Code verwenden, damit er wusste, dass ich es war – sonst ging er gar nicht ran. Er bat mich, zu einer bestimmten Zeit anzurufen. Und wenn ich anrief und er keine Lust hatte, mit mir zu reden, sagte man mir, dass er schlafe.«

Guasch kennt Dutzende von Geschichten, die insgesamt ein ganz anderes Bild zeichnen als das offizielle aus dem Vereinsumfeld. »Diego hatte auf TVE International eine Sendung gesehen und mich um eine Kopie des Beitrags gebeten«, erzählt der Journalist. »Darin ging es um eine Krankheit, unter der ein paar seiner Freunde litten. Am Ende kam er für ihre Nierentransplantationen in Barcelona auf.«

Nicht alle Journalisten begriffen, mit wem sie es zu tun bekamen. Der argentinische Soziologe Sergio Levinsky meint: »Die meisten Journalisten waren an dankbare Stars gewöhnt, die nie fluchten oder sich gar über Regeln hinwegsetzten. Jetzt bekamen sie es mit Maradona zu tun – einem, der den ersten Schritt tat und dabei einen Speer in der Hand hält. Er war der Erste, der die Wahrheit aussprach – zumindest seine Wahrheit –, komme, was wolle.«

Der Vorstand des FC Barcelona stand seinen Spielern grundsätzlich misstrauisch gegenüber, sie seien geldgierig, achteten die Regeln nicht und brachten ihren Vorgesetzten nicht genügend Respekt entgegen. »Iglesias, der Sicherheitschef, war Polizist und hatte gute Verbindungen zur Nachtclubszene«, erinnert sich Pepe Gutiérrez. »Er hatte Freunde in Bingohallen, Discos, Restaurants ... Kein Spieler konnte auf irgendeiner Party aufkreuzen, ohne dass er am nächsten Tag davon wusste. Und die Spieler gingen alle mal einen trinken. Unsere Mentalität, also die Mentalität der Medienvertreter, entsprach damals eher der von Fußballern als der von Journalisten. Wir gingen mit allen Informationen, die wir erhielten, so um, dass ihr Ruf nicht geschädigt wurde.«

Der Verein ließ Maradona auch heimlich überwachen.

»Eigentlich war Maradona jemand, der nicht viel ausging«, sagt Gutiérrez, der öfter mit Diego unterwegs war. »Er stellte sich an die Bar und trank ein Glas Whisky-Cola. Im Up & Down musste er dafür nichts bezahlen. Wenn Claudia in Barcelona war, blieb er meistens zu Hause, guckte bis spät in die Nacht Filme und schlief bis tief in den Morgen.«

»Diese großen *fiestas* in Diegos Haus, da ging es nicht ums Saufen. Die Leute sahen bis drei Uhr morgens fern«, erzählt Josep María Minguella. »Montags gingen sie immer zu Videos Vergara, um sich die neuesten Filme auszuleihen. Zehn, zwölf junge Leute saßen auf dem Boden oder lehnten an der Wand, vor einem großen Fernseher, auf dem Western liefen oder Filme mit Louis de Funès oder Adriano Celentano. Die Stimmung war heiter ... Klar, das Leben eines Musterschülers war das auch nicht unbedingt.«

»Die Fernsehsender beendeten ihr Programm damals ziemlich früh, zum Programmende wurde die Nationalhymne gespielt, und danach gab es nur noch Schneegestöber«, erklärt Barrone. »Dann legten wir die Videos ein, zwei oder drei Filme nacheinander, wenn Diego krank oder verletzt war, auch mehr.«

Als er sich die »Hepatitis« zuzog, verbrachte Diego seine Zeit oft in einem Haus, das ihm ein Freund zur Verfügung gestellt hatte, an der Küste nördlich von Barcelona, zwischen Lloret de Mar und Blanes. Manchmal besuchten ihn Néstor und andere aus der Gruppe. Cyterszpiler sah fast jeden Nachmittag nach ihm, und auch befreundete Journalisten wie Paco Aguilar kamen vorbei, um sich nach dem Heilungsprozess zu erkundigen.

Nie hat jemand Diego während seiner Zeit in Barcelona Kokain nehmen sehen. »Die Geschichte ist weit verbreitet und wird allgemein als wahr angesehen, weil Diego sie erzählt hat und es auch in seiner Autobiographie so nachzulesen ist – aber es stimmt nicht«, meint der argentinische Journalist Fabián Ortiz. »Wenn Maradona ausging, trank er ein oder zwei Whisky-Cola.«

Diego beteiligte sich an einer Anti-Drogen-Kampagne der katalanischen Regierung, deren Slogan *Just Say No* lautete. Ein Spot wurde gedreht, der ihn beim Kicken mit Kindern zeigt. Hat er dennoch selbst Kokain genommen? »Nicht hier. Nicht hier. Nein, nein, hier nicht. Als er in Barcelona spielte, hat er nie Drogen genommen«, sagt *Chino* Vallejo, ein weiteres Clanmitglied.

1999 war Maradona in einer Spezialausgabe der Sendung *Aquest any cent!* des öffentlich-rechtlichen katalanischen TV-Senders TV3 zu sehen. Als man ihn zum Thema Drogenmissbrauch während seiner Zeit in Barcelona befragte, antwortete er entgegen der späteren Darstellung in seinem Buch mit einem entschiedenen »Nein«. Anschließend kam das Gespräch auf den berüchtigten »Clan«, und es wurde angedeutet, dass Diego ständig von irgendwelchen Leuten umgeben gewesen wäre, in chaotischen Verhältnissen gelebt und einen unsteten Lebenswandel gehabt hätte, bei dem es vor allem um Partys gegangen wäre. Maradona verneinte das nachdrücklich:

»Wenn ich all das getan hätte, was mir nachgesagt wird, wäre ich jetzt nicht hier. Ich hätte meine Frau nicht mehr und auch meine beiden Töchter nicht. Ich kann niemandem ein Vorbild sein ... aber wenn ich kein geordnetes Leben geführt und keine Verantwortung übernommen hätte, hätte ich kaum für Barcelona gespielt.«

»Maradona hat einfach das Leben eines jungen Mannes gelebt«, meint Paco Aguilar. »In der katalanischen Gesellschaft war Rassismus weit verbreitet, und Maradona war ein *sudaca*, ein blöder Latino. Ich rede hier von der katalanischen Bourgeoisie, den Barceloner Medien, auch den *gauche divine*, den Intellektuellen, die in Barcelona lebten. Sie hatten den besten Spieler der Welt in ihrer Mannschaft, aber sie wussten ihn weder richtig einzusetzen noch gebührend zu würdigen.«

Hinzu kam, dass Diego sich auf dem Platz in seinen Möglichkeiten beschränkt fühlte. Udo Lattek war ein konventioneller Trainer, der ihn mit seiner Taktik in seiner Spielgestaltung einschränkte. Cyterszpiler gab Journalisten, die dafür offen waren, immer wieder kleine Hinweise auf Udos altmodische Trainingsverfahren. »Training mit Medizinbällen – mit denen kann man nun mal nicht schießen«, erzählte Maradona seinem Manager einmal.

Zu Beginn der Saison 82/83 saß Udo Lattek bei Barcelona noch auf der Trainerbank, doch als sie endete, saß César Luis Menotti dort. Nachdem er sich von seiner Krankheit erholt hatte, fand Maradona nicht sogleich zu seiner alten Form zurück. Dennoch verhalf er dem Team im Finale der Copa del Rey gegen Real Madrid zum 2:1-Sieg. In der Primera División belegte Barcelona nach dieser Spielzeit den vierten Platz, sechs Punkte hinter dem Spitzenreiter Athletic Club de Bilbao.

Aber das war nicht genug.

KAPITEL 15
Claudia Villafañe

»In Diegos Haus gab es viele Männer, aber nur eine Frau«, meint Fernando García, der ehemalige Sekretär von Jorge Cyterszpiler. »Claudia war sozusagen die Spaßverderberin in diesem Film, die Gegenspielerin – aber zugleich war sie Diegos Partnerin! Es wurden regelmäßig Einladungen ausgesprochen, fast jeden Tag saßen wir zu elft oder zwölft an ihrem Tisch. Man kümmerte sich beispielsweise um einen argentinischen Boxer, der in Barcelona gestrandet war. Wenn jemand nicht wusste, wo er bleiben sollte, hieß es nur: ›Komm mit.‹ An dem langen Tisch saßen immer zig Leute. Diego ging irgendwann ins Bett. Wenn er am nächsten Morgen runterkam, fragte er nur: ›Wer ist das?‹, und kümmerte sich dann um das, was anstand. Bis Claudia eines Tages sagte: ›Hey, das hier ist kein Fußballverein.‹ Sie versuchte, ein Eheleben zu führen, aber keiner von uns interessierte sich groß dafür.«

Néstor Barrone versucht, das Ganze auch einmal aus Claudias Sicht zu sehen: »Sein Privatleben spielte sich oben auf der ersten Etage ab, unten war der Freizeitbereich. Aber wenn ich heute so darüber nachdenke, muss ich sagen, meine Güte, wir müssen echt nervtötend gewesen sein, wie wir die ganze Zeit um den Tisch herumhockten und uns von Claudia bedienen ließen.«

Trotz allem hat Claudia Jahre später mehr als einmal gesagt: »Dieses Haus in Barcelona hätten wir nie verkaufen sollen.« Vielleicht ein Ausdruck sentimentaler Erinnerungen an eine andere Zeit und einen anderen Ort.

Damals war sie auf jeden Fall entschlossen, Diego in allen Lebenslagen zur Seite zu stehen, und so fügte sie sich erstaunlich stoisch in die Rolle der Gastgeberin. Diegos »ideale Partnerin«, wie Signorini sie nennt, bemühte sich immer nach Kräften, »ganz gleich, wie sehr es sie störte, so viele Menschen bei sich zu beherbergen«, sagt *El Profe*. Diego hatte keine Scheu, sie in den Arm zu nehmen, sie vor aller Augen zu küssen, ihr Aufmerksamkeit zu schenken oder mit ihr anzugeben, sie zu besitzen: »Claudita, mein Liebes ...« Maradona war dankbar, dass seine Partnerin diese untergeordnete Rolle akzeptierte.

Claudia folgte Diego nach Barcelona zusammen mit seinen und ihren Eltern. Ihre Mutter, Ana María Elía, war Schneiderin; nach vielen Arbeitsjahren verlor sie nach und nach ihr Augenlicht. Ihr Vater, Roque Nicolás Villafañe, genannt *Coco*, war Taxifahrer. Einer von ihnen war immer bei dem Paar, wenn es irgendwo hinging.

Tagsüber war Claudia mit der Führung des Haushalts und mit der Regelung der Familienangelegenheiten voll ausgelastet. Und in ihrer Freizeit kümmerte sie sich um ihr Pressearchiv. Mit 16 hatte sie begonnen, Zeitungsartikel über Diego zu sammeln und zu sortieren, indem sie sie monatsweise in Umschläge steckte. Dadurch, dass Diego – und manchmal auch sie – in den Zeitungen erwähnt wurde, empfand sie eine Genugtuung und Bestätigung ihres höheren sozialen Status. Sie sammelte die Ausschnitte wie Familienfotos, ein stetig wachsendes Konvolut schöner, flüchtiger Momente.

Seit Sommer 1977 war sie mit Diego zusammen. Damals standen sie beide auf einer Stufe, wohnten beide im Elendsviertel. Doch schon bald wurden aus ihnen der vielversprechende Fußballer und das junge Mädchen aus der Arbeiterklasse, das auf die Mädchenschule San Rafael in Buenos Aires ging. Ihr Interesse aneinander war gegenseitig, was Diego später ein wenig anders erzählt. »Er war mein Nachbar«, erklärte Claudia viele Jahre später in einem Interview mit dem argentinischen TV-Sender Telefe. »Er sagt, er hat sich in mich verliebt, als er mich von hinten in einer gelben Hose sah. Armer Kerl, dass er mich nicht genauer von vorn inspizierte! Er war gerade in die erste Mannschaft von Argentinos aufgenommen worden, aber das wusste ich nicht. Ich hatte keine Ahnung, wer oder was er war. Später hat er erzählt, dass ich natürlich gewusst hätte, wer er war, und nur so getan hätte, als würde ich ihn nicht kennen – so eine typische Macho-Geschichte eben.«

Maradona wird geahnt haben, dass es ihm als Fußballprofi in der ersten Liga nicht an Bewunderinnen mangeln wird. Seine

Mannschaftskameraden gingen mit Sängerinnen und Models aus, aber Diego hatte sich immer eher für Menschen interessiert, die aus ähnlichen Verhältnissen stammten wie er selbst, die seine Eigenheiten und Vorlieben teilten. Er brauchte keine Partnerin mit aristokratischem oder bürgerlichem Flair, die sich betont kultiviert gab, wie so manche der anderen Spielerfrauen. Claudia hatte einen ersten Abschluss in Wirtschaftswissenschaften, doch sie gab ihre beruflichen Träume auf, um Diegos Partnerin zu sein, das Mädchen von nebenan. Genauso wie Diego es sich vorstellte.

Diego gestand ihr seine Liebe im Club Parque in Buenos Aires, während sie zu Roberto Carlos' »I Propose to You« tanzten. Und genau das tat er, ihr einen Antrag machen – wenn auch erst viele Jahre später. Jeden Montag, wenn die Mannschaft frei hatte, traf er sich mit ihr. Daran änderte sich auch nichts, als er in ein größeres Haus an der Lascano umzog, das der Verein ihm besorgt hatte. Von Anfang an war Claudia seine Komplizin, Ersatzmutter und Vertraute, ob sie es wollte oder nicht. Er stellte die Regeln auf.

»Eines Tages«, schrieb der Journalist Any Ventura in *La Nación*, »nahm Diegos Vater sie zur Seite: ›Der Junge kann nicht immer so spät zu Bett gehen. Du musst dich besser um ihn kümmern, er muss doch zum Training.‹ Claudia biss sich auf die Lippe, sagte aber nichts. Sie war am letzten Abend früh zu Bett gegangen. Diego muss also ohne ihr Wissen noch irgendwohin gegangen sein. In dem Moment wurde ihr bewusst, dass sie ein ganz anderes Leben führen würde als er.«

Diego erwartete von ihr bedingungslose Unterstützung. Dalma, die ältere ihrer beiden Töchter, meint, Claudia habe ihre Ausbildung nicht fortführen können, weil Diego »eifersüchtig« war. Damit nicht genug. Er flehte seine Frau sogar an, nicht zu seinen Spielen zu kommen. »Er meinte, das mache ihn nervös«, schrieb Dalma in ihrem Buch *La Hija de Dios*. »Er konnte nicht spielen, wenn er wusste, dass meine Mutter auf der Tribüne war, weil er Angst hatte, dass ihr etwas zustoßen könne – so etwas Dummes.«

Claudia war an den Vertragsverhandlungen im Zusammenhang mit Diegos Wechsel von Argentinos zu Boca nicht beteiligt, aber sie half ihm, wieder einen klaren Kopf zu bekommen, als er das Fußballspielen an den Nagel hängen wollte. Sie war es auch, die sich auf Anhieb gut vorstellen konnte, nach Barcelona zu gehen. Sie verwandelte das Haus an der Avenida Pearson in eine Oase der Gemütlichkeit, wobei ihr ihre Mutter und Doña Tota halfen.

Ihr Einfluss auf Diego hatte allerdings Grenzen. Zuweilen benötigte sie fremde Hilfe, um ihn auf Kurs zu halten. Eine dieser Personen war Physiotherapeut und Zeugwart Galíndez. »Diego hatte Fieber, und ich weiß noch, dass ich auf meiner Matratze auf dem Boden neben Diegos Bett schlief. Diego büxte nachts manchmal aus, daher hat Claudia mich gebeten, auf ihn aufzupassen.«

Claudia war immer dabei. Sie saß im Krankenwagen, als Diego nach Goikoetxeas brutalem Foul ins Krankenhaus musste, und schaute vom Rand des Tennisplatzes aus zu, wie Maradona unter der Anleitung von Fernando Signorini und Guillermo Blanco Dr. Rubén Dario Olivas revolutionäres Wiederaufbautraining absolvierte.

Maradona musste spüren, dass seine Frau ihn liebt, aber unersättlich, wie er war, war von Anfang an klar, dass ihm Claudia allein nicht reichte. »Maradonas Stärke ist sein Körper, und es ist ein Körper, der präsentiert werden will«, mutmaßt der argentinische Philosoph und Historiker Gustavo Bernstein. »Der Geist spielt angesichts dieses alles bezwingenden Körpers eine untergeordnete Rolle. Sein Körper zerstörte alles, was sich ihm ihn den Weg stellte, sei es auf dem Spielfeld oder im echten Leben.« Maradonas Kraft, so Bernstein weiter, sei dionysisch – sinnlich, spontan, emotional. »Und das schließt auch alles Finstere ein.«

Bernstein glaubt nicht an das Konzept der zwei Persönlichkeiten: Diego, der Kindskopf, und Maradona, die Legende. »Wir können uns doch nicht vormachen, dass Maradona das Stadion verlässt und wie jemand, der von acht bis fünf in einer Bank arbeitet, nach Hause fährt und Tee trinkt. Auf dem Spielfeld verlangt man von ihm, Grenzen zu überschreiten, zu täuschen, uns etwas vorzuspielen … er kann danach nicht so tun, als sei er ein Gentleman.«

Maradona war gewiss kein Moralapostel, und er hat nie versucht, seine Triebe zu unterdrücken. Er ließ sich von seiner eigenen

Persönlichkeit mitreißen und änderte seine Meinung, wie es ihm gefiel. Wieso wurde er sonst so gefeiert? Seine Gefühle drängten ihn dazu, sich über Normen hinwegzusetzen, aus diesem Grund verkörperte er Freiheit. »Seine Regeln bestehen aus Ausnahmen – er verlangte immer für alles eine Ausnahme«, resümiert Bernstein.

Er ist kein Vorbild, und – so Bernstein – es interessiert ihn nicht, wer ihn verurteilt. Er wollte immer auf allen Hochzeiten tanzen. Er ist kein Held und will auch keiner sein, weil er weiß, dass er kein Ausbund an Tugend ist. Vielleicht ist das der Grund, warum er Argentinien so gut repräsentiert, die guten und die schlechten Seiten dieser Nation, das Absurde und die Willkür, ihre Rastlosigkeit und ihre Arroganz. Jawohl, Arroganz. Wer maßt sich schon an, mit dem Ball eine komplette gegnerische Mannschaft ausdribbeln und ihn im Tor versenken zu können? Nur wer arrogant und unerschrocken ist. Schauen wir uns die Fotos des jungen Diego einmal an, erst bei Argentinos Juniors, dann bei Barcelona, wie er da steht mit dem Ball und geschwollener Brust. Viele der genannten Attribute sind darauf schon zu erkennen. Viele von uns fühlen sich von diesem strahlenden Maradona angezogen, genießen das Bild von Maradona, dem Rebellen.

Kaum jemand konnte oder wollte diesen unbezwingbaren Hengst zähmen, vor allem jene nicht, die davon profitierten, ihm seine Freiheit zu lassen, oder diejenigen, die ihn tief und bedingungslos liebten, wie Claudia in Barcelona. Niemand kam damals auf die Idee, auch einmal in ihre Seele zu blicken oder sich für sie zu interessieren, nicht einmal sie selbst. Sie sammelte weiterhin Zeitungsartikel.

Diego liebte Claudia auf seine Weise: als Frau und als Mutter. Er wollte, dass sie ihm seine Nachlässigkeiten verzieh und sie zugleich sanktionierte, dass sie allen eine gute Gastgeberin und dabei zugleich unsichtbar war. Aber aus der Naivität und Ahnungslosigkeit, die unabdingbar sind, um in einer solchen Beziehung zurechtzukommen, wächst man irgendwann raus. Maradona erkannte nicht die Anzeichen dafür. Er ignorierte oder verkannte den Schaden, den er anrichtete, als er mit seiner Partnerin um mehr und mehr Ausnahmen feilschte.

Ihr erstes Kind, Dalma Nerea, wurde 1987 geboren, ein Jahr nachdem Argentinien die WM gewonnen hatte und während Diego noch der unumstrittene Star des SSC Neapel war. Zwei Jahre später brachte Claudia ihre zweite Tochter zur Welt, Giannina Dinorah. Beide Kinder wurden in der Clinica del Sol in Argentinien geboren, und beide Male standen Claudia nur Coco und Ana María zur Seite. Keine Frage: Der Fußball stand dem Leben im Weg.

Kurz nach Gianninas Geburt, nachdem sie bereits zwölf Jahre zusammen waren, beschlossen Claudia und Maradona zu heiraten und ihre Hochzeit mit einer denkwürdigen Veranstaltung im Luna Park in Buenos Aires zu feiern. Diegos sämtliche Wegbegleiter, alte und neue, wurden eingeladen – von den Cebollitas bis hin zu seinen Mitspielern beim SSC Neapel. Und vor der Veranstaltung machte Diego noch einen kleinen Abstecher, um einen ehemaligen Nachbarn vorzuführen und mit seiner Braut zu prahlen.

Claudia suchte immer nach einem bisschen Normalität inmitten der verrückten Welt ihres Gatten. Sie brachte ihre Kinder jeden Tag zur Schule und wollte, dass die anderen Mütter sie wie ihresgleichen behandelten. Sie engagierte sich in der Schule genauso wie andere Eltern, bei Konferenzen und Veranstaltungen. Sie erhielt Rabatte für Klassenfahrten (es gibt Dinge, bei denen jeder ein bisschen eigen sein darf) und spendete Fleisch, das sie einmal geschenkt bekommen hatte. In der Öffentlichkeit wurde sie zu ihrem Ärger oft von Journalisten verfolgt, und sie entschuldigte sich immer bei allen, deren Privatsphäre dadurch verletzt worden war.

Doch nach vielen Jahren, in denen sie Opfer gebracht und gelitten hatte, begann Claudia, ihr Leben zu hinterfragen. Sie kam zu dem Schluss, dass sie Abstand brauchte, und sofort begann Diego, sie zu gängeln und herabzusetzen – eine typisch chauvinistische Reaktion. Claudia zog sich nach und nach aus den Medien zurück und grenzte sich zu Hause in Buenos Aires zunehmend von ihrem Mann ab, während ihre Töchter zu ausgeglichenen Teenagern heranwuchsen.

Ganz diskret stellte sie ihre eigenen Immobilien- und Business-Portfolios zusammen, trug ein wenig körperbetontere Kleidung, ging etwas öfter zum Friseur und machte fast ständig Diät. Sie wollte nicht mehr als »die Frau von« betrachtet werden, sie wollte dafür respektiert werden, Claudia Villafañe zu sein. Ihre seltenen Auftritte in den Medien kamen in der Regel deshalb zustande, weil es ihr gegen den Strich ging, dass sich Diego als erste Auskunftsquelle zu ihrem Leben aufspielte. Irgendwann war ihre Geduld am Ende, und sie erklärte der Welt, wie es sich anfühlte, mit einem untreuen Mann verheiratet zu sein, der mit einigen Frauen mehrere Kinder gezeugt hatte.

Die Trennung wurde unausweichlich, als Claudia Diego beschuldigte, die Familie im Stich gelassen zu haben, und dieses Vergehen zur Anzeige brachte. Das war im Jahr 2000, 23 Jahre nachdem der schelmische junge Fußballer sie zum ersten Mal in ihrer gelben Hose gesehen hatte. Doch als sich Diego im November 2001 im Boca-Stadion vom aktiven Fußball zurückzog, saß Claudia in der VIP-Lounge. Sie hatte sich geschworen, sich nicht gänzlich von ihm abzuwenden. Obschon sie nie großen Einfluss auf seine Entscheidungen hatte, nutzte sie das geringe Gewicht, das ihre Worte bei ihm besaßen, um sie zumindest ein wenig abzumildern. Es kam allerdings nie zu einer Aussöhnung zwischen ihnen, und Claudia liebte Diego auch nicht mehr.

Am Tag seines Abschieds in La Bombonera hielt Diego eine Rede, in der er auf seine Karriere zurückblickte. Claudia erwähnte er darin nicht.

Drei Jahre nach der Scheidung äußerte er sich im argentinischen TV-Sender Canal 9 zu seiner Beziehung zu Claudia: »Claudia hat ihr eigenes Leben, sie hat sich ihr Leben, ihr Geschäft aufgebaut. Claudia verdient all das Gute, das ihr widerfährt. Sie verdient es wirklich. Ich habe mit der Beziehung noch nicht abgeschlossen. Sie hat es getan, mit gutem Grund.« Diese paar Brocken, die er ihnen hingeworfen hatte, gaben den Boulevardmedien Futter für etliche Berichte, Reportagen und TV-Sendungen. Unterdessen arbeitete Claudia im Stillen weiter an einer Neujustierung ihres Lebens, ihre beiden Töchter waren dabei immer in ihrer Nähe.

Dieses neue Leben musste geheim bleiben. Claudia kannte Diegos Fehler und Unzulänglichkeiten und war daher in mancher Hinsicht immer dazu bestimmt gewesen, seine Frau zu sein. Trotz all seiner Affären setzte Maradona alles daran, herauszufinden, ob Claudia, wie es gerüchteweise hieß, tatsächlich eine Beziehung zu dem Produzenten Jorge Taiana hatte. Claudia schaffte es, diese Beziehung zehn Jahre lang geheim zu halten. Und als Diego schließlich Wind davon bekam, bezichtigte er seine gesamte Familie – nicht nur Claudia – des Betrugs. In der Öffentlichkeit nannte er sie eine Diebin. Er reichte eine Reihe von Klagen gegen sie ein, wegen Betrugs und Verstößen bei der Güterverteilung – konkret hieß das, dass sie ihm nicht all seine Andenken, die ihm von seiner Karriere geblieben sind zurückgegeben hatte.

An Dalmas 32. Geburtstag erhob Diego neue Anschuldigungen gegen Claudia und trübte damit die Stimmung. Doch diesmal hatte er es mit einer neuen Claudia zu tun, die von einem ganz anderen Schlag war als die, die er von früher kannte, mit einer starken Familie im Rücken, die all die Anschuldigungen und den Schmerz, die mit jedem neuen Angriff von Diego einhergingen, satthatte.

Sie ging zur Polizei und erstattete Anzeige gegen Maradona wegen des Psychoterrors, mit dem er sie tyrannisierte, seit er von ihrer Beziehung zu Taiana erfahren hatte.

Zwischen dieser Claudia und der jungen Frau, die unter den Beleidigungen und der Kritik, die ihr Mann ertragen musste, litt, als wären sie gegen sie selbst gerichtet, lagen Welten. »Wir spielten mit Barcelona gegen Manchester United«, erinnerte sich César Luis Menotti auf *Fox Sports*. »Während der ersten Halbzeit sagte ich Diego, er solle sich die ganze Zeit vor den Mittelfeldspielern halten ... doch er ließ sich weiter und weiter zurückfallen, und ich ärgerte mich. Also nahm ich ihn 15 Minuten vor Spielende vom Platz. Nach dem Spiel hatte ich die ganze Sache schon wieder vergessen. Diego setzte dieses ernste Gesicht auf, er redete nicht mit einem, machte aber auch keine abfälligen Gesten oder so etwas. Als Nächstes begegnete mir die weinende Claudia: ›Was zum Teufel hast du Diego angetan?‹«

Claudia, immer Claudia. Die Ehefrau, selbst nach der Scheidung. Die Frau, die sich um seine Beerdigung kümmerte.

KAPITEL 16
César Luis Menotti und Andoni Goikoetxea

Eines hat Diego Armando Maradona von seinem Publikum immer verlangt: dass es seine Kunst wertschätzt. Die Beziehung zu Fans ist in der Regel nichts, was von Dauer ist, und oft schwanken die Beliebtheitswerte von Stars. Maradona war allerdings der Ansicht, er habe mit seinem Publikum eine stillschweigende Vereinbarung, einen dauerhaften Pakt geschlossen. Er brauchte und verlangte ewige Treue, weil er dafür im Gegenzug auf ein normales, alltägliches Leben verzichtete. Und wenn er jemals das Gefühl hatte, nicht die ungeteilte Aufmerksamkeit des Publikums zu erhalten, reagierte er heftig.

Ein entsprechendes Maß an Fanverehrung hat es beim FC Barcelona nie gegeben. Dort betrachtete man die Dinge erheblich nüchterner, nicht zuletzt die Vereinsspitze. Präsident Josep Lluís Núñez leitete den Klub vom Hauptbüro seines Bauunternehmens, Núñez y Navarro, aus. Keine einzige Entscheidung, weder geschäftlicher noch sportlicher Natur, wurde ohne seine Einwilligung getroffen – wobei er immer auch Kontakt zu den Spielern hielt. Das Tagesgeschäft legte er in die Hände von Antón Parera, dem er vertraute. Joan Gaspart setzte er als geschäftsführenden Vizepräsidenten und Vermittler ein, und Nicolau Casaus fungierte als stets freundliches Sprachrohr des Vereins.

Núñez war ein starker Charakter, entschlossen bis zur Starrköpfigkeit. Niemand war für den Verein wichtiger als er, zumindest verfügte niemand über mehr Autorität. Seine wirtschaftlichen Erfolge kaschierten, dass der Verein auf sportliches Mittelmaß abgerutscht war: Wenn Barcelona schon keine Titel holte, so wurden unter seiner Leitung zumindest immer irgendwelche neuen Projekte in Angriff genommen. Núñez führte ein bescheidenes, unspektakuläres Privatleben. Dasselbe verlangte er von allen, die für ihn arbeiteten. »Ein Spieler muss nicht nur Fußball spielen, sondern auch ein gesittetes

Privatleben führen … Wenn er das nicht versteht, nützt es nichts, ihn zu bestrafen. Dann sollte er den Verein am besten gleich verlassen«, sagte er im November 1982, während Diegos erster Spielzeit in Barcelona. Maradona konterte diese zweifellos an seine Adresse gerichtete Aussage umgehend: »Ich bestimme über niemandes Leben und will auch nicht, dass irgendwer über meines bestimmt.«

In der Hoffnung, seinen Starspieler zufriedenzustellen, entschloss sich der FC Barcelona, sich von Udo Lattek zu trennen und César Luis Menotti zu verpflichten. »Diego und Lattek kamen überhaupt nicht miteinander klar, und als die Probleme zwischen ihnen nicht mehr zu kaschieren waren, lancierte Cyterszpiler die Idee, Menotti könnte der richtige Trainer für Barcelona sein«, erklärte Guillermo Blanco dem Autor Roberto Martínez, der dies in seinem Buch *Barçargentinos* wiedergibt.

Tatsächlich hatte der Verein schon einmal versucht, Menotti anzuwerben, nämlich nach der sehr erfolgreichen WM 78. Damals war es auch bereits zu einer Vertragsunterzeichnung gekommen. Doch AFA-Präsident Julio Grondona hatte den Coach überredet, als Nationaltrainer in Argentinien zu bleiben. »Bleib hier, dann reformieren wir den argentinischen Fußball«, hatte er gesagt. Also blieb Menotti und reformierte. Der Fußball besaß seiner Meinung nach ein genetisches und kulturelles Gedächtnis. Er war überzeugt davon, dass Maradona mit seinem Talent nicht aus dem Nichts gekommen war, sondern man ihn quasi als geistigen Nachkommen von Spielern wie Mario Kempes und anderen argentinischen Fußballikonen wie Omar Sívori oder José Manuel Moreno betrachten müsse. Genau diese Theorie lehrte er die Nationalspieler, während er zugleich versuchte, das Geheimnis des Spiels zu entschlüsseln. »Der Fußball ist ein großes Geheimnis, das nur die besten Spieler enträtseln können, und manchmal gelingt es nicht einmal ihnen«, sagte er einmal.

Trotz seines Rückziehers blieb Menotti weiterhin in Kontakt mit dem FC Barcelona. So schrieb er für Barça einen detaillierten Bericht über den 17-jährigen Diego: »Er verfügt über ein enormes technisches Talent, er dribbelt völlig mühelos, immer von hinten raus.

Er hat einen absoluten Torriecher, weiß dabei aber immer genau, wann er einen besser positionierten Mitspieler in Szene setzen kann. Außerordentliche Reflexe. Er behauptet den Ball sehr gut und kann ihn schnell und effektiv spielen. Seine kurzen Pässe und Torschüsse sind reine Wunderwerke. Herausragende Geschwindigkeitswechsel.«

Trotz dieser glänzenden Beurteilung hatte er Maradona 1978 nicht für den Kader der Nationalmannschaft nominiert. Und obschon er aus dem Team, mit dem er zur WM 82 nach Spanien gereist war, nicht das Beste herausgeholt hatte, war auch Maradona fest davon überzeugt, dass er der perfekte Trainer für den FC Barcelona war. Lattek wurde nach einer 2:0-Heimniederlage gegen Racing Santander, die damals weit unten im Tabellenkeller steckten, von Núñez entlassen. Für Menotti war das Camp Nou so etwas wie die Mailänder Scala für einen Opernregisseur. Ihm standen nun »ein Schuster und ein Maradona, zwei spektakuläre Solisten, zur Verfügung, und ich musste nur noch das Orchester auf sie einstimmen«. Sein erster Tag auf der Trainerbank war der 28. Spieltag der Saison 1982/83, er endete mit einem 1:1-Unentschieden gegen Real Betis.

»Wo ist Rojo?«, fragte Menotti, als er in Barcelona ankam.

»Bei Barcelona Atlètic [der B-Mannschaft des FC Barcelona]«, erklärte man ihm.

»Ich rede vom zweitbesten Spieler der U-20-WM in Japan.«

»Ja, genau von dem rede ich auch.«

Menotti konnte es nicht glauben und mokierte sich: »Wäre Maradona in Barcelona zur Welt gekommen, würde er heute in der B-Mannschaft spielen.«

Menotti war ein belesener und aufgeschlossener Mensch, der mitreißende Reden halten konnte. »Er ist ein Mann großer Worte«, meint auch der Journalist Lluis Canut. »Er sagte, der Verein durchlebe einen ›epochalen Notstand‹, der ihn dazu verleite, übereilte und falsche Entscheidungen zu treffen. Er sagte, wir müssten unser Ziel definieren und dürften nicht zurückblicken. In diese Richtung hatten wir noch nie gedacht, wir bekamen vor Staunen den Mund nicht mehr zu.«

Diego hatte großen Respekt vor Menotti, auch wenn er dessen für ihn enttäuschende Entscheidung von 1978 nicht vergessen konnte.

Nachdem er sich von seinem Infekt erholt hatte, bot er dem neuen Trainer seine Mithilfe an. »Wenn du mir helfen willst, Diego, musst du beim Training der Erste sein, der kommt, und der Letzte, der geht. Wenn du das tust, wirst du sehen, wie wir etwas ganz Großes aus dieser Mannschaft machen.« Und Maradona, der mit Menotti stundenlang über Fußball diskutieren konnte, tat genau das.

»Während einer der ersten Trainingsstunden versammelte Menotti die komplette Mannschaft im Anstoßkreis«, erinnert sich Signorini, der das große Privileg hatte, bei den Trainings dabei sein zu dürfen. »Ich sah, wie er mit Diego sprach. Diego legte sich den Ball zurecht und begann, auf die Querlatte zu zielen. Alle anderen blieben in der Mitte. Später hörte ich, wie Menotti ihnen sagte: ›Wir müssen eine gemeinsame Strategie erarbeiten, aber Diego müssen wir seine Freiheiten lassen. Wir können ihn nicht in ein Korsett zwingen oder ihm irgendwelche Spielideen einimpfen.‹«

Der FC Barcelona gab das Langpassspiel zunehmend zugunsten eines präziseren, technikorientierteren Kurzpassspiels auf und entwickelte dabei zugleich neue Trainingsmethoden. Es wurde viel nach dem One-Touch-Prinzip gespielt, es gab viele einzelne Ballkontakte, viele schnelle Pässe – und viel Diego. Schuster konnte sich auf etwa drei Vierteln des Spielfelds frei bewegen, sich auch weit zurückfallen lassen, um hinten auszuhelfen. Maradona spielte als hängende Spitze, die versuchte, mit Schuster zu kombinieren. Marcos Alonso und Carrasco sollten Räume auf dem Spielfeld öffnen, während Victor und *Perico* Alonso die Abwehr auseinandernahmen.

Die ausbleibenden Erfolge machten den Fans den »epochalen Notstand« des FC Barcelona bewusster als sonst jemandem, und angesichts der neuen Spielmethoden verloren sie schon bald die Geduld mit ihrem Verein. Was ihnen geboten wurde, ähnelte vom Stil her dem, was einst Johan Cruyff meisterlich mit der Mannschaft umgesetzt hatte und was viele Jahre später auch Pep Guardiola zum Erfolg verhelfen sollte. Möglicherweise war das Konzept im Kern aber nicht ganz ausgereift, wie Cruyff Jahre später vermutete. Der niederländische Trainer meinte, die Mannschaft hätte in der damaligen Zusammensetzung gar nicht gut spielen können, weil Barcelona mit

Schuster einerseits den Spieler, der die besten langen Pässe schlug, im Team hatte, der immer weit in den Raum hineinspielte, andererseits mit Maradona den besten Kurzpassspieler verpflichtet hatte, der den Ball immer nah am Körper führen wollte.

Doch das war nicht das einzige Problem. Das Management hatte von Diegos und Menottis abendlichen Aktivitäten Wind bekommen und bat den Trainer, zu erklären, warum er seine Trainingsstunden um fünf Uhr nachmittags abhielt statt vormittags, wie es bei allen anderen Mannschaften üblich war. Diese Reaktion war kennzeichnend für das typisch konservativ-katalanische Misstrauen gegenüber allen, die eine abweichende Herangehensweise hatten, die mit ihrer strengen Arbeitsethik nicht immer vereinbar schien. Menotti war auf diese Einwände allerdings vorbereitet: »Zu welchen Zeiten finden denn die Spiele statt? Um fünf Uhr nachmittags, richtig? Nun, dann ist das auch genau die richtige Zeit für das Training.«

»Menotti ging nicht jeden Abend aus«, sagte Gaspart. »Er wohnte im selben Haus wie ich, er im Erdgeschoss und ich auf der vierten Etage. Ich sage nicht, dass er dem Nachtleben gänzlich abhold war. Aber man musste sich Carrasco und Marcos, Schuster und *Perico* nur einmal ansehen. Die Jungs absolvierten ein zehnmal höheres Laufpensum als die Spieler von Real Madrid! Das Team hat echt hart gearbeitet.«

Maradona wollte sich auf dem Platz einige der Privilegien bewahren, die er sich im Laufe seiner Karriere erarbeitet hatte. Mit 22 fühlte er sich wie ein *caudillo*, ein Anführer, der – wie er in Argentinien gelernt hatte – auch dem Vereinsvorstand die Stirn bieten konnte, wenn er glaubte, dass irgendwo im Klub etwas schiefläuft.

Gegen Ende seiner ersten Spielzeit bei Barça, vier Tage vor dem Copa-del-Rey-Finale gegen Real Madrid, lud die Fußballlegende Paul Breitner Diego und Bernd Schuster zu seinem Abschiedsspiel nach München ein. Doch der Barcelona-Vorstand erlaubte ihnen nicht, dorthin zu reisen. »Wenn Madrid Santillana nicht hinschickt, fahrt ihr auch nicht!«, brüllte Núñez, der genau wusste, dass die beiden ohne seine Zustimmung nicht weit kamen, weil der Verein die Pässe der Spieler zur leichteren Organisation der Auslandsreisen verwahrte. Maradona sagte zu Schuster: »Denk dran, wenn du einen Vertrag unterzeichnest, dass du nicht dein Leben verkaufst.«

Maradona drängte tagelang beharrlich darauf, aber der Präsident händigte ihm den Reisepass nicht aus. Zu guter Letzt ging Diego persönlich zum Vereinsbüro und wartete zusammen mit Schuster und Vizepräsident Casaus auf Núñez im Pokalzimmer. »Der Präsident ist nicht da«, sagte man ihm. »Núñez will sich also nicht blicken lassen? Na gut, ich werde fünf Minuten warten ... Wenn ich dann meinen Pass nicht kriege, werde ich all diese Pokale, diese heiligen Pokale, vor allem die gläsernen, nacheinander zu Boden werfen«, erklärte Diego – so zumindest stellte er es in seiner Autobiographie *Yo Soy El Diego* dar. »Sag mir Bescheid, wann es losgeht«, soll Schuster darauf gemeint haben. Als es so weit war, griff Diego nach dem größten Pokal, dem Teresa Herrera (der bei einem alljährlichen Vorsaisonturnier in La Coruña verliehen wurde) ... »Nein, Diego«, flehte Casaus. Doch es war zu spät: Diego schleuderte den Pokal zu Boden. »Mannomann, das war vielleicht ein Geräusch, das das zerberstende Teil machte ...«, erinnerte sich Diego amüsiert. Der Verein händigte ihm zwar schließlich seinen Pass aus, brachte allerdings den spanischen Fußballverband dazu, die Reise nach Deutschland zu unterbinden.

Der FC Barcelona holte in dieser Spielzeit weder den Meistertitel, noch gewann der Verein den Europapokal der Pokalsieger, allerdings die Copa del Rey mit einem 2:1-Sieg gegen Alfredo di Stefanos Real Madrid. Den Siegtreffer erzielte Marcos Alonso in der 90. Spielminute. Die gegnerischen Tacklings, vor allem gegen Maradona, bezeichnet der Stürmer im Rückblick als »erschreckend«. »Heutzutage hätten wir zum Schluss nur noch fünf gegen fünf spielen können, der Rest der Mannschaft wäre vom Platz gestellt worden.« Das Führungstor in der ersten Halbzeit fiel nach einem langen Pass von Schuster auf Maradona, der in den Strafraum vorstieß und dort auf Victor ablegte, der sicher verwandelte – hier hatte die Kombination der verschiedenen Spielstile einmal funktioniert. Madrid glich in der zweiten Halbzeit aus. Gegen Ende der regulären Spielzeit dominierte bei den meisten Spielern die in einer solchen Situation typische

Angst, jetzt den – womöglich entscheidenden – Fehler zu machen. Nicht so bei Maradona: Er sah, dass der Außenstürmer Julio Alberto auf der linken Seite völlig frei stand, und chippte den Ball über 40 Meter passgenau bis an die Seitenlinie. Alberto gewann den Zweikampf gegen seinen Manndecker und flankte auf den langen Pfosten, wo Alonso zum Sprung ansetzte und zum Siegtreffer ins Tor köpfte.

Drei Wochen später legte Maradona die Hand auf seinen zweiten Pokal mit Barça. Diesmal stand die Mannschaft im Finalspiel um die Copa de la Liga, einen in den 1980er Jahren kurzzeitig ausgetragenen spanischen Vereinswettbewerb. Wieder hieß ihr Gegner Real Madrid, und wieder holte sich Barcelona den Sieg. 4:3 lautete das Gesamtergebnis nach Hin- und Rückspiel. Beim Hinspiel im Madrider Bernabéu-Stadion, das mit einem 2:2-Unentschieden endete, gelang Diego ein herrlicher Treffer. Völlig frei stürmte er mit dem Ball aufs Tor zu und kurvte gekonnt um den Torwart herum. Reals Verteidiger Juan José raste von weit hinten heran, um das Tor zu sichern. Maradona hätte den Ball sofort versenken können, nachdem er den Torwart umrundet hatte. Stattdessen holte er sich das Leder kurz vor der Torauslinie zurück, wartete, bis José an ihm vorbeigerannt war, tänzelte dann um ihn herum auf die Tormitte zu, und erst dann kickte er den Ball ins Netz. »Warum hast du mit dem Abschluss so lange gewartet?«, fragte der ebenso be- wie entgeisterte Gaspart. »Tore müssen zur richtigen Zeit erzielt werden«, antwortete Diego.

Während der Vorbereitungen auf die nächste Saison nahmen die Differenzen zwischen Maradona und dem Vereinsvorstand zu. Ende August, kurz vor einem Freundschaftsspiel – dem dritten in vier Tagen – gegen den FC Nantes im Velodrome in Bordeaux, verlangte Maradona mit Unterstützung Schusters einen höheren Anteil an den Einnahmen, die der Verein mit diesem Spiel generierte. Kurz zuvor hatten sie erfahren, dass die Spieler für ein anderes Freundschaftsspiel nur 11 000 Peseten pro Kopf bekamen, der Verein mit diesem Match aber einen Reingewinn von 11 Millionen gemacht hatte. Casaus, der wusste, dass für den Klub 8 Millionen Peseten auf dem Spiel standen, wenn Maradona nicht mindestens eine Stunde auf dem Platz stand, akzeptierte die Forderungen und bewilligte den anderen 15 Spielern insgesamt zusätzlich 3 Millionen Peseten. Das Spiel fand daraufhin statt, auch wenn Maradona wegen der Häufung solcher unplanmäßiger Spiele zunehmend an Ischiasbeschwerden litt.

Nach und nach entwickelte die Mannschaft eine Spielweise, die Maradona entgegenkam, mit der Ausnutzung des gesamten Spielfelds, vielen Ballkontakten und zahlreichen Angriffen. Sie waren fest davon überzeugt, sich ihren ersten Meistertitel seit 1974 sichern zu können, wenn sie an diesem Spiel weiter feilen würden. Am vierten Spieltag der Saison kam der amtierende Meister Athletic Bilbao ins Camp Nou.

Eine Stunde nach Anpfiff versuchte Maradona, den baskischen Innenverteidiger Andoni Goikoetxea zu beruhigen, nachdem dieser von Schuster böse gefoult worden war. Zwei Jahre zuvor hatte Goikoetxea seinerseits Schuster so brutal gefoult, dass dieser ein ganzes Jahr lang zum Zuschauen verdammt gewesen war. Maradona: »Ich erinnere mich, schon zuvor eine Auseinandersetzung mit Goikoetxea gehabt zu haben, weil er Schuster schon wieder auf dem Kieker hatte. Ich sagte zu ihm: ›Lass es sein, du hast ihm schon einmal übel mitgespielt, und du weißt, dass er kein schlechter Kerl ist.‹ Und in dem Spiel, noch während ich mit ihm spreche, sehe ich, wie einer meiner Mitspieler den Ball mit der Brust stoppt, sich auf den Fuß tropfen lässt und einen langen Pass spielt. Als ich versuche, den Ball anzunehmen, spüre ich einen Schlag, und es hört sich an, als hätte jemand ein Stück Holz durchgebrochen.«

Goiko war von hinten herangeflogen und dem Argentinier, ohne jede Chance, den Ball zu erreichen, mit gestrecktem Bein auf den Knöchel gesprungen.

»Ich war zehn oder zwölf Meter entfernt und konnte das Knirschen deutlich hören«, erzählt Lobo Carrasco. Im Stadion wurde es mucksmäuschenstill. Barcelonas Innenverteidiger Migueli rannte zu Diego und fragte, wie es ihm ginge. »Er hat mir die Knochen gebrochen, Miguel, er hat mir die Knochen gebrochen.«

»Ich wollte meinen linken Fuß anheben, aber es ging nicht. Wenn sie diese Szene in Argentinien zeigen, fängt meine Mutter immer an zu weinen.«

Der Schiedsrichter bewertete den Zusammenstoß nicht als absichtliches Foul, sondern als bloßes Unglück – ungeachtet dessen, dass der Ball im Moment des Kontakts bereits ein ganzes Stück weit weg war –, und weil eine Grätsche mit gestrecktem Bein nach den damaligen Regeln nicht automatisch mit einer roten Karte geahndet wurde, sah Goiko lediglich Gelb.

Als der Physiotherapeut des FC Barcelona mit dem schwerverletzten Maradona in die Kabine kam, rief er sofort den Vereinsarzt González Ario zu sich. Mit Hilfe der beiden schaffte es Diego, sich zu duschen. Nach nur zwei Minuten wimmelte es in der Kabine von Menschen, allen standen die Tränen in den Augen. »Ich fahre ins Krankenhaus, um die OP vorzubereiten«, sagte der Arzt, der Maradona noch am selben Abend operierte. »Ich will wieder spielen, tun Sie, was Sie tun müssen«, sagte Diego verzweifelt. Die folgende Operation dauerte mehrere Stunden.

Javier Clemente, der Trainer von Athletic Bilbao, verschärfte die auf und abseits des Spielfeldes herrschenden Spannungen zwischen seinem Verein und dem FC Barcelona durch seine provozierende Art. »Lasst uns mal abwarten, ob er nicht nächste Woche schon wieder spielt«, verharmloste Clemente Maradonas Verletzung nach dem Spiel. Menotti wiederum war außer sich: »Es wird noch jemand sterben müssen, damit sich in diesem Spiel etwas ändert und wir die Spieler besser schützen.«

»Ich weiß noch, wie es auf dem Krankenhausflur aussah, an dem sein Zimmer lag«, erzählt der Journalist Pepe Gutiérrez. »Nach dem Spiel ging ich dorthin. Es waren etliche Leute da: Claudia, Diegos Familie, sein Vater, sein Bruder Lalo, Schwager *El Morsa* … Auch viele von Diegos Freunden waren dort. *El Morsa* und ein paar andere wollten Goikoetxea die Beine brechen. Sie wollten sich einen Baseballschläger besorgen und zu ihm ins Hotel fahren.«

Irgendwer rief Javier Clemente an, der mit der Mannschaft im Hotel Princesa Sofía wohnte, und warnte ihn. Auf dem Parkplatz gab es einen Aufzug, über den man in die Lobby gelangte. »Dieser Eingang wird nicht überwacht, Javi. Stell ein paar Sicherheitsleute auf dem Parkplatz auf.«

»Eine Mischung aus gesundem Menschenverstand und einer Handvoll Security hielt sie schließlich zurück«, erinnert sich Gutiérrez.

»Als ich aus dem Krankenhaus entlassen wurde, wimmelte es in den Zeitungen von Artikeln, deren Autoren fest davon überzeugt waren, dass ich nie wieder aufs Spielfeld zurückkehren werde«, erzählte Diego Jahre später auf TV3. »Ich weiß noch, wie ich mit meiner Frau geweint habe und Claudia mir sagte, dass sie mich, sollte ich nie wieder spielen können, als Mann und nicht als Fußballer lieben würde. Ich sagte ihr daraufhin, sie könne weiterhin den Mann und den Fußballer lieben, denn ich würde auf jeden Fall zurückkehren.« Diego hatte also einiges vor sich.

Am nächsten Tag besuchte ihn Fernando Signorini in seinem Haus in Pedralbes. Der Genesungsprozess wurde von Dr. Rubén Dario Oliva begleitet, einem argentinischen Arzt, der in Mailand lebte. Er hatte bei der WM 1978 das Ärzteteam der argentinischen Nationalmannschaft geleitet. »Eines Tages«, erinnert sich Signorini, »erklärte er mir ohne Vorwarnung: ›Morgen fahre ich zurück nach Mailand, dann müssen Sie hier allein weitermachen. Achten Sie darauf, dass er spazieren geht und Treppen steigt und all die Dinge tut, die Sie sonst normalerweise mit ihm machen.‹«

Maradonas Sprunggelenk hatte irreparable Schäden erlitten, die zu einer erheblichen Einschränkung der Mobilität führten. Er musste sich daran gewöhnen und darauf einstellen. »Er begann, neue Möglichkeiten zu entwickeln, seinen Fuß zu unterstützen, er experimentierte auch damit, seine Hüfte weiter einzudrehen, um besser an den Ball zu kommen«, erklärte Signorini.

Die letzte Phase seiner Rekonvaleszenz verbrachte Maradona in Buenos Aires. Statt irgendwelche Dehnübungen zu machen, wollte er lieber auf dem Platz arbeiten. Zunächst hatte es geheißen, die Genesung würde sechs Monate dauern, doch schon nach dreieinhalb Monaten war er bereit für die Rückkehr, auch wenn er aufgrund anhaltender Schmerzen immer noch starke Analgetika schlucken musste.

Unterdessen war eine Debatte in Gang gekommen, dass Fußballer auf dem Platz besser geschützt werden müssten. Goikoetxea wurde von einer Disziplinarkommission für die nächsten 18 Spiele gesperrt, setzte tatsächlich aber nur sechs Spiele aus. »Wer reduziert meine Verletzung?«, fragte ein frustrierter Diego bei einem Interview für die *Don Balón*. »Es schmerzte, Diego zu sehen, wie man auf diese schlimme Verletzung reagierte«, erinnert sich Guillermo Blanco. »Anfangs hatte es einen enormen Aufschrei gegeben, doch nach und nach wurde die Strafe reduziert. Maradona wurde vom Opfer zum Täter gemacht.«

Bei Diego brach mehr als nur ein Knöchel. »Ihm wurde klar, dass ein Teil der Presse nicht auf seiner Seite stand«, so Blanco weiter. »Er wurde nach rein ökonomischen Gesichtspunkten beurteilt: So viel hat er gekostet, so viel hat er eingebracht. Daraufhin entwickelten gewisse Teile der Gesellschaft Ressentiments gegen ihn, die Diego nur schwer ertragen konnte. Er konnte nicht länger schweigen. Der Konflikt war unvermeidbar.« Blanco zufolge reagierte Diego »wie ein ausbrechender Vulkan«. Die emotionale Achterbahnfahrt, die er durchlebte, brachte weitaus tiefere depressive Phasen mit sich als üblich, und die sich anschließenden optimistischen waren stärker als zuvor – etwas, das für den erwachsenen Maradona charakteristisch werden sollte.

»Ich habe mich wirklich darauf gefreut, in Spanien zu spielen, aber sie sind dabei, mir den Spaß daran zu verderben. Eines weiß ich sicher, noch einmal wird niemand Maradona ausnutzen«, erklärte er einem Journalisten der *Don Balón* mit einem Anflug von Resignation, wie man es von ihm noch nicht gehört hatte. »Weil die Sache mir zugestoßen ist, Maradona, der in der ganzen Welt bekannt ist, hatte ich gedacht, die Verantwortlichen würden die Chance ergreifen und der Brutalität ein für alle Mal ein Ende setzen. Aber ich glaube nicht mehr, dass das noch geschehen wird.«

Am 8. Januar 1984 spielte Diego wieder im Camp Nou. Inzwischen hatte er eine sechsmonatige Bewegungstherapie begonnen, um die Mobilität seines verletzten Gelenks zu steigern, da er seinen Fuß bislang nur auf und ab, nicht aber seitwärts bewegen oder gar kreisen lassen konnte. Er trug Spezialschuhe, bei denen der Fersenbereich ziemlich erhöht war. Bei dem Spiel gegen Sevilla, das 3:1 endete, erzielte er zwei Tore.

Gegen Ende des Monats beim Rückspiel gegen den Tabellenführer Athletic Bilbao traf Maradona erneut zweimal und sicherte damit den 2:1-Sieg. Dabei war er fassungslos über das, was er auf dem Platz zu hören glaubte: »Ich werde Goikoetxea niemals verzeihen können. Er hat seine Teamkollegen angestachelt, mich aufzumischen. Er erzählte mir, er selbst könne es nicht tun, weil ich die Presse auf meiner Seite hätte, darum jagten mich die anderen über den Platz.«

Schuldgefühle plagten Goikoetxea nach seinem Foul an Maradona nicht. Aus seiner Sicht gehört so etwas zu den Dingen, die auf dem Platz passieren. Letzten Endes vergab Maradona ihm doch, wenn auch nicht vollständig. »Als er für Sevilla spielte, kam Diego für ein Spiel nach Bilbao«, erzählte Goikoetxea Jahre später bei einem Interview im spanischen Radiosender Onda Cero. »Wir trafen uns im Hotel Villa Bilbao an der Gran Vía, tranken einen Kaffee und unterhielten uns etwa eine halbe Stunde lang. Wir sprachen über unsere Familien und dachten auch an diese Momente zurück. Er hat sich von der Verletzung ja wieder vollständig erholt. Tatsächlich konnte er schon nach drei Monaten wieder spielen, nicht wahr?« Die Schuhe, mit denen er Maradona verletzte, bewahrt Goikoetxea übrigens bei sich zu Hause in einer Vitrine auf. Ein paar Tage nach dem Foul trug er sie noch einmal beim gewonnenen Europacup-Spiel gegen Lech Poznan. »Innerhalb von nur vier Tagen habe ich mit diesen Schuhen die schlimmsten und besten Momente erlebt, die man im Fußball erleben kann, daher hebe ich sie auf.«

Beim FC Barcelona lief es ohne seinen großen Star nicht gut. Als Maradona im Januar zurückkehrte, hatte die Mannschaft vier Punkte Rückstand auf Athletic Bilbao und drei Punkte auf Real Madrid. Im März wurde der Anti-Drogen-Spot der katalanischen Regierung aufgezeichnet, und die Spannungen zwischen Diego und dem Verein wurden nicht geringer.

»In der Karriere eines Spielers gibt es verschiedene Phasen, wie in einer Ehe«, erklärt Joan Gaspart, der ehemalige Vizepräsident des FC Barcelona, in einem Gespräch über Maradona. »Wenn man verliebt ist, heiratet man, man unterschreibt einen Vertrag. Mit den Jahren entstehen Probleme, und die Liebe erlischt. Wir reden über Vereine, Spieler und Fans. Manche Spieler haben mir gesagt: ›Juan, ich muss den Verein verlassen, denn wenn ich auf die Straße gehe, bittet mich niemand mehr um ein Autogramm.‹ Und wenn er seinen neuen Bestimmungsort erreicht, empfangen ihn Tausende freudig am Flughafen. In Barcelona hatten wir den Eindruck, dass Maradonas beste Zeit hinter ihm lag und seine Liebe erloschen war.«

Das Viertelfinalhinspiel im Europapokal der Pokalsieger fand im März 1984 im Camp Nou statt. Barcelona gewann gegen Manchester United 2:0. Maradona hatte vor der Begegnung über Rückenprobleme geklagt, aber dennoch spielen wollen. »In den 24 Stunden vor Anpfiff bekam er elf Spritzen mit Cortison oder anderen entzündungshemmenden Wirkstoffen«, erzählt Pepe Gutiérrez. »Er spielte nicht gut und musste sich einiges an Kritik anhören.« Von den Spritzen war ihm schwindelig geworden, und das Publikum pfiff ihn aus, als er zum Ende des Spiels ausgewechselt wurde. Wutschnaubend verließ er das Spielfeld und stapfte schnurstracks in die Kabine.

Nichtsdestotrotz strahlte sein Stern auf der ganzen Welt zunehmend heller. Den Verantwortlichen beim FC Barcelona dämmerte langsam, dass sie von den enormen Einnahmen, die Maradona mit dem Verkauf von Bildrechten erzielte, nur einen geringen Bruchteil abbekamen, daher setzten sie alles daran, dies zu ändern. Aber vergeblich. »Die Katalanen sind eigenartig. Sie tun so, als würde ich ihnen ihr Geld stehlen«, sagte Maradona nach einem Spiel im Camp Nou, bei dem einige Fans ihn als raffgierig geschmäht hatten.

Aus dem Europapokal schied Barça nach dem verlorenen Rückspiel gegen Manchester United aus – die Briten wollten ihre 2:0-Niederlage im Camp Nou um jeden Preis wettmachen, und dank einer überragenden Leistung von Bryan Robson gelang ihnen das auch mit einem 3:0-Sieg im Old Trafford. Und auch mit der spanischen

Meisterschaft wurde es nichts, Barça war am Ende Dritter, mit einem Punkt Abstand sowohl zum Zweitplatzierten Real als auch zum Tabellenführer Athletic Bilbao, die damit zum zweiten Mal in Folge Meister wurden. Goikoetxeas Team jubelte.

Das Finale der Copa del Rey, bei dem Barcelona wieder auf Clementes Athletic traf, wurde zu einem schändlichen Tiefpunkt in der Geschichte des spanischen Fußballs. Gespielt wurde im Bernabéu-Stadion, vor den Augen der königlichen Familie. Clemente heizte das Spiel, das beide Mannschaften unbedingt gewinnen wollten, im Vorfeld zusätzlich an, indem er Maradona in der Presse als »totalen Idioten« bezeichnete. Maradona forderte ihn daraufhin auf, ihm das ins Gesicht zu sagen.

»Wir gingen raus mit dem festen Willen, sie vernichtend zu schlagen und ihnen fünf Tore reinzuknallen«, erinnert sich Barcelonas Linksaußen Julio Alberto, was zeigt, dass Clementes Provokationen ihr Ziel erreicht hatten und nicht nur der Trainer der Katalanen auf hundertachtzig war. Das Spiel entwickelte sich aber rasch ganz nach dem Geschmack von Clementes Mannschaft – mit harten Zweikämpfen und vielen Nickligkeiten, womit die technisch weniger versierte Mannschaft bestens klarkam. Athletic spielte stets an der Grenze zum Regelverstoß, sorgte dafür, dass das Spiel kaum in Fluss kam, und gewann am Ende mit einem Tor von Endika mit 1:0.

Kurz vor Abpfiff strauchelte Maradona im Strafraum, fiel hin und forderte einen Elfmeter, der nicht gegeben wurde. Es folgten Geschubse, Gerempel, Beleidigungen. Dann wurde das Spiel abgepfiffen. Nach zwei Jahren Dauerfrust und ständigem Gepiesacktwerden platzte Maradona endgültig der Kragen. Er verwandelte das Spielfeld in einen Boxring, in dem mit blanken Fäusten geprügelt wurde. »Wenn ein Mitspieler in der Klemme steckt und man sieht, dass er angegriffen wird, versucht man entweder, die erhitzten Gemüter zu beruhigen, oder man verteidigt ihn«, erklärt Barça-Spieler Paco Clos.

»Einige von Diegos Freunden versuchten, das Feld zu stürmen«, erinnert sich Außenstürmer Lobo Carrasco. »Die Polizei musste sie mit Schlagstöcken davon abhalten, sich unter die prügelnden Spieler zu mischen. Ein Segen, dass ihr das gelungen ist.« Menotti zeigte sich auf der folgenden Pressekonferenz entgeistert. »So etwas ist habe ich noch nie erlebt. Wenn das, was wir heute gesehen haben, ein Fußballspiel gewesen sein soll, dann ist der Fußball gestorben.«

In seinem abschließenden Spielbericht erwähnte der Schiedsrichter die Prügelei nicht mit einem Wort. Der Ligaausschuss des spanischen Fußballverbands verhängte allerdings eine dreimonatige Sperre (18 Spiele, später reduziert auf 7) für Maradona, Clos, Migueli, Goikoetxea, Sarabia und De Andrés. Allerdings scherte sich niemand um diese Sanktionen.

»Irgendwann bin ich nicht mehr zum Training gegangen. Ich bin einfach zu Hause geblieben und habe abgewartet, ob mich jemand haben wollte«, sagte Maradona. Obschon er sich ziemlich sicher war, dass die zerrüttete Beziehung zwischen Maradona und dem Verein nicht mehr zu kitten war, schlug Gaspart Núñez vor, noch einmal mit Maradona zu sprechen und ihn zum Bleiben zu bewegen. Maradona hatte erst zwei Jahre von seinem Sechsjahresvertrag erfüllt, und der Vizepräsident bot ihm sogar eine Verlängerung für weitere fünf Jahre an.

»Nein, ich fühle mich hier nicht wohl«, entgegnete Maradona.

Die Profis des RCD Espanyol, Barcelonas Stadtrivalen, hatten über mehrere Monate hinweg ein Theaterstück einstudiert. Diese Übung sollte Teamgeist fördern und zugleich Geld für einen guten Zweck einspielen. Ausgestrahlt wurde ihre Aufführung im katalanischen Fernsehsender TV3. Der RCD hatte Diego eingeladen, sich an der Aufführung zu beteiligen, und wie es seine Art war, zögerte er nicht zuzusagen. Er spielte in dem Stück den Muslim Ali Fafez, und die zwei Minuten, die er dafür auf der Bühne stand, waren sein letzter offizieller Auftritt als Spieler des FC Barcelona.

Ali Fafez stellte sich dem Publikum mit den Worten vor: »Christen, verfluchte Rasse, auch wenn ich vorgebe, euer Freund zu sein, euch rote Slipper und Schuhe aus feinstem Ziegenleder verkaufe, verachte und verabscheue ich euch!«

KAPITEL 17

Adiós Barcelona, ciao Napoli!

Joan Gaspart, Geschäftsführer der HUSA-Hotelkette und Vizepräsident des FC Barcelona, war in Buenos Aires dabei, als der Verein Diego Armando Maradona beim zweiten Versuch verpflichten konnte. Zwei Jahre später musste er gegen seinen Willen den Maradona-Transfer nach Neapel vorantreiben.

»Drei Monate nach dem Goikoetxea-Foul waren wir in Madrid. Diego wurde dort von der Zeitung *Pueblo* ein Preis überreicht. Der König war auch da«, erinnerte sich Jorge Cyterszpiler. »Es war eine tolle Feier. Irgendwann im Verlauf des Abends sagte Diego zu mir: ›Jorge, ich kann nicht mehr. Jedes Mal, wenn ich aufs Spielfeld gehe, fürchte ich, dass mir etwas zustoßen wird. Bitte, lass uns das beenden.‹ Ich bekam einen Schreck. 48 Stunden zuvor hatte Joan Gaspart uns einen neuen Vertrag angeboten, über die doppelte Summe und mit doppelter Laufzeit, über insgesamt acht Jahre.«

»Diego und Jorge saßen am Tisch von König Juan Carlos und Königin Sofía«, erinnert sich Signorini. »Zu beiden Seiten jedes Platzes liegen fünf Teile Silberbesteck. Es wird aufgetragen, aber Diego rührt nichts an. Sofía bemerkt es und beginnt zu essen, also tut Diego es ihr gleich, nimmt sich immer dasselbe, was sie nimmt. Und zu mir sagt er: ›Am liebsten hätte ich jetzt ein *choripán* [typisch argentinisches Chorizo-Sandwich]!‹«

Wie sehr ein Verein versucht, einen Spieler loszuwerden, kann man an der Anzahl der negativen Berichte ermessen, die über ihn in den Medien kursieren. Der spanische Fußballverband hatte ein Freundschaftsspiel in Vigo organisiert, und eine Zeitung behauptete, Maradona hätte für sein Auflaufen vier Millionen Peseten (25 000 Euro) verlangt. Wenn es um Benefizspiele ging, verlangte *El Pelusa* allerdings nie eine Vergütung, und er hatte es auch in diesem Fall nicht getan. »Irgendwer versucht, mir zu schaden«, sagte er bei einem Interview mit der *Mundo Deportivo* in seiner zweiten und letzten Spielzeit für Barcelona. Wenig später waren in der *Interviu* und der *Sport* abfällige Bemerkungen über Katalonien zu lesen, die Maradona zugeschrieben wurden, der zu jener Zeit wegen ein paar Freundschaftsspielen in New York war. »Das haben die sich ausgedacht«, glaubt Pepe Gutiérrez. »Die *Sport* war eng mit dem Klub verbandelt. Gaspart hatte Einfluss auf die Redaktion – er war Teilhaber des Verlags.«

Barcelona ließ durchsickern, dass der Verein über Maradonas Ausschweifungen im Bilde war. »Núñez war ein Polizeibericht zugespielt worden, in dem es um seinen beginnenden Drogenmissbrauch ging«, bestätigt Ramón Besa, der für die *El País* arbeitete.

Ein weiteres Stimmungsbarometer waren die sogenannten *Morenos* (»die Gebräunten«). »Wir nannten sie so, weil sie stundenlang in der Sonne saßen und beim Training zusahen«, erklärt Pepe Gutiérrez. »Sie waren alle schon älter, 40 und darüber, treue Anhänger des Klubs. Auch die Toilettenfrau, die beim Verein angestellt war, gehörte dazu. Diese Fans trafen sich bei den Büros und warteten auf die Journalisten, um Druck auf sie auszuüben. Manchmal mussten wir vor ihnen flüchten, gelegentlich sogar unter Polizeischutz. Einer der *Morenos* bekleidete einen hohen Posten bei der Central Hispanic Bank. Der Verein übernahm all ihre Fahr- und Reisekosten, ihre Ausgaben für Busfahrkarten zum Stadion, schenkte ihnen Tickets und stellte ihnen sogar einen Lagerraum zur Verfügung, wo sie ihre Fackeln und Trommeln unterstellen konnten. Zuerst waren sie alle für Maradona gewesen. Aber als der Verein anfing, eine Trennung von Diego in Betracht zu ziehen, stellten sie Maradona nach, bedrängten ihn. Sie traten sogar gegen sein Auto!«

»Ich habe den Vorstand nie richtig verstanden«, erklärte Diego Jahre später im Gespräch mit Alfredo Relaño von der *El País*. »Es war schon okay, dass sich der Präsident für den wichtigsten Mann im Klub hielt, aber ich wurde das Gefühl nicht los, dass er sich darüber ärgerte, dass den Leuten mein Spiel besser gefiel als sein Schreibtischjob. Die ganze Vereinsführung, das hat er gut gemacht. Aber ich wurde da immer unglücklicher.«

Also bereitete Cyterszpiler Diegos Abschied vor. Er kümmerte sich nicht nur darum, für seinen Schützling einen neuen Verein zu finden, sondern plante auch weiter voraus. *El Flaco* Menotti hatte einmal zu Maradona gesagt: »Diego, du musst dich auch auf die Zeit nach dem Fußball vorbereiten. Du bist wie Jesse James, der schnellste Schütze im Wilden Westen. Eines Tages betritt er einen Saloon in Arizona, und an der Wand entdeckt er ein Bild, das schief hängt. Er geht hin, um es zu richten, und währenddessen kommt ein Kerl rein und erschießt ihn. Dasselbe wird dir passieren, wenn du nicht aufpasst. Deine Waffe ist der Ball, bereite dich darauf vor, dass eine Zeit kommen wird, in der du ihn nicht mehr hast.«

Cyterszpiler hatte diverse Werbeverträge abgeschlossen. Das Problem war, dass Maradonas Einkünfte seine Ausgaben nicht deckten. Seine Firma unterhielt ein Büro in der Nähe des Camp Nou, beschäftigte einen Steuerfachmann, eine Sekretärin und einen Koch. Neben dem BMW, den er aus Argentinien mitgebracht, und dem Golf, den er vom Verein bekommen hatte, hatte sich Maradona einen Mercedes 500 und ein Talbot Samba Cabrio zugelegt. Darüber hinaus kam er für die Kosten all derjenigen auf, die mit ihm zu Spielen oder nach Buenos Aires reisten. Während er noch in Barcelona wohnte, fuhr er einmal nach Paris zu den French Open. Er reiste mit einem Tross von insgesamt sechs Personen, die alle im Luxushotel Concorde Lafayette übernachteten und sich eine Mercedes-Limousine mit Chauffeur leisteten. Es wurden Kameras angemietet, um jeden Schritt, den er tat, aufzuzeichnen. Doch Reality-Shows über Fußballstars gab es damals noch nicht und damit auch keinen Markt für dieses Material. Die Immobilien, die sich Maradona in Buenos Aires zugelegt hatte, hatten erst knapp die Investitionskosten wieder erwirtschaftet, andere Investitionen waren fehlgeschlagen. Maradona Producciones, die all das finanzierte, versank in Schulden und musste dringend konsolidiert werden.

»Ich wusste von einigen Fehlern, die Jorge gemacht hatte, und von den finanziellen Schwierigkeiten, in denen sie steckten. Ich fragte Diego, ob er sich nicht schon mal überlegt habe, sich von einem Experten beraten zu lassen«, erzählt der Journalist Fabián Ortiz, dessen damalige Partnerin Vilma als Sekretärin für Maradona Producciones arbeitete. »Er meinte daraufhin: ›Jorge ist mein Bruder, und jeder, der schlecht über Jorge spricht, spricht schlecht über mich.‹ Da dachte mir nur: ›Dir werde ich sicher keinen Rat mehr geben.‹ So sah die Beziehung aus zwischen den beiden. Diego vertraute Jorge blind ... bis er ihm irgendwann nicht mehr vertraute.«

»Er kam für alles auf, wenn er Familie oder Freunde zu Besuch hatte«, erzählt Gaspart. »Flüge, Essen ... Ich erinnere mich noch, dass mir Diego einmal sagte: ›Weißt du, Joan, wenn ich hier weggehe – was ich mir wirklich wünsche –, dann miete ich mir eine kleine Wohnung. Und wenn die ganzen Leute, die ich kenne, mich besuchen wollen, sage ich ihnen, sie sollen sich in einem Hotel ein Zimmer nehmen.‹ Dieser große Hofstaat war einer der Gründe, warum er Barcelona verlassen musste, das hat ihn ruiniert.« Barças damaliger Vizepräsident warnte ihn häufig: »›Diego, das kann so nicht weitergehen, das ist einfach nicht hinnehmbar.‹ Weil ich Diego nicht überzeugen konnte, sprach ich mit Jorge Cyterszpiler. ›Du hast recht, Joan, aber was soll ich tun? Sie gehören praktisch zum Inventar.‹«

»Jorge tat alles, was er konnte, damit es irgendwie weiterging. Nur so konnte er das Schiff noch über Wasser halten«, erklärt Fabián Ortiz. »Sie standen kurz vor der Insolvenz, steckten tief in den roten Zahlen. Jorge versuchte, das vor Diego zu verheimlichen, während er zugleich nichts unversucht ließ, ihm woanders einen Vertrag zu besorgen. Zuerst kontaktierte er Juventus Turin, eine Mannschaft, mit der Diego garantiert einige Titel holen konnte.« Die italienische Presse spekulierte auch, dass es zu einem Tauschgeschäft mit Zico kommen könnte, der für Udinese spielte. Doch die genannten Vereine schreckten vor den aufgerufenen Transfersummen zurück. Barcelona wollte Diego auch lieber an ein weniger erfolgreiches Team wie Neapel verkaufen, das damals darum kämpfte, nicht abzusteigen.

Núñez, den Maradonas Kritik gekränkt hatte, stellte ein Dossier über seinen Starspieler zusammen. Außerdem verlangte er Strafgelder von ihm für sein vermeintlich schlechtes Benehmen. »Ich soll zweieinhalb Millionen Peseten Strafe zahlen«, erzählte Diego seinen Mannschaftskameraden, »und er schuldet uns immer noch die halbe Million von dem Spiel in Bordeaux, die wir nie bekommen haben.«

Die Summe, die mit Casaus für das Vorsaison-Freundschaftsspiel ausgehandelt worden war, hatte der Verein nie ausgezahlt.

Die Verhandlungen mit Neapel begannen eigentlich mit einer ganz harmlosen Bitte der Italiener, ein gemeinsames Freundschaftsspiel im Sommer auszutragen. »Geht in Ordnung, aber Maradona kann nicht spielen, er ist krank«, erklärten die Spanier aus Angst, ein Transfer könne an einer eventuellen Verletzung ihres Stars scheitern. Der Vereinspräsident des SSC Neapel, Corrado Ferlaino, erkundigte sich daraufhin bei Cyterszpiler. »Maradona geht es gut«, erklärte dieser und berichtete Ferlaino zugleich von Maradonas angespannter Situation in Barcelona. »Haben Sie vielleicht Interesse an einem Transfer?« Ferlaino ließ sich den Vorschlag durch den Kopf gehen, und der Gedanke schien ihm mehr und mehr zu gefallen, doch war die Sache nicht so einfach. »An einem Tag sagten sie ja, am nächsten wieder nein«, erinnert sich der Präsident. Cyterszpiler erzählte Maradona von der neuen Wechselmöglichkeit, die sich ergeben hatte. Daraufhin bat dieser seinen Agenten im Gegenzug, ein Gehalt für ihn auszuhandeln für den Fall, dass sich die Vereine auf eine Ablösesumme einigten. Der AC Florenz und Inter Mailand streckten ebenfalls ihre Fühler aus, aber nicht mit so viel Entschiedenheit wie Neapel.

»Sie reden viel, aber vielleicht können sie gar nicht zahlen. Sag ihnen, sie sollen eine Bankbürgschaft vorlegen«, erklärte Núñez Josep María Minguella, der die Verhandlungen auf Seiten der italienischen Verhandlungsführer mitbegleitete. Minguella: »Überraschenderweise legte dieser ›kleine Klub‹ daraufhin eine Bürgschaft über zehn Millionen US-Dollar vor. Da muss jemand sehr Einflussreiches seine Finger im Spiel gehabt haben. Ferlainos Geld war es jedenfalls nicht – er war nicht gerade ein Multimillionär.« Drei Wochen vor dem 30. Juni, dem Stichtag, an dem das italienische Transferfenster schloss, kamen die Unterlagen in Barcelona an.

»Als Nächstes will ich mit Núñez sprechen«, ließ Corrado Ferlaino Jorge Cyterszpiler über seinen Mittelsmann, Neapels Generaldirektor, den ehemaligen italienischen Nationalspieler Antonio Juliano, wissen. »In Ordnung, ich kümmere mich um das mit Núñez«, entgegnete Jorge und bereitete für den nächsten Morgen in seinem

Büro ein Treffen mit Minguella vor. »Wir kauften ein paar extragroße Schokoriegel, und Jorge verschlang einen nach dem anderen, so nervös war er«, erinnert sich sein Sekretär Fernando García. »Minguella kam, wusste aber nicht über alles Bescheid, was in den nächsten Augenblicken passieren sollte. Dann ruft Antonio Juliano an. ›Ciao, Juliano, wie geht's? Gut, gut ... ja, ja ... Ah, Ferlaino ist bei dir. Gut. Núñez ist auch hier, natürlich, ich gebe ihn dir mal.‹ Jorge legt seine Hand auf die Sprechmuschel und erklärt Minguella: ›Du bist jetzt Núñez, sprich mit Ferlaino.‹ Minguella machte große Augen. ›Hallo, Präsident? Wie geht es Ihnen?‹ – ›Ciao, Núñez‹, sagte Ferlaino, und so ging es weiter. Die beiden unterhielten sich kurz, tauschten ein paar Freundlichkeiten aus, dann wurde der Hörer wieder an Jorge gereicht, Ferlaino gab seinen an Juliano zurück, und das war's.«

Antonio Juliano und Dino Celentano, der Sportdirektor von SSC Napoli, reisten mit einem Angebot über sieben Millionen Dollar in der Tasche nach Barcelona. Das war etwas weniger, als Barcelona ursprünglich für Maradona gezahlt hatte. Diese Offerte wurde abgelehnt. Das war zwei Wochen vor Schließung des italienischen Transfermarkts.

»Es gab keine Ausstiegsklausel in seinem Vertrag, daher musste Neapel verhandeln«, sagt Gaspart. Der Vorstandsvorsitzende des FC Barcelona, dem klar war, dass der Verein nach dem Verkauf des Argentiniers einen deutlich größeren finanziellen Handlungsspielraum haben würde, berief eine außerordentliche Vorstandssitzung ein, um die abschließende Entscheidung über Maradonas Zukunft zu fällen. Nicolau Casaus, der für Diego so etwas wie ein Adoptivvater war, sah ein, dass sie das Ende ihres gemeinsamen Weges erreicht hatten. Joan Gaspart hingegen gehörte zu den vier Vorstandsmitgliedern, die sich gegen einen Verkauf aussprachen. »Intelligent, wie er war, bestimmte Núñez daraufhin, dass ich die Verhandlungen mit Neapel führte«, erinnert er sich. »›Da du ihn behalten willst, wirst du für sie der härteste Verhandlungspartner sein‹, begründete der Präsident seine Entscheidung.«

»Viele, die mit mir verhandelt haben«, fährt Gaspart fort, »haben mir erzählt, dass sie sich lieber die Zähne ziehen lassen würden, als sich noch einmal mit mir an einen Tisch zu setzen. Ich bin ein Hardcore-*culé*. Wenn ich für den Verein Verhandlungen führe, bin ich weitaus härter, als wenn es um meine eigenen Geschäfte geht.«

»Eines Abends während dieser angespannten Zeit gab es ein Treffen im Haus von Maradona«, erinnert sich Guillermo Blanco. »Diego hatte ein paar Gläser zu viel getrunken. Er weinte und lag in den Armen von Osvaldo Dalla Buona, einem seiner alten Freunde aus der Argentinos-Zeit, der inzwischen bei Sabadell spielte. ›Mach dir keine Sorgen‹, sagte er zu Diego, ›wenn das alles vorüber ist, gehen wir zurück und spielen wie früher in La Paternal.‹ Er genoss es förmlich, sich diesem unrealistischen Traum hinzugeben.«

Inzwischen war es Mitte Juni. Kurz nach der Vorstandssitzung verkündete Gaspart vor der Presse, dass Maradona nicht zum Verkauf stünde; durch diesen Schachzug erhielt Barcelona bei den Verhandlungen wieder die Oberhand. Als Maradona davon erfuhr, machte er sich sofort auf zu Núñez' Büro, mit Cyterszpiler im Schlepptau. »Das war kein Höflichkeitsbesuch«, erinnert sich Gaspart. Diego (oder wer immer es war, den Täter will niemand nennen) trat die Vorzimmertür ein, aber Núñez wollte die beiden nicht empfangen. »Die Sekretärin erklärte mir, dass er mich nicht sehen will, und ließ mich vor der Tür stehen«, sagte Maradona noch am selben Tag. »Ich kann keinen Respekt vor einem Mann haben, der mich nicht respektiert.«

Auch Menotti brach zu dieser Zeit seine Zelte in Barcelona ab. Seine Mutter war kurz zuvor verstorben, und er wollte wieder näher bei seiner Familie leben. Bei seinem Abschiedsessen versuchte Maradona, ihn zum Bleiben zu überreden. »Diego sagte, wenn ich in Barcelona bliebe, würde er nicht nach Neapel gehen. Ich erklärte ihm, dass mein Entschluss feststünde. Er war sich noch nicht sicher, wie es für ihn weitergehen sollte.« Zwar hatte Neapel ihm ein Angebot gemacht, das er unmöglich ausschlagen konnte, doch – so Menotti – die Frage war nicht, ob er Barcelona verlassen wollte, sondern vielmehr, wo er hingehen sollte und ob Neapel der richtige Verein für ihn war.

Aufgrund der großen Unwägbarkeiten, mit denen sie sich konfrontiert sahen, konzentrierten sich Antonio Juliano und der SSC Neapel schlussendlich auf ein anderes Ziel. Am Morgen des 30. Juni, des Samstags, an dem das Transferfenster schloss, traf der Generaldirektor der Italiener Vorbereitungen für einen Flug nach Valladolid, um Hugo Sánchez zu verpflichten, den Top-Torjäger von Atlético Madrid, der mit seiner Mannschaft an diesem Tag ein Spiel in der Finalrunde der Copa de La Liga bestritt. Minguella, der nach wie vor als Mittelsmann zwischen Barcelona und Neapel agierte, machte rund um Maradonas Transfer, wie er selbst später zugab, zwei entscheidende Fehler. Der erste war es, ins Hotel Princesa Sofía zu fahren, um sich von Antonio Juliano zu verabschieden und für die erfolglosen Verhandlungen zu entschuldigen.

»Zwanzig Minuten nachdem ich dort angekommen war«, erinnert sich Minguella, »kommt der Hotelmanager zu mir und sagt, Señor Gaspart wünsche mich zu sprechen. Er hatte versucht, mich zu Hause zu erreichen, und meine Frau hatte ihm gesagt, wo ich bin. Ich nahm also das Gespräch entgegen – das war der zweite Fehler, den ich machte. Er fragte mich, ob die Herren vom SSC Napoli noch da seien und ob man die Gespräche vielleicht noch einmal in Gang bringen könne. Ich erklärte ihm, dass sie leicht verärgert seien und dass Juliano gerade abreise. ›Wenn Sie mögen, kommen Sie mit ihm zum Essen nach Llavaneras‹, das war der Ort, wo Gaspart lebte. Wir machten uns sofort auf den Weg dorthin.«

Eine Einigung zwischen Diego und Barcelona zu finden, war nicht schwer. Da Diego den Verein verlassen wollte, bestand er nicht darauf, dass sein vertraglich vereinbartes Gehalt für die noch offenen vier Jahre voll ausgezahlt wird. Die Verhandlung mit Juliano kam ebenfalls gut voran, und weil der Sportdirektor die Transfer-Deadline im Nacken hatte, bat er darum, dass die Verträge nun schnell unterzeichnet würden.

»Aber da sagte ich Nein«, erinnert sich Joan Gaspart. »Wenn sich der Präsident des SSC Napoli für Maradona interessiere, möge er selbst nach Barcelona kommen.«

Juliano konnte es nicht glauben, nicht anders Ferlaino. Es war bereits Nachmittag, und das Transferfenster schloss um Mitternacht. »Ihr Präsident ist Millionär, ich bin mir sicher, dass er ein Privatflugzeug hat. Er soll seinen Jet klarmachen und nach Barcelona kommen.

Ich werde in meinem Büro auf ihn warten«, sagte ich. Verhandlungen mit einem Mittelsmann sind nicht dasselbe. Neapel hatte einem Deal mit Diego zugestimmt und gedacht, jetzt hätten sie ihn in der Tasche. Falsch gedacht.«

Gaspart erklärte, dass er Ferlaino auf halbem Weg entgegenkäme; er würde in seinem HUSA-Büro am Flughafen auf ihn warten, nicht in dem in der Stadt.

»Und wer bezahlt das Kerosin?«, blaffte Ferlaino, als er abends auf dem Flughafen in Barcelona landete.

»Na, Sie.«

»Sie haben mich gezwungen herzufliegen.«

»Aber Sie wollen etwas haben, das ich nicht verkaufen will.«

Das Treffen dauerte mehrere Stunden. Immer wenn Ferlaino tief durchatmete und fragte: »War das alles?«, entgegnete Gaspart: »Nein, nein. Sie sind doch mit einem Privatjet gekommen, da müssen wir uns nicht an einen festen Rückreisetermin halten. Es besteht kein Grund zur Eile.«

Mitternacht rückte immer näher. »Ich muss zurück nach Neapel.« Doch ganz gleich, wie viel Druck Ferlaino machte, Gaspart wusste, dass er es sich nicht leisten konnte, ohne Diego nach Italien zurückzukehren.

In den letzten 30 Minuten des 30. Juni 1984, dem Stichtag für die Anmeldung ausländischer Spieler in Italien, wechselte Maradona für eine Ablösesumme von 7,5 Millionen Dollar zum SSC Neapel. Das waren 200 000 Dollar mehr, als er Barcelona gekostet hatte. Gaspart hatte es geschafft, vom SSC Neapel eine höhere Summe herauszuhandeln.

»Er verlässt uns, sehr zu meinem Bedauern«, erklärte ein scheinbar niedergeschlagener Núñez den Journalisten. Medien und Fans waren zu diesem Zeitpunkt allerdings längst überzeugt: Für den Verein war es das Beste.

»Die Spieler sagen immer, dass sie einen Verein wegen des Präsidenten verlassen. Es ist für sie das Einfachste«, erklärte Núñez auf *TV3*. »Wir sagten, dass es keinen Transfer geben würde, wenn die 1,3 Milliarden Peseten [7,5 Millionen Dollar] nicht gezahlt würden.

Terry Venables war gerade als Trainer zu uns gekommen, und er meinte, dass wir einen Spieler, der nicht für Barcelona spielen will, auch nicht halten sollten.«

»Nach all den Treffen in Jorges Haus brachen wir nun ganz plötzlich unsere Zelte dort ab«, erinnert sich Néstor Barrone. »Wir aßen und tranken zusammen am letzten Abend in dem Haus in Pedralbes. Niemand hielt eine Rede, aber es war alles sehr sentimental. Keiner wusste, wie es weitergehen würde. Es kamen eine Menge Leute vorbei. In Diegos Weinkeller gab es teuren Champagner und ein paar Iberico-Schinken, die er geschenkt bekommen hatte. Ich weiß noch, wie wir am Pool saßen und Schinken und Toasts aßen. Wir machten uns gegenseitig mit Champagnerduschen nass wie Rennfahrer auf dem Podium. Es war ein besonderer Augenblick. Uns war allen bewusst, dass er eine große Lücke hinterlassen würde.«

»Diejenigen von uns, die in Barcelona blieben, ohne Maradona … Würde der Restaurantbesitzer, bei dem man einen Tisch reserviert hatte, einen noch so ansehen wie zuvor? Oder der Kerl aus der Bar oder einem der anderen Nobelschuppen? Wohl eher nicht«, meint Néstor Barrone.

»Diego reiste am nächsten Morgen ab. Wir nahmen die nächste Maschine und kamen gerade rechtzeitig zu seiner Vorstellung an. Zwei aus unserer Gruppe blieben bei Jorge in Neapel. Ich ging zurück nach Barcelona. Ich habe danach von allem ein bisschen gemacht. Ich war Trainerassistent der mexikanischen Fußballolympiamannschaft, habe eine Strandbar besessen, Möbel restauriert. Wenn ich auf diese Zeit zurückblicke … nun ja, ich hatte nie das Gefühl, dass ich in diese Welt hineingehöre.«

In seinen zwei Spielzeiten, in denen er das Trikot des FC Barcelona trug, schoss Diego 38 Tore und gewann mit der Mannschaft drei Titel: die Copa del Rey, die Copa de La Liga und die Supercopa de España. Gemessen an den Erwartungen, die in ihn gesetzt wurden, eine eher geringe Ausbeute. »Das Kapitel Diego ist erstaunlicherweise kein besonders bedeutendes in der Geschichte des FC Barcelona«, meint der Journalist Emilio Pérez de Rozas. »Der österreichische

Stürmer Hans Krankl oder Allan Simonsen werden in dem Verein bis heute verehrt, Maradona nicht. Ist das zu glauben? Es dürfte zum Teil auch auf das unvorteilhafte Image seines Clans zurückzuführen sein.«

Alberto Pérez, der Generalsekretär von Argentinos Juniors, traf Núñez, kurz nachdem Maradona zu Neapel gewechselt war. »Du hattest recht, Alberto«, sagte er ihm. »Er hat sich nicht wohl gefühlt.«

Maradona war indes in einer Stadt angekommen, die ihn an Buenos Aires erinnerte, und bei einem Klub, der seine eigene Entwicklung seinen persönlichen Bedürfnissen anpasste. Auf dem Flug von Barcelona nach Neapel brachte er für sich sein Ende nach zwei Jahren in Katalonien auf eine einfache Formel: »Sie weckten in mir den Wunsch zu gehen. Einige Vorstandsmitglieder zweifelten an Maradona, also gehe ich.« Er gab alles für Barcelona und half dem Verein, viel Geld zu verdienen, »also gehe ich erhobenen Hauptes«. Später räumte er ein, dass der Abschied von Barcelona für ihn auch bedeutete, »mein Haus und meine Freunde zurückzulassen, und ein wenig auch meine Frau zu enttäuschen, die das Haus zu einem Heim gemacht hatte ... es war nicht leicht. Aber wenn man einmal eine Entscheidung gefällt hat ...«

Claudia Villafañe zeigte Verständnis für seine Entscheidung und begriff, wie komplex das alles war, was zu diesem Schritt geführt hatte, dennoch war sie untröstlich, die kleine Welt, die sie sich aufgebaut hatte, zurücklassen zu müssen. Ihr letzter Abend in Barcelona dauerte lange: »Ich bin überzeugt, dass dort alles begann ... In meinem Haus wimmelte es von Menschen ... es war eine nie endende Party.

Mit ihm habe ich nie über diesen Abend gesprochen, vielleicht aus Angst, er würde es zugeben.

Also habe ich alles, was geschehen ist, lange Zeit für mich behalten. Ich bin ein eher introvertierter Mensch ... Ich weiß nicht, ob ich eine Woche, einen Monat oder ein ganzes Jahr gebraucht habe, um richtig darüber nachzudenken. Kurz nachdem wir in Neapel angekommen waren, wurden seine Schlafprobleme jedenfalls immer offensichtlicher. Da wusste er schon, dass ich es weiß, auch wenn wir nicht darüber gesprochen hatten.«

KAPITEL 18
Corrado Ferlaino und das Stadio San Paolo

Während die Verhandlungen zwischen Barcelona und Neapel zwischenzeitlich zum Stillstand kamen, reiste Jorge Cyterszpiler nach Süditalien, um sich in der Stadt am Golf von Neapel umzusehen und erste Kontakte zu knüpfen. Der Sportdirektor des SSC, Dino Celentano, empfahl Cyterszpiler, damit sein Sondierungsbesuch möglichst erfolgreich wäre, Gennaro Montuori aufzusuchen, den Anführer einer Ultra-Gruppe des Vereins. »Wir können uns gerne morgen treffen, allerdings wird mein Sohn da getauft«, erklärte Montuori auf Nachfrage. Kurzerhand lud er Jorge zu der Zeremonie ein. In einem ruhigen Raum abseits der Feierlichkeiten sagte Jorge: »Diego möchte nach Neapel kommen, aber wir brauchen eure Unterstützung. Ihr müsst Stimmung für uns machen.«

Sie planten, durch öffentliches Werben um Maradona Druck auf die Entscheidungsträger auszuüben. Der Erwartungsdruck würde die Transferverhandlungen positiv beeinflussen. Dieser Schachzug verschaffte Cyterszpiler etwas Zeit, um eine etwas ausgereiftere Strategie zu entwickeln. »Er witzelte, dass wir in Barcelona ja eine Bombe hochgehen lassen könnten«, erzählte Montuori in der *El País*. »Aber wir sagten ihm, das sei eher so ein Camorra-Ding, wir seien die Ultras des Friedens. Die Liebe müsse Maradona zu uns bringen.«

Montuori und ein paar seiner Freunde versammelten sich vor Ferlainos Wohnsitz an der vornehmen Piazza dei Martiri. Sie parkten den gesamten Platz mit Autos zu, zündeten Bengalos an und skandierten: »Diegoooo, Diegoooo.« Maradona vernahm, dass sich ein Fan ans Stadion angekettet habe, andere gar in Hungerstreik getreten seien, als Gerüchte die Runde gemacht hätten, die Verhandlungen seien abgebrochen worden.

»Neapel war kein Spitzenteam, aber das wusste Maradona nicht«, erzählte Corrado Ferlaino, der von 1969 bis 2000 Präsident des SSC Neapel war, in Jovica Nonkovics Dokumentarfilm *Maradona*

Confidencial. Gemessen an der Einwohnerzahl war Neapel damals die drittgrößte Stadt Italiens. Der Verein war 1926 gegründet worden, und noch nie hatte die Mannschaft einen Scudetto, den italienischen Meistertitel, gewonnen. »Wir hatten einfach vergessen, ihm zu erzählen, dass wir in der letzten Saison haarscharf an der Relegation vorbeigeschrappt waren. Was ich ihm sagte, war, dass die Fans in Neapel ihn mit offenen Armen empfangen würden und dass Neapel sein zweites Zuhause werden könne.«

Die Verhandlungen zogen sich in die Länge, die Juniwochen verstrichen schnell. Mehrere Generationen einer Familie – angefangen bei den Großeltern bis hin zu den Enkelkindern – saßen vor den Fernsehern, in der Hoffnung, endlich Positives zu erfahren. Egal, wo man hinkam, der Deal war Stadtgespräch. Die Fans des SSC Neapel, die *tifosi*, sammelten Geld, um die Transferkasse aufzubessern. »Unser Vorstand zog für einen Monat nach Katalonien«, erinnerte sich Ferlaino bei einem Gespräch mit der *as*. »Zu guter Letzt ließen uns die Spanier ihre Konditionen schriftlich zukommen. Sie waren hart, aber wir überraschten sie, indem wir akzeptierten. Dann änderten sie ihre Meinung wieder und erklärten, sie wollten Diego behalten, doch jetzt gab es kein Zurück mehr.«

Nur wenige Stunden vor Schließung des italienischen Transfermarkts für ausländische Spieler arbeitete man in Neapel einen Vertrag für Diego aus, auch wenn Barcelona immer noch kein grünes Licht gegeben hatte. Auf seinem Weg zu Gaspart machte Ferlaino in Mailand halt. Beim Büro des italienischen Ligaverbands am Flughafen El Prat reichte er einen Umschlag ein, in dem sich alle Dokumente für den potenziellen Transfer befanden, wie er erklärte. Somit würde dort ein Anruf aus Barcelona ausreichen, um den Spieler für die Serie A zu registrieren. Was niemand wusste, war, dass der Umschlag leer war.

In der Nacht des 30. Juni 1984 erzielten Joan Gaspart und Corrado Ferlaino endlich eine Einigung, und Maradona wechselte für umgerechnet 7,5 Millionen Euro vom FC Barcelona zum SSC Neapel. Die offizielle Bekanntgabe fand zwar erst am nächsten Tag statt, in den Medien wurde die Nachricht aber noch in derselben Nacht verkündet. Nachdem er die Verantwortlichen bei der italienischen Liga telefonisch über seinen Erfolg informiert hatte, fuhr Ferlaino in das Barceloner Hotel, in dem er übernachtete, setzte sich an die Bar, bestellte einen Whisky, als der Barkeeper ein Gespräch begann:

»Sind Sie Neapolitaner?«

»Ja.«

»Ah. Wir haben Maradona heute für viel Geld nach Neapel gekauft. Der Kerl ist satt. Er wird ein Jahr lang spielen und sich dann verabschieden.«

Ferlaino kam der Whisky fast wieder hoch. Am nächsten Morgen kehrte er in aller Frühe nach Mailand zurück, um die Verträge, die er mit Maradona und Barcelona geschlossen hatte, irgendwie in den leeren Umschlag zu schmuggeln, den er am Tag zuvor deponiert hatte.

»Ich wurde von Intellektuellen kritisiert, die sagten, Neapel sei eine arme Stadt, und die Summe sei obszön hoch. Aber es war mein Geld, und ich wollte es so ausgeben«, sagte Ferlaino. Der Großteil der 7,5 Millionen kam aus einem Bankdarlehn, zudem wurden die Zahlungen an den FC Barcelona über drei Jahre in Tranchen gestaffelt ausgezahlt. Als Stadt hatte Neapel tatsächlich mit einigen Problemen zu kämpfen, insbesondere mit grassierender Arbeitslosigkeit und der zunehmenden Gewaltkriminalität der Camorra, der neapolitanischen Mafia. Doch Maradonas Wechsel brachte eine spürbare Veränderung mit sich. Nicht zuletzt schnellte die Zahl der verkauften Fußballtickets in der Saison 1984/85 sprunghaft in die Höhe, und schon nach einem Jahr waren die Transferkosten laut Ferlaino wieder eingespielt.

Zweifellos war der Transfer ein persönlicher Erfolg des Präsidenten. Corrado Ferlaino kam aus Süditalien, sein Großvater, ein Richter, war Opfer der kalabrischen Mafia geworden. In den frühen 1960er Jahren nahm der Ingenieur mit einem Faible für Autorennen mit eigenen Fahrzeugen an verschiedenen Tourenwagen-Rennen in ganz Europa teil. Gegen Ende der Dekade überraschte er die Öffentlichkeit, als er mit gerade einmal 37 Jahren Präsident des SSC Neapel wurde. Seine Amtszeit war von Beginn an geprägt von einer Hassliebe zu den Fans. Öffentliche Ausbrüche waren bei seinem hitzigen Temperament keine Seltenheit. Aber er war mutig genug, sich von verehrten Publikumslieblingen wie Dino Zoff zu trennen und teure Talente wie Giuseppe Savoldi oder Ruud Krol, einen der Schlüsselspieler der niederländischen Nationalmannschaft, zu verpflichten.

Ferlaino hatte schon 1978 versucht, Maradona für Neapel zu gewinnen, kurz nach dessen Debüt in der ersten Mannschaft von Argentinos Juniors. Doch erst sein zweiter Versuch, nachdem Cyterszpiler ihm von Diegos Problemen in Barcelona berichtet hatte, war von Erfolg gekrönt. Ein Teil der Lorbeeren gebührt allerdings auch der Ehefrau von Antonio Juliano.

Juliano, ein legendärer Napoli-Spieler, der mittlerweile der sportlichen Leitung des Klubs angehörte, bereitete im Sommer 1984 ein Treffen vor, auf dem die anstehende Transferstrategie des SSC Neapel besprochen werden sollte. Am Abend vor dieser Zusammenkunft sagte Julianos Frau: »Wenn du den besten Spieler haben willst, musst du Maradona einkaufen.«

»Was meinen Sie? Soll ich ihn herholen?«, fragte Juliano die Konferenzteilnehmer am nächsten Tag verschmitzt. »Klar, holen Sie ihn«, entgegnete der Präsident, der keine Scheu hatte, das ganz große Rad zu drehen.

Maradona bekam es nun mit der stärksten Liga Europas zu tun. Juventus hatten Michel Platini und den offensiven polnischen Mittelfeldspieler Zbigniew Boniek. Karl-Heinz Rummenigge spielte bei Inter. Die AS Rom hatte die Brasilianer Falcao und Toninho Cerezo in ihren Reihen. Verona verfügte über Topstars wie Hans-Peter Briegel und den Dänen Preben Elkjaer. Der Brasilianer Zico spielte bei Udinese. In Florenz liefen Daniel Passarella und Socrates auf, und für Lazio Rom kickte der von Juve ausgeliehene Däne Michael Laudrup. Es durften damals nur zwei Spieler ohne italienische Staatsangehörigkeit in der Mannschaft eines Vereins spielen, doch war das Kontingent in Neapel mit Daniel Bertoni, ebenfalls Argentinier, und Maradona bereits erschöpft, weshalb der Brasilianer José Dirceu und der Niederländer Krol, die allerdings auch beide schon in den

Dreißigern waren, im Sommer 1984, als Diego nach Neapel kam, den Verein verlassen mussten.

»In Neapel erwarte ich Frieden und Respekt«, sagte Maradona vor seinem Weggang aus Barcelona. »Für mich war Neapel etwas typisch Italienisches, wie Pizza, und das war es tatsächlich«, erzählte er später. Am 4. Juli betrat Diego zum ersten Mal das leere San-Paolo-Stadion, das etwas Liebe und ein paar Renovierungsmaßnahmen gut gebrauchen konnte. Ein Stadion ohne Zuschauer kann trostlos wirken, aber Diego fühlte sich beim Gang durch die leicht heruntergekommene Arena an seine Anfänge in Argentinien erinnert. In der Kabine warf er Guillermo Blanco und Jorge Cyterszpiler zufriedene Blicke zu. »Das hier erinnert mich an Argentinos Juniors.«

Nach dieser kurzen Visite nahm Ferlaino Diego mit auf seine Yacht, die im Hafen der nahegelegenen Insel Capri vor Anker lag. Tags darauf flogen sie per Hubschrauber zurück nach Neapel, wo Diego sich in eine Suite des Hotel Royal zurückzog. Pepe Gutiérrez, der einzige Journalist, der ihn auf seiner Reise von Barcelona nach Neapel begleitet hatte, traf ihn dort an, wie er auf der Bettkante saß und Italienisch lernte. »Napolitani, sono molto contento …«, hatte ihm jemand auf ein Stück Papier geschrieben. Maradona lachte über seinen eigenen Akzent. Pepe reichte ihm einen Telefonhörer, und er wurde von seinem Bett aus live einem Programm des spanischen Radiosenders Antena 3 zugeschaltet.

Eine aus drei Wagen bestehende Polizeieskorte geleitete das Fahrzeug, mit dem Maradona für seine offizielle Vorstellung zum Stadion gefahren wurde, durch die Straßen von Neapel. Über 70 000 Tickets waren dafür verkauft worden, damit war das Stadion fast ausverkauft. Diego hatte darum gebeten, die Kinder kostenlos hereinzulassen.

Fernando Signorini und Don Diego fuhren in einem eigenen Wagen ebenfalls zum Stadion. Als sie die Altstadt erreichten, wurden die Straßen zunehmend enger. Müll stapelte sich auf den Bürgersteigen, und alte Farbe und Putz bröckelten von den Hausfassaden. Don Diego sagte angesichts dieser Umgebung: »Was für ein Loch, hier ist es schlimmer als in Buenos Aires! Wo haben Sie meinen Sohn nur hingebracht?«

»José Alberti saß mit uns im Auto«, erinnert sich Signorini. »Er war ein guter Freund aus Argentinien und lebte schon viele Jahre in Neapel. Er drehte sich um, sah Don Diego an und sagte: ›Sie haben völlig recht, Don Diego. Aber wenn Sie erst einmal ein Jahr hier sind, wollen Sie nie wieder weg.‹«

Diego war inzwischen in der Kabine angekommen. Er trug eine hellblaue Hose und ein weißes Puma-T-Shirt. Der Weg zum Spielfeld führte durch einen langen dunklen Tunnel. Sonnenstrahlen fielen über den Treppenaufgang an dessen Ende herab. Maradona blieb vor einer kleinen Nische stehen, in der eine *Madonnina*, eine Figur der Heiligen Jungfrau Maria, stand. Es war nicht das letzte Mal, dass er dort innehielt und betete. Von Fotografen umringt gab er Claudia einen Kuss und drückte Jorge an sich, dann stieg er die Treppe hinauf. Sofort spürte er eine Welle der Begeisterung und Verzückung, die durch das Stadion wogte, eine Reaktion auf die Bewegung, die am Tunnelausgang ausgemacht worden war. Dutzende weiterer Fotografen erwarteten ihn am Spielfeldrand, kämpften um jeden einzelnen Grashalm, der sie von ihm trennte. Auf halbem Weg hielt Maradona auf der Treppe inne.

»Den Neapolitanern liegt die Leidenschaft im Blut«, erklärt Néstor Barrone. »Darin ähneln sie den Argentiniern. Argentinier sind eine Mischung aus Spaniern und Neapolitanern, gespickt mit einem Körnchen französischer Arroganz und einer Prise britischer Weltgewandtheit. All das macht einen Argentinier aus; es ist eine seltsame, impulsive Mischung. Neapolitaner ähneln insbesondere den Menschen aus Buenos Aires: Sie sind handfest, laut, fahren viel mit dem Bus und sind verrückt nach Fußball. Die Menschen aus Neapel waren unendlich dankbar, weil sie nicht glauben konnten, dass ein süditalienischer Verein ein Geschenk erhalten hatte, das normalerweise den reichen Klubs aus dem Norden vorbehalten war.«

Wie nie zuvor wurde sich Maradona seiner Fähigkeit bewusst, eine Menge zu begeistern, und durchlebte einen extremen Sinnesrausch. Seine Beine, zuvor, als sie die Treppe hinaufgestiegen waren, noch bleischwer, wurden jetzt leicht wie eine Feder. Auf einmal fühlte er sich, als könne er fliegen. Neapel hieß ihn willkommen. Er war in der Fremde, weit fort von der Heimat, was seinen Eindruck von diesem begeisterten Empfang zusätzlich prägte und vertiefte. Neapel war bereit, Diego als seinen neuen Stadtheiligen anzubeten, und Diego sehnte sich nach dieser Art Verehrung.

Er tat einen Schritt nach dem anderen, nichts konnte ihn aufhalten, nicht einmal ein Fan, der ihm einen Vereinsschal reichte. Als er aus dem Schatten trat und seine Gestalt erkennbar wurde, brach das Stadion in Jubel aus. Maradona stellte sich auf einen Teppich in den Vereinsfarben und breitete die Arme aus.

»*Buona sera Napolitani, sono molto felice di essere con voi*«, sagte er. »Guten Abend, Neapel. Ich bin sehr glücklich, mit euch hier zu sein.« Er bestand den Test, und die Stimmung im Publikum explodierte. Je lauter der Jubel von den Rängen aufbrandete, desto mehr fühlte sich der Fremde unter ihnen zu Hause.

Freudestrahlend und umringt von Polizisten – uniformierten sowie in Zivil gekleideten – näherte sich Diego der Tribüne und warf seinen Fans Kusshände zu.

Die Pressekonferenz fand im Fitnessraum statt. Vertreter von über 30 TV-Sendern und doppelt so viele Printjournalisten erhielten Zugang. Maradona erzählte ihnen das, was er gerne über sich veröffentlicht sah. »Ich möchte das Vorbild der armen Kinder Neapels werden, denn sie sind genau so, wie ich es war, als ich noch in Buenos Aires lebte.«

Der französische Journalist Alain Chaillou fragte ihn, ob ihm bewusst sei, dass die Camorra einen Teil seiner Transfersumme gezahlt habe. Maradona tat so, als hätte er die Frage nicht verstanden, worauf Corrado Ferlaino die Pressekonferenz unterbrach und entschieden jegliche Beziehung zur Mafia abstritt: »Neapel ist eine ehrliche Stadt, und ihre Bewohner sind es auch. Ich verlange eine Entschuldigung.« Zwei Mitarbeiter des Vereins forderten den Journalisten daraufhin auf, den Raum zu verlassen.

»Als alles vorbei war, hastete ich zum Flughafen«, erinnert sich Pepe Gutiérrez. »Den Taxifahrer bezahlte ich mit einer original signierten Autogrammkarte von Maradona. Er stellte mir die Fahrt nicht in Rechnung und steckte das Foto sofort unter seine Scheibenwischer.«

Auch Diego befand sich auf dem Weg zum Flughafen. Er wollte ein paar Tage in Buenos Aires verbringen. Claudia erzählte er, dass die Neapolitaner ihn begrüßt hätten, als glaubten sie, mit ihm Meister werden zu können. Genau das war natürlich auch sein Ziel, und es war das Abenteuer, das ihm bevorstand.

Nur wenige Tage später erreichte die Argentinier durch einen Artikel in der *El Gráfico* ein eindrucksvoller Bericht über die Leidenschaft und Euphorie der Neapolitaner. »Maradona sehen und sterben« lautete die Schlagzeile in dem Sportmagazin in Anlehnung an ein populäres italienisches Sprichwort über die Schönheit Neapels. Eine Titelstory war der Zeitschrift der Bericht über Neapels Empfang für Maradona allerdings nicht wert. Niemand konnte wissen, wie es für Maradona in Italien weiterging und dass dort Dinge auf ihn zukamen, die weit über den Sport hinausgingen.

Diegos erstes Training mit dem SSC Neapel fand in der etwas heruntergekommenen Sportanlage von Soccavo statt, die mit der Anlage eines argentinischen Zweitligisten vergleichbar war. Als er sah, wie Zeugwart Tomasso Starace Kaffee zubereitete, sagte er: »Für mich auch einen.« Das Kaffeetrinken wurde alsbald zu einem Ritual, ebenso wie Maradonas Songauswahl für die musikalische Untermalung dieser Kaffeepause. Oft entschied er sich für Rocco Granatas Hit »Marina«, bei dem alle mitsangen: »*Marina, Marina, Marina ... ti voglio il più presto sposar*« (»Ich will dich auf der Stelle heiraten«). Anschließend zog er sich um und begann mit dem Aufwärmen, üblicherweise allein, bis die anderen hinzukamen.

Maradonas Einstand bei Neapel fiel mit dem Profidebüt von Verteidiger Ciro Ferrara zusammen, der aus Napolis Jugendmannschaft zur ersten Mannschaft kam, wo er auch in den kommenden zehn Jahren blieb. Von Anfang an vermittelte Diego »eine Art Freude und Glück«, erinnert sich Ferrara heute. »Wir spielten Fußball und hatten Spaß. Mit seinen Witzen wirkte er dem Stress, der durch den Konkurrenzkampf entstand, entgegen. Und er stärkte unser Selbstvertrauen. Er sagte Dinge wie: ›Mach dir keine Sorgen, Ciro, mach einfach dein Ding und spiel mir den Ball zu.‹«

Der Argentinier José Alberti kannte sich im Verein und der Stadt bestens aus. Ihm fiel die Aufgabe zu, Maradona die Stadt zu zeigen und ihm als Übersetzer zur Seite zu stehen.

Am 19. August gab Maradona bei einem Spiel gegen River Plate sein Debüt beim SSC Neapel. Das San-Paolo-Stadion platzte mit 80 000 Zuschauern aus allen Nähten. Die hohen Erwartungen konnten in der folgenden Saison jedoch nicht erfüllt werden. Nach den ersten 15 Spieltagen hatte die Mannschaft nur vier Siege errungen und schmerzhafte Niederlagen gegen Verona (3:1) und Torino (3:0) erlitten.

Maradona musste sich erst auf die ungewohnte Härte des italienischen Fußballs einstellen. »Italienischer Fußball hatte einen anderen Rhythmus, er war rauer«, erzählte er in Asif Kapadias Dokumentarfilm *Diego Maradona*. »Ich spielte schneller, um besser ins Spiel zu kommen. Aber wenn ich meine Technik vernachlässigt hätte, um noch schneller zu laufen, wäre ich nutzlos gewesen. Und es wäre aber auch nicht gegangen, meine Technik bei höchstmöglicher Geschwindigkeit auszuspielen. Ich musste einen Mittelweg finden, und das war nicht leicht.«

Eine rasche Lösung, um Neapel aus der Mittelmäßigkeit herauszuführen, schien es nicht zu geben. Oft machte es den Eindruck, als würden seine Mitspieler Diego gar nicht wahrnehmen. Häufig spielte er zu weit hinten und stand verloren auf dem Spielfeld, die Hände in die Hüften gestemmt. Es dauerte nicht lange, bis Maradona Zweifel überkamen. »Zuvor hatte er wenigstens fünf Bälle in der ersten Halbzeit bekommen und acht in der zweiten. Selbst das schienen sie nicht jetzt mehr hinzubekommen. Neapel hatte damals eine schreckliche Mannschaft«, erinnert sich Signorini. Eines Tages machte sich der Fitnesscoach auf dem Heimweg vom Training im Auto Luft: »Ich finde den italienischen Fußball immer langweiliger. Es ist unerträglich. Alles dreht sich nur um die Verteidigung, und was sie mit dem Ball machen, ist ein Witz. Was dem aber die Krone aufsetzt: Der Einzige, der Spaß hat – nämlich du –, wurde in einen folgsamen Spieler verwandelt, der nur noch der taktischen Disziplin gehorcht.«

»Und was soll ich deiner Meinung nach dagegen tun?«, entgegnete Maradona entgeistert. »Ich komme nur alle Jubeljahre mal an den Ball. Glaubst du, das ist einfach für mich?«

El Profe riet ihm: »Deine Solidarität mit der Mannschaft bringst du am besten zum Ausdruck, wenn du dich egoistisch verhältst. Gib niemandem den Ball ab, dribble an allen vorbei und spiel dann jemanden an, der leicht ein Tor erzielen kann. Wenn du keinen Spaß hast, hat ihn keiner. Das hier ist eine schöne Stadt, und ich würde gerne viele Jahre bleiben.«

Der Trainer Rino Marchesi fand nicht die richtige Balance fürs Team. »Es wurde eine Mannschaftssitzung mit Vorstandsmitglied Italo Allodi einberufen«, erinnert sich Signorini. »Vor versammelter Truppe fragte Allodi: ›Warum spielt ihr Diego den Ball nicht zu?‹ Einer der Spieler meinte daraufhin, es läge daran, dass er immer gedeckt werde. Darauf Allodi: ›Wenn wir darauf warten, dass Maradona auf dem Platz nicht gedeckt wird, wird das nie was.‹« Maradona drängte seinerseits darauf, dass sich etwas ändere: »Spielt mir den Ball trotzdem zu. Ich werde schon einen Weg finden.«

Eine Zeitlang lebten Diego, Claudia und diejenigen, die ihnen während ihres ersten Jahres in Neapel zur Seite standen – Cyterszpiler, teilweise auch Diegos Eltern, Brüder und Freunde –, im besten Hotel am Platz, dem Royal Continental. Eines Tages, nachdem er die Hotelrechnungen durchgegangen war, rief Ferlaino bei Cyterszpiler an. »Das geht so nicht weiter, Jorge«, sagte er. Also checkte Diego nach der Weihnachtspause, als er aus Buenos Aires zurückkam, aus dem Hotel aus und bezog ein Haus in Posillipo. Für einen Moment beruhigte das die Lage ein wenig. Allerdings war Claudia vorerst in Buenos Aires geblieben, und Diego hatte sich auf ein vor der Öffentlichkeit kaum geheim gehaltenes Verhältnis mit der bekannten TV-Schönheit Heather Parisi eingelassen, die er im Dezember kennengelernt hatte.

Nach der Winterpause wurden Neapels Ergebnisse schlagartig besser. Die Mannschaft kassierte in der Rückrunde kaum noch eine Niederlage. Besonders herausragend war der 4:0-Sieg gegen Lazio Rom, bei dem Maradona sein ganzes Können eindrucksvoll unter Beweis stellte.

Er kam in dem Spiel näher an den gegnerischen Strafraum heran als zuvor, wurde stärker am Spiel beteiligt und wirkte dadurch viel ungezwungener und dominanter. Einen Treffer erzielte er mit der Hand (aber das Tor wurde natürlich nicht anerkannt). Das nächste Highlight war ein selbstaufgelegter Fallrückzieher von links in den Strafraum der Römer, den ein Mitspieler aufs Tor köpfte, aber am Keeper scheiterte. Der erste Treffer gelang ihm, indem er einen gegnerischen Rückpass per Kopf, der für den Torwart bestimmt war, abfing und schnörkellos in den Maschen versenkte. Es war ein besonderer Gruß Maradonas an Lazios Trainer Paolo Carosi, der vor dem Spiel Zweifel an Maradona geäußert hatte. Sein zweites Tor war eine perfekte Bogenlampe aus etwa 30 Meter Entfernung über den Kopf des rückwärts stolpernden Torwarts hinweg. Den Hattrick komplettierte er schließlich mit einer direkt verwandelten Ecke. Der erste Versuch schlug noch fehl, doch gleich beim nächsten klappte es. Der Torwart, der den Ball nur noch ins eigene Netz boxen konnte, blieb konsterniert in der kurzen Ecke seines Tores sitzen.

Maradona sprang derweil neben der Eckfahne vor Freude auf und nieder, und die Menge jubelte wie im Rausch: »Diegoooo …«

KAPITEL 19
Von Cyterszpiler zu Cóppola

Bei Maradonas erstem Spiel in Verona entrollten die gegnerischen Fans ein Banner mit der Aufschrift: »Willkommen in Italien«, was unmissverständlich klarmachte, dass sie den Süden des Landes nicht als vollwertigen Teil der Repubblica Italiana begriffen. Die Süditaliener einten einige kollektive Schicksalsschläge wie das katastrophale Erdbeben von 1980 oder der Niedergang der Bank von Neapel, die einst eine der vermögendsten Institutionen Italiens gewesen war. Diego war vom *sudaca* in Barcelona zum *terrone* (dt. Erdfresser, abschätzige Bezeichnung für Süditaliener) in Neapel geworden, auf den die wohlhabenden und sich für kultivierter haltenden Norditaliener herabsahen.

In der TV-Sendung »La domenica sportiva« brachte Maradona das Problem, zu dem sich noch nie ein Spieler geäußert hatte, auf den Punkt: »Der italienische Fußball hat ein Rassismusproblem, und dabei geht es nicht um Schwarze. Es handelt sich um Rassismus gegenüber Neapolitanern, und das ist eine Schande.« Ein Banner im Sao-Paolo-Stadion machte deutlich: Diego war inzwischen »*uno di noi*«, einer von uns. Durch die Augen der auswärtigen Journalisten, die über Diego berichteten, wurde der Welt zunehmend klar, dass Maradona ein neues ehrenvolles Anliegen gefunden hatte, für das er sich einsetzte, nämlich die emotionale Verbrüderung mit den Neapel-Fans und den gemeinsamen Kampf gegen den Rest Italiens, der sich für etwas Besseres hielt.

Zunächst mussten jedoch wichtige fußballerische Fragen geklärt werden. »Mir war ein außergewöhnliches Team versprochen worden«, erzählte mir Maradona während eines Interviews. »Aber nach neun Spieltagen hatten wir gerade mal einen Punkt. Ich schämte mich geradezu, nach Hause zu kommen und meiner Mutter sagen zu müssen: ›Wir haben schon wieder verloren.‹ Ich traf mich mit Ferlaino und fragte ihn, ob ihm der Gedanke an 80 000 Fans, die sich allsonntäglich die Spiele ansahen, nur um ihre Mannschaft verlieren zu sehen, nicht peinlich sei … Norditaliener empfanden es als reine Formsache, nach Neapel zu kommen, zu gewinnen und wieder abzureisen. Mich verletzte das.«

Obschon die Mannschaft zu Beginn der Saison mit Startschwierigkeiten zu kämpfen gehabt hatte, etwa bei einer Auswärtsniederlage beim späteren Meister Verona, liefen die Dinge für Neapel nicht ganz so schlecht, wie Diego sie in Erinnerung hatte. Nach den ersten neun Spielen hatte die Mannschaft mit einem Sieg, einer Niederlage und fünf Remis, nicht nur einen, sondern sieben Punkte auf dem Konto. Und dann war da noch der deutliche 3:0-Sieg gegen Como. Trotzdem war die Mannschaft nicht ganz so erfolgreich, wie Diego sich das gewünscht hatte. Obschon er in dieser Spielzeit insgesamt 14 Treffer für Neapel erzielte, stand die Mannschaft am Ende der Saison auf dem achten Platz – von sechzehn, zehn Punkte hinter dem Meister aus Verona und mit elf Punkten Vorsprung auf den Relegationsplatz.

»Da sagte Ferlaino: ›Na gut, such uns ein paar Spieler aus.‹ Und ich begann aufzuzählen: ›Renica, Crippa, De Napoli, Careca, dieser Spieler noch und jener und so weiter …‹ Die Fans standen hinter uns. Wenn wir aufs Feld kamen, konnte man die Zugangswege zu den Rängen im Stadion noch erkennen, aber sobald das Spiel losging, gab es keine Lücke mehr. Das Stadion war rappelvoll. Wir müssen wohl vor mehr als 100 000 Menschen gespielt haben. Und das nicht nur, wenn unsere Gegner Inter, Juve oder der AC Mailand hießen, sondern auch, wenn wir gegen Cremonese oder Avellino spielten. Einige unserer Gegner waren beeindruckt davon, dass immer mindestens 50 000 Fans ins Stadion kamen, auch wenn wir in der Vorsaison um die Copa Italia spielten oder es irrsinnig heiß war.«

Schon während Diegos zweiter Spielzeit in Neapel kam mit Alessandro Renica einer seiner Wunschspieler nach Neapel. Die anderen Kandidaten folgten kurz darauf. Trainer Rino Marchesi wurde entlassen und von Ferlaino durch Ottavio Bianchi ersetzt. Während Maradona dem Team eine Gewinnermentalität einflößte, sorgte Bianchi für ein neues Arbeitsethos. Er verordnete dem Spiel der

Neapolitaner mehr Rigorosität und Pragmatismus. Sein Ziel war es, eine wettbewerbsfähige Mannschaft aufzubauen, ohne – wie er es ausdrückte – »zu viel Firlefanz oder zu viele extravagante Spielereien.«

»Wenn Fußball der schönste Sport der Welt ist, dann deshalb, weil das Talent des Einzelnen einem kollektiven Ziel dient«, erklärte Bianchi auf *Goal.com*. »Uns stand der beste Spieler der Welt zur Verfügung und eine Generation, die bereit war, jeden Tag Opfer zu bringen.« Mit Maradona konnte man seiner Meinung nach leichter klarkommen als mit jemandem, der sich für Maradona hielt. »Und von denen habe ich eine Menge kennengelernt«, fügte er hinzu. So kritisierte Diego zum Beispiel nie einen Mitspieler für einen Fehler, den dieser begangen hatte, etwas, das heutzutage gang und gäbe ist.

Marco Tardelli, der von 1975 bis 1985 bei Juventus im Mittelfeld spielte, erkannte, dass es schwer sein würde, einen sich fortwährend weiterentwickelnden Spieler aufzuhalten. »Es war anstrengend, weil man immer schon einen Tag vorher anfing, sich gedanklich mit ihm zu beschäftigen. Wenn man ihm dann live begegnete, hatte er eigentlich schon gewonnen, weil er einen mental längst fertiggemacht hatte. Ich habe oft gegen Maradona gespielt und ihn auf dem Platz sehr hart rangenommen, aber er hat sich nie beschwert.«

In der Saison 1985/86 wollte Neapel einen Schritt nach vorn machen und sich einen Platz in der ersten Tabellenhälfte sichern. Es ging weniger darum, Titel zu gewinnen, als darum, eine solide Grundlage für den weiteren Aufbau zu schaffen. Maradona hatte der Mannschaft inzwischen gezeigt, worauf sie bei ihm setzen konnte. Bei dem legendären Spiel gegen Juventus am 3. November 1985 wurde Neapel ein indirekter Freistoß zugesprochen, kurz vor dem Strafraum leicht rechts vom Tor. Dreist, wie sie waren, hielten die Turiner mit ihrer Mauer lediglich sechs oder sieben Meter Abstand statt der vorgeschriebenen 9,15 Meter. Eraldo Pecci und Maradona standen neben dem Ball, um den Freistoß auszuführen. »Es gab überhaupt keinen Schusswinkel, aber Diego meinte, ich solle ihm den Ball rüberschieben, er würde es trotzdem versuchen. Ich erklärte ihm, dass das verrückt sei.«

»Mach dir keinen Kopf, überlass das einfach mir«, antwortete er. Und so schob Pecci den Ball zu Maradona rüber, der ihn mit links über die Mauer lupfte und in der oberen rechten Ecke des Tores versenkte, wobei die Flugbahn des Leders fast unwirklich anmutete. Es war nicht nur der aufsehenerregendste, sondern auch der einzige Treffer des Spiels. Die Partie endete 1:0 für Neapel. Es war der erste Sieg der Süditaliener über die Alte Dame seit 17 Jahren. Von da an war jedem Neapolitaner klar, dass die Mannschaft alles erreichen konnte. Am Ende der Spielzeit standen sie auf dem dritten Tabellenplatz.

Fußballerisch ging es für Maradona bergauf, doch das Leben in Neapel war für ihn zuweilen nicht ganz einfach. Als er noch im Hotel wohnte, fühlte er sich wie ein Gefangener. Jeden Tag versammelten sich Dutzende von Menschen bis etwa ein Uhr früh vor dem Gebäude und sangen und riefen in einem fort »Diegoooo!«. »Die Leute kletterten auf Straßenlaternen, um einen Blick auf Diego zu erhaschen«, erzählt der Journalist Carlo Alvino. »Irgendwann hatte er endlich ein privates Domizil gefunden. Aber wenn er es verlassen wollte, musste ihn ein ganzes Polizeikommando abholen und auf seinem Weg eskortieren. »Okay, Diego will da und da hin, wir werden ein Auge auf ihn haben.« Ganz gleich, wo er hinfuhr, er wurde von Autos und Motorrädern verfolgt, die Leute wollten ihn sehen, ihn berühren, ihm den Schweiß abwischen, sie taten alles, um ihrem Idol nahe zu sein.

In den regionalen Tageszeitungen tauchten immer befremdlichere Kleinanzeigen auf. »Suche Behinderte mit Rollstuhl«, hieß es da. Des Rätsels Lösung fand sich schnell: Der Zuschauerbereich für Gehbehinderte befand sich dicht am Spielfeld, und die Betroffenen sowie eine Begleitperson erhielten freien Eintritt.

Maradona war das personifizierte Neapel: frech, klein, gewitzt, hitzig, düster, chaotisch. Zum ersten Mal, seit er Buenos Aires verlassen hatte, sah er wieder Kinder auf der Straße spielen. Auf einigen Plätzen gab es Fußballfelder mit verwitterten Toren und Markierungen, oft im Schatten einer alten Kirche gelegen, die wie ein betagter Großvater über die Szene zu wachen schien. Zu jeder Tageszeit wurden auf diesen Plätzen Turniere abgehalten, oder es wurde einfach nur rumgebolzt. Bei Sonnenuntergang tummelten sich die Anwohner auf den Plätzen; sie tranken Bier und tauschten sich über das Tagesgeschehen aus. Die zahlreichen Wandgemälde zu Ehren Maradonas, die die Stadt heute schmücken, gab es damals noch nicht.

Gelegentlich suchte Diego Zuflucht in einer Oase der Ruhe. »Meine Mutter war sieben Jahre lang sein Kindermädchen, seine Köchin und seine neapolitanische ›mamma‹«, erzählt Massimo Vignati, der Sohn von Saverio Vignati, der dreißig Jahre lang als Hausmeister im San-Paolo-Stadion arbeitete. »Meine Mutter machte eine Sauce Napoli, die typische *pomodorino* [Tomatensauce]. Diego tunkte sein Brot hinein, und meine Mutter schimpfte: ›Was tust du da? So isst man doch nicht.‹ Ich kaufte ihm Mortadella und *frisella* [eine Art süditalienischer Zwieback]. Diego war für mich wie ein Bruder. Wir waren elf Geschwister zu Hause, und er sagte: ›Ich bin Nummer zwölf.‹«

Guillermo Blanco betreute die Journalisten, die aus Spanien, England und Frankreich kamen. Die ganze Welt interessierte sich für Diego und seinen jüngsten Karriereschub. »Ich musste Diego nicht an seine Termine mit den Journalisten erinnern. Alles lief reibungslos. Ich glaube, diese Zeit war eine der besten, die Diego erlebt hat.«

Wo und wann immer er konnte, zeigte sich Maradona von seiner herzlichen und freigebigen Seite. Seiner Meinung nach rundete erst dies sein Bild als Fußballer ab, ganz gleich, welchen Preis er dafür zu zahlen hatte. Ein Spiel endete für ihn nicht mit dem Abpfiff. »Mein Vater bat um das Verzeichnis aller in Italien registrierten Fußballspieler«, erzählt Dalma in ihrem Buch *Hija de Dios*. »Egal in welchem Verein er spielte, am Ende des Jahres erhielt jeder in Italien registrierte Profifußballer von Diego Maradona eine Weihnachtskarte.«

1985 fand im Atalanta-Stadion in Bergamo ein Benefizspiel statt, dessen Erlöse einer Stiftung zugutekamen, die sich für Kinder mit Bluterkrankungen einsetzte. Viele Stars waren dazu eingeladen worden: Rummenigge, Platini und der Brasilianer Dirceu. Maradona war in den USA, um mit Coca-Cola Werbeverträge zu verhandeln, und es war ungewiss, ob er rechtzeitig zum Spiel wieder in Italien sein könnte.

Der Tag der Partie rückte näher, und einige Profis hatten den Veranstaltern bereits abgesagt. Daniele Martinelli, ein Lederhändler mit Kontakten zu Cyterszpiler, erhielt drei Tage vor Spielbeginn einen Hilferuf von den Organisatoren. »Damals gab es ja noch keine Handys, also rief ich als Erstes Claudia in Neapel an. Sie setzte sich dann mit Jorge Cyterszpiler in Verbindung, und Jorge meldete sich schließlich bei mir«, erinnert sich Martinelli. Er fragte Cyterszpiler, ob Maradona nicht irgendwie noch als Retter einspringen könne, auch wenn es nur für wenige Minuten sei.

Diego und Jorge waren in diesem Moment noch in Amerika. Der Rückflug führte von New York über Rom nach Neapel; wobei der Flug von Rom nach Neapel am gleichen Tag stattfinden sollte wie das Spiel. »Gib mir ein paar Stunden«, bat Jorge. »Ich spreche mit Diego und melde mich dann wieder.« In fünf Stunden war es so weit. »Wir fliegen jetzt von Rom aus direkt nach Mailand«, erklärte Cyterszpiler. »Das ist glaube ich der Flughafen, der dem Atalanta-Stadion am nächsten liegt, richtig? Diegos Schuhe kommen aus Neapel, bring sie vorbei, wenn sie da sind.«

Ein paar Stunden vor dem Spiel wurde Diegos Teilnahme verkündet. Jeder wusste, dass Verspätungen im Flugplan seinen Einsatz noch in letzter Minute verhindern konnten, dennoch waren alle Restkarten für das Spiel im 28 000 Zuschauer fassenden Stadion in Windeseile ausverkauft. Diegos Flieger war am Nachmittag vor dem Spiel planmäßig in den USA gestartet und traf am nächsten Morgen in Rom ein. Martinelli wartete mit einem Wagen in der Halteverbotszone vor dem Mailänder Flughafen. »Ich muss Maradona hier abholen«, erklärte er einem Sicherheitsbeamten, der daraufhin beide Augen zudrückte.

Die Eltern zweier erkrankter Kinder, die als Repräsentanten der Stiftung fungierten, zu deren Gunsten das Spiel veranstaltet wurde, warteten ebenfalls auf Maradona; sie standen am Stadiontunnel kurz vor dem Aufgang zum Spielfeld. Diegos Schuhe kamen rechtzeitig in Bergamo an, und die Spieler standen alle bereit – darunter auch

Diegos Bruder Lalo. Vom Star selbst fehlte allerdings jede Spur. Die Veranstalter überlegten hin und her, was zu tun sei. Schließlich schlug der Schiedsrichter vor, den Anpfiff um eine halbe Stunde zu verschieben. Das Publikum wurde ungeduldig, doch niemand verließ seinen Platz.

Und dann kam Maradona – endlich. Die Eltern, die im Tunnel auf ihn gewartet hatten, sprangen auf ihn zu, nahmen ihn in die Arme, küssten ihn und weinten. Dirceu erklärte: »Das Stadion ist ausverkauft, nur wegen dir, Diego. Danke!«

»Er war müde«, erzählt Martinelli, »aber er lief so viel, als wäre er gerade frisch in die Saison gestartet.«

Es gibt unzählige weitere Beispiele für Maradonas selbstlose und hilfsbereite Art. Sein Mannschaftskollege Pietro Puzone bat Diego einmal, an einem Freundschaftsspiel teilzunehmen, dessen Erlöse einem Jungen zugutekommen sollten, der eine dringende Gaumen-OP benötigte. Das Spiel fand in Puzones Heimatort Acerra statt, einer armen Kommune 15 Kilometer nordwestlich von Neapel. Ferlaino fürchtete, dass sich sein Starspieler bei der Partie verletzen könne, und hoffte, ihn von der Teilnahme abzuhalten, indem er ihn darauf hinwies, dass er für das Spiel nicht versichert sei. Doch Diego schloss kurzerhand für umgerechnet 20 000 Euro eine Sonderversicherung ab. Er wollte spielen, ganz gleich, was der Vereinspräsident davon hielt.

Der ortsansässige Verein hieß Acerrana, und an diesem besonderen Tag bereicherten Maradona, Lalo und Puzone ihren Kader. Das Stadion hatte seine Kapazitäten erweitert, sodass insgesamt 12 000 Zuschauer Platz fanden. Das Spielfeld war matschig, die Mannschaften mussten sich auf dem Parkplatz aufwärmen, und um ein Einschreiten des Fußballverbands zu verhindern, traten sie in einer nicht regelkonformen Aufstellung von 12 gegen 12 an. Diego erzielte zwei Treffer bei dieser Partie, und es kamen etwa fünf Millionen Lire für den erkrankten Jungen zusammen, der daraufhin erfolgreich in Frankreich operiert werden konnte. Leider hat die Geschichte nicht in jeder Beziehung ein Happy End. Puzone ist inzwischen nach Acerra zurückgekehrt. Er ist heute allerdings bettelarm und lebt auf der Straße.

Maradona hatte sich für dieses Spiel über die Bedenken Ferlainos ebenso hinweggesetzt wie über die Regeln des Verbands. Der Verband ärgerte sich immer mehr über den Argentinier, der alles in Frage stellte, was ihm nicht plausibel erschien. So beschwerte er sich zum Beispiel darüber, dass es europäische Spieler im Vergleich zu südamerikanischen leichter haben würden, den Verpflichtungen für ihre jeweiligen Nationalmannschaften nachzukommen. Es gab damals noch keinen gemeinsamen Spielkalender, über den weltweite Wettbewerbe koordiniert wurden, sodass südamerikanische Spieler oft keine Spielpausen hatten oder Nationalmannschaftsspiele mit europäischen Ligaspielen zusammenfielen. Der italienische Fußballverband drohte Maradona, ihn zu suspendieren, wenn er sich weiter beschwere, wobei er jedoch von der UEFA und der FIFA unterstützt wurde. Ferlaino wiederum riet dem Rest der Mannschaft im Stillen, Maradonas Forderungen in der Öffentlichkeit nicht zu unterstützen. Als Diego das herausfand, gab er kurzzeitig die Kapitänsbinde zurück, die er vom ehemaligen Verteidiger Giuseppe Bruscolotti übernommen hatte.

Maradonas abrupte Stimmungsschwankungen wurden in dieser Zeit allmählich auffälliger, und er schien sie immer weniger kontrollieren zu können. Irgendetwas stimmte nicht. In den Worten Guillermo Blancos, der zum harten Kern der Argentinier gehörte, die Diego in seinen ersten Jahren in Neapel begleiteten, war Diego hinter dem Schleier der Glückseligkeit tief bekümmert. In *Yo Soy El Diego* sprach Maradona über die Ursache dieses Kummers: »Cyterszpiler hatte so schlecht gewirtschaftet, dass wir nichts mehr hatten. Wir waren pleite. Schlichtweg pleite. Als ich nach Neapel kam, hatte ich nichts mehr, null, und noch Schulden obendrauf.«

Diegos Umgang mit Geld war zu jener Zeit recht speziell. Er hatte sein Gehalt, und die Werbeeinnahmen, die reinkamen, nutzte er, um »gut zu leben, die Autos zu kaufen, die ich haben möchte, und meiner Familie zu geben, was sie verdient. Das macht mich glücklich.« Doch es war ein kostspieliger Lebensstil, und Jorge Cyterszpiler sagte nie »Nein« oder »Das können wir uns nicht leisten«. Er hielt Diego aus allen geschäftlichen Angelegenheiten heraus und weigerte sich zugleich, Rat von anderen, auf diesem Gebiet erfahreneren Personen anzunehmen.

»Als diese TV-Serie *Knight Rider* im Fernsehen lief, sagte Diego: ›So ein Auto will ich haben.‹ Es war ein Pontiac Firebird«, erinnert sich Cyterszpilers Sekretär Fernando García. »Jorge kaufte den Wagen in den USA und ließ ihn nach Europa verschiffen – schon allein die Überführung kostete mehr als das ganze Fahrzeug. Die Ausgaben stiegen mehr und mehr in die Höhe, aber Jorge sagte tatsächlich nie Nein. Die beiden hatten kein typisches Manager-Spieler-Verhältnis, ihre Beziehung basierte auf Freundschaft, ja auf Zuneigung. Irgendwann lieh Jorge sich sogar Geld, um Maradonas Bedürfnisse zu befriedigen.«

Und dann wuchsen Cyterszpiler die Dinge über den Kopf. In einigen Fällen verhandelte er mit Unternehmen, die ein paar Nummern zu groß für ihn waren, in anderen gelang es ihm nicht, das Optimum aus einem Deal herauszuholen. Mitte der 1980er Jahre bekam Maradona für seinen weltweiten Exklusivvertrag mit Coca-Cola 100 000 US-Dollar im Jahr, eine Summe, die auch ein Süßwarenunternehmen für eine landesweite Kampagne bezahlt hätte. Ein Angebot über 40 Millionen Peseten (damals über 200 000 US-Dollar) für eine spanische Donut-Kampagne schlug Cyterszpiler hingegen aus. Erst später fand er heraus, dass die angebotene Prämie weit über dem üblichen Marktpreis gelegen hatte. Diego erfuhr von alledem erst viel später.

Wieder ein anderes Mal investierte Cyterszpiler in den Bau einer Bingohalle in Paraguay, Gerüchten zufolge soll er rund eine halbe Million Dollar dafür ausgegeben haben. »Die Glücksspiel-Branche wurde dort von gewissen mafiösen Vereinigungen kontrolliert. Sie unterhielten Verbindungen zum Staatschef von Paraguay, Alfredo Stroessner«, erklärt Fabián Ortiz. »Sie setzten Jorge extrem unter Druck. Sie hielten ihn fest, und er rief Josep María Minguella an, der seine Beziehungen spielen lassen musste, um ihn da wieder rauszuholen. Als er anrief, war er in Tränen aufgelöst und starr vor Angst. Er dachte, sie wollten ihn umbringen. Die Summe, die er ihnen dalief, war unglaublich.«

Als Diego auf den mangelnden Geschäftssinn seines Managers aufmerksam gemacht wurde, fing er an, misstrauisch zu werden. Es kam zu Meinungsverschiedenheiten, und irgendwann wurde die Trennung unvermeidlich. »Ihr Verhältnis ging in die Brüche, weil Jorge begriff, dass Diego inzwischen in einer ganz anderen Welt lebte und er in gewisser Weise dafür die Verantwortung trug«, sagt Guillermo Blanco. »Es war keinesfalls so, dass Jorge Diego übervorteilen wollte, um für sich selbst mehr rauszuholen, als ihm zustand. Diegos Leben war einfach nicht mehr so überschaubar, wie es in Fiorito, Boca oder Barcelona gewesen war; es war viel komplexer geworden. Und Jorge wusste einfach nicht mehr, wie er da reinpasste.«

Inzwischen hatte Diego in all dem Chaos von Neapel seinen perfekten Begleiter gefunden: den großen Hedonisten Guillermo Cóppola. Sie kannten sich bereits aus Diegos Zeit bei Boca, aber erst gegen Ende der Qualifikationsrunde für die WM 1986 in Mexiko wurde ihre Beziehung enger.

Zum Bruch zwischen Maradona und Cyterszpiler kam es, als dieser die Million Dollar, die er als Provision für Maradonas Vermittlung nach Neapel erhalten hatte, nutzte, um aufgelaufene Schulden abzubezahlen. Als Maradona fragte, wo das ganze Geld geblieben sei, erklärte ihm Jorge, welche Löcher er damit gestopft hatte. »Ach was, dann hast du mich also betrogen«, sagte Diego. »Ich habe dich betrogen?«, entgegnete Jorge. Diese ungeheure Anschuldigung reichte ihm. Er klärte, was noch zu klären war, und teilte Diego dann mit, dass er nicht mehr für ihn arbeiten werde. »Du denkst also, dass ich dich betrogen habe, richtig? Dann behalte meinen Anteil doch einfach«, erklärte er, bevor er nach Mexiko reiste – mit nicht mehr als 300 Dollar in der Tasche.

»Ich ging damals nach Buenos Aires«, sagt Fernando Garcia. »Jorge besaß ein paar Wohnungen in der Stadt und beauftragte mich, eine Bleibe für uns zu finden. Er blieb drei Monate lang in Mexiko. Er wohnte dort im Haus des ehemaligen Estudiantes-Spielers Eduardo Cremasco. Als er anschließend nach Buenos Aires kam, trauerte er seiner Freundschaft zu Diego immer noch hinterher.«

1980. Diego mit seinen Eltern Dalma Salvadora Franco (Tota) und Diego Maradona Senior – Stützen im Leben, seine engsten Verbündeten.

Diego idealisierte seine Vergangenheit. Das Foto zeigt ihn inmitten seiner alten Nachbarschaft, der er sich zeitlebens sehr verbunden fühlte.

Der junge Maradona (Mitte) entspannt im Kreise seiner Familie, die er zu einem Strandurlaub eingeladen hatte. Gegenüber Menschen, die ihm nahestanden, war er immer sehr großzügig.

April 1978. Maradona im Trikot von Argentinos Juniors, die erste Profimannschaft, für die er spielte.

1979. Nach einem Argentinos-Spiel mit seinem kleinen Bruder Hugo. Hugo und Lalo, ein weiterer Bruder, wurden später ebenfalls Fußballprofis, wenn auch nicht mit annähernd so viel Erfolg wie ihr berühmter Bruder.

11. November 1980. Maradona bei einem Spiel der Argentinos Juniors gegen Guadalajara (Mexiko). Solche kräftezehrenden Auslandsspiele waren eine wichtige Einnahmequelle für den Verein.

1981–82. Maradona im Trikot von Boca Juniors. Der einzige Verein, mit dem er in Argentinien je einen Titel gewann. Zeitlebens fühlte er sich diesem Klub sehr verbunden.

26. August 1982. Mit Bernd Schuster beim Finale des Europapokals der Pokalsieger, in dem der FC Barcelona gegen Standard Lüttich antrat (Endstand 2:1). Zwei Verbündete und missverstandene Außenseiter.

2. Juni 1986, WM-Spiel gegen Südkorea in Mexiko-Stadt. Tritte wie diesen von Kim Young-Se musste Maradona immer wieder einstecken, egal wo er spielte.

22. Juni 1986, Viertelfinale gegen England bei der WM in Mexiko. Das erste Tor erzielt Maradona mit der Hand – mit der »Hand Gottes«, wie er später sagte.

29. Juni 1986. Auf den Schultern von Roberto Cejas – einem ganz normalen Fußballfan, den damals niemand kannte – feiert Maradona den WM-Sieg der argentinischen Mannschaft.

Mit Guillermo Cóppola in einem argentinischen Restaurant in Mexiko-Stadt. Der Fußballstar war nach Mexiko geflogen, um sich das Rückspiel der Boca Juniors gegen America im Halbfinale der Copa Libertadores anzusehen. Sein Flieger landete jedoch verspätet, sodass er nicht mehr rechtzeitig ankam, um sich das Match anschauen zu können.

22. Oktober 1988. Mit seiner Tochter Dalma nach einem Mannschaftstraining im Centro Paradiso di Soccavo, Neapel.

17. Oktober 1986. Beim Mannschaftstraining im Centro Paradiso di Soccavo, Neapel. Trainingseinheiten waren nicht immer seine Sache. Oft trainierte er nur, wenn er sich mental und physisch dazu in der Lage und bereit fühlte.

10. Mai 1987. Nach einem 1:1-Unentschieden gegen den AC Florenz am vorletzten Spieltag der Saison gewinnt der SC Neapel seinen ersten Scudetto. Die zwölf Monate davor gehörten zu den glücklichsten in Maradonas Lebens.

7. November 1989. Maradona und Claudia Villafañe auf ihrer Hochzeitsfeier im Luna Park Stadion in Buenos Aires. Die pompöse Feier im großen Stil war nicht unbedingt in Claudias Sinne. Von allen Frauen, mit denen Diego zusammen war, hat Claudia ihm zweifellos am meisten bedeutet.

1992–93. Bei einem Ligaspiel in der Primera Divison zwischen dem FC Sevilla und Espanyol Barcelona. Er war nicht mehr in Topform, aber was er mit dem Ball machte, war nach wie vor unvergleichlich.

1996. Maradonas und Claudio Caniggias legendärer Jubel nach dem ersten Treffer von Boca Juniors gegen River Plate in der Rückrunde der argentinischen Liga, der Torneo Clausura.

1999. Im Urlaub mit der Familie in Punta del Este, Uruguay.
Diego wurde die ganze Zeit über fotografiert.

April 2000. Maradona mit Cohiba-Zigarre vor der kubanischen Küste bei Havanna.
In Kuba versuchte er seine Kokainsucht in den Griff zu bekommen. Auf seinem Arm
prangt ein Che-Guevara-Tattoo. Mit dem in Argentinien geborenen Revolutionär und
Guerillaführer identifizierte er sich.

10. November 2001. Bei einer Veranstaltung zu seinen Ehren im »La Bombonera«, dem Stadion der Boca Juniors, wird Maradona von seinen Gefühlen überwältigt.

27. Oktober 2005. Für seine in Buenos Aires ausgestrahlte wöchentliche Radiosendung La Noche del 10 führt Maradona in Kuba ein Interview mit Fidel Castro. Kurz zuvor hat er 30 Kilo abgespeckt, nachdem er knapp dem Tod entronnen war.

März 2009. Maradona in seiner Funktion als argentinischer Nationaltrainer im Gespräch mit Lionel Messi vor dem Qualifikationsspiel gegen Venezuela für die WM 2010 in Südafrika. Seine Qualitäten als Trainer reichten an diejenigen als Spieler bei Weitem nicht heran.

14. Juni 2012. Diego mit seinem Vater vor dem Copa-Libertadores-Halbfinal-Hinspiel der Boca Juniors gegen Universidad de Chile. Als der stille Don Diego im Jahr 2015 starb, hinterließ er eine nicht zu schließende Lücke in Diegos Leben.

8. Januar 2021. Fans des SC Neapel zünden Bengalos anlässlich der Enthüllung des Wandgemäldes des Street-Art-Künstlers Jorit Agoch. Für die Argentinier wie für die Menschen in Neapel ist Diego Armando Maradona so etwas wie ein Gott.

»Ich sage dir jetzt etwas, das ich noch nie zuvor jemandem gesagt habe«, erklärt ein emotional angegriffener Blanco. »Diego war nicht mehr derselbe, und auch seine Einstellung zu Jorge hatte sich verändert. Sein Leben führte ihn in eine andere Richtung. Jorge, der über die Provisionen hinaus, die er für seine Arbeit für Diego bekommen hatte, nichts besaß, war für ihn nur noch ›der Lahme‹ oder ›der Fette‹. Cóppola hingegen, Diegos neuer Agent, war ein typischer Playboy, einer dieser Jet-Set-Typen. Er hatte die Zusammenarbeit mit über 300 Kunden beendet, um ausschließlich für Maradona zu arbeiten. Diego bekam durch ihn immer die besten Autos, die besten Frauen, einfach alles, was er wollte. Im Grunde genommen beschritt Diego mit ihm den Weg, der ihn dorthin führte, wo er schließlich endete.«

Das Ende der Freundschaft und Geschäftsbeziehung zu Jorge bedeutete auch das Ende von Maradona Producciones. Der Kameramann Juan Carlos Laburu entschloss sich, in Neapel zu bleiben und eine Pizzeria zu eröffnen. Er lebt heute noch dort, und es geht ihm gut. Obschon er sein altes Leben hinter sich ließ, erkannte Diego, dass es zwei Menschen gab, von denen er sich nicht trennen konnte: den Realisten Fernando Signorini und die alles zusammenhaltende Claudia. Alle anderen wurden ersetzt.

»Er ließ mich in einer schweren Phase meines Lebens hängen, und man hat mir nahegelegt, ihn anzuzeigen, aber das wollte ich nicht«, sagte Maradona über Cyterszpiler, den cleveren Jungen, der seine Zukunft vorausgesehen hatte, bevor er selbst auch nur ahnte, was aus ihm werden könnte. Die beiden Männer handelten so etwas wie einen Nichtangriffspakt aus, der eine unausgesprochene Geheimhaltungsklausel enthielt. Bis ganz zum Schluss hielt Maradona sich allerdings nicht daran, denn in seiner Autobiographie erzählte er, dass er bereits insolvent war, als er nach Neapel kam. Cyterszpiler hat nie eine öffentliche Erklärung zu dem Bruch zwischen ihnen abgegeben.

»Am dem Tag, als seine Partnerschaft mit Cóppola begann, kam Diego erst um sechs oder sieben Uhr morgens nach Hause«, erzählt Blanco. »Damit begannen völlig neue Zeiten.«

KAPITEL 20
Guillermo Cóppola

Nach seiner Trennung von Cyterszpiler suchte Diego nach einem erfahrenen Agenten, der seine Geschäfte weiterführen sollte. Er fragte Josep María Minguella, ob er die Aufgabe übernehmen und zu ihm nach Italien kommen wolle. »Ich kann dir helfen«, lautete seine Antwort, »aber ich werde nicht nach Neapel ziehen.« Minguella verkaufte das Haus in Pedralbes und richtete unter Diegos Namen ein Notfallkonto ein, auf das er aus eigener Tasche 100 000 Dollar einzahlte, für den Fall, dass Maradona je in finanzielle Schwierigkeiten geraten sollte.

»Während seiner zweiten Saison in Italien lud er mich nach Neapel zum Essen ein. Wir besuchten ein spektakuläres Restaurant in den Klippen, von wo aus man einen phantastischen Blick aufs Meer hatte«, erinnert sich Minguella. »Und da sagte er zu mir: ›Sag dem Präsidenten, wenn er mir dasselbe Haus besorgt, in dem ich früher gewohnt habe, komme ich nach Barcelona zurück.‹ Ich erzählte es Núñez, aber der hatte an ihm nicht mehr das geringste Interesse.«

Die Suche nach einem geeigneten Agenten war also noch nicht zu Ende. Carlos Randazzo, ein ehemaliger Boca- und River-Spieler, traf sich mit Maradona in Buenos Aires und brachte mit einem Tipp die weitere Entwicklung in Gang. Diego Borinsky von der *El Gráfico* erzählte er: »Eines Tages fragte Diego mich: ›Warum hast du mir nie gesagt, dass Jorge [Cyterszpiler] mich bestiehlt?‹ Darauf sagte ich ihm: ›Ich glaube nicht, dass Jorge dich bestohlen hat.‹ Jorge hat mit dem Geld um sich geworfen und es gelegentlich nicht gerade clever angelegt, aber er hätte ihn nie bestohlen. Und dann sagte ich noch: ›Hol dir Guillermo Cóppola als Ersatz, du kennst ihn doch, ihr scheint euch gut zu verstehen, und er ist ein netter, fähiger Kerl.‹«

Diego bat Randazzo um einen Gefallen: »Gib ihm diese Mappe hier und bitte ihn, damit anzufangen.« Es war ein Exposé für ein

Haus in Esquina, einer Stadt in der nordargentinischen Provinz Corrientes. Cóppola sollte versuchen, es irgendwie zu Geld zu machen. Und damit begann seine Karriere als Diegos Agent.

Etwa um diese Zeit erzählte mir jemand, dass Diego mich sprechen wolle. Er wollte wissen, was für ein Mensch ich war und wie ich meine Geschäfte anging. Daraufhin vereinbarten wir ein Treffen in seinem Zimmer in der Ezeiza-Sportstadt, wo die argentinische Nationalmannschaft trainierte. Er sagte mir, dass er ein paar kleinere Projekte habe, die er mir anvertrauen wolle. Er wirkte zögerlich. Jorge Cyterszpiler arbeitete noch für ihn, und ich erklärte ihm, dass ich keinesfalls in eine Sache involviert werden wolle, solange die Angelegenheit nicht vollkommen geklärt sei. »Nein, nein, es ist an mir, das zu klären«, sagte er. Perfekt. Als er mich schließlich bat, ihn exklusiv zu vertreten, stellte er mich vor eine wichtige, einschneidende Entscheidung. Aber Diego war Diego. Am Tag darauf kündigte ich bei der Bank, bei der ich angestellt war, stellte meine Arbeit für die vielen anderen Spieler, die ich managte, ein und ging nach Neapel.

Ich bekam zwei Plätze im VIP-Bereich auf der Haupttribüne im San Paolo. Und im Paraiso-Hotel wurde immer ein Zimmer für mich bereitgehalten. Von dort aus konnte man den Vesuv sehen, den Golf, den Hafen. Es war perfekt. Aber zu Fuß durch die Stadt zu gehen, war praktisch unmöglich. Daher war ich fast immer mit dem Moped unterwegs. Morgens erledigte ich die Bankgeschäfte, kümmerte mich um persönliche Angelegenheiten, schaute Diego beim Training zu. Einmal flog der Ball ins Aus, ich stoppte ihn und schoss ihn zurück. Da sagte Diego: »Guillermo, berühr nie den Ball! Ich gehe auch nicht an deinen Schreibtisch und durchwühle deine Unterlagen!« Das sorgte für Lacher! Wenn Diego nachmittags nicht trainierte, fuhren wir meist zum Essen nach Capri. Wenn er trainierte, aß ich im Sacristia zu Mittag. In dem Restaurant gab es einen Tisch, der immer für mich reserviert war. Wie für die Camorra-Bosse.

Mailand, im März 1987, Prince Savoy Hotel: Verleihung der Sport-Oscars [Oscar Mondiale dello Sport]. Der letztjährige Gewinner reichte das Zepter an den neuen Titelinhaber weiter. Alain Prost war da, der es Ayrton Senna überreichte. Björn Borg gab es an Boris Becker weiter. Und Pelé an Maradona. Um 18.53 Uhr sollten wir runtergehen, damit ein kleines Shooting mit Pelé und Maradona gemacht werden konnte, bevor sie auf die Bühne mussten. Wir wohnten im achten Stock, Pelé im neunten. Um 18.45 Uhr fragte ich: »Dieguito, wie geht es dir?«

Und Diego antwortete: »Dieser Kerl, Pelé, wegen ihm habe ich die ganze Nacht nicht geschlafen. Du kannst es nicht wissen, aber er hat mich verletzt, mit dem, was er 86 über mich gesagt hat. Ich bin mir sicher, er hat das mit Absicht gemacht, dieser Scheißkerl ...«

Daraufhin ich: »Na ja, und heute überreicht er dir den Oscar, du Arsch. Also, in fünf Minuten machen wir uns auf den Weg.«

»Klar«, antwortete er, aber irgendetwas sagte mir, dass es noch Probleme geben würde. Also ging ich runter, und dann wieder rauf. »Dieguito, sind wir fertig? Pelé ist schon auf dem Weg nach unten ...«

»Ach, ist er noch nicht angekommen?«

»Nein, er ist auf dem Weg nach unten.«

»Bevor er nicht unten angekommen ist, werde ich nicht runtergehen.«

Also hechtete ich hoch zum neunten Stock und krallte mir Pelé. »Hey, wir müssen runterfahren.«

»Wenn Diego fährt, fahre ich auch.«

Ich wieder runter in den achten. »Dieguito, ich habe gerade mit ihm gesprochen. Sie fahren jetzt runter.«

»Okay, wenn sie unten sind, fahren wir auch.« In dem Moment wollte ich nur sagen: »Ihr könnt mich alle mal, Pelé, Maradona, die Oscars.«

Stattdessen sagte ich: »Diego, wir sind fünf Minuten zu spät. Es sind einhundert Leute an dem Programm beteiligt, und wir sind die Einzigen, die zu spät kommen.« Aber es war nichts zu machen.

Ich rief bei Pelé an und sagte seinem Bruder: »Marcelo, steigt in den Aufzug und fahrt runter, wir warten auf unserer Etage, bis ihr kommt, und fahren dann alle zusammen runter.« Wir fuhren also zu viert mit dem gleichen Aufzug. Waren sieben oder acht Minuten zu spät. Das große Foto wurde geschossen, wir waren von Journalisten umringt, Pelé stand vorne, wir hinten.

»Warum steht er vorne?«, fragte Diego.

»Weil er vor dir auf die Bühne gehen muss, um dir den Preis zu überreichen, du Arsch.«

Es kam zur Übergabe. Diego nahm den Preis entgegen, Pelé überreichte ihn. Maradona sagte: »Ich bin stolz, dankbar und glücklich, diesen Preis zu erhalten, aber der Fußball hat nur einen König, und dieser König ist Pelé.« Und er gab ihm den Oscar zurück.

»Diego, was zum Henker machst du?«, fragte ich mich. Pelé wusste nicht, was er tun sollte. Er musste Diego den Preis noch einmal überreichen. Und Diego erhielt stehende Ovationen.

Als wir uns setzten, erzählte mir Diego: »Als ich den Oscar nahm, sah ich, dass mein Name darauf stand. Er hätte ihn also auf keinen Fall behalten können.«

Diego war überall gefragt. 1987 waren wir auf dem Rot-Kreuz-Ball in Monte Carlo, nur die schillerndsten Persönlichkeiten gingen dort hin. Fürst Rainier III., Caroline, ihr Mann. Prinz Albert, der mit uns am vollbesetzten Tisch saß, steht irgendwann auf und sagt: »Ihr bleibt noch, aber ich habe morgen zu tun.«

Damit blieben Diego und ich mit zwei oder drei Frauen allein zurück. Diego sagt zu mir: »Lass dir die Rechnung geben, damit wir gut dastehen.« Wir waren im Hotel de Paris Monte-Carlo, die Übernachtung dort kostete damals umgerechnet 4500 Dollar. Und dann fragte Diego mich: »Warum hast du das getan?«

»Warum ich das getan habe? Du hast mir doch gesagt, ich solle mir die Rechnung geben lassen.« Wir hatten nur 500 Dollar dabei, das reichte bei weitem nicht. Aber Moment mal … uns war ein Wagen zur Verfügung gestellt worden, obwohl der Palast nur drei Minuten entfernt lag. Ich sage dir, was wir jetzt tun, ich werde zum

Hotel fahren und Geld holen. Als ich zurückkomme, sind die Frauen immer noch da. Fünf Riesen, und fünfhundert für die Trinkgelder. So viel mussten wir blechen. Autsch!

Jahre später sind wir in Punta del Este. Es war eine harte Nacht, Diego und ich waren stundenlang auf der Piste. Wir hatten ein Haus in Punta Piedra gemietet. Nachdem wir aus dem Nachtclub raus sind und den Strand entlang zu unserem Haus gehen, sieht Diego auf und sagt: »Guck mal, da drüben wird gefeiert, lass uns mal hingehen.« Es war fünf Uhr morgens! Wir kamen zu einer Grillparty, und wer war unter den Gästen? Prinz Albert. Aus irgendeinem mir unerfindlichen Grund hing Diego eine Plastikmöhre um den Hals. Es wurde gegrillt und gefeiert, Models, Geschäftsleute ... Diego läuft Prinz Albert über den Weg und sagt zu ihm: »Ich gehe hier nicht weg, bis ich die fünf Riesen wiederhabe, die du mir schuldest.«

»Fünf Riesen?«

»Ja, fünf Riesen.« Diego sprach mit ihm in perfektem Italienisch. »Du hast uns an dem Tag damals auf der Rechnung sitzenlassen.« Irgendwann gab er uns das Geld. Der Ballabend in Monaco war damals schon zehn oder noch mehr Jahre her!

KAPITEL 21
Carlos Salvador Bilardo

Die Militärdiktatur hatte Argentinien ein katastrophales finanzielles wie moralisches Erbe hinterlassen. Der sinnbildhafte Schandfleck dieser verlorenen Jahre war nicht zuletzt der vierzigtägige Falklandkrieg, der durch die argentinische Invasion im April 1982 ausgelöst worden war. Doch nach sieben Jahren Militärdiktatur kam im Dezember 1983 mit Raúl Alfonsín nach langer Zeit wieder ein demokratisch gewählter Präsident an die Macht. Er begann damit, das Land als moderne Demokratie wiederaufzubauen, und stand in den kommenden fünfeinhalb Jahren an der Spitze einer Nation, die – vor allem zu Beginn seiner Amtszeit – vor Optimismus nur so sprühte. Die ersten zarten Triebe der Demokratie stärkten landesweit das Vertrauen in die Vorstellung, dass durch friedliches, entschlossenes Handeln die sozialen und ökonomischen Probleme gelöst werden könnten. Es wurde eine großangelegte Alphabetisierungskampagne initiiert, die Zensur wurde abgeschafft, und man versuchte, ein harmonisches Miteinander von Bürgern und Obrigkeit zu schaffen.

Dennoch war Alfonsíns Ausgangslage prekär. Das Land schuldete dem IWF 42 Milliarden US-Dollar, siebenmal mehr als vor dem Militärputsch im Jahr 1976. Das Schicksal der Verschwundenen, der Desaparecidos, war eine offene Wunde, die ganz sicher nicht so schnell verheilen würde. Und sein Wahlversprechen, der Militärjunta keine Straffreiheit zu gewähren, war eine Zusage, die Alfonsín am Ende nicht halten konnte.

Über jeden neuen politischen Bereich, den die junge Demokratie der Diskussion öffnete, erhitzten sich die Gemüter. Politiker sowie soziale und kulturelle Meinungsführer nahmen immer unversöhnlichere Positionen ein. Aufflammende Debatten endeten in populistischer Demagogie, die zur Spaltung der argentinischen Gesellschaft beitrug. Vielleicht ist das eine unvermeidliche Entwicklung in einem Land, in dem gerne lange, ergebnislose Diskussionen geführt werden. Etwa: Wer ist der beste Tango-Sänger, Carlos Gardel oder Julio Sosa? Oder: Bist du Boca- oder River-Fan? Oder: Ist Jorge Luis Borges der bessere Schriftsteller oder ist es Julio Cortázar? Auch Maradona vereinfachte sich die Welt eifrig entlang klar gezogener Grenzen: Entweder man war für ihn oder gegen ihn. Etwas dazwischen gab es nicht.

Nach der Niederlage Argentiniens bei der WM 82 in Spanien verlor Julio Grondona, der Präsident der AFA, unter dem Druck des einflussreichen Sportmagazins *El Gráfico* das Vertrauen in den ausgelaugten César Luis Menotti. Ende 1982 nutzte der Verband die allgemeine Aufbruchsstimmung, die sich rund um die bevorstehenden Wahlen im Land verbreitete, um Menotti durch Carlos Bilardo zu ersetzen. Bilardo war Co-Trainer bei Huracán gewesen, mehrmals Trainer bei Estudiantes de La Plata, wo er in früheren Jahren auch selbst gespielt hatte, und zwischendurch Trainer der kolumbianischen Nationalmannschaft. Mit Bilardo hielt der typisch argentinische Dualismus auch Einzug in den Geist der Nationalmannschaft. Seiner Ansicht nach gab es im Fußball eine »andere Seite«, repräsentiert durch diejenigen Trainer, die mit dem italienischen Catenaccio – einem Spielsystem, das für risikolosen Defensivfußball steht – groß geworden und von ihm beeinflusst worden waren. »Einer der wenigen Vertreter der ›anderen Seite‹, mit denen ich einen Kaffee trinken würde, ist Bilardo«, sagte Menotti einmal. Die ideologisch verhärtete Fußballdebatte zwischen den beiden ehemaligen Nationaltrainern und ihren treuen Anhängern dauert bis heute an.

»Der beste Trainer, mit dem ich je gearbeitet habe, war Menotti«, erzählte Maradona Diego Borinsky von der *El Gráfico*. »Von der Taktik her ist Bilardo zehnmal besser als Menotti, aber man musste viel Zeit auf dem Feld verbringen, bis man verstanden hatte, was er im Sinn hatte. *El Flako* konnte seine Strategie logisch gliedern und sie einfach und schlüssig erklären, sodass man schnell begriff, was er von einem wollte.« Menotti hatte als Nationaltrainer eine Mannschaft zusammengestellt, in der Maradona als Solist fungierte. Bilardo hingegen stellte das Team unter das absolute Kommando der Nummer 10.

Kurz nachdem er seinen neuen Posten angetreten hatte, reiste Bilardo nach Barcelona, um sich mit Diego zu treffen. »Du wirst hier spielen, sie werden dich decken, dann wirst du hier spielen und hier ...«, erklärte Bilardo munter drauflos. Als ihm bewusst wurde, mit wie viel kleinteiligen Informationen er Maradona bombardierte, entschuldigte sich der neue Nationaltrainer. »Ich weiß, dass du jetzt gar nichts verstanden hast, aber mach dir keine Sorgen, mit der Zeit wirst du es begreifen, es ist ganz einfach. Und eines kann ich dir jetzt schon sagen: Du wirst Mannschaftskapitän werden.« Nach der Niederlage von 1982 musste Bilardo die Mannschaft gewissermaßen neu erstehen lassen, und er versuchte, den nötigen Funken dafür zu erzeugen, indem er kräftig mit dem Vorschlaghammer drauflosschlug. »Es war keine leichte Sache, einem Weltmeister wie Passarella, *la puta*, die Kapitänsbinde zu entziehen«, erklärte Bilardo in der *El Gráfico*. »Aber Diego war für mich der perfekte Anführer.« Maradona stand über allen. Im Grunde hatte Bilardo nur ein einziges Ass im Ärmel: Die Leistung der Mannschaft hing zu weiten Teilen von Maradonas individuellem Beitrag ab.

Ihr erstes Länderspiel unter Bilardo trug die argentinische Nationalmannschaft im Mai 1983 gegen Chile aus, und obwohl es ein an sich bedeutungsloses Freundschaftsspiel war, wurden bereits hier erste Anzeichen des extremen Pragmatismus und der Strenge des neuen Trainers sichtbar: Den nominellen Mittelfeldspielern war es verboten, Tore zu schießen, um Kraft und Energie zu sparen. Bilardo war nun einmal kein typischer Coach. »Einmal rief er Oscar Ruggeri an und erklärte ihm, er solle im kompletten Trikot und mit Fußballschuhen bei ihm vorbeikommen«, erzählte Ruggeris Kollege, der Nationalspieler Claudio Caniggia, in der *Jot Down*. »Dort angekommen, schickte Bilardo ihn auf einen Platz vor seinem Haus, wo ein paar Jungs Fußball spielten. Ein Neunjähriger stand im Tor. ›Schieß ihn rein‹, rief Bilardo. Auf eine etwas verquere Art wollte er herausfinden, ob Ruggeri, der sich gerade von einer Verletzung erholt hatte, Angst davor hatte, getackelt zu werden oder den Ball zu spielen.«

Bilardo zeichnete einzelne Trainingseinheiten per Video auf, was damals noch sehr ungewöhnlich war. »Er spielte mir ein Video vor, auf dem zu sehen war, wie ich die Hände in die Hüften gestemmt dastand«, erinnerte sich Caniggia. »Er sagte mir, dass ich das nicht tun solle, weil es mich müde aussehen ließ … Wenn ich mit den Fingern durch meine Haare fuhr, meinte er, würde ich meinen Fokus verlieren.« Bei allen Einzelgesprächen waren neben Bilardo und dem jeweiligen Spieler zwei Zeugen anwesend, damit niemand dem Trainer später etwas Nichtgesagtes in den Mund legen konnte.

Maradona engagierte sich immer mehr für die Nationalmannschaft, und von seinen Mitspielern verlangte er dasselbe Maß an Hingabe. Anders als heute wurde der internationale Fußballkalender damals noch nicht von einer Stelle zentral koordiniert, die Verbände einigten sich nicht im Vorfeld auf bestimmte Termine. Qualifikationsspiele fanden üblicherweise während der normalen Spielzeiten statt, und die europäischen Vereine lehnten es oft ab, ihre lateinamerikanischen Spieler für diese Begegnungen freizustellen. So war es auch im Vorfeld der WM 1986, doch Diego ließ sich davon nicht abhalten.

Der italienische Fußballverband erinnerte Maradona 1985 daran, dass es ihm verboten sei zu reisen, und drohte ihm mit Ausschluss. »Nicht mal der italienische Staatspräsident Sandro Pertini kann mich von der Reise abbringen. Er kann die Flieger, die in Rom starten, nicht aufhalten«, sagte er. »Maradona widersetzt sich der Liga«, titelte die italienische Presse. Schlussendlich nahm Maradona innerhalb von fünfzehn Tagen an fünf Begegnungen teil: drei mit dem SSC Neapel in Italien und zwei mit der Nationalmannschaft in Argentinien.

»Der Flieger von Aerolíneas Argentinas startete wie immer um 22 Uhr«, erzählt Maradona in seiner Autobiographie. »Das Spiel gegen Juve muss so gegen 19 Uhr vorbei gewesen sein, danach musste ich noch 250 Kilometer von Neapel zum Flughafen Rom-Fiumicino zurücklegen – durch den dichten Samstagabendverkehr.« Wenige Tage später flog Maradona wieder von Argentinien nach Neapel zurück. »Ich aß etwas, dann legte ich mich ins Bett. Aufgewacht bin ich, glaube ich, eine Minute bevor das Spiel losging.« Neapel spielte an diesem Tag gegen Hellas Verona. Diego erzielte dabei zwei Tore, nachdem er in den vergangenen zwei Wochen 80 000 Kilometer um die Welt gereist war.

Um die Mannschaft für seine neue Spielidee zu begeistern, intensivierte Bilardo zunächst seine Kontakte zu den Vereinen in den nationalen Ligen. Er wollte ihnen entgegenkommen, indem er ihre Spieler vornehmlich bei Spielen einsetzte, die in Südamerika ausgetragen wurden. Er wusste, wie stark sich Diego bereits für die Nationalmannschaft engagierte, daher ließ er ihn bei diesen Spielen ungewöhnlich lange außen vor – obschon Diego selbst heftig dagegen protestierte. Bilardo ließ in dieser Zeit ein dauerhaft erprobtes 4-4-2-System spielen, das das Potenzial seiner Nummer 10 am besten zur Geltung bringen konnte. Eine Sache erschwerte der Mannschaft die Arbeit mit ihm allerdings sehr: Bilardo sprach so schnell, dass die Spieler gelegentlich Mühe hatten nachzuvollziehen, was er von ihnen wollte. »Einige verstanden nur Bahnhof«, sagte der damalige Innenverteidiger und spätere WM-Gewinner José Luis *Tata* Brown.

Bilardos Ansprüche waren auch davon abgesehen hoch. »Wie es war, mit Bilardo zu trainieren? Als würde man eine Doppelschicht fahren«, erinnert sich Außenverteidiger Julio Olarticoechea bei einem Interview mit der *El Gráfico*. »Wenn ich nach Hause kam, war ich völlig erschlagen, körperlich und mental … es gab Videos ohne Ende.«

Maradona kehrte Mitte 1985 gut erholt ins Team zurück. Konflikte auf und abseits des Trainingsgeländes waren durch das Aufeinandertreffen von Menottis alternden WM-Veteranen und einer jungen neuen Spielergeneration, die eine ganz andere Sicht auf den Fußball hatte, jedoch programmiert.

Ex-Kapitän Passarella war ein ruhiger, zurückhaltender Typ. Er plädierte dafür, stets regelkonform zu spielen und die Hierarchien zu respektieren. Er glaubte, Maradona gehe zu viele unnötige Risiken ein, wenn er Schiedsrichter und Gegenspieler bei jeder sich bietenden Gelegenheit in lautstarke Auseinandersetzungen verwickelte. Im Grunde genommen konnte er mit Maradonas Spielphilosophie nicht das Geringste anfangen. Denn Diego kam immer erst dann so richtig in Schwung, wenn er irgendeiner Institution gegenübertrat und die Autorität geltend machen konnte, die ihm als Kapitän übertragen worden war. Er war sozusagen der Rebell mit der Armbinde.

Die Qualifikationsphase war für Argentinien ein ständiges Auf und Ab. Das Ticket für Mexiko sicherte sich die Mannschaft erst in den letzten zehn Minuten der letzten Begegnung gegen Peru. Es stand 2:1 für Peru in diesem Heimspiel für die Argentinier, als die Gäste einen Eckball nicht energisch genug klärten und die Argentinier den Ball rasch wieder in den Strafraum spielten. Passarella stand nach der Ecke noch im gegnerischen Strafraum und hatte Bilardos Anweisungen, sich in die Verteidigung zurückzuziehen, ignoriert. Er stoppte den Ball mit der Brust, legte ihn an einem Verteidiger vorbei und zielte von der rechten Torraumecke aufs Gehäuse. Der Ball prallte gegen den gegenüberliegenden Pfosten, wo Garcea stand, der ihn nur noch über die Torlinie drücken musste. Mit dem 2:2-Unentschieden wurden die Argentinier Erster in ihrer Qualifikationsgruppe.

Trotzdem gab es Zweifel am Team. Die *Clarín* hatte von Anfang an Bedenken gegenüber Bilardo geäußert und ließ von ihrer Kritik auch nicht ab, als die WM-Teilnahme in trockenen Tüchern war. Ähnlich hielt es der Teil der Fans, der das, was er für den Geist des argentinischen Fußballs hielt, im Spiel der Mannschaft nicht wiederfand. Und selbst Passarella räumte ein: »Wenn wir nicht besser spielen, werden wir bei der WM nicht weit kommen.« Das waren ernstzunehmende Kritikpunkte.

»Die Medien haben großen Einfluss, sie können Präsidenten stürzen. Sie könnten das Gleiche mit mir tun«, sagte Bilardo in einem privaten Gespräch. Tatsächlich versuchte die Regierung ihn auf Alfonsíns Anweisung hin noch vor der WM zu ersetzen. Ein Kellner, der Bilardo kannte, hörte, dass von ihm an einem Tisch gesprochen wurde, an dem lauter Politiker saßen, und bekam letztlich mit, worum es bei diesem Treffen ging: Sie planten Bilardos Entlassung. Doch der Trainer wurde von dem Kellner gewarnt und vertraute das, was er erfahren hatte, AFA-Präsident Grondona an, der ihm Rückendeckung gab.

Nach dem Spiel gegen Peru musste Maradona noch die letzten Spieltage mit Neapel absolvieren. Er litt zu jener Zeit an den Folgen eines Bänderrisses am Knie; immer wieder sammelte sich Flüssigkeit im Gelenk, das deshalb regelmäßig punktiert werden musste. Das ließ Bilardo jedoch nicht an der Führungsrolle seines Starspielers zweifeln.

Die *El Gráfico* organisierte ein Fotoshooting für eine Titelseite mit Maradona und Passarella, bei dem die beiden Spieler fröhlich lachend und Sombrero tragend in die Kamera blickten. Dennoch waren die Spannungen zwischen ihnen nicht zu übersehen. Auch das Team war in zwei Lager gespalten. Zum Team Bilardo auf der einen Seite gehörten Pumpido, Brown, Ruggeri, Garré, Giusti, Burruchaga und Maradona, auf der anderen Seite standen die Menotti-Fans Valdano, Passarella, Borghi und Tapia. Letztere wurden zunächst noch von Batista und Olarticoechea unterstützt, die später aber die Seiten wechselten.

Fernando Signorini ließ Diego wissen, wie sich das angespannte Verhältnis innerhalb der Mannschaft seiner Meinung nach in dem Turnier auswirken konnte, das in ziemlich hohen Lagen und bei hohen Temperaturen ausgetragen wurde. »Das ist deine WM«, sagte er. »Nun ja, entweder deine oder die von Platini.« Diese Spitze musste er hinzufügen, um Diego eine Reaktion zu entlocken.

Diego bat Signorini, sich so viel Wissen wie möglich aus den Bereichen Physiologie, Biomechanik und Traumatologie anzueignen und sich mit entsprechenden Experten auszutauschen, um sich optimal auf seine Rolle als Maradonas persönlicher Fitnesstrainer bei der WM vorbereiten zu können. Also löcherte Signorini während eines Meetings einen Physiologen. »Stell nicht so viele Fragen«, tadelte ihn Diego daraufhin. »Begreifst du denn nicht? Der Arzt wird denken, dass du keine Ahnung hast.« In dem Moment erkannte Signorini, dass Maradona Fragen zu stellen als Schwäche begriff, die er sich nicht leisten konnte.

Es stellte sich heraus, dass die argentinische Nummer 10 vom athletischen Standpunkt aus betrachtet etwas von einer Katze hatte. »Er war in der Lage, eine enorme Leistung abzurufen, aber nur über einen kurzen Zeitraum«, erklärt Signorini. »Anschließend benötigte er eine ausreichende Ruhephase, um neue Kraft zu tanken.« Er konnte nicht die ganze Zeit über herumlaufen, er musste die passenden Momente dafür mit Bedacht auswählen. Daher richteten wir unsere Arbeit darauf aus, machten viel Krafttraining, rauf und runter, und arbeiteten ganzheitlich mit allen Muskelgruppen. Während der Übungen forderte ich ihn zudem heraus, indem ich ihm verschiedene Aufgaben stellte – einmal sollte er sich beispielsweise vorstellen, dass die Mannschaft gegen Frankreich antritt, ein anderes Mal, dass sie gegen Deutschland spielt.

Intern wurde die Gruppe in dem Glauben bestärkt, dass das Unmögliche möglich werden könne, auch wenn es noch ein Problem zu lösen gab: die Harmonie innerhalb der Mannschaft. Würde die unausweichliche direkte Konfrontation die Lösung bringen?

»Es gab mehrere Aussprachen«, erzählte Bilardo im Gespräch mit der *La Nación*. »In Kolumbien ebenso wie in Mexiko. Gelegentlich muss man sie als Trainer auch provozieren. Man darf nicht zulassen, dass sich die Spieler treffen, ohne dass man als Trainer davon weiß. Und auch dann darf man sie für nicht mehr als 15 oder 20 Minuten allein lassen. In dieser Zeit wird schon alles gesagt worden sein. Und man braucht seine Informanten. Wenn man die nicht hat, werden sie einen überrumpeln.«

»Wir fuhren zu einem Spiel nach Barranquilla in Kolumbien«, erzählt Jorge Valdano. »Am Abend vor dem Match hatten wir eine Besprechung, bei der vieles geklärt wurde. Es gab einige Dinge, über die wir miteinander sprechen und die wir klären mussten, von Angesicht zu Angesicht.«

Diese Auseinandersetzung war ungemein wichtig. »Die Aussprache in Barranquilla war schlimm gewesen, sehr schlimm, aber es war klug gewesen, es dazu kommen zu lassen«, sagte Jorge Burruchaga im Gespräch mit der *La Nación*. »Fast hätten wir uns alle gegenseitig umgebracht. So etwas hatte ich noch nicht erlebt. Aber es hat uns geholfen, wir mussten reden.«

Anschließend beschlossen die beiden zerstrittenen Parteien, sich einen Monat lang für das übergeordnete Ziel zusammenzuraufen. »Wir müssen Weltmeister werden, und dann sehen wir weiter«, sagte Maradona seinen Mannschaftskameraden.

Aber auch wenn es für den Zusammenhalt maßgeblich war, stand dieses Friedensabkommen auf wackeligen Füßen. Ungeklärt war unter anderem immer noch die Frage, wer in dem Konflikt zwischen Maradona und Passarella den Ton angab. Die Antwort darauf fand sich wenig später in Mexiko.

Ihr WM-Quartier bezog die argentinische Nationalmannschaft auf dem Vereinsgelände des Club América in Mexiko-Stadt. Passarella stürmte dort einmal in Maradonas Zimmer, ohne zuvor angeklopft zu haben. Angeblich habe Diego dort mit ein paar anderen Spielern zusammengesessen und Kokain geschnupft. Das zumindest erzählte Passarella seinen engsten Vertrauten. Wenig später kam Diego eine Viertelstunde zu spät zu einer Besprechung. Passarella machte ihm deswegen Vorwürfe. Er meinte, dass ein Kapitän nie zu spät kommen dürfe und dass man Diego, wenn man ihm schon andere unappetitliche Angewohnheiten nicht abgewöhnen könne, zumindest Unpünktlichkeit nicht durchgehen lassen dürfe. Maradona stellte Passarella daraufhin vor versammelter Mannschaft zur Rede, wie er in seiner Autobiographie erklärte.

»Fertig? Na, dann wollen wir jetzt mal über dich reden«, sagte Maradona, den Bullen bei den Hörnern packend. »Es stimmt, ich nehme Kokain. Aber eines sage ich dir, bei dieser Gelegenheit habe ich das nicht getan. Und du schwärzt Jungs an, die nichts damit zu tun haben. Du bist ein Scheiß-Denunziant.«

Es gab zudem eine Telefonrechnung über 2000 US-Dollar, für die niemand aufkommen wollte. Diego fand heraus, dass es sich bei der angerufenen Nummer um den Anschluss von Passarellas Haus in Italien handelte. »Du bist ein echtes Stück Scheiße«, blaffte daraufhin der aufgebrachte Valdano seinen ehemaligen Mannschaftskapitän an.

Ein Freundschaftsspiel in Barranquilla gegen den Junior FC war 0:0 ausgegangen, aber die Mannschaft hatte einen guten Eindruck hinterlassen, denn das Unentschieden war in erster Linie dem gegnerischen Torwart zu verdanken, der zum Held des Abends wurde. »Drei Tage vor dem ersten WM-Spiel beraumte Bilardo allerdings noch ein Freundschaftsspiel gegen die Jugendmannschaft von Club América an«, erinnert sich Jorge Valdano. »Nach der ersten Halbzeit lagen wir 3:0 zurück.« Es war schwer, sein Vertrauen in eine solche Mannschaft zu setzen, aber zumindest die Hackordnung schien jetzt geklärt zu sein.

Fernando Signorini hatte aber noch ein Ass im Ärmel. Er stattete Maradona und Pedro Pasculli in dem kleinen Zimmer, das sie sich teilten, einen Besuch ab. Die Nummer 10 der Argentinier hatte es sich auf seinem Bett bequem gemacht, er las in einer Zeitschrift, während der Fernseher lief.

»*Profe*, wie geht's?«, fragte Pasculli. Signorini zwinkerte ihm zu. Maradona sagte nichts und sah auch nicht von seiner Zeitschrift auf.

»Phantastisch, Pedro! Mir ist da etwas aufgefallen …«, sagte Signorini und senkte seine Stimme, Diego wurde hellhörig: »Die Medien glauben, dass dies hier nur eine unbedeutende WM wird, ohne einen wirklichen Star.«

»Warum lässt du mich nicht in Ruhe lesen«, grummelte Maradona.

»In Ordnung, dann bis später«, entgegnete *El Profe* und verließ den Raum.

Ein paar Tage später lag im Frühstücksraum eine ganze Reihe Zeitungen auf den Tischen verteilt. Auf einem mexikanischen Blatt prangte die Schlagzeile »Maradona eröffnet das Feuer: Das wird meine WM«.

KAPITEL 22

Die WM 86 in Mexiko - Aberglaube und Rituale

»Du vereinst in dir das Beste des argentinischen Fußballs, vielleicht sogar das Beste des Fußballs weltweit. Wenn du dich konzentrierst und an dich glaubst, kann der Traum vom WM-Sieg Wirklichkeit werden.« Das war es, was Fernando Signorini Maradona so oder so ähnlich in den Tagen vor dem Beginn der WM immer wieder sagte.

»Er war das Idol der Habenichtse und der armen Schlucker, derjenigen, deren einzige Freude es war, Diego am Wochenende ein Tor schießen zu sehen«, erklärt *El Profe*. »Es ging nicht nur ums Fußballspielen, nein, nein, nein, und das wusste er auch, und es machte ihn glücklich.« Andere hätte eine solche Herausforderung vielleicht abgeschreckt, aber der 25-jährige Maradona wollte auf direktem Weg zum Olymp, um es dort mit den Göttern aufzunehmen. Möglicherweise hatte er sich – ohne sich dessen bewusst zu sein – sein Leben lang nur auf dieses Turnier vorbereitet.

Von Kindesbeinen an werden wir gelobt, wenn wir folgsam sind. Als Kinder glauben wir, dass andere uns nur dann wohlgesonnen sind, wenn wir gehorchen. Also tun wir, was uns gesagt wird. Doch während des Erwachsenwerdens erkennen wir, was wir wirklich wollen, und wir lernen, dass diejenigen, die sich immer fügen, da enden, wo ihr Boss sie haben will. Es sind die Ungehorsamen, diejenigen, die ihren eigenen Weg gehen, ihre eigenen Grenzen setzen, die dort ankommen, wo sie selbst hinwollen. Maradona lernte bereits früh, Nein zu sagen. Er war 15, als er nicht nur zum Familienoberhaupt, sondern zugleich zum Herrn über sein eigenes Schicksal wurde. Kern all seines Strebens und Voraussetzung für sein Überleben war sein rebellisches Wesen, das nicht zuließ, dass er einfach tat, was man ihm sagte.

Die lateinamerikanische Kultur mit ihrer stark christlich-jüdischen Prägung fußt auf dem Ideal einer starken Gemeinschaft, die alles miteinander teilt – ein auffälliger Widerspruch zur Prämisse des menschlichen Überlebenskampfs, die besagt, dass zu guter Letzt nur der Egoist, der für die eigene Sache kämpft, siegen kann. Gemäß dieser widerstrebenden Prämissen vollzog sich Maradonas Persönlichkeitsentwicklung, während er mit den unerwarteten Schattenseiten des Erfolgs zu kämpfen hatte. Die, die es geschafft haben, sagen, dass man gewisse persönliche Nachteile in Kauf nehmen muss und dass es durchaus eine Herausforderung ist, auf dem Gipfel des Erfolgs nicht allein zu sein. Es gibt kein Erfolgsrezept für den Umgang mit Erfolg, keinen Ratgeber, der erklärt, wie man damit klarkommt, und keine Strategie, die einem hilft, mit den damit einhergehenden Veränderungen fertigzuwerden. Man wird ständig von anderen ganz genau beobachtet, von den Eltern, den Freunden, den Fans und den Journalisten. Man kann sich nicht mehr so unbekümmert verhalten wie zuvor. Man wird ein Stück weit gelähmt durch die Erwartung der anderen und richtet sein eigenes Handeln danach aus.

Mag sein, dass man sich nicht ändern will, dass man glaubt, man könne mühelos zu seinen Wurzeln zurückkehren, aber damit verschließt man nur die Augen vor der unumstößlichen Wahrheit, dass Wandel unausweichlich ist. Ruhm und Erfolg gehen mit ebenso vielen Vorteilen wie Nachteilen einher, die alle angenommen werden müssen. Maradona war ein Rebell und Egoist, der früh erwachsen werden musste. Er lernte, was es heißt, in der Öffentlichkeit groß zu werden, unter den begehrlichen Blicken der ganzen Welt. Er wusste, was gut für ihn war und was nicht, wer ihm helfen würde und wer nicht – auf dem Platz oder in der Kabine. Irgendwo tief in ihm wusste er, dass irgendwas nicht stimmte, aber er konnte nicht sagen, was es war.

Bei der WM in Mexiko befand sich Diego trotz seiner schleichenden Drogensucht auf dem Gipfel seiner physischen Leistungsfähigkeit, seine Haltung entsprach durchaus der eines Champions. Argentinien hatte Jahrzehnte auf einen Erlöser gewartet, und nur mit dem Wissen um diese nationale Sehnsucht lässt sich erklären, was während des Turniers und danach geschah. »Wir brauchen Legenden, wir brauchen Menschen, die wir anbeten, die wir verehren können, die Dinge tun können, zu denen wir nicht in der Lage sind, die Träume wahr werden lassen«, meint Signorini. »Danach können wir sie abservieren.«

»Vier Monate vor der WM hatten wir ein Freundschaftsspiel gegen Frankreich mit Platini, das wir 2:0 verloren, und ich habe Diego noch nie so schlecht spielen sehen«, erinnerte sich Jorge Valdano 2013 bei einem Gespräch mit dem Journalisten Ezequiel Fernández Moores, das dieser im Rahmen einer Reihe mit dem Titel *Fútbol Pasión* mit ihm führte. »Diego machte eine Art Vorbereitung mit Fernando Signorini … aber ich war an dem Tag sehr beunruhigt.«

»Maradona war schon vor der WM ein exzellenter Spieler, aber er wurde damals in seiner Heimat noch nicht als dieser Übervater wahrgenommen«, fügte Fernández Moores hinzu. »Doch in Mexiko sprach er zu über 300 Journalisten gleichzeitig, während er allein hinter einem Zaun stand, er trat auf wie Barack Obama.«

Die Mannschaft, die ganz auf Maradona zugeschnitten worden war, zweifelte nicht daran, dass sie sich auf dem Weg zum Triumph befand. Verteidiger Julio *Vasco* Olarticoechea, während der WM Zimmergenosse von Diego, erinnerte sich: »Wenn ich ins Bad ging, versuchte ich, so wenig Lärm wie möglich zu machen. Mir ging nur durch den Kopf: ›Ich hoffe, er wacht nicht auf, es könnte sein, dass er nicht wieder einschläft, und dann wäre es meine Schuld, wenn er morgen schlecht spielt.‹«

Die Infrastruktur rund um die WM in Mexiko war denkbar schlecht, den Mannschaften standen sehr einfache, eigentlich unzureichende Unterkünfte zur Verfügung. Doch den Argentiniern machte diese amateurhafte Atmosphäre nichts aus, vielmehr blühten sie in diesem Umfeld, das sie an die Klubs in ihren Heimatvierteln erinnerte, auf. Dass der alte gelbe Mannschaftsbus, der sie zu den Spielen und zum Training brachte, nicht viel Platz bot, keinerlei Komfort und schon ziemlich in die Jahre gekommen war, wen störte es? Er passte perfekt zu ihnen.

Die Argentinier waren die Ersten, die die neuen Räumlichkeiten und Wohnanlagen des Club América nahe dem Aztekenstadion nutzten. Es gab einen öffentlichen Münzfernsprecher in dem Gebäude und einen Fernseher im Speisesaal. Auf dem Tisch, auf dem er stand, lagen eine Auswahl an mexikanischen Tageszeitungen und die wöchentlich erscheinende *El Gráfico* bereit. »Wir mussten noch die Lampenschirme anbringen, nicht alle Räume waren fertiggestellt«, erinnerte sich Maradona, der dem argentinischen Fußballverband nicht mehr Spesen in Rechnung stellte als alle anderen auch, nämlich 25 US-Dollar pro Tag.

Etwa hundert Meter neben dem Spielerquartier stand eine Hütte, die in vier Zimmer unterteilt worden war. Hier wurden vier der Spieler in noch primitiveren Verhältnissen untergebracht. »Wer einwilligte, in die Hütte zu gehen«, erklärte Jorge Valdano, »erklärte damit unausgesprochen, dass er bereit war, alles zu tun, was nötig war, auch auf dem Spielfeld. Ich glaube, aus der Notwendigkeit, alles zu teilen, entwickelte sich ein großer Vorteil für die Mannschaft, da sie dadurch immer enger zusammenwuchs. Es ist die größte Verwandlung, die ich in meiner sportlichen Karriere erlebt habe.«

»Es gab da etwas, ich weiß nicht, wie ich es ausdrücken soll … es war alles sehr amateurhaft«, erklärte Diego in seinem Buch *Mi Mundial, Mi Verdad*. Und dennoch oder gerade deswegen hatten sie ihren Spaß, auch wenn sich die Spieler das ein oder andere Mal beklagten, zum Beispiel über ihre Ausrüstung. Auf dem offiziellen Mannschaftsbild, das vor Beginn der WM aufgenommen wurde, tragen Mitglieder des Trainerstabs, darunter sogar Bilardo, Sets von verschiedenen Herstellern.

Insgesamt waren die Bedingungen für alle Mannschaften herausfordernd. Zur hohen Luftverschmutzung und einer Höhenlage von 2000 Metern am Austragungsort kamen Spiele, die um die Mittagszeit bei subtropischen Temperaturen angepfiffen wurden. Darüber hinaus kam ein neuer synthetischer Ball zum Einsatz, der schwer zu kontrollieren war, insbesondere in drittklassigen Stadien mit vertrockneten, eigentlich unbespielbaren Rasenflächen.

Es gab Proteste gegen die Rahmenbedingungen, hauptsächlich gegen die geplanten Anstoßzeiten. Am deutlichsten äußerten sich dazu Maradona und Valdano. »Es war Juni, es herrschte eine extreme Hitze, und die Spiele wurden um 12 Uhr angepfiffen«, sagte Valdano. »Das machte den ganzen Entertainmentfaktor zunichte. Wir trugen den Einwand ganz arglos vor, ohne mit einer so heftigen Reaktion seitens der FIFA zu rechnen.«

Alle Zweifel, die die Spieler über ihre Rolle in der fußballerischen Hackordnung gehabt haben mögen, wurden ein für alle Mal beseitigt. João Havelange, der FIFA-Präsident, kam vorbei und erklärte den Spielern, sie sollten den Mund halten und spielen. »Ich wollte ihnen nicht das Fernsehgeschäft vermiesen, das ist ihre Sache«, sagte Diego. »Ich bat sie darum, uns zu konsultieren, die Spieler, diejenigen, die die Show abliefern und ohne die sie nichts sind.« Es war die erste Konfrontation zwischen dem Star und der FIFA. »Wir setzten uns für das Spiel ein. Sie für das Geschäft«, erinnert sich Valdano.

Das Leben in der Wohnanlage des Club América war monoton. »Während einer WM wird kaum trainiert«, erklärte Bilardo in der *El Gráfico*. »Die Jungs kamen völlig erschlagen von der Vereinssaison bei uns an. Wir flickten sie für das erste Spiel zusammen, dann kümmerten wir uns richtig um sie. Ich ›simulierte‹ die Trainingseinheiten. Denn wenn man nicht trainiert, reißen einem die Journalisten die Eier ab.« Da es so wenig zu tun gab, nervte Maradona Nery Pumpido und die anderen Keeper damit, Torschüsse zu üben.

Unterdessen trank die Mannschaft Mate-Tee. Mate-Tee und Aberglaube sind integraler Bestandteil einer jeden Gemeinschaft in Argentinien. Ritualisierte Handlungen vor den Spielen scheinen unsichtbare Kräfte freizusetzen und Fußballern in einem Sport, in dem Glück, Zu- und Unfälle eine entscheidende Rolle spielen, Sicherheit zu bieten. »Wir hatten eine Million verschiedener Rituale«, erzählte *Tata* Brown dem Journalisten Diego Borinsky bei einem Interview für die *El Gráfico*. Als das erste Gruppenspiel der Argentinier gegen Südkorea näher rückte, wurden diese immer zahlreicher.

Das Ganze lief in etwa folgendermaßen ab: Am Tag vor dem Spiel veranstaltete die Mannschaft ein Grillfest. Das Fleisch dafür wurde von zwei Piloten der Aerolíneas Argentinas aus Buenos Aires eingeflogen. Außenverteidiger Néstor Clausen hatte sich eine Filmkamera gekauft und probierte sie an diesem Tag zum ersten Mal aus; er filmte *Vasco* Olarticoechea, der wie ein Journalist herumlief und den Leuten Fragen stellte. Um 17 Uhr rief Bilardo seine Frau in Buenos Aires an.

Einige Spieler gingen in ein Einkaufszentrum und genehmigten sich ein paar Hamburger, wobei sie vom Mannschaftsarzt Dr. Raúl Madero überrascht wurden. »Das ist verantwortungslos«, schimpfte er. Doch als er Bilardo davon erzählte, meinte dieser nur: »Ist schon in Ordnung, Raúl.«

Dann war der erste Spieltag gekommen. Beim Frühstück kreuzten sich die Wege von Brown und Bilardo. »Hallo, Brown, wie geht es dir?« – »Gut«, entgegnete dieser. Der Trainer nickte und ging weiter. Dann blieb er abrupt stehen. »Ach, Brown, du spielst heute. Okay?« Dass Passarella nicht teilnehmen konnte, hatte ihm zuvor niemand gesagt.

Was war dem ehemaligen Mannschaftskapitän und Weltmeister von 1978 zugestoßen? Die Diagnose war eindeutig, die Ursache für sein Leiden weniger. Passarella und seine Freunde mutmaßten bereits seit Jahren, dass ein Komplott gegen ihn im Gange sei und man plane, ihm vor der WM nicht nur die Kapitänsbinde zu entziehen, sondern ihn erst gar nicht für die Nationalmannschaft zu nominieren. Beweise dafür hatten sie allerdings nie vorgelegt.

Gleich nach der Ankunft in Mexiko hatte Dr. Madero den Spielern eingeschärft, auf keinen Fall Leitungswasser zu trinken, ja nicht einmal ihre Zähne damit zu putzen. Es könne schädliche Bakterien enthalten – eine Nachwirkung des Erdbebens, das die mexikanische Hauptstadt ein Jahr zuvor heimgesucht hatte. Dementsprechend wurden einige Vorsichtsmaßnahmen getroffen: Die Kellner stellten auf allen Tischen abgefülltes Mineralwasser bereit, das Aufgusswasser für den Mate-Tee wurde sorgfältig abgekocht. Aber eine Woche vor dem WM-Auftakt fühlte sich Passarella plötzlich unwohl und bekam Durchfall: Montezumas Rache. Er nahm Kohletabletten und andere Medikamente, fand aber dennoch nur schwer zu seiner ursprünglichen Form zurück.

»Passarella rauchte und trank abends gerne Whisky. Er dachte, Eiswürfel könnten ihm nicht schaden«, sagte Dr. Madero im Gespräch mit der *El Gráfico*. Zwei Tage vor dem Spiel gegen Südkorea trainierte Passarella wie üblich mit den anderen und war auch als Spieler für die Startelf vorgesehen, doch am nächsten Tag erlitt er einen Rückfall und musste sogar ins Krankenhaus eingewiesen werden, wodurch er die ersten beiden Spiele verpasste. Er verlor in dieser Zeit sieben Kilo an Gewicht.

Auf der Fahrt zum Olympiastadion am 2. Juni 1986 nahm in dem klapprigen Mannschaftsbus jeder dort Platz, wo er wollte. Es herrschte wieder einmal brütende Hitze. Der offensive Mittelfeldspieler Carlos Tapia rasierte sich noch einmal, kurz nachdem sie im Stadion angekommen waren. Maradona zeichnete eine imaginäre Figur auf den Boden, die Fußballschuhe, Socken und ein Trikot trug, niemand durfte darauf treten.

Nachdem alle eine Massage erhalten hatten, klingelte das Münztelefon in der Kabine. Brown ging ran, aber es meldete sich niemand. Als sich der Innenverteidiger die Schuhe zuband, ging Diego auf ihn zu und sagte: »Auf, auf, wenn du gut spielst, spiele ich auch gut. Du bist der Beste, wir werden diese Bastarde fertigmachen.«

Maradona betrat als Erster das Spielfeld, wobei er regelrecht auf den Platz hüpfte. Browns Herz klopfte bis zum Hals. Carlos Salvador Bilardo klopfte Burruchaga, dem letzten Spieler, der aufs Feld ging, aufmunternd auf die Schulter. Dann rief der Coach noch einmal »Gebt alles!« und setzte sich ans Ende der Bank am Spielfeldrand. Die Auswechselspieler und der Rest des Trainerstabs setzten sich, wohin sie wollten. Mittelfeldspieler Ricardo Giusti ließ mitten auf dem Platz ein Bonbon fallen.

Südkorea war der erste Gegner für Argentinien in der Gruppenphase. Anschließend ging es gegen Italien und Bulgarien. Nur zwei der vier Teams aus der Gruppe konnten sich für die nächste Runde qualifizieren. Der Matchplan stand von Anfang an fest: einfache Pässe im Mittelfeld, dann den Ball Maradona zuspielen. Bilardo hatte der Mannschaft zahlreiche Videos gezeigt, auf denen zu sehen war, wie die Südkoreaner spielten, doch einige Argentinier erzählten später, dass sie ihre Gegner auf dem Feld kaum auseinanderhalten konnten. Diego wurde zehnmal gefoult, teils sehr heftig. Der Schiedsrichter Victoriano Sánchez Arminio, ein Spanier, zeigte während des gesamten Spiels allerdings nur zweimal die gelbe Karte, worüber sich Diego nach dem Spiel beschwerte.

Letztendlich bewiesen die Argentinier mit zwei Treffern von Valdano und einem von Ruggeri – alle nach Vorlage von Maradona – ihre Überlegenheit, das Spiel endete 3:1 für Argentinien. Die zwei

Punkte sorgten für große Erleichterung. »Wir waren uns nicht sicher, wie wir uns gegen Südkorea schlagen würden«, erinnerte sich Valdano im Gespräch mit Diego Borinsky in der *El Gráfico*. »Tatsächlich brüllte ich fast genauso laut nach diesem ersten Tor wie nach dem Tor im Finale, es fiel eine ungeheure Last von uns ab.«

Noch während des Spiels kam es zu einer Auseinandersetzung zwischen Diego und Valdano. »Nach meinen beiden Treffern verlangte ich immer wieder nach dem Ball, wie ich es immer machte. Ich war über weite Strecken ungedeckt, also machte ich mich permanent bemerkbar, egal wer den Ball gerade hatte, damit man wusste, wo ich bin. Dann schnauzte Diego mich plötzlich an: ›Du willst jeden Ball kriegen …‹, oder irgendwas in der Art. Wir Spieler haben dieses Macho-Gen, diese Kämpfer-Allüren. Danach redeten wir etwa zehn Tage lang nicht mehr miteinander.«

»Wie habt ihr euch wieder vertragen?«, fragte Borinsky.

»Maradona machte nur Heimspiele. Ich musste zu ihm aufs Zimmer gehen.«

Als Nächstes stand für die Argentinier das Gruppenspiel gegen Italien an. Es wurde im Cuauhtémoc-Stadion in Puebla ausgetragen, zwei Fahrtstunden vom argentinischen WM-Quartier entfernt. Am Tag vor dem Spiel wurde wieder ein Grillfest veranstaltet, und wieder wurden Piloten der Aerolíneas-Argentinas-Airline gebeten, das Fleisch zu besorgen. Es wurde wieder Mate-Tee getrunken, und um 17 Uhr rief Bilardo seine Frau an. Olarticoechea filmte seinen Videobericht, und die Abtrünnigen aßen Hamburger im Einkaufszentrum.

Dieses Mal nahmen die Spieler im Mannschaftsbus alle dieselben Plätze ein wie zuvor. Carlos Tapia rasierte sich im Stadion, obwohl er es gar nicht nötig hatte, und Maradona zeichnete wieder seine imaginäre Figur auf den Boden. Das Telefon in der Kabine klingelte, Brown ging ran, keiner meldete sich. »Scher dich zum Teufel«, sagte Brown und hängte auf.

Maradona betrat wieder zuerst das Spielfeld, mit einem Hüpfer. Bilardo ließ sich als Erster auf der Mannschaftsbank nieder, dann folgten die Ersatzspieler, die sich auf dieselben Plätze setzten wie beim Spiel gegen Südkorea. Zu guter Letzt ließ Ricardo Giusti auf der Mitte des Spielfelds wieder sein Bonbon fallen.

Diego erwartete, eng gedeckt zu werden, und so kam es auch. Mittelfeldspieler Salvatore Bagni war quasi sein Schatten. Bereits wenige Minuten nach dem Anstoß gingen die Italiener dank eines verwandelten Elfmeters in Führung. Die Argentinier nahmen daraufhin Tempo aus dem Spiel. Erst im letzten Spielfelddrittel nahmen sie Fahrt auf, sobald Maradona zum Dribbling ansetzte oder versuchte, einen Pass zu spielen. Nach etwa einer halben Stunde Spielzeit chippte Valdano den Ball in den linken Strafraum über den Kopf eines Verteidigers hinweg. Diego hatte seinen Manndecker abgehängt, sah den Ball in seine Richtung kommen und beförderte ihn mit einem Sprung aus spitzem Winkel ins Netz.

Toooor! Keeper Giovanni Galli wirkte wie versteinert, mit so einem Abschluss hatte er nicht gerechnet. »Giovanni kam später nach Neapel, und ich sprach ihn auf dieses Tor an«, erzählte Signorini. »Er sagte: ›Als Diego dem Ball entgegensprang, dachte ich, er wolle ihn mir mit voller Wucht reindreschen. Also habe ich …‹ Giovanni zeigte mir, wie er die Muskeln anspannte, um den Ball abzublocken. Aber weil es nur ein sachter Schuss gewesen war, musste er sein Gewicht verlagern. Das klappte nicht so schnell, also konnte er dem Ball nur noch hinterhergucken.«

»Ihr Freund hätte ein außergewöhnlicher Kampfpilot werden können«, erklärte Dr. Dal Monte Fernando Signorini einige Monate später, als sie Maradonas Biomechanik analysierten, beeindruckt von dem, was der Treffer gegen Italien vermuten ließ, nämlich dass Maradonas peripheres Blickfeld dem einer Weitwinkelkamera entsprach.

Insgesamt passierte nicht viel beim Spiel gegen die Italiener. Es gab nur wenige Torchancen. »Die hauptsächlich mexikanischen und keine der beiden Mannschaften anfeuernden Zuschauer riefen immer nur ›Spielt, spielt, spielt‹«, erinnert sich Sergio Levinsky, der live dabei war. »Argentinien spielte einen Pass nach dem anderen, Ruggeri auf Brown, Brown auf Ruggeri, Ruggeri auf Brown, Cuciuffo auf Brown.« Beide Mannschaften schienen mit dem 1:1 zufrieden zu sein, und so blieb es dann auch dabei.

Dennoch liefen die Dinge für die Argentinier gut. Carlos Bilardo war nun – wie Ricardo Giusti es einmal ausdrückte – der Guru einer Sekte, die ihren eigenen heiligen Weg beschritt. Niemand bat darum, den klapprigen Bus gegen ein besseres Modell auszutauschen. Am Tag vor dem Spiel gegen Bulgarien wurde wieder gegrillt. Bilardo rief pünktlich bei seiner Frau an. Tapias rasierte sich am nächsten Tag im Stadion. Nur das Münztelefon in der Kabine klingelte nicht. Die Spieler blickten Bilardo fragend an. »Na ja, kommt schon. Fangen wir mit dem Aufwärmen an.« Dann klingelte es doch noch. Brown ging ran. Niemand meldete sich.

»Die Bulgaren blickten uns völlig verängstigt an. Vor allem im Tunnel, bevor wir aufs Spielfeld gingen und Faxen machten mit *Tata* Brown und ein paar anderen«, erzählt Maradona in seiner Autobiographie. »Ich kletterte auf seinen Rücken, wie beim Huckepack, und brüllte wie ein Gorilla. Dann sprang ich wieder runter und schlug mir gegen die Brust. Urplötzlich schrien wir uns alle an wie die Irren. ›Kommt schon, ihr Arschlöcher!‹ Die Bulgaren sahen aus, als wären ihnen irre Gespenster erschienen.«

Die Bulgaren leisteten kaum Widerstand, und das Spiel endete 2:0 für Argentinien. Mit diesem Erfolg holte sich Argentinien den Gruppensieg. Im Achtelfinale erwartete sie nun Uruguay, eine Begegnung, die es bei einer WM seit 56 Jahren nicht mehr gegeben hatte. Das erste und letzte Mal waren die Nationalmannschaften beider Länder im Rahmen einer WM bei der allerersten Fußballweltmeisterschaft 1930 im Finale aufeinandergetroffen. Damals hatte Uruguay im eigenen Land das Spiel und damit den WM-Titel gewonnen.

Im Laufe des Turniers wurden einige Anpassungen in der Mannschaftsaufstellung erforderlich. Brown blieb in der Startelf und ersetzte den weiterhin angeschlagenen Passarella. Sein Abwehrkollege Oscar Garré musste wegen einer Gelbsperre jedoch durch Olarticoechea ersetzt werden. Mittelfeldspieler Héctor Enrique war zunächst nur als Einwechselspieler dabei gewesen, doch dank seiner hervorragenden Trainingsleistungen schaffte er es in die Startelf. Die Mannschaft traf sich weiterhin zu klärenden Gesprächen, bei denen heikle Themen angesprochen wurden, doch je mehr Selbstvertrauen sie aufgrund der guten Ergebnisse gewann, desto harmonischer wurde das Verhältnis zueinander. »Diese fast schon wundersame Verwandlung innerhalb des Teams, das sich über einen Zeitraum von etwa einem Monat vollzog, ermöglichte letztendlich die Siege«, erklärt Jorge Valdano. »In die letzte [K.o.-]Phase des Turniers gingen wir als ein echtes Team.«

Vor dem Spiel gegen Uruguay aß die Hamburger-Fraktion ihre Hamburger, alle anderen amüsierten sich wieder beim Grillen, es wurden Anrufe getätigt und empfangen und das Bonbon in der Spielfeldmitte platziert. »Die Rituale behagten mir nicht«, gibt Valdano heute zu. Er ist eher ein rationaler Typ, jemand, der Bücher liest und für Aberglauben eigentlich nichts übrighat. »Ich habe durchaus Respekt vor persönlichen Ritualen von anderen, aber solche kollektiven Rituale sind mir nicht geheuer. Gegen Ende der WM hatten wir enorm viele davon, es war wie ein Stück, das schon tausendmal aufgeführt worden war.«

Maradona sprach davon, das Spiel gegen Uruguay »für die Ehre unserer Heimat« gewinnen zu wollen. Die Argentinier kannten ihre Achtelfinalgegner aus dem südamerikanischen Nachbarstaat gut. Spielerisch hatten sie einige Gemeinsamkeiten: Sie waren beide abwehrstark und verfolgten beide eine geradlinige, pragmatische Spielidee. Für Diego wurde es ein sensationelles Spiel. Er konnte sich auf dem ganzen Platz frei bewegen und bot sich immer wieder als Anspielpartner an. Wenn er sich nach außen orientierte, zog er das Spiel in die Breite. Er ließ sich zurückfallen, um wieder in Ballbesitz zu gelangen, und versuchte, nach Spielzügen, die längst abgeschlossen zu sein schienen, noch neue Chancen zu kreieren. Es war das bis dahin beste Spiel der argentinischen Nationalmannschaft, »aber es wird nicht besser sein als das nächste«, sagte Pasculli, der Torschütze des einzigen und entscheidenden Treffers, bei der anschließenden Pressekonferenz. Argentinien hatte weit mehr gezeigt und viel überlegener gespielt, als das magere 1:0 vermuten ließ. Im Viertelfinale ging es nun gegen England. Bisher hatte Maradona schon ein Tor erzielt und vier Vorlagen gegeben.

Passarella hatte vor dem Spiel gegen Bulgarien das Training wiederaufgenommen, sich dabei jedoch einen Muskelriss im linken Bein zugezogen. Es war seine erste muskuläre Verletzung seit zehn Jahren. Dr. Madero erklärte, dass der legendäre Innenverteidiger sein Training auf eigene Faust intensiviert habe, ohne zuvor nachzufragen. Passarella sagte hingegen, dass er zum Training gezwungen worden sei. Er verließ das Mannschaftsquartier und nahm mit seiner Familie eine Auszeit in Acapulco. Maradona verzieh ihm das nie. In seiner Autobiographie schrieb er: »86, als wir Herz und Seele gaben, ließ er sich in Acapulco die Sonne auf den Bauch scheinen.«

Zum Spiel gegen Uruguay kam Passarella zurück und verfolgte den Sieg seiner Mannschaftskollegen live im Stadion. Medienvertretern erklärte er anschließend, dass er für das Viertelfinale fit sei. Am Vorabend des Spiels gegen England erkrankte er jedoch erneut. Er wurde mit einem Dickdarmgeschwür ins Krankenhaus Español eingeliefert, verlor wieder an Gewicht und bekam diverse Infusionen. Es besuchte ihn kaum jemand, Maradona sowieso nicht.

Das Training das Argentinier war weiterhin alles andere als fordernd. »Entspannt euch einfach oder geht schwimmen«, forderte Bilardo sie auf. Aufgrund der Hitze verbrachten sie viele Stunden im Pool. Sechs Tage lagen zwischen den Spielen gegen Uruguay und England. »Weißt du, wie das ist, sechs Tage lang nur rumzufurzen und sich die Eier zu kraulen?«, sagte Maradona, der beschloss, allein zu trainieren, um sich die Langeweile zu vertreiben. »Bilardo wusste, dass es Leute gab, die nicht schlafen konnten, und ging nachts mit einem kleinen Tablett voller belegter Brote rum.«

Im Vorfeld des Viertelfinalspiels filmten Néstor Clausen und *Vasco* Olarticoechea eine Gruppe von Frauen beim Nähen. Jorge Burruchaga kommentierte: »Es ist sechs Uhr abends, ein Tag vor dem Spiel, und die Frauen nähen noch immer an unseren Trikots. Wenn wir Weltmeister werden, müssen sie uns alle ein Denkmal setzen. Ein Tag vor dem großen Spiel, und wir haben noch nicht einmal Nummern auf unseren Trikots.«

Die Argentinier mussten ihre Auswärtstrikots tragen, die dunkelblauen, in denen sie schon gegen Uruguay gespielt hatten. Bilardo hatte seinen technischen Assistenten von der AFA, Rubén Moschella, um neue Trikots gebeten, da die, die sie hatten, in der Hitze unerträglich schwer waren. »Bilardo wollte uns zeigen, wie er sich ein leichteres, luftigeres Trikot mit offenem Ausschnitt vorstellte, und fing an, munter mit der Schere draufloszuschneiden«, erinnerte sich Moschella. »Ich rief unseren Vertreter von Le Coq Sportif an, doch der sagte, dass sie leider keine blauen Trikots mit offenem Ausschnitt hätten und in der Kürze der Zeit auch keine besorgen könnten. Verzweifelt beschloss ich, mich in Mexiko-Stadt auf die Suche danach zu begeben.« Zeugwart Roberto *Tito* Benrós begleitete ihn. »Mit unseren Rucksäcken klapperten wir die ganze Stadt ab.«

Die beiden fanden zwei mögliche Arten von Ersatztrikots, die einen ähnelten dem bisherigen Auswärtstrikot der Mannschaft, die anderen waren in einem leuchtenderen Blau gehalten. »Nein, nein, die auf keinen Fall«, sagte Bilardo, als er Letztere sah. Es waren noch 48 Stunden bis zum Spiel gegen England. »In dem Moment kam Diego herein«, erinnert sich Moschella, »und sagte: ›Das ist ja ein schönes Trikot, Carlos.‹ Dabei deutete er auf das leuchtend Blaue. ›Darin werden wir England schlagen.‹ Carlos schaute es sich noch mal an, ich hoffte inständig, dass er sich besann, und er sagte: ›Meinetwegen, dann nehmen wir das.‹«

Nun mussten noch die Rückennummern und die AFA-Abzeichen aufgenäht werden. Der Sohn des Vereinspräsidenten von Club América kannte ein Geschäft, das Stoffe für Rückennummern führte. »Dort gab es aber nur drei Farben, Blau, Rot und Gelb, und die konnten wir nicht gebrauchen«, erinnert sich Zeugwart Tito. »Dann tauchte plötzlich noch ein silbergrauer Stoff auf, und wir beschlossen, es damit zu versuchen.« Normalerweise wurden damit die Rückennummern für American-Football-Trikots hergestellt. Ein anderes Vereinsmitglied von Club América konnte ein altes Abzeichen des argentinischen Fußballverbands besorgen. Dann wurde eine improvisierte Werkstatt eingerichtet, und zusammen mit einigen Angestellten des Club América stickte der Zeugwart die Verbandsabzeichen und nähte diese und die neuen Rückennummern auf die spontan gefertigten Trikots – 24 Stunden vor Anstoß zum Viertelfinalspiel gegen England.

KAPITEL 23

England – Argentinien: Erste Halbzeit

1986 nährte der demokratische Frühling in Argentinien unter der Führung von Präsident Raúl Alfonsín die Hoffnung der Menschen. Voller Stolz und Zuversicht präsentierte sich die Nation der Welt. Als er auf das bevorstehende Viertelfinalspiel gegen England angesprochen wurde, sagte Maradona: »Es ist nur Fußball. Punkt«, und blickte entschlossen in die Kamera. Ganz aufrichtig war er freilich nicht. Vier Jahre zuvor waren im Falklandkrieg 649 Argentinier und 255 Briten gefallen, die meisten von ihnen waren noch keine 20 Jahre alt gewesen, darüber hinaus hatte es 2400 Verwundete gegeben. Laut Veteranenverbänden nahmen sich in den Jahren darauf zwischen 300 und 500 ehemalige Soldaten das Leben.

1982 war die Nationalmannschaft von der damaligen Militärregierung instrumentalisiert und belogen worden. 1986 sahen die Spieler die Dinge klarer. Anders, als von der Junta behauptet worden war, ließ sich Argentiniens Niederlage nicht einzig den USA anlasten, die ihre angeblich zugesagte Hilfe nicht geleistet hatte. US-Präsident Ronald Reagan, der treu zu seinen europäischen Verbündeten stand, hatte die Argentinier damals dazu angehalten, eine diplomatische Lösung für den Konflikt zu finden. Doch ohne die Hilfe der USA hatte die schlecht ausgerüstete und unvorbereitete argentinische Armee kaum Chancen auf einen siegreichen Ausgang gehabt. Die Junta hatte die Kriegsrückkehrer damals mundtot gemacht, erst nach und nach kamen die erschütternden Details an die Öffentlichkeit.

»Ich konnte mich noch gut an 1982 erinnern«, schrieb Maradona zwei Jahrzehnte später in seiner Autobiographie. »Als wir nach Spanien kamen, sahen wir Bilder von all diesen toten argentinischen Jungs, von diesem Massaker, überall nur Beine und Arme, und diese Hurensöhne von Militärs machten uns weis, dass wir den Krieg gewinnen würden.«

Nach dem Ende des Kriegs wurde eine vermeintlich anhaltende Rivalität zwischen den beiden Nationen heraufbeschworen und auf den Fußball übertragen; die Berichte waren mit kriegerischem Vokabular durchzogen. »Die Rivalität gegen die Engländer gab es schon, als ich selbst noch Spieler war«, erzählte Carlos Bilardo im Interview mit einem Reporter der *El País* im Jahr 2006. »In der Schule hatten wir über die britischen Invasionen [von 1806 und 1807] gesprochen und darüber, was geschehen war, als die Briten durch unsere Straßen gezogen waren: Wir hatten sie mit kochendem Öl überschüttet.«

Während des Achtelfinalspiels England gegen Paraguay sangen einige der englischen Fans: »Bringt uns die Argentinier, wir wollen einen neuen Krieg.« – »Wir distanzierten uns von dem ganzen Krawall, den die Argentinier uns gerne hätten machen sehen. Sie hätten uns am liebsten mit Maschinengewehren auf den Platz geschickt«, erinnerte sich Diego. »Die Engländer waren an dem Tag nur unsere Fußballgegner ... Ich wollte sie lediglich tunneln, ihnen die Bälle über den Kopf chippen und mit ihnen ein lustiges Tänzchen aufführen.«

Der englische Stürmer Gary Lineker erklärt, dass er und seine Teamkollegen sich der Bedeutung des Spiels durchaus bewusst waren: »Es war eine wichtige Begegnung, immerhin ein WM-Viertelfinale! Aber ja, das Ganze schien noch eine ganz andere Dimension zu haben. Ich weiß noch, dass die Fragen bei der Pressekonferenz noch ein klein wenig schärfer formuliert waren als üblich.«

»Vor dem Spiel erklärten wir alle, dass der Fußball mit dem Falklandkrieg nichts zu tun habe ... Das war natürlich Bullshit!«, sagte Maradona im *El Nacional*. »Wir wollten uns einfach nur bedeckt halten, ruhig bleiben.«

Ehemalige Soldaten schickten der Mannschaft Telegramme, in denen sie die Spieler baten, sich an der Sprengkraft der Exocet-Raketen ein Beispiel zu nehmen, die 1982 den britischen Zerstörer HMS *Sheffield* getroffen hatten. Sechs der argentinischen Spieler, die bei dem Spiel gegen England antraten, waren 1962 geboren worden, das war genau das Geburtsjahr, aus dem die Rekruten ausgelost worden waren, die man in den Falklandkrieg geschickt hatte – unter ihnen war auch ein Fußballer gewesen.

Obschon die Engländer mit Gary Lineker einen herausragenden Torjäger in ihren Reihen hatten, mit ihrem Kapitän Bryan Robson überdies einen torgefährlichen Mittelfeldspieler und einen starken Innenverteidiger mit Terry Butcher, hatten sie ihr Auftaktspiel gegen Portugal verloren und waren gegen Marokko nicht über ein Unentschieden hinausgekommen, beides vermeintlich leichte Gegner. Erst die beiden folgenden 3:0-Siege über Polen und Paraguay hatten wieder die Zuversicht der Briten genährt, nicht zuletzt die fünf Treffer, die Lineker in den beiden Spielen erzielt hatte.

Gegenüber den Medien bediente sich der englische Trainer Bobby Robson derselben Strategie wie Bilardo. Die Frage nach der Bedrohung durch die Argentinier und der »zusätzlichen Dimension« des Spiels beantwortete er nachdrücklich mit: »Verschwenden Sie Ihre Zeit nicht mit so etwas. Stellen Sie mir keine Fragen zur diplomatischen oder politischen Situation. Wir sind hier, um Fußball zu spielen.«

»Er war immer ein sehr bedächtiger Mensch«, erzählt mir Gary Lineker, als wir das Spiel zusammen analysieren. »Zu diesem Zeitpunkt ging es vor allem um unsere Kondition. Wir hatten zwei der drei Gruppenspiele in Monterrey absolviert, in der größten Mittagshitze, bei 43 Grad. Zwischendurch dachte ich immer wieder, ich müsste sterben. Und als wir nach Mexiko-Stadt kamen, um erst gegen Paraguay und dann gegen Argentinien zu spielen, kam plötzlich die Höhenluft dazu. Ich dachte nur: Wie soll ich das bloß überleben?«

Die Engländer hatten aufgehört, sich beim Training zu verausgaben. Und Bobby Robson wurde klar, dass jetzt vor allem eine harmonische, entspannte Atmosphäre innerhalb der Mannschaft vonnöten war, dass es vor allem auf eine positive Stimmung ankam. Es stand eine Begegnung mit dem, wie Lineker es ausdrückt, »zu jener Zeit bei weitem besten Spieler« bevor. »Zico, Careca, Butragueño, die waren alle gut, aber Maradona spielte noch einmal in einer ganz anderen Liga. Wir Spieler bewunderten ihn.«

»Untereinander diskutierten wir über Diego«, erklärt Lineker. »Wie sollten wir ihn stoppen? Er lief so viel herum. Wir hatten immer ein 4-4-2 gespielt. Wenn Maradona an den Ball kam, kümmerte sich derjenige um ihn, der ihm am nächsten stand.« Terry Fenwick, ein kompromissloser Innenverteidiger, der bei dem Turnier den Negativrekord für gelbe Karten hielt, wurde für die Startelf ausgewählt, um ein besonderes Auge auf Maradona zu werfen. Außenstürmer John Barnes blieb dafür auf der Ersatzbank. Davon abgesehen enthielt die Aufstellung der Engländer keine Überraschungen.

Argentinien hatte Uruguay kurz zuvor zwar knapp mit 1:0 aus dem Turnier geworfen, aber es war ihr bislang bestes Spiel gewesen. Einen Tag vor dem Spiel gegen England wollte Bilardo mit dem Siegtorschützen Pedro Pasculli unter vier Augen sprechen. Daher bat er Maradona, den Raum während der Unterredung zu verlassen. Der Grund: Er ließ Pasculli erst mal auf der Bank; Diego musste den weinenden Pedro später trösten. Neu in die Startelf kamen *El Negro* Enrique und *Vasco* Olarticoechea, wobei Olarticoechea seinen ersten Einsatz der Gelbsperre von Oscar Garrés zu verdanken hatte. Mit den neuen Spielern stellte Bilardo auf ein 3-5-2-System um, das von seinem bisherigen Konzept abwich. Maradona und Valdano spielten in diesem System im Sturm, wobei sie sich von dort aus tief ins Mittelfeld zurückfallen lassen konnten.

Für die Argentinier war es das erste Spiel im nur fünf Minuten von ihrem Quartier entfernten Aztekenstadion und das vierte in der brütenden Mittagshitze. Die Abfahrtszeit des Busses war 9.30 Uhr. Die Spieler standen eine halbe Stunde früher bereit.

Im Stadion angekommen, vollzogen die Argentinier ihre Rituale, ebenso wie die Engländer. »Ich nahm normalerweise ein heißes Bad vor einem Spiel«, erzählt Gary Lineker. »Das tat ich trotz der Hitze auch in Mexiko. Ich füllte die Wanne, stellte mich rein und machte ein paar Dehnübungen, um schön locker zu werden. Dann ging ich raus, um mich aufzuwärmen. Ich machte nie Torschüsse beim Aufwärmen, denn ich fürchtete, wenn ich träfe, könnte ich damit meine Treffer für den Tag aufgebraucht haben.«

In einem Raum in der Nähe der Mannschaftskabinen konnten die Spieler der gegnerischen Teams einige Worte wechseln. Osvaldo Ardiles unterhielt sich dort kurz mit Glenn Hoddle, seinem Mannschaftskameraden bei Tottenham Hotspur, und Maradona kam vorbei, um Hallo zu sagen. 45 Minuten vor Anpfiff unterhielt sich Bobby Robson mit Fenwick über die argentinische Nummer 10. »Mach dir keine Sorgen, Terry«, sagte er. »Er ist klein und dick und hat nur einen Fuß.«

»In der Kabine war es wie vor jedem Spiel«, erinnerte sich Maradona in *Mi Mundial, Mi Verdad*. »Alles, worüber wir sprachen, war das Fußballspiel, das gleich angepfiffen wurde. Sicher, wir hatten einen Krieg verloren, aber das war weder unsere Schuld gewesen noch die der Jungs, gegen die wir antraten.« Im Stadion warteten knapp 115 000 Zuschauer, aber das Einzige, was Maradona im Tunnel hörte, war das Klackern der Stollen auf dem Metallboden. Niemand sagte ein Wort.

Doch plötzlich erhob sich Diegos Stimme aus der Reihe der Argentinier, die in dem Augenblick genau neben der Reihe der Engländer standen: »Macht schon, macht schon, diese Hurensöhne … macht schon, dieser Haufen hat unsere Nachbarn getötet, unsere Verwandten, die Söhne von …«

Der Rasen war in einem schlechten Zustand, die Graswurzeln schienen nur locker im Boden zu stecken. Schon beim Aufwärmen stellten beide Mannschaften fest, dass man richtig hart auftreten musste, um laufen zu können, was zusätzliche Anstrengung erforderte. Die Hitze war erdrückend, womit die Südamerikaner besser zurechtkamen als die Engländer, das Gleiche galt für die Höhenluft. Die Argentinier waren in Mexiko-Stadt untergebracht und hatten dort bereits zwei Spiele bestritten und sich schon etwas akklimatisiert. Die Engländer hingegen hatten ihr Quartier im 1000 Meter tiefer liegenden Monterrey.

»Dann gingen wir aufs Spielfeld, und sie spielten die Nationalhymne«, erinnert sich *Tata* Brown. »Und glaub mir, es war, als hätte man mir ein Messer zwischen die Zähne gesteckt. Ich dachte nur noch an Rache, indem ich dieses Spiel gewinne. Ich ließ mein normales Leben hinter mir. Und in dem Moment dachten wir alle das Gleiche. Wir haben nie über die ganze aufgeladene Bedeutung wegen des Falklandkriegs gesprochen, aber plötzlich waren wir alle wie ausgewechselt.«

Während der ersten Halbzeit spielte Maradona etwas halblinks in der Mitte. Er wechselte nur wenige Male auf die rechte Seite, wo er dann in der zweiten Halbzeit Schaden anrichtete. Während der ersten 45 Minuten machte Diego zwei Läufe, mit denen er die Verteidigung der eng stehenden Engländer beinahe auseinandergenommen hätte. Acht Minuten nach Anpfiff nahm er den Ball auf der rechten Seite an, lief an zwei Engländern vorbei und kam bis kurz vor den Strafraum, wo er schließlich von Fenwick gefoult wurde, der für sein hartes Einsteigen Gelb sah. Der tunesische Schiedsrichter Ali Bennaceur griff von Anfang an hart durch, um Fouls gegen Maradona im Keim zu ersticken. »Das war natürlich ein Problem für mich«, erinnerte sich Fenwick. »Ich musste jetzt mit dem Risiko leben, vom Platz gestellt zu werden.«

Die übertrieben harte Manndeckung, die man bei der WM 1982 so oft erlebt hatte, spielte in Mexiko kaum noch eine Rolle – die einzige Ausnahme bildete das Spiel gegen Italien. Von Beginn an konnte sich Maradona frei zwischen den englischen Spielern bewegen, die zwar hart, aber im Großen und Ganzen fair spielten. Er war so quirlig wie nie. Mit möglichst wenig Ballkontakten spielte er die Gegner aus, für die ein Foul oft der letzte Ausweg war, weil sie immer eine halbe Sekunde zu spät kamen.

Die Argentinier hatten mehr Ballbesitz, aber das Spiel plätscherte eher so dahin, es fehlte an Tempo. Die Dreierkette der Argentinier, bestehend aus Ruggeri, Cucciuffo und Tata Brown, machte ihre Sache gut. Giusti und *Vasco* sicherten die Flanken, und Maradona ließ sich immer wieder weit zurückfallen, riskierte dabei jedoch keinen halbherzigen Pass, der den Gegner in Ballbesitz gebracht hätte.

Und dann kam der Halbzeitpfiff.

Der Rasen ist nicht wirklich hilfreich, dachte Maradona. Auch Terry Butcher war unzufrieden: »Die erste Halbzeit war grauenhaft. Keine Mannschaft hat richtig gespielt.« Gary Lineker hatte kaum Ballkontakte. Der tunesische Schiedsrichter hob den Ball auf und ging Richtung Spielertunnel. Auf dem Weg dorthin nickte er seinen beiden Assistenten freundlich lächelnd zu, insbesondere seinem bulgarischen Kollegen Bogdan Dotchev, mit dem er nur mit Blicken und

Gesten kommunizieren konnte. Sie hatten bereits beim Gruppenspiel Paraguay gegen Belgien zusammengearbeitet, dort allerdings mit vertauschten Rollen. Bei dieser Partie hatte es in der 87. Minute 2:2 gestanden, als Bennaceur in seiner Rolle als Linienrichter mit der besseren Perspektive auf das Spielgeschehen einen Treffer der Belgier als Abseitstor anzeigte, wofür Dotchev ihm sehr dankbar war.

Vor Beginn der WM hatte die FIFA die Schiedsrichter dazu angehalten, in Zweifelsfällen den Assistenten, die dem zu bewertenden Spielgeschehen am nächsten standen, volles Vertrauen zu schenken. Das Lächeln, mit dem der Tunesier seinen bulgarischen Kollegen bedachte, war auch ein Zeichen der Erleichterung: Sie hatten das Spiel unter Kontrolle, ihnen war kaum etwas entgangen. Es hatte einen kleinen Zwischenfall gegeben, bei dem Butcher Maradona kurz vor dem Strafraum ohne Ballkontakt mit dem Ellbogen touchiert hatte. Aber Bennaceur hatte in dem Fall zugunsten des Engländers entschieden, dem er keine Absicht unterstellte.

Auf dem Weg zu den Kabinen wurde Bennaceur von Vertretern der FIFA eskortiert, die ihn ebenso wie alle anderen WM-Schiedsrichter seit ihrer Ankunft in Mexiko auf Schritt und Tritt begleiteten, auch auf den Fahrten in ihre Hotels oder zu den jeweiligen Stadien. Bevor er sich mit seinen Assistenten in die Schiedsrichterkabine zurückzog, sprach der Leiter der Stadion-Security mit Hilfe eines Dolmetschers noch einmal mit Bennaceur. »Achten Sie kurz vor dem Abpfiff darauf, dass Sie nahe beim Tunnel am Spielfeldrand stehen. Mir stehen 25 Leute zur Verfügung, die Ihre Sicherheit gewährleisten können.« Der Schiedsrichter schloss die Tür zu seiner Kabine in dem Moment, in dem die Engländer ihre schlossen. »Es läuft gut für uns – weiter so. Wir werden schon noch zu Chancen kommen …« Lineker erinnert sich, dass Bobby Robson und einige der anderen Spieler Sätze wie diese wiederholten, auch wenn er sich selbst in der Halbzeitpause lieber zurückzog. Als sich das Team gegen Ende der Pause wieder sammelte und darauf vorbereitete, aufs Spielfeld zurückzukehren, ertönte plötzlich ein Schlachtruf: »EINGESPERRTE TIGER!!!« Terry Butcher hatte das gebrüllt. »Ich habe mich zu Tode erschrocken!«, erzählte Lineker lachend.

In der Kabine der Argentinier verlangte Maradona mehr Einsatz von seinen Mitspielern. »›Kommt schon, Jungs, weicht keinen Schritt zurück. Nicht einen Schritt!‹ Ich hatte den Eindruck, dass wir ein wenig herumtrödelten, und das gefiel mir überhaupt nicht … Von Bilardo kam nichts, kein einziges Wort. Oder vielleicht nur ein kurzer Kommentar wie: ›Diego hat recht.‹«

KAPITEL 24

England – Argentinien: Zweite Halbzeit

Das Viertelfinalspiel gegen England wurde von sechs Läufen bestimmt, die Maradona mit dem Ball machte. Zwei dieser Läufe hatte er wie erwähnt in der ersten Halbzeit absolviert, vier in der zweiten Halbzeit, und sie prägten fortan das Bild seiner gesamten Karriere. Anfangs hatte Maradona vor allem auf der linken Spielfeldhälfte agiert. Doch seine Intuition sagte ihm, dass es womöglich mehr offene Räume auf der rechten Seite geben würde, jedenfalls orientierte er sich in der zweiten Spielhälfte dorthin.

Fünf Minuten nach Beginn der zweiten Halbzeit: Die Argentinier erobern den Ball und bringen ihn von der rechten auf die linke Seite. Das Leder landet bei *Vasco* Olarticoechea, der es zu Maradona passt. Der nimmt den Ball an und sprintet los, kommt aber nicht an den Engländern vorbei, die gut stehen und die Räume eng machen, und seine Mitspieler sind alle gedeckt.

Burruchaga läuft einmal quer von rechts nach links übers Feld, um sich vor die Nummer 10 zu setzen, wie er es auch bei zwei weiteren der sechs Sprints macht, die Maradona während dieses Spiels unternimmt. Er spielt den Köder, der die englischen Verteidiger von ihren Positionen locken soll. Maradona zieht das Tempo an, überwindet einen Verteidiger und lässt noch zwei weitere stehen. Nach wie vor in Ballbesitz schaut er sich nach einem anspielbaren Mitspieler um, mit dem er sich über einen schnellen Doppelpass einen Weg durch die englischen Reihen bahnen kann. Shilton erkennt, was auf ihn zukommt, und macht einen Schritt nach vorn.

Links sind Burruchaga und Olarticoechea frei. Maradona läuft nach rechts und spielt einen kurzen Pass auf Jorge Valdano im Strafraum-Halbkreis. Dass er den Ball sofort zurückhaben will, ist klar. Während sich die englischen Verteidiger auf den Ball konzentrieren, läuft Diego hinter ihnen vorbei. Shilton sieht, wie Maradona in den Strafraum eindringt, und durchschaut den Plan der Argentinier.

Valdano verliert die Kontrolle über den Ball, der hochspringt, über seine Schulter. Während das Leder in den Strafraum fliegt, bleibt Mittelfeldspieler Steve Hodge nur ein kurzer Augenblick, um sich seinen nächsten Schritt zu überlegen. Butcher nimmt indes das Tempo aus seinem Lauf und hält inne, davon ausgehend, dass Hodge den Ball aus der Gefahrenzone schlägt. Hodge wiederum passt mit dem Außenrist seines linken Fußes in hohem Bogen Richtung Shilton – Rückpässe zum eigenen Torwart waren zu jener Zeit noch erlaubt.

Shilton ist allerdings nicht klar, dass es sich um einen Rückpass handelt, daher reagiert er zunächst nicht. Es vergehen entscheidende Millisekunden, bis er die Situation realisiert und dem Ball entgegenläuft. Trotzdem ist er überzeugt davon, ihn noch rechtzeitig erreichen zu können. Maradona springt aber nach Shilton hoch. Hodge wundert sich, dass Maradona dem Keeper entgegenspringt. »Was macht der hier?«, fragt er sich.

»Da komme ich niemals ran, komm runter, komm schon runter«, fleht Diego den Ball an. Dann hat er eine Idee. »Was, wenn ich …?«

Mit einer Körpergröße von 1,65 Metern hat Maradona gar keine andere Wahl, als dem Ball entgegenzuspringen. Er streckt den Arm aus, um zusätzlichen Schwung zu holen. Einmal im Sprung, zieht er seine kräftigen Beine nah an den Körper heran, um weiteren Auftrieb zu bekommen. Sein Oberkörper ist gestreckt, er weiß nicht, ob er vor Shilton an den Ball kommt, aber er riskiert alles. »Wenn sie mich erwischen, dann erwischen sie mich halt«, denkt er. Der Keeper springt nun auch hoch, beide Arme ausgestreckt.

Shilton, der den Ball nicht aus den Augen lässt, glaubt, dass Maradona mehr Schwung hat als er und mit ihm zusammenstoßen wird. Daher beschließt er innerhalb von Millisekunden, die Sache anders anzugehen und den Ball wegzufausten. Wichtig ist nur, dass er als Erster an den Ball kommt und ihn aus der Gefahrenzone bringt. In der Gewissheit, dass der Torwart die Situation unter Kontrolle hat, wendet sich Peter Reid ab und überlässt es Shilton, die Situation zu klären.

Hoch oben in der Luft dreht Maradona seinen Oberkörper so, dass es aussieht, als würde er den Ball köpfen. Doch dann schießt seine Faust in die Höhe. Shilton schließt die Augen und schlägt mit seiner Faust in Richtung Ball. Schiedsrichter Bennaceur sieht Shiltons Hand, die die von Diego verdeckt. Was nun geschieht, ist von dort, wo er steht, kaum zu erkennen. Ich muss es nur tun …, denkt Maradona. Mit fairen Mitteln kann er sein Ziel nicht erreichen, also überlässt er seinem inneren Schlitzohr die Entscheidung.

Maradona schlägt mit der Hand gegen den Ball. Shilton hat ihn aus den Augen verloren, als er in Richtung Tor fliegt.

Bobby Robson hat Diegos angewinkelten Arm gesehen und auch die geschlossene Faust, die den Ball traf. Steve Hodge steht etwa viereinhalb Meter entfernt, als der Ball ins Tor fliegt, und er fragt sich: »Herrgott, habe ich etwas falsch gemacht?«

Valdano kann kaum glauben, dass Diego den Ball mit dem Kopf ins Tor befördert hat. Glenn Hoddle hat das Handspiel gesehen und dreht sich sofort zum Schiedsrichter um, überzeugt davon, dass Bennaceur es umgehend ahnden wird.

Der Ball titscht einmal auf, bevor er langsam in Shiltons Netz kullert. Noch bevor er dort ankommt, landet Maradona wieder auf dem Rasen. Bevor er zu jubeln beginnt, dreht er sich zum Schiedsrichter um. Als der nicht reagiert, springt er in die Luft, reckt beide Arme gen Himmel und rennt los. »Tooooooor für Argentinien! Diegooooo! Diego Armando Maradona«, tönt die Stimme von Víctor Hugo Morales über Radio Argentina durchs ganze Land.

Hodge wundert sich, dass der Ball so kraftlos ins Tor kullert. Ein Kopfball hätte viel mehr Wucht gehabt. Aber Hodge hat nicht richtig mitbekommen, was passiert ist. Er sieht, wie Shilton protestiert. Der bulgarische Linienrichter Bogdan Dotchev sieht, wie der Schiedsrichter auf Tor entscheidet. Den damaligen Regeln zufolge konnten die Linienrichter nur dann Einfluss auf die Entscheidung des Schiedsrichters nehmen, wenn dieser sie um ihre Mithilfe bat. Doch Bennaceur zögert nicht, das Tor zu geben. Als er unter heftigen Protesten der englischen Spieler zum Anstoßpunkt zurückläuft, sieht er zu Dotchev hinüber, der eine bessere Sicht auf das Geschehen gehabt hatte. Für eine Sekunde treffen sich ihre Blicke. Bennaceur vertraut seinem Assistenten, der ihm seit ihrem letzten gemeinsamen Spiel noch etwas schuldig ist. Doch er bleibt bei seiner Entscheidung. Das Tor zählt.

Maradona läuft zur Seitenlinie und blickt verstohlen zu Bennaceur hinüber, der zum Anstoßpunkt trabt. Linienrichter Dotchev läuft am Spielfeldrand entlang ebenfalls zur Mittellinie hoch, er hält dabei seinen Kopf gesenkt. Terry Fenwick, der englische Verteidiger, der während des Handspiels am nächsten an Maradona dran war, beschwert sich, ebenso Peter Shilton. Hodge hebt die Hand, um ein Abseitsspiel anzuzeigen. Gary Lineker, der die Reaktionen sieht von Shilton, Butcher und Fenwick, der jetzt aufgeregt hinter dem Schiedsrichter herläuft, ist sofort klar, dass irgendetwas nicht stimmen kann. Er hat es mit der Hand gemacht, denkt er. Bobby Robson fällt es schwer, seinen Augen zu trauen, er kann seinen Blick von dem vor Freude herumspringenden und jubelnden Maradona nicht abwenden. Auch von der Ersatzbank aus hat man das Handspiel deutlich erkennen können, alle reklamieren den Regelverstoß.

»Meiner Meinung nach ist er gesprungen und hat den Ball mit der Hand ins Tor befördert«, berichtet Víctor Hugo Morales seinen argentinischen Zuhörern. »Über Shilton hinweg. Die Linienrichter haben es nicht gesehen. Aber dem Schiedsrichter geht wohl langsam ein Licht auf bei all den berechtigten Protesten der Engländer, die nun auf ihn einreden.«

Checho Batista kommt langsam auf Maradona zu, so als glaube er nicht, dass er das irreguläre Tor tatsächlich haben wolle. »Aber du warst mit der Hand dran!«, sagt er. »Halt die Klappe, du Arsch, fall mir lieber um den Hals!«, schimpft Maradona. Wenn seine Mitspieler die Gültigkeit des Treffers in Frage stellen, könnte der Schiedsrichter das Tor vielleicht doch noch nachträglich aberkennen. Bennaceur weist die Argentinier nun an, näher zu kommen, doch nur Valdano und Burruchaga folgen dieser Aufforderung, und keiner von beiden blickt zurück, um zu vermeiden, dass der Schiedsrichter den Zweifel in ihren Blicken erkennt.

José Luis Barrios, der als Reporter für die *El Gráfico* vor Ort ist, schaut auf seine Notizen und schreibt: »Diego, Handspiel, nicht gegeben.« Dann stößt ihn der neben ihm sitzende Journalist so hart mit dem Ellbogen in die Seite, dass er die Stelle noch drei Tage später gut spüren kann. »Er hat es gegeben!« – »Er hat das Tor gegeben«, sagt auch Glenn Hoddle, dem sich der Magen umdreht – er weiß, dass der Schiedsrichter seine Meinung nicht ändern wird. Bilardo wirft einen Blick auf seine Abwehr und versichert sich, dass alle gut platziert sind, um reagieren zu können, wenn das Tor nicht gegeben wird und die Engländer zum Gegenangriff ansetzen.

Zum ersten Mal in der Geschichte des Fußballs können die Zuschauer vor den heimischen Fernsehern Wiederholungen einer Szene aus drei verschiedenen Blickwinkeln betrachten. Fast alle kommen zu demselben Schluss.

»Der Treffer wurde mit der Hand erzielt, das kann ich so zweifelsfrei festhalten, aber ich will Ihnen auch sagen, was ich denke«, fährt Víctor Hugo Morales in seinem Kommentar fort. »Argentinien gewinnt 1:0 – und Gott möge mir verzeihen –, aber 1:0 gegen England, durch ein Handspiel … Was soll ich dazu noch sagen?«

Maradona will so schnell wie möglich weiterspielen. Er wirft einen Blick auf die Tribüne, rauf zu Don Diego und seinem Schwiegervater Coco. Er reckt ihnen seine geballte Faust entgegen, und sie antworten mit der gleichen Geste.

Fenwick versucht, mit dem Schiedsrichter, der kein Englisch spricht, zu kommunizieren. Lineker hält nach den Linienrichtern Ausschau und ist überzeugt, dass der schuldbewusst dreinblickende Bulgare alles gesehen hat, sich aber nicht traut, es dem Schiedsrichter zu sagen. Shilton sieht ein, dass nichts mehr zu machen ist. Er fühlt sich betrogen.

Víctor Hugo fragt seinen Co-Kommentator Ricardo Scioscia, ob er ein Handspiel gesehen habe. »Nein, Víctor Hugo, es war ein Kopfball«, antwortet dieser.

Lineker versucht es ein letztes Mal. »Herr Schiedsrichter, es war Handspiel.« – »Bitte, spielen Sie«, entgegnet Bennaceur. Die Engländer akzeptieren seine Entscheidung, das irreguläre Tor zu geben, nachdem sie nicht annähernd so vehement protestiert haben, wie es andersherum ganz gewiss der Fall gewesen wäre. Resigniert und ohne zu bedenken, dass es ihnen im weiteren Verlauf des Spiels möglicherweise

Vorteile bringen könnte, wenn sie den Schiedsrichter jetzt weiter beknien und so moralisch unter Druck setzen, führen die Engländer nur 35 Sekunden nach diesem historischen Treffer den Anstoß aus.

Wenige Augenblicke später hat Víctor Hugo auf einem in der Nähe stehenden Bildschirm genügend Wiederholungen gesehen, um sich beruhigt zurückzulehnen. »Als wir sagten, dass Patriotismus und Politik im Fußball nichts verloren hätten, haben wir uns selbst betrogen«, sagte der uruguayische Journalist heute. 1986 spielte er die Rolle des siegreichen Argentiniers. »An diesem Tag war Argentinien dabei, das Spiel zu gewinnen, und diesmal waren die Waffen auf beiden Seiten gerecht verteilt.« Maradonas zweites Tor sollte auch Víctor Hugo zu weltweitem Ruhm verhelfen, stolz ist er dennoch eher auf seinen »Was soll ich dazu noch sagen?«-Kommentar, trotz aller politischer Konnotationen. »Er war der Spontaneität des Augenblicks geschuldet«, sagt er.

»Es ist, als bestehle man einen Dieb, als hätte ich einem Dieb das Portemonnaie geklaut«, wiederholte Diego viele Male nach dem Spiel. »Ich habe hundert Jahre Vergebung auf meiner Seite.«

»Wenn man es vom Platz hinter dem Tor aus betrachtet«, sagt Glenn Hoddle, als er sich die Szene 30 Jahre später im Rahmen der ITV-Dokumentation »The Hand of God: 30 Years On« noch einmal ansieht, »erkennt man, dass er das nicht zum ersten Mal macht, denn … achten Sie mal auf seinen Kopf. Nicht auf seinen Arm, auf seinen Kopf. Da, während er es tut, zuckt er mit dem Kopf.«

Das ist keine so abwegige Spekulation, wenn man bedenkt, was Valdano berichtete: »Während des Trainings übten wir Ecken. Maradona erzielte dabei einmal einen unglaublichen Kopfballtreffer. Ich sah, wie sich jemand darüber amüsierte und fragte: ›Warum lachst du?‹ – ›Er hat den Ball mit der Hand reingehauen!‹, erhielt ich zur Antwort. Er sprang hoch und führte mit dem Kopf simultan dieselbe Bewegung aus wie mit der Hand. Ich hatte genau auf der anderen Seite gestanden und seinen Trick nicht sehen können. Er hat das wirklich trainiert.«

Maradona hat im Verlauf seiner Karriere mehrfach irreguläre Tore mit der Hand gemacht. Einmal auch im Parque Saavedra, wo er sein erstes Auswahlspiel hatte. Seine Gegner sahen es und reklamierten das Handspiel beim Schiedsrichter, doch der gab den Treffer. »Man will einfach an den Ball kommen, da zuckt die Hand manchmal von ganz allein«, erklärte *El Pelusa* mehrfach. Als er noch für Argentinos spielte, erkannte ein Schiedsrichter ein durch Handspiel erzieltes Tor von ihm gegen Vélez nicht an. Der Mann riet Diego außerdem, solche Regelwidrigkeiten in Zukunft zu unterlassen. Diego dankte ihm für den Rat, entgegnete allerdings, dass er nichts versprechen könne. Er stellte sich gerne vor, dass der Schiedsrichter sein erstes Tor gegen England in Mexiko gefeiert hat.

»Ich erzähle dir von einem gegen Zico«, sagte Maradona während eines Interviews im jordanischen Amman zu mir. »Es war die 94. Minute, und ich stand neben dem Pfosten. Ich bin 1,65 Meter groß, ich kann gegen niemanden ein Kopfballduell gewinnen. Um mich herum standen nur Ein-Meter-neunzig-Kerle. Zwei Verteidiger von Udinese springen hoch, um zu klären, der Ball landet bei mir und zack [macht eine Geste mit der Hand], versenke ich ihn. Tor. Schiedsrichter … Tor. Zico kommt zu mir und sagt: ›Diego, bitte, du weißt, dass es ein Handspiel war, und wir brauchen die Punkte.‹ – ›Tja, wir auch‹, sagte ich ihm. Dann er: ›Bitte, sag es ihm. Ansonsten bist du wirklich unehrlich.‹ Also sag ich: ›Unehrlich ist mein zweiter Vorname. Entzückt, dich kennenzulernen.‹ Im Grunde genommen geht es nur darum, ob man vom Schieds- oder Linienrichter erwischt wird.«

Viveza Criolla, wörtlich übersetzt »kreolische Schläue«, ist eine lateinamerikanische Lebensphilosophie, die in José Hernández' argentinischem Literaturklassiker *Martín Fierro* von 1872 mythologisiert wird. Martín Fierro ist ein Gaucho, dessen Überleben davon abhängt, dass er sich gegen Polizei, Armee und Staat zur Wehr setzen kann. Er flieht vor dem Militärdienst von seiner Ranch, verlässt seine Familie und verliert letzten Endes alles. Später hört Fierro über einen seiner Söhne von dem Gaucho Vizcacha, einem zynischen Halunken, dessen Beispiel ihn lehrt, dass man nur durch Betrug und Hinterlist bekommen kann, was man haben möchte.

Die *Viveza Criolla* verlockt zur Nachahmung, es macht Spaß, sich auf sie einzulassen, und bringt kurzfristige Vorteile. Kleinere

Foulspiele sind ein wesentlicher Bestandteil des lateinamerikanischen Fußballs. Sie gelten als unverzichtbar, weil sie, wie es heißt, einer Mannschaft zum Sieg verhelfen können. Den Ball nach einem Foul erst mal weit wegzuschießen, um der Verteidigung ausreichend Zeit zu verschaffen, sich neu aufzustellen, ein paar Meter Richtung gegnerisches Tor bei einem Freistoß herauszuholen, jeden Einwurf für die eigene Mannschaft zu reklamieren, auf dem Spielfeld ein wenig zu schauspielern – das alles wird als durchaus kompatibel mit dem Fair-Play-Gedanken verstanden.

Tatsächlich jedoch haben all diese Maßnahmen vor allem einen antisozialen Effekt. Wer schummelt oder betrügt, verhält sich anderen gegenüber respektlos, setzt sich über gesellschaftlich vereinbarte Regeln hinweg und verstößt so gegen den Gesellschaftsvertrag. Die Autorität wird auf und abseits des Spielfelds untergraben und Misstrauen gesät. Denn ein Verbrecher glaubt, dass jeder so denkt wie er, wodurch er selbst hochgradig argwöhnisch wird und jeden in seinem Umfeld für durchtrieben und nur auf seinen eigenen Vorteil bedacht hält.

»Ich fände es schön, wenn die Engländer, oder die Europäer ganz allgemein, Fußball als einzigen Weg zum Glück betrachten könnten«, sagt Víctor Hugo. »Ich würde gerne sehen, wie es ihnen ginge, wenn ihr Leben so kompliziert wäre wie das der Lateinamerikaner, die in extrem bescheidenen Verhältnissen leben, Spieler wie Fans gleichermaßen. Ihnen allen stehen nicht sehr viele Möglichkeiten offen. Wenn du nur eine halbe Chance hast, willst du sie ergreifen. Das erzeugt einen ungeheuren Erfolgsdruck, man will gewinnen und nicht enttäuschen. Das erklärt eine ganze Menge.«

Doch zurück ins Aztekenstadion. Maradona ist durch sein Tor um mehrere Zentimeter gewachsen. Der Druck lastet jetzt auf den Engländern. Shilton und seine Mitspieler haben das Gefühl, ein schweres Unrecht erlitten zu haben – woran sich bis heute nichts geändert hat.

Neun Minuten nach Beginn der zweiten Halbzeit und nur dreieinhalb Minuten nach dem ersten Tor befindet sich der Ball mitten in der argentinischen Hälfte. Glenn Hoddle will einen kurzen Pass spielen, wird dabei aber von Ruggeri gestört. Batista foult den englischen Mittelfeldspieler, aber Bennaceur übersieht es.

Ruggeri passt zu Enrique, der das Leder an Maradona weitergibt. Es ist ein nicht ganz einfacher Ball. Maradona steht mit dem Rücken zum englischen Tor in der eigenen Hälfte. Den Ball jetzt zu verlieren, könnte die argentinische Abwehr in arge Bedrängnis bringen. Peter Beardsley, der englische Stürmer, und Mittelfeldspieler Peter Reid sind ganz in Maradonas Nähe.

»Er passt den Ball zu Diego. Da steht Maradona, er wird von zwei Mann gedeckt. Maradona tritt auf den Ball«, schallt Víctor Hugos Kommentar aus der Sprecherkabine.

Maradona weicht Beardsleys Ausfallschritt aus, um die Kontrolle über den Ball zu behalten. Bennaceur denkt kurz darüber nach, ein Foul nach einem vorangegangenen Zusammenstoß zwischen einem englischen und einem argentinischen Spieler zu pfeifen, lässt dann aber weiterspielen. Diego tritt auf den Ball und zieht ihn weg von Reid, den er sogleich zwei Meter hinter sich lässt. Inzwischen hat er sich in Richtung gegnerisches Tor gedreht.

Steve Hodge sieht, dass Butcher und Fenwick auf der rechten Seite im Laufweg von Maradona stehen, und glaubt, dass sie die Situation bereinigen werden. Noch ist Diego weit von der Zone entfernt, von wo aus er gefährlich werden könnte.

Peter Reid nimmt die Verfolgung auf, bleibt aber immer zwei Meter hinter Maradona. Bennaceur folgt dem Spiel aufmerksam, seine Augen fixieren Diego genau. Nach dem ersten Tor will er nichts mehr übersehen. Er ist auch bei diesen hohen Temperaturen in guter Verfassung, hat in Tunesien viele Jahre lang Leichtathletik betrieben, und die FIFA hat für die an diesem Turnier beteiligten Schiedsrichter eigens einen auf Höhentraining spezialisierten polnischen Experten engagiert, der sie auf die besonderen Umstände vorbereitet hat.

Das englische Mittelfeld ist weit offen, und Maradona nimmt auf der rechten Seite mächtig Fahrt auf. Reid ist immer noch an ihm dran. Terry Butcher sieht Reid mitlaufen und versucht, Maradona zur Seitenlinie abzudrängen. Doch seine Attacke ist zu durchschaubar und kommt zu früh. Mit einer leichten, fließenden Bewegung kommt Maradona an Butchers ausgestrecktem Bein vorbei und kann jetzt tief in die offene englische Hälfte eindringen. Nur noch ein kurzer Sprint von wenigen Metern, und er ist am Strafraum.

Burruchaga überlegt, sich vor Diego zu setzen, um einen Verteidiger aus dem Spiel zu nehmen, doch er sieht, dass es auf der rechten Seite eng wird und es nicht genügend Platz für den Lauf gibt. Daher rennt er weiter mit, um sich gegebenenfalls für einen Doppelpass anbieten zu können oder für den Abschluss. Hätte Burruchaga doch nur eine Kamera dabeigehabt, um diese Szene zu filmen! Er hatte zweifellos die beste Perspektive auf das Geschehen im ganzen Stadion.

Butcher läuft weiter hinter Maradona her, der inzwischen den Strafraum erreicht hat. Diego fühlt schon den Atem des Verteidigers im Nacken, weiß aber genau, dass er noch einen gewissen Vorsprung hat, und konzentriert sich lieber auf die Probleme, die vor ihm liegen.

Maradona ist nicht der Schnellste. Wer gut dribbeln will, muss trickreich agieren, die Gegenspieler täuschen, sich schnell drehen und wenden und ein paar Finten in seinen Lauf einbauen, so spielt Maradona seine Gegner aus.

Bennaceur gefällt, was er sieht. »Es tat sich eine ganze Menge. Ich bin glücklich, dass ich nicht früher eingegriffen habe«, erzählte er später.

Fenwick, der schon eine gelbe Karte hat, deckt eigentlich Jorge Valdano. Er beschließt jedoch, Valdano stehenzulassen, um stattdessen Maradona aus dem Strafraum herauszuhalten. Er versucht, ihn aufzuhalten, und muss sich nun entscheiden: foulen oder nicht foulen. Sich Diego in den Weg zu stellen, ist der einzige Weg, ihn zu stoppen, was ihm allerdings eine sichere zweite gelbe Karte und damit einen Platzverweis eingebracht hätte. Er streckt den Arm aus, streift damit allerdings nur sanft über Maradonas Bauch. Die betüddeln mich wie ein Baby, denkt sich Diego. Nichts und niemand kann ihn jetzt noch aufhalten. Er ist nicht zu stoppen.

Diego täuscht links an, erkennt aber, dass rechts von Fenwick jede Menge Platz ist. Er zieht noch mal an, läuft in den offenen Raum hinein und springt leichtfüßig über Fenwicks ausgestrecktes Bein. Bennaceur hat Fenwicks Foul gesehen, ruft aber laut »Vorteil, Vorteil« und lässt weiterspielen.

Lineker verfolgt das Geschehen von der anderen Hälfte aus, und seine Fassungslosigkeit verwandelt sich in Bewunderung. Auf diesem Spielfeld, mit diesem Rasen …, denkt er.

Maradona ist jetzt am Strafraum. Er sieht Burruchaga und Valdano ungedeckt zu seiner Linken. Beide wollen den Ball und stehen gut, um erfolgreich abschließen zu können. Doch ganz gleich, was er Valdano später unter der Dusche erzählt, er denkt keine Sekunde daran, diesen Ball noch einmal abzugeben. Ich werde auf keinen Fall noch mal abspielen, denkt er. Ich habe den Ball ja quasi alleine von Argentinien aus hierhergebracht. Valdano wirkt wie versteinert, er verfolgt das Geschehen jetzt eher wie ein Fan als wie ein beteiligter Mitspieler. In diesem Spiel zeigt Maradona die ganze Bandbreite seines Könnens, von der Balldominanz über die Tricks bis hin zu den schnellen Richtungs- und Geschwindigkeitswechseln.

»Das Weltfußballgenie startet von rechts, lässt einen dritten Mann hinter sich und tut so, als wolle er zu Burruchaga passen. Immer noch Maradona am Ball«, dröhnt Víctor Hugo. Maradona blickt kurz zu Valdano hinüber – eine weitere Finte. Jetzt muss er nur noch an Keeper Peter Shilton vorbei.

Rechtsaußen Gary Stevens vergisst den ungedeckten Valdano und läuft zu Shilton, um ihm am Fünfmeterraum auszuhelfen. Wie unerheblich diese Entscheidung ist, zeigt Maradonas nächster Schachzug. Nur wenige Spieler verfügen über eine derart schnelle Auffassungsgabe wie er, die es ihm erlaubt, in Sekundenschnelle strategische Alternativen zu entwickeln, wenn sich auf dem Weg zum gegnerischen Tor ein Hindernis in den Weg stellt. Diego überlegt zunächst, das Leder links zu versenken. Doch als er Stevens kommen sieht, verwirft er diese Option wieder und switcht um.

Sechs Jahre zuvor hatte sich Maradona bei einem Spiel gegen England in Wembley in einer ähnlichen Lage befunden. Damals hatte er Keeper Ray Clemence bereits ausgespielt, den Ball aber knapp am langen Pfosten vorbeigeschossen. *El Turco* war damals erst sieben gewesen, hatte seinem älteren Bruder nach dem Spiel aber vorgehalten: »Du Blödmann! Du hättest links antäuschen, ihn dann zurückziehen und rechts versenken müssen. Der Torwart war schon im Sprung.« – »Klar, du Arsch«, blaffte Maradona. »Wenn man vorm Fernseher sitzt, sieht es immer einfach aus.«

Shilton läuft Maradona entgegen, ohne Stevens zu seiner Rechten zu bemerken. Maradona hat seine Überlegungen abgeschlossen, sich für eine der vielen Möglichkeiten, die ihm offenstanden, entschieden. Kein Grund mehr für irgendwelche Spielchen, jetzt muss er nur noch den Ball nach vorne treiben.

Mit seinem linken Fuß legt er den Ball ein klein wenig nach rechts. Shilton geht zu Boden, fast so, als wolle er sich hinsetzen. Seine Hände hält er zunächst schützend vors Gesicht, dann drückt er sich hoch, um verlorenen Boden gutzumachen. Doch nur ein leichter Stups reicht, um den Ball am Torwart vorbeizulegen. »Die Verteidiger taten mir leid«, gab Bennaceur später zu.

Terry Butcher hat tausendmal überlegt, wie er es hätte besser machen können. Vermutlich hätte er Maradona früher, irgendwo vor dem Strafraum, zu Fall bringen sollen. Jetzt macht er das Einzige, was er noch tun kann. Er ist direkt hinter Diego und hat nur eine Möglichkeit: Er lässt sich fallen und streckt sein linkes Bein aus, im Versuch, den Ball abzulenken – oder den Spieler zu Fall zu bringen. Oder beides.

Nachdem er an Shilton vorbei ist, bereitet sich Maradona darauf vor, den Ball mit rechts ins Netz zu befördern. Er spürt Butcher von hinten, der den Ball nicht sehen kann, und weiß, dass er Gefahr läuft, ein Eigentor zu schießen, wenn er fällt. Als der Argentinier durch die Attacke des Verteidigers zu Boden geht, nimmt er Butcher jede Chance, an den Ball zu kommen. Es braucht also immer noch eine Last-Minute-Lösung. Butcher tritt gegen Maradonas rechten Knöchel – die Schmerzen werden sich später bemerkbar machen –, und der Schiedsrichter hat die Pfeife schon zwischen den Lippen. Ein klares Foul, keine Frage: Elfmeter. Aber Bennaceur pfeift nicht. Der Ball rollt vor Diegos linken Fuß.

Er schießt ihn »mit drei Zehen«.

»Genial! Genial! Genial! Ta-ta-ta-ta-ta-ta! Tooooor! Tooooor! Ich möchte weinen! Jesus! Lang lebe der Fußball! Ein Traumtor! Diegooooo! Maradooona! Ich muss weinen, entschuldigen Sie bitte! Ein denkwürdiger Sprint von Maradona, das beste Spiel aller Zeiten, du kosmischer kleiner Drache. Von welchem Planeten bis du nur gekommen? So viele Engländer in die Gräben zu schicken und das Land zu vereinen, für Argentinien zu jubeln!«

Kleiner Drache?

Es war nur zehn Sekunden her, seit Maradona den Ball von Enrique zugespielt bekam.

Maradona springt auf und rennt auf die Eckfahne zu, dem wahnsinnigen Jubel entgegen, der im Aztekenstadion aufgebrandet ist. Er hat den Jubel nie choreographiert. Die Gefühle übermannten ihn, er wollte auf dem Platz immer ganz natürlich sein. Und seiner Meinung nach verdiente es jedes Tor, mit derselben Leidenschaft gefeiert zu werden, mit der man auch seinen allerletzten Treffer feiern würde. Aber dieser hier bedeutete natürlich mehr. Er fällt Salvatore Carmando um den Hals, dem Masseur, der sich beim SSC Neapel und bei der Nationalmannschaft um ihn kümmert, und dann kommt der Rest der Mannschaft zu ihm gelaufen.

»Argentinien zwei, England null. Diego, Die-gooo, Diego Armando Maradona! Danke, Gott, für den Fußball, für Maradona, für diese Tränen, für all das ... Argentinien zwei, England null«, kommentiert Víctor Hugo.

Später erklärt er den Vergleich mit dem Drachen: »Menotti hatte gesagt, Diego sei ein kleiner *barrilete*, was Drache heißen kann, aber auch klein und kräftig. Er hatte Letzteres gemeint, und so habe ich den Satz selbst auch oft bei Ligaspielen benutzt. Fast jedes Mal, wenn Diego ein Spiel machte, sagte ich scherzhaft: ›Da ist er, der kleine *barrilete*.‹«

»Oh! Das war einfach großartig, das muss man zugeben«, kommentiert der BBC-Sprecher Barry Davies diese Szene. »Gegen dieses Tor gibt es nichts zu sagen. Das war reines fußballerisches Genie.« Martin Tyler von ITV nannte es eines der besten Tore in der WM-Geschichte.

In 11 Sekunden legte Diego eine Strecke von etwa 55 Metern zurück. Vom athletischen Standpunkt aus betrachtet, war das eine eher schwache Leistung. Usain Bolt legte die doppelte Strecke in kürzerer Zeit zurück. »Hätte man die fünf Engländer, an denen er vorbeigedribbelt ist, gebeten, dieselbe Strecke zu laufen und aufs Tor zu schießen, wäre Diego zweifellos der langsamste von ihnen gewesen«, sagt Fernando Signorini. »Das Entscheidende ist die Täuschung.«

Maradona bezeichnete es als »Tor der Träume. Wir träumen immer davon, das beste Tor aller Zeiten zu schießen. Und dann bei der WM. Unglaublich.«

»Die Welt gehörte ihm«, schrieb Jorge Valdano in der *El País*. »Noch während er lief, wusste er, dass er eine Grenze überschritten hatte und es auf die Seite derer geschafft hatte, die ewigen Ruhm genossen. Wir verehrten und beneideten ihn gleichermaßen, weil er gerade genau das getan hatte, wovon wir alle träumten – sei es im Schlaf oder in unseren Tagträumen.«

Valdano, der völlig frei vorm Tor gestanden hatte, gibt zu, sich geärgert zu haben, weil Diego ihm den Ball nicht zugespielt hatte, und dass er sich, während er den Ball nach dem Treffer wegdrosch, gesagt hatte, Diego können gern »allein jubeln und sich freuen«. Aber dann besann er sich eines Besseren und lief zu seinem Mitspieler rüber, um ihn zu umarmen. Maradona kniete, und Valdano wollte ihn aufheben, um ihm bei der Umarmung »auf gleicher Höhe zu begegnen«. Aber das klappte nicht. Tatsächlich, so dachte Valdano, würde sie wohl niemals mehr jemand als gleichgestellt betrachten.

Lineker ist in diesem Moment bereits davon überzeugt, dass das Spiel für sie gelaufen ist. Doch dann geht ihm noch etwas anderes durch den Kopf: »Mein Gott! Was für ein Tor! Ich sollte applaudieren. Er hat sich gegen all diese Spieler durchgesetzt.«

John Barnes, der als Flügelstürmer einen größeren Aktionsradius hat, kommt für Trevor Steven in der 74. Minute. Durch seine Dribblings und Flanken verändert er das Spiel auf der linken Seite. Kurz nach seiner Einwechslung nimmt er den Ball am Rand des Strafraums an und kann gleich zwei argentinische Verteidiger ausspielen. Er flankt gefühlvoll von der Torauslinie zu Lineker, der den

Ball ins Netz köpft und damit seinen sechsten Turniertreffer erzielt, was ihn zugleich zum Torschützenkönig dieser WM macht. Zehn Minuten vor Ende der regulären Spielzeit steht es nur noch 2:1 für Argentinien.

Mit dem folgenden Abstoß lassen sich die Argentinier eine Minute Zeit, danach gehen sie sofort zum Angriff über. Diego nimmt den Ball in der englischen Hälfte an und schlängelt sich damit an drei Gegnern vorbei. Er spielt zwei Doppelpässe und überlässt den Ball dann Tapia, der gerade den englischen Strafraum erreicht hat. Nach einem kurzen Gerangel mit einem Verteidiger drischt er das Leder mit rechts gegen Shiltons kurzen Pfosten. Von dort aus prallt er ins Aus.

Kurz vor Ende des Spiels passiert noch etwas, das dem Schicksal von Diego Armando Maradona, John Barnes, Gary Lineker, Bobby Robson, Steve Hodges und Terry Butcher, im Grunde genommen dem Schicksal aller Spieler auf dem Platz, eine andere Wendung hätte geben können. Es zeigt, dass alle Helden- und Verlierersagen im Fußball immer nur auf dünnem Eis gebaut sind. Nicht jeder erinnert sich an dieses letzte besondere Sandkorn, das durch die Stundenuhr dieser Begegnung fiel, aber es ist genauso wichtig wie die anderen.

In der 87. Minute verliert Chris Waddle, einer der neu eingewechselten Spieler, den Ball, woraufhin Maradona auf der rechten Seite zum Angriff übergeht. Er stürmt nach vorn, ist aber nicht schnell genug. Hodge kann ihm den Ball abnehmen und ihn an Hoddle weitergeben, der ihn wiederum zu Beardsley bringt. Der Liverpooler spielt einen langen Pass auf John Barnes an der linken Außenlinie. Enrique lässt sich zurückfallen und stellt sich Barnes in den Weg, der jedoch fast mühelos an ihm vorbeikommt und abermals eine präzise Flanke mit links von der Torauslinie in den Strafraum schlägt.

Der Ball fliegt parallel zur Torlinie über Keeper Pumpido hinweg, der nicht mehr reagieren kann. Lineker steht am langen Pfosten. Olarticoechea erinnert sich an den vorherigen Treffer und daran, dass Barnes flankt, sobald sich eine Möglichkeit dazu bietet. Also sucht er instinktiv nach Lineker. Wo zum Teufel ist er?

Lineker wartet am langen Pfosten, er bereitet sich darauf vor, den Ball wie zuvor ins Tor zu köpfen. Er steht nur zwei Meter vom Gehäuse entfernt.

Ah, da ist er, denkt Olarticoechea, der sofort auf Lineker zurennt.

Der Ball kommt gut, perfekt für Lineker. Der muss reingehen, oder nicht?

Mit einem Mal taucht Olarticoechea zwischen dem Ball und dem Tor auf. Er hat sich einfach ins Getümmel geworfen, ohne sich um die Flugbahn des Balls zu kümmern. Er will Lineker stören, während er zugleich um ein kleines Wunder bittet.

Lineker köpft den Ball Richtung Tor. Barry Davies und Martin Tyler sehen bereits den Ausgleich. Olarticoechea nickt einmal ganz leicht mit dem Kopf, während das Leder durch die Luft fliegt, aber dieses leichte Nicken reicht aus. Er spürt genau, wie sein Kopf den Ball berührt, weiß jedoch nicht, ob er ihn von der Flugbahn ins Tor abgelenkt hat oder nicht. Er und Lineker landen beide im Tor, keiner weiß genau, was passiert ist. Lineker ist mit seinem Knie gegen den Pfosten geprallt. Der Ball ist irgendwie Richtung Eckfahne geflogen.

Bennaceur grinst. 2018 gab er im Gespräch mit der BBC zu, dass er »gerne ein Unentschieden und die Offenheit einer Verlängerung miterlebt hätte« bei dieser Begegnung zwischen Maradona-Argentinien und den immer stärker werdenden Three Lions. Auf jeden Fall fühlte er sich geehrt, Teil dieses Spektakels zu sein.

Er gibt noch eine Minute Nachspielzeit. Dann pfeift er ab, und die Journalisten, Fans, Spieler und das Trainerteam stürzen sich auf den unumstrittenen Man of the Match: Diego Armando Maradona.

KAPITEL 25

England – Argentinien: Nachspiel

Nach einem Interview, das er dem britischen TV-Sender ITV gegeben hatte, ging Steve Hodge in den Spielertunnel und traf vor den Kabinen auf Maradona. Er klopfte Diego auf die Schulter und deutete auf sein Trikot. Hatte er Interesse an einem Tausch? Hodges weißes Shirt mit der 18 bekam daraufhin Maradona, dessen blaues Jersey mit der 10 Hodge nahm. Später räumte der Brite ein, dass er den Tausch niemals vorgeschlagen hätte, wenn er gewusst hätte, dass der Argentinier das 1:0 per Hand erzielt hatte. Shilton und seine Kollegen haben zahlreiche Male öffentlich erklärt, dass sie niemals um Maradonas Trikot gebeten hätten.

Maradona und *El Negro* Enrique treffen sich vor dem Dopingkontrollraum. »Alle gratulieren dir, aber der Pass kam von mir!«, witzelte Enrique. Auch Terry Butcher musste zum Dopingtest. Er sah Diego an, deutete auf dessen Kopf und dessen Hand und fragte auf Englisch: »Wie hast du's angestellt?«

»Maradona zeigte auf seinen Kopf«, erklärte Butcher den Medien. »Das war vermutlich auch das Beste, das er je getan hat, denn andernfalls hätte ich ihn umgebracht.«

Als er die argentinische Kabine betrat, wurde Maradona unter einer Lawine von Küssen begraben. Küsse aus Liebe und Bewunderung. Jeder wollte das Genie berühren, ihm danken und huldigen.

Jorge Valdano sagt, er habe nie damit gerechnet, dass dieses Spiel einen solch hohen emotionalen Stellenwert bekommen würde. Vielleicht hatte das tatsächlich niemand. Argentinien beruft sich noch heute immer wieder darauf, auch um sich selbst zu bestätigen, dass es unter allen Ländern der Welt einen besonderen Platz einnimmt, eine Ausnahmestellung, die nicht etwa durch zwielichtige Regierungschefs und permanente Finanzkrisen begründet sein soll. Wenn man sich die Tore genau ansieht, scheinen überdies beide ein

Musterbeispiel für die argentinische Mentalität zu sein, was Maradonas Bedeutung in diesem Zusammenhang noch verstärkt.

»Wir sind so«, sagt Valdano in Christian Rémolis Dokumentarfilm *1986: La Historia Detrás De La Copa.* »Ein *potrero* [so bezeichnet man nicht nur brachliegendes Land, auf dem Fußball gespielt wird, sondern auch einen gewieften Glücksritter, einen Typ Mensch, der in Argentinien sehr bewundert wird] applaudiert nicht den Aufrichtigen, sondern den Wagemutigen und den Schelmen. Er applaudiert dem, der einen Vorteil zu nutzen und die Regeln zu seinen Gunsten auszulegen weiß. Und den Virtuosen, die es wagen, Dinge anders anzugehen als üblich. Diego tat das alles mit diesen beiden Toren.«

Menschen, die nach Helden suchten, hatten – wie Signorini es ausdrückte – dank Maradona nun »reichlich Stoff, von dem sie sich etwas abschneiden konnten«.

Unter der Dusche erklärte Maradona Valdano und Burruchaga, dass er beim Lauf zum 2:0, nachdem er an Reid vorbeigedribbelt war, zwei Spieler in Blau auf gleicher Höhe mitlaufen sah. »Aber du, Jorge, warst mir ein Stück voraus und hast dich, anders als Burru, zum Anspielen angeboten. Weißt du, wie mir das geholfen hat? Du hast die Verteidiger abgelenkt …« In dem Moment drehte Valdano verärgert die Dusche ab und fuhr Maradona an: »Boah, hör bloß auf …«

Diego dankte Valdano dafür, auf gleicher Höhe mitgelaufen zu sein, weil das Fenwick zwang, ihn zu decken, statt sich auf die Nummer 10 zu stürzen. »Darum hatte ich meinen Fuß auch immer ganz nah am Ball, um ihn zu verwirren. Er musste sich fragen: ›Wird er ihn abgeben oder behalten?‹«

Valdano störte sich allerdings weniger daran, für ein Ablenkungsmanöver benutzt worden zu sein. Ihn ärgerte etwas ganz anderes: »Leck mich, willst du mich verarschen? Du kannst das unmöglich alles auf einmal gesehen haben. Das geht gar nicht.«

Aber es war so, Maradona hatte die komplette Spielsituation überblickt und war bereit gewesen, jederzeit auf die Entscheidung des Verteidigers zu reagieren. Letztendlich hatte Fenwick von Valdano abgelassen und versucht, Diego zu foulen – wenngleich erfolglos. Hätte er es geschafft, wäre Maradona aber auch darauf vorbereitet gewesen, den Ball seinem ungedeckten Teamkollegen zuzuspielen, der sich dann in einer Eins-zu-eins-Situation mit Shilton befunden hätte. Diego war allerdings überzeugt gewesen, dass er den Ball nicht würde abgeben müssen, er wusste, dass er auf dem Weg zu einem Traumtor war. »Die schiere Anzahl an Ideen, die er in diesen 10 Sekunden entwickelte und wieder verwarf ...«, schrieb Valdano in der *El País*. Ja, es hat schon etwas von einem Wunder, wenn alle Entscheidungen, die in einem so kurzen Zeitraum getroffen werden, die richtigen sind.

Gary Lineker hatte niedergeschlagen das Feld verlassen und war in die Kabine gegangen. Sie hatten verloren, aber sie waren knapp davor gewesen, das Spiel zu drehen. Er hörte wütende Beschwerden über den Schiedsrichter, den Linienrichter und auch über Diego, wegen seines ersten Tores. »Ich ärgerte mich nicht, ich war einfach nur enttäuscht«, erzählt mir Lineker. Und er hatte Schmerzen. Er war bei seiner letzten Torchance kurz vor Abpfiff gegen den Pfosten geknallt und hatte sich eine Innenbandzerrung zugezogen. Ihm war klar, dass er im Halbfinale ohnehin nicht dabei gewesen wäre.

Jahre später trafen sich Maradona und Lineker im Rahmen einer BBC-Sendung in Buenos Aires wieder. Diego erzählt davon in seiner Autobiographie: »Das Erste, was er mich fragte, war: ›Hast du es mit der Hand erzielt oder mit der Hand Gottes?‹ Er sagte mir, dass man in England eine solche Aktion als Betrug werten würde und die Person, die so etwas tut, als Betrüger ansehe. Ich erklärte ihm, dass so etwas meiner Ansicht nach ein Streich sei und derjenige, der so etwas tue, ein Schalk. Wir haben uns nett unterhalten, von Fußballer zu Fußballer.«

Ein argentinischer Zeugwart brachte nach dem Spiel im Aztekenstadion ein paar Trikots in den Kabinenbereich, die man den Engländern geben konnte, für den Fall, dass sie tauschen wollten. Der besonnene Mittelfeldspieler Ray Wilkins, dem nur selten ein böses Wort entfuhr, ging daraufhin an die Decke. Der Zeugwart nahm sofort Reißaus. »Eine Menge englischer Fans werden Maradona das, was er getan hat, nie verzeihen«, sagt Chris Waddle heute. »Hätte allerdings Gary Lineker genau dasselbe getan, würden sie ihn noch heute als Helden verehren.«

In dem Dokumentarfilm *1986: La Historia Detrás De La Copa* sagte der Journalist Ezequiel Fernández Moores: »Michael Owens Schwalbe bei der WM 98 in Frankreich. Haben wir Argentinier da gesagt, Owen repräsentiere die Piraten, die abscheulichen Engländer, die Gier von Francis Drake und seinesgleichen? Nein, das haben wir nicht. Tricksereien wie diese gehören für uns einfach zum Fußball dazu. Fußball ist nun mal ein Schurkenspiel. Wem das nicht klar ist, der versteht dieses Spiel nicht.«

Shilton ist davon überzeugt, dass sich jeder andere Spieler mittlerweile für das Handspiel entschuldigt hätte. Weil Maradona das nicht getan hat, weigerte er sich vor einigen Jahren, Diegos Einladung, mit ihm zusammen in einer Fernsehsendung aufzutreten, anzunehmen. Einige Zeit später war es dann Maradona, der sich seinerseits weigerte, Shilton zu treffen, weil er selbst die einzige Bedingung für das Treffen, nämlich sich aufrichtig für das Handspiel zu entschuldigen, nicht erfüllen wollte. »Wir sind mehrfach darum gebeten worden, die Sache zu begraben«, räumte Shilton ein. »Aber er will sich nicht entschuldigen, und ich werde ihm unter dieser Voraussetzung nicht die Hand schütteln und ihn würdigen. Ich sage immer, dass er der größte Spieler aller Zeiten ist, aber als Sportler kann ich ihn nicht respektieren und werde das auch nie tun.«

»Ich habe eine Klage gegen eine englische Zeitung gewonnen. Sie hatten einen Artikel mit der Schlagzeile ›Maradona, der reuige Sünder‹ veröffentlicht. Aber auf die Idee zu bereuen wäre ich nie gekommen«, schrieb Diego in seiner Autobiographie. »Weder als es passierte noch 30 Jahre später oder sonst irgendwann, bevor ich meinen letzten Atemzug tue. Shilton war sauer. Er sagte: ›Ich werde Maradona nicht zu meinem Abschiedsspiel einladen.‹ Ha, wer will schon das Abschiedsspiel eines Torwarts sehen?«

Steve Hodge kam mit Maradonas Trikot in der Hand in die englische Kabine. »Um ehrlich zu sein, ich wünschte, ich hätte mir das Trikot geholt«, sagt Lineker heute. Niemand sagte etwas zu Hodge, der das Trikot in seine Tasche packte. Danach lag es 16 Jahre lang auf dem Dachboden seines Hauses in Nottingham herum. Es wurde nie gewaschen. Als Hodge erfuhr, dass ein Trikot, das Pelé bei der WM 1970 getragen hatte, bei einer Versteigerung 157 000 Pfund eingebracht hatte, überlegte er, das Maradona-Trikot versichern zu lassen. Aber er fand keine Versicherung, die sich auf einen Deal mit ihm einließ, da der Wert des Trikots nicht bestimmt werden konnte. Letztendlich stiftete Hodge das wertvolle Stück dem inzwischen geschlossenen Football Museum in Preston. Heute wird es im National Football Museum in Manchester im Rahmen der sogenannten Steve Hodge Collection ausgestellt. Gleich daneben ist das Trikot zu sehen, das Franz Beckenbauer bei der WM 74 trug. Maradonas Trikot hat heute einen geschätzten Wert von 300 000 Pfund.

Einer der Zuschauer im Aztekenstadion war Don Diego. Beim Debüt seines Sohnes bei Argentinos Juniors hatte er nicht geweint, jetzt konnte er die Tränen nicht zurückhalten: »Mein Sohn, du hast heute ein wirklich großartiges Tor geschossen«, sagte er noch im Stadion. Er hatte seinen Sohn selten überschwänglich gelobt, aber von nun an würde er seine Anerkennung öfter zum Ausdruck bringen. Bis zu diesem Tag, als er sah, wie sein Sohn die Welt eroberte, hatte er sich zurückgehalten. Viele andere hatten ihn schon lange mit Komplimenten überhäuft, aber er hatte sich bislang damit begnügt, seinen Sohn zu unterstützen und zu ihm zu halten. Mit zunehmendem Alter wurde er jedoch entspannter und konnte seine Freude über das Talent seines Sohnes unbefangener zum Ausdruck bringen. Zehn Jahre nach dem Sieg gegen England erinnerte sich Maradona in der *El Gráfico*, dass ihm letztendlich durch das öffentliche Lob seiner Eltern »bewusst wurde, was er erreicht hatte«.

Die Begegnung zwischen Argentinien und England hatte noch ein Nachspiel in den Medien. In der Kabine sprach Bilardo Maradona auf das umstrittene Tor an. »Nein, Carlos, ich hab's nicht mit der Hand gemacht«, versicherte er dem Trainer. Und der glaubte ihm. Im Gespräch mit Pressevertretern erklärte Bilardo daher stets klar und deutlich: »Nein! Doch nicht mit der Hand.« Auch Bobby Robson äußerte sich unmissverständlich. »Maradona hat den Ball mit der Hand ins Tor befördert, nicht wahr? Nicht wahr?«, die rhetorische Frage spie er vor Frust förmlich heraus.

Maradona gab sich, nachdem er aus der Dusche kam, betont sicher im Hinblick auf sein erstes Tor: »Ich schwöre bei meinem Leben, dass ich mit Shilton hochgesprungen bin, ihn aber mit dem Kopf gespielt habe. Was man sah und was die Verwirrung ausgelöst hat, war die Faust des Keepers. Aber es war zweifelsfrei ein Kopfball. Ich hatte danach sogar eine Beule an der Stirn.« Wenn man ihn später an diese Worte erinnerte, lachte Maradona und erklärte, er habe verhindern wollen, dass die Schiedsrichter ihn künftig auf dem Kieker hätten, oder etwas in der Art. Auch war nicht er der Erste, der von der Hand Gottes sprach, sondern Néstor Ferrero, der argentinische Redakteur der italienischen Nachrichtenagentur ANSA. Er sagte: »Nun, dann muss es wohl die Hand Gottes gewesen sein.« Und Maradona entgegnete: »So muss es gewesen sein.«

Jahre später äußerte er sich anders zu seinem umstrittenen Tor und erhob es mit seiner Erklärung ins Reich der Legenden: »Ich dachte an all die jungen Männer, die im Falklandkrieg gestorben waren, und in dem Moment wurde mir klar, dass es die Hand Gottes war, die mir zum Tor verhalf. Nicht, dass ich Gott gewesen wäre oder meine Hand die Hand von Gott. Sondern, dass Gott es war, der an all die jungen Männer dachte, die auf den Falklandinseln getötet wurden, und der mit seiner Hand das Tor erzielte.« Das ist, wie gesagt, Maradonas Sicht der Dinge. Was aber, wenn trotz allem England das Spiel gewonnen hätte? In diesem Fall ginge die Erklärung natürlich nicht mehr auf. (Tatsächlich war am Tag nach dem Spiel auch nur in der argentinischen Zeitung *Crónica* zu lesen, dass »*La mano de Dios*« das erste Tor erzielt habe.)

Auf einer symbolischen Ebene zeigt sich hier, dass ein Sieg im Fußball, der ja eigentlich nur der Unterhaltung dient, in gewissen Teilen der Welt auch für einen verlorenen Krieg entschädigen kann. Die Auswirkungen eines Spiels können immens sein. Jorge Valdano sagte einmal: »Es ist eine Erfahrung, die über die eines einfachen Gesellschaftsspiels hinausgeht. Es weckt den Gemeinschaftsgeist und ein Gefühl der Zusammengehörigkeit, es kann sogar ein Bindeglied zwischen Eltern und Kindern sein, etwas, das man anderswo nur schwer findet.«

Die Schiedsrichter diskutierten im Hotel untereinander weiter über das Tor. Ali Bennaceur zog eigens einen Dolmetscher der FIFA hinzu, damit er sich mit seinem bulgarischen Assistenten verständigen konnte. »Sind Sie sich sicher, dass Maradona den Ball nicht mit der Hand gespielt hat?«, fragte er ihn. Bennaceur zufolge ließ Bogdan Dotchevs Antwort keinen Raum für Zweifel. »Er sagte nein, er sei überzeugt gewesen, dass es sich um ein völlig regelkonformes Tor gehandelt habe.« Als der Tunesier kurz darauf eine Wiederholung des Tors im Fernsehen sah, erkannte er, dass es ein Problem gab. Zwei Tage später änderte Dotchev seine Aussage. Er erklärte einem Mitglied der Schiedsrichterkommission, dass er Maradonas Handspiel gesehen habe, er das Tor aber nicht aberkannt hätte, weil der Schiedsrichter es schon für gültig erklärt hatte.

Bennaceurs Vorgesetzter bewertete dessen Leistung bei dem Spiel mit 9,5 von 10 Punkten. »Die Engländer lobten meine Leistung«, erzählte er Jahre später in der *El Gráfico*, »sagten aber auch: ›Den Bulgaren sollte man rauswerfen‹ (lacht).« Tatsächlich diente das Spiel seither als Fallstudie in Schiedsrichterschulen. Der Tunesier hatte sich wortgetreu an die Direktiven gehalten, die den Schiedsrichtern in den Trainingseinheiten im Vorfeld der WM vermittelt worden waren. Dennoch wurde keiner der Unparteiischen, die an diesem Spiel beteiligt waren, für ein weiteres Match bei dieser oder irgendeiner anderen WM eingeteilt.

29 Jahre später standen sich Maradona und Bennaceur noch einmal gegenüber – und zwar in Tunesien. Diego besuchte dort eine Publikumsveranstaltung und nahm eine Einladung Bennaceurs zu einer typisch tunesischen Mahlzeit bei sich zu Hause an. Maradona hatte einen Dolmetscher dabei und überreichte Bennaceur ein signiertes argentinisches Nationaltrikot mit der Widmung: »Für Ali, auf ewig mein Freund.«

Maradona plauderte mehrere Stunden lang angeregt mit dem ehemaligen Schiedsrichter über den damaligen Tag in Mexiko-Stadt. Als er sich verabschiedete, überreichte ihm Bennaceur ein Foto, das vor dem Spiel aufgenommen worden war und bislang in Bennaceurs Esszimmer gehangen hatte. Darauf waren die beiden Mannschaftskapitäne Maradona und Shilton zu sehen, die sich die Hand schüttelten.

Signorini, der das Spiel gegen England im Stadion verfolgt hatte, war überzeugt gewesen, dass Maradona einen Kopfballtreffer gelandet hatte. Als er die Wiederholung im Fernsehen sah und erfuhr, dass englische Buchmacher Wetterlöse auf ein 1:1 als tatsächlichem Endergebnis auszahlten, nahm er sich Diego zur Brust.

»Das ist ein absolut verlogenes Tor«, sagte er. »Betrügereien im Sport sind genauso bescheuert wie im echten Leben.«

»Ach was, sieh's einfach so: Es ist, als hätte ich den Engländern die Brieftasche stibitzt.«

»Tatsächlich? Und wenn Lineker das Tor gemacht hätte? Wenn du gewollt hättest, hättest du zugeben können, dass es ein Handspiel war. Du hättest später einfach noch einmal getroffen. Du bist bestens in Form, das wäre ein Leichtes für dich gewesen. Hast du es wirklich nötig zu betrügen, um zu gewinnen?«

Selbst wenn wir glauben möchten, dass den Ball mit der Hand zu spielen eine spontane Entscheidung von Maradona war – das, was folgte, geschah nicht spontan. »Er dreht sich um, und wen sieht er an? Den Schiedsrichter«, erzählt mir Signorini in Buenos Aires. »Hätte er innegehalten, wäre zurückgegangen und hätte das Handspiel zugegeben, hätte er etlichen Lehrern, Trainern und Philosophen auf der ganzen Welt eine Menge Arbeit erspart. ›Maradona sagt Nein zu Betrug.‹ Das wäre viel besser gewesen, selbst wenn Argentinien dadurch verloren hätte.«

Signorini kämpft gegen den hohen Stellenwert, den Unaufrichtigkeit und Betrug in der lateinamerikanischen Kultur besitzen, an. »Das muss ausgemerzt werden. Wir müssen uns dagegen zur Wehr setzen. Ich verachte diese Haltung, weil sie von Charakterschwäche zeugt. Sport muss einer anderen Sache dienen. Wenn Diego beschloss, seine Sache gut zu machen, konnte es niemand mit ihm aufnehmen. Wenn er beschloss, sie schlecht zu machen (lacht), sah es allerdings genauso aus.«

Wenn er ganz allein für sich war, dachte Maradona durchaus über den Betrug nach, aber, so fügt Signorini hinzu, »er hatte seine Gründe dafür, sein Publikum nicht enttäuschen zu wollen«. Einzugestehen, dass ihn in diesem Moment im Aztekenstadion, als er von einem Punkt ganz weit oben auf die Welt hinabblickte und sah, wie wir ihn bejubelten, zuzugeben, dass ihn in diesem Moment eine Schwäche überkam, hätte die Vorstellung, die sich damals allmählich herauskristallisierte – nämlich dass Maradona und der Fußball eins und beide ewig sind –, im Keime ersticken können.

Wer wäre mutig genug, eine derart rasante, faszinierende und fesselnde Entwicklung abrupt zu beenden?

KAPITEL 26

Das Halbfinale gegen Belgien und das Finale gegen die BRD

»Die mögen alle keinen Fußball«, sagte Maradona zu Valdano gegen Ende einer Trainingseinheit während der WM 86. Dabei blickte er zu einer Gruppe Journalisten hinüber, die darauf wartete, Mitglieder verschiedener Nationalmannschaften interviewen zu können. Um seine Vermutung zu bestätigen, schloss Diego eine Wette ab. Mit der für ihn üblichen Präzision kickte er den Ball quer über den Platz, bis dieser kurz vor den wartenden Journalisten zu liegen kam. Wenn sie ihn mit dem Fuß zurückschossen, gewann Valdano die Wette. Einer der Journalisten hob den Ball mit den Händen auf und schleuderte ihn wie bei einem Einwurf zurück auf den Platz. »Armer Kerl. Es war ihm peinlich, den Ball zu schießen, weil du hier bist, Diego«, sagte Valdano, um das Verhalten des Reporters zu rechtfertigen. In einem Interview mit der *El País* fügte der Stürmer noch hinzu: »Diego hatte darauf wie immer eine spitze Antwort parat: ›Wenn ich fein zurechtgemacht im Smoking bei einer Veranstaltung im Präsidentenpalast bin und einen dreckigen Ball auf mich zufliegen sehe, dann stoppe ich diesen Ball mit der Brust und schieße ihn zurück, wie Gott es befiehlt.‹« Francis Cornejo, der Trainer der Cebollitas, wäre glücklich gewesen, das, was er Jahre zuvor selbst prophezeit hatte, aus seinem Mund zu hören.

Maradona schüchterte während der WM in Mexiko viele ein. Er hatte jede Menge Tricks auf Lager, die in diesem Sommer nur er so häufig und effektiv einsetzte. Er vollführte Hackentricks (auch in der Luft), Tunnels, atemberaubende Dribblings auf engstem Raum oder schnelle Vorstöße in offene Räume, perfekte Doppelpässe (sogar mit der Brust), zeigte eine exzellente Ballkontrolle, brillante Balleroberungen und perfekte Tacklings, schlug großartige Flanken, lange passgenaue Bälle über 50 Meter und meisterhafte Kurzpässe, bestach durch rasante Tempo- und Richtungswechsel, präzise Freistöße, Flick-ups, Übersteiger, Torschüsse und Vorlagen. Maradona schwebte geradezu über das Feld und stellte dabei sein Talent und seine Überlegenheit zur Schau – ein Solist, der den Ball vollkommen beherrschte. Zugleich trat er mit einem Team an, das bestens aufeinander eingespielt war. Valdano zufolge waren bei dieser argentinischen Nationalmannschaft endlich »alle Stellschrauben perfekt justiert«, und sie hatten einen klaren Plan.

Im Halbfinale trafen die Argentinier auf Belgien, das Überraschungsteam der WM. Die Belgier hatten zuvor Spanien durch einen Sieg nach Elfmeterschießen aus dem Turnier geworfen und mit Mittelfeldregisseur Enzo Scifo und Star-Keeper Jean-Marie Pfaff zwei überragende Spieler in ihren Reihen. Die Argentinier traten gegen sie mit der gleichen Startaufstellung wie gegen England an und behielten hier wie da auch im Finale das neu eingeführte 3-5-2-System bei. Bilardos Idee war brillant: drei Innen- und zwei Außenverteidiger (Olarticoechea auf der linken und Héctor Enrique auf der rechten Seite), eine Doppelsechs in der Mitte (Ricardo Giusti und Sergio Batista) und Jorge Burruchaga als offensiver Mittelfeldspieler, der sich um den Raum zwischen den beiden Stürmern Maradona und Valdano kümmerte.

Der Sieg über England hatte bei den Argentiniern das Gefühl aufkeimen lassen, unbesiegbar zu sein, weshalb sie nun viel freier und unverkrampfter aufspielten. Von Anfang an gingen sie mehr Risiken ein. Diego war bei den Angriffen immer mit dabei und griff tief in seine Trickkiste, um die Belgier auszuspielen, doch für ein Tor in der ersten Halbzeit reichte es nicht. Wenn ihr Star nicht am Ball war, wirkten die Argentinier wie eine schlechte Kopie ihrer selbst. Maradona war fest entschlossen, das Spiel in der zweiten Halbzeit noch mehr an sich zu reißen. Was dann passierte, gehört zu den Highlights der WM-Geschichte.

Fünf Minuten nach Wiederanpfiff kam Burruchaga an den Ball und versuchte, die belgische Abwehr zu überrumpeln. Burruchaga war bei dieser WM bislang vor allem als Zuspieler für Maradona in Erscheinung getreten, jemand, der dessen Spiel gut ergänzte. Im

Verlauf des Turniers entwickelte sich das Zusammenspiel der beiden Fußballer aber kontinuierlich weiter, und ihr Verständnis füreinander wurde immer besser. Burruchaga war ein schneller, intelligenter Spieler, der die sich bietenden Räume hervorragend zu nutzen wusste; seine präzisen Pässe machten ihn zu einem idealen Doppelpass-Partner. Diesmal servierte er *El Pelusa* einen Steilpass aus dem rechten Mittelfeld, der auf die Seitenlinie des Fünfmeterraums zukullerte und für die Belgier völlig überraschend kam. Eingekesselt von zwei Manndeckern sprintete Diego dem Ball hinterher und auf den heranstürmenden Torwart Jean-Marie Pfaff zu. Mit nur einem Ballkontakt hob er das Leder mit dem Außenrist seines linken Fußes über den Kopf des Keepers hinweg ins Tor und brachte Argentinien in Führung.

Bei jedem Ballkontakt bewies Maradona chirurgische Präzision, und man sah, wie er es genoss zu spielen, egal wo auf dem Platz er gerade war. Sobald der Ball vor seinen Füßen landete, hielt das Stadion die Luft an. Was würde der Meister als Nächstes tun? Was hatte er entdeckt, was ahnte er voraus, das ihnen entgangen war? Wer nichts verpassen wollte, musste ihn im Blick behalten.

Etwa 35 Meter vor dem belgischen Tor kam Maradona in zentraler Position an den Ball. Die belgischen Verteidiger standen erstaunlich weit vorne. Diego stürmte an drei Gegenspielern vorbei. Wie schon Butcher im Spiel gegen England wollte der letzte von ihnen Maradona nach rechts abdrängen, doch der wandte sich nach links und durchbrach die Abwehr. Und noch bevor Pfaff entscheiden konnte, ob er auf ihn zustürmen sollte oder lieber nicht, hatte Maradona das Leder buchstäblich mit links an seinem Ohr vorbei ins Tor befördert.

Maradona hatte nur 12 Minuten gebraucht, um das Halbfinale zu entscheiden, das nach diesen beiden Toren mit 2:0 endete. Argentinien stand damit im WM-Finale.

In der zweiten Spielhälfte hatte Diego eindrucksvoll sein ganzes Talent unter Beweis gestellt. Valdano zufolge hatte er einen »napoleonischen Einfluss« auf das Spielgeschehen gehabt. Es war das wahrscheinlich beste Beispiel, um zu zeigen, welche Möglichkeiten ein einzelner Spieler hat, einem WM-Spiel seinen Stempel aufzudrücken. »In diesem Spiel war ich bestimmend, ich übertraf mich sogar selbst«, schrieb Maradona in seinem Buch über das Turnier in Mexiko. Er hatte mit insgesamt 98 Ballkontakten während der 90 Minuten die meisten bei dieser WM, bei der er bereits fünf der insgesamt elf Treffer seiner Mannschaft erzielt hatte.

Argentinien stand nun zum dritten Mal in einem WM-Finale, zum zweiten Mal innerhalb von acht Jahren. Am 29. Juni trafen sie auf ihren Finalgegner: die westdeutsche Nationalmannschaft. 1982 hatten die Deutschen gegen die Italiener im WM-Finale verloren. Somit trafen bezüglich des Abschneidens bei den jüngsten Weltmeisterschaften bei diesem Match zwei ebenbürtige Gegner aufeinander, zwei Mannschaften, die in Europa bzw. Südamerika zu den Spitzenteams zählten. Die Argentinier waren überzeugt davon, genau dort angekommen zu sein, wo sie hingehörten.

»Schau dir das Video an, das wir mit der Kamera, die wir gekauft hatten, am Tag vor dem Finale gedreht haben«, sagt Burruchaga in einem Dokumentarfilm über die WM 86, *The Story Behind the Cup.* »Keine 14 Stunden später mussten wir ein WM-Finale bestreiten, aber wir sind uns dessen gar nicht richtig bewusst gewesen. Man muss bedenken, dass es damals noch keine Handys gab; wenn wir jemanden anrufen wollten, benutzten wir Münzfernsprecher. Wir hatten keine Vorstellung davon, was das wirklich bedeutete. Deshalb antworteten wir alle so ruhig und arglos.«

Der Tag des WM-Finales war gekommen. Die Mannschaft widmete sich ihren Ritualen. Vor der Fahrt zum Stadion und im Stadion selbst mussten sie alle in der bewährten Abfolge ausgeführt werden. Bilardo unterstützte die Mannschaft, um – wie er mehrfach wiederholte – sicherzustellen, dass »der Ball nicht reingeht, wenn er unseren Pfosten trifft«. Der Trainer lieh sich Zahnpasta bei Brown. Maradona badete, rasierte sich und traf sich mit Valdano. Nach dem Mittagessen hielt Bilardo eine 20-minütige Ansprache. Er bereitete Valdano auf Hans-Peter Briegel vor, den deutschen Verteidiger, der aufgrund seiner Athletik und seines Offensivdrangs in Deutschland den Spitznamen »Walz aus der Pfalz« verliehen bekommen hatte. Teamhelfer

Pachamé war der Letzte, der den Bus bestieg. Dann fragte Fitnesscoach Echevarría wie immer, ob alle da seien und ob sie auch alle auf den richtigen Plätzen säßen.

Im Bus selbst mussten drei bestimmte Songs in voller Länge gespielt werden, bevor die Mannschaft das nahegelegene Aztekenstadion erreichte. Der Fahrer war angewiesen worden, extralangsam zu fahren, damit alle Lieder einmal durchlaufen konnten. Die Playlist lautete: »Total Eclipse of the Heart« von Bonnie Tyler, »Eye of the Tiger« von Survivor (das Thema von *Rocky III*) und »Gigante Chiquito« von Sergio Denis.

Es fiel Lothar Matthäus zu, sich um Maradona zu kümmern. Diese Aufgabe erfüllte er zu Beginn der ersten Halbzeit auch bestens. Die Argentinier fielen wiederholt durch Foulspiele auf, traten ansonsten aber kaum in Erscheinung. In der 23. Minute sah Matthäus Gelb, und Argentinien bekam tief in der deutschen Hälfte, in der Nähe der Eckfahne, einen Freistoß zugesprochen. Burruchaga führte ihn aus. Der Ball landete auf *Tata* Browns Kopf, der zur Führung einnickte.

Bis zu seiner Nominierung für die Nationalmannschaft war Brown lediglich Ersatzspieler bei Deportivo Español gewesen. Viele zweifelten an ihm, aber Bilardo hatte von Anfang an hinter ihm gestanden, und jetzt hatte sich sein Vertrauen in ihn ausgezahlt. Er hatte Brown keineswegs nur als Kofferträger mit nach Mexiko genommen, wie einige Spötter behaupteten. In der zweiten Halbzeit verletzte sich Brown an der Schulter. Dem Arzt erklärte er, dass er ihn umbringen werde, falls er ihn vom Platz nehme. Brown bohrte sich ein Loch ins Trikot und hakte seinen Finger hinein, sodass sein Arm wie in einer Schlinge hing, was die Schmerzen, die er sichtlich verspürte, während des restlichen Spiels ein wenig linderte.

Argentinien zog sich nach dem Treffer in die eigene Hälfte zurück und wehrte die deutschen Angriffe ab. Maradona ließ sich ebenfalls tiefer zurückfallen, wie er es auch in Neapel tat. So brachte er die Abwehr der Deutschen durcheinander und öffnete Räume für Burruchaga und Valdano.

Diego hatte gelernt, dass je nachdem, wo er gerade auf dem Feld war, etwas anderes gefragt war. César Luis Menotti sagte damals:

»Ich war überrascht zu sehen, wie großzügig er war und wie sehr er alles durchdachte. Es ging ihm nicht darum, seinen Manndecker auszuspielen, er nahm das alles nicht persönlich. Im Mittelfeld spielte er One-Touch-Fußball und schlug viele Pässe und gab Vorlagen, er spielte mit der Bescheidenheit, die einen wirklich Großen auszeichnet.«

Zehn Minuten nach Beginn der zweiten Halbzeit bekamen die Deutschen nach einem Foul an Eder rechts vorm Strafraum einen Freistoß zugesprochen, den Brehme von rechts trat. Nachdem ihr Torwart den Ball abgefangen hat, starteten die Argentinier einen Konter, den Valdano abschloss, indem er ihn an Toni Schumacher vorbei ins rechte Eck schob. Mit diesem 2:0 schien eine Vorentscheidung gefallen zu sein. Doch nach einer Ecke und Vorlage von Rudi Völler erzielte Karl-Heinz Rummenigge den Anschlusstreffer. Und kurz darauf, in der 83. Minute, erzielte, wieder nach einer Ecke, Rudi Völler per Kopf den Ausgleich. Bilardo, der diese Standardsituationen mit seiner Mannschaft intensiv trainiert hatte, war fassungslos.

Olarticoechea, der im Tor stand, drosch den Ball wütend in die Maschen. Dieses Unentschieden empfand er als absolut ungerecht, da doch die Argentinier bis dahin das Spiel dominiert hatten. »Sie können die gesamte Mannschaft fragen, niemand hat damals geglaubt, dass wir das Spiel verlieren würden. Mir ging es da nicht anders«, erzählte er Jahre später dem Journalisten Diego Borinsky.

Es waren jetzt nur noch sieben Minuten bis zum Abpfiff der regulären Spielzeit.

In der 85. Minute flog der Ball in den Mittelkreis, wo sich in diesem Moment viele Spieler tummelten. Maradona köpfte das Leder nach rechts, bekam es jedoch sofort wieder zurückgespielt. Umgehend wurde er von zwei deutschen Spielern bedrängt, zwei Verteidiger versperrten den Weg nach vorn. Burruchaga, der ein Auge auf Hans-Peter Briegel hatte, sprintete los. In diesem Moment passte ihm Maradona den Ball mit dem linken Fuß. Briegel lief, so schnell er konnte, vermochte Burruchaga jedoch nicht mehr aufzuhalten. Der Argentinier lief mit dem Ball in den Sechzehnmeterraum und schoss ihn an Schumacher vorbei ins lange Eck.

»Er hat mir den besten Pass meiner ganzen Karriere zugespielt, so wie nur er es hinkriegen kann. Und irgendwie brachte ich dann auch noch die Kraft für den Sprint über die letzten Meter auf«, erinnert sich der Stürmer.

Für die Nummer 10 war es das ruhigste Match der gesamten WM gewesen. Doch mit seinem präzisen Pass im entscheidenden Moment sicherte er Argentinien den Weltmeistertitel. Sein Assist zum 3:2 war seine fünfte Vorlage im gesamten Turnier. Nimmt man die von ihm selbst erzielten fünf Treffer hinzu, war er an zehn der insgesamt 14 WM-Tore seiner Mannschaft beteiligt. Außerdem ging die Hälfte aller Torschüsse der Argentinier auf sein Konto.

Nach fünf weiteren, extrem spannenden Minuten wurde das Spiel schließlich abgepfiffen. Argentinien war erneut Weltmeister.

Maradona fiel auf die Knie. Er konnte sich später nicht erinnern, wer ihm als Erstes um den Hals fiel, von einem Moment auf den anderen wimmelte der Platz von Menschen. Irgendwann umarmte er Bilardo, ja, er fiel tatsächlich jedem in den Arm, der ihn umarmen wollte. Das war seine Antwort auf all die Beleidigungen, all die Schmähungen. Rache, die kalt serviert wurde. »Ich lief aufs Feld«, erzählt mir Signorini, »und er legte sehr fest den Arm um mich und sagte: ›Schau sie dir alle an, diese Hurensöhne.‹« Der Sieg markierte eine Grenze, die die Welt in diejenigen aufteilte, die für ihn, und diejenigen, die gegen ihn waren. Pelé beispielsweise hatte gesagt, die WM sei Maradonas letzte Chance, zu zeigen, dass er der beste Spieler der Welt sei und dass er anderen (Platini, Zico, Rummenigge) voraus wäre. Maradona dachte in diesem Augenblick auch an ihn.

FIFA-Präsident João Havelange reichte den WM-Pokal dem mexikanischen Präsidenten Miguel de la Madrid, der ihn wiederum an den argentinischen Mannschaftskapitän Maradona übergab. Maradona schüttelte Havelange nur nachlässig die Hand und sah ihn dabei auch nicht an. »Mir war völlig gleich, wer ihn mir überreichte, das Einzige, was mich interessierte, war, dass ich ihn bekam. Ich hielt ihn wie ein Baby. Erst hob ich ihn hoch, dann drückte ich ihn gegen meine Brust – wie ein Baby«, schrieb Maradona in seinem Buch.

Conrado Storani, der Repräsentant der argentinischen Regierung, versuchte mit ihm zu reden, doch Diego ignorierte ihn.

Als er mit dem Pokal in der Hand aufs Spielfeld zurückkam, hob ihn ein Fan auf die Schulter. »Ich dachte, sie wollten mich über ihre Köpfe heben«, sagte Maradona. »Ich stand diesem riesigen Kerl gegenüber und sah ihn an, als wollte ich sagen: ›Heb mich hoch.‹ Er schob den Kopf zwischen meine Beine, und hoch ging's.« Und als Diego dort oben auf der Schulter saß, wurde das vielleicht ikonographischste Foto seiner Karriere geschossen.

Maradona erinnerte sich, den Fan mit den Füßen über den Platz dirigiert zu haben. Lange Zeit wusste er nicht, wer dieser Fan gewesen war, bis er ihm drei Jahrzehnte später wiederbegegnete. Er hieß Roberto Cejas und war zu Gast in Maradonas Sendung *De Zurda*. Dort erzählte er, wie er damals mit Freunden ohne Tickets nach Mexiko gereist war.

In der Kabine sprangen alle wild durcheinander, küssten sich, umarmten sich und sangen. Bilardo stand derweil niedergeschlagen in der Ecke. Er hatte noch nicht verwunden, dass die Deutschen zweimal hintereinander nach Standardsituationen ein Tor erzielt hatten. »Ich sagte mir: ›Das kann nicht wahr sein, das kann einfach nicht wahr sein‹, und sie wiederholten immer wieder: ›Carlos, wir sind Weltmeister.‹ Und ich sagte: ›Aber wie konnten sie nur zwei solche Treffer erzielen?‹«

In Neapel saß man in diesem Moment entweder zu Hause vor dem Bildschirm oder vor einem der vielen Fernseher, die überall in der Stadt aufgestellt worden waren. Alles, was Diego machte, jedes Tor, jede Vorlage, jeder Trick, wurde mit typisch neapolitanischem Enthusiasmus gefeiert. Nach dem Abpfiff verwandelte sich Neapel in eine argentinische Exklave. Überall wurden Fahnen geschwenkt, und die Stadt feierte den Sieg, als wäre es ihrer.

Nach dem Spiel hielten die Argentinier noch eine kleine Siegeszeremonie ab. Maradona erzählte davon in der *El Gráfico*: »Als wir im Club Américana, unserem Mannschaftsquartier, ankamen, diesem Ort der Diskussionen, Rituale und Herausforderungen, nahmen wir Spieler uns alle an die Hand und liefen eine Ehrenrunde über das Trainingsgelände. Ohne Licht. Alle zusammen, ganz nah beieinander, wie ein Mann. Wenn ich daran denke, bekomme ich eine Gänsehaut. Es war eine sehr intime Zeremonie.«

Jorge Valdano sagte, dass die Mannschaft ansonsten nichts machte, um den Titel miteinander zu feiern. »Das stimmt, er hat recht«, bestätigte Olarticoechea im Gespräch mit Diego Borinsky. »Teilweise liegt die Schuld bei den Verbandsleuten. Sie haben nie irgendetwas organisiert. Andererseits hat auch von uns keiner gesagt: ›Hey, lasst uns irgendwas zusammen machen.‹ Wir hatten keine Idee.« Für Argentinien war die WM in Mexiko eine flüchtige, einmalige Konstellation guter Sterne, die dem Land dank der herausragenden fußballerischen Leistung zu einem phänomenalen Sieg verholfen hatte.

Seit der kleinen privaten Zeremonie auf dem dunklen Trainingsplatz musste diese gefeierte Fußballergeneration zahlreiche Kämpfe austragen. Verleumderische Kommentare aus der Ferne wurden zunächst ignoriert, bis kaum vernarbte Wunden aufbrachen, wieder zu schwären begannen und die Beziehungen belasteten. Diego bezeichnete die Mannschaft später als »die kleinen Zicken von 86«.

Noch in derselben Nacht reiste das Team per Linienflug von Mexiko-Stadt zurück nach Buenos Aires. Die Chefs des argentinischen Fußballverbands saßen in der ersten Klasse, das Team musste mit der Holzklasse vorliebnehmen. Maradona forderte alle auf, ein Lied gegen die Hasenfüße zu singen, womit er all die Journalisten meinte, die sie zunächst heftig kritisiert hatten und nun den Titel mit ihnen feierten.

Tageszeitungen und Zeitschriften auf der ganzen Welt schmückten ihre Titelseiten mit Bildern von Maradona – darunter auch solche, in denen der Fußball normalerweise keine Rolle spielte: *L'Équipe*, *Guerin Sportivo*, *Time* und die *Paris Match*. Es wurden in aller Eile Sonderbeilagen, T-Shirts, Fahnen und alle möglichen Fanartikel produziert, um die enorme Nachfrage zu befriedigen.

Maradona hatte auf der größten Bühne der Welt ein Meisterstück inszeniert, und jetzt wurde von der Welt ein Mythos geschaffen, der dieser Arbeit würdig war. Argentinien und die Welt hatten ihren modernen Helden. Helden nehmen uns unsere tiefsitzenden Ängste und geben uns Hoffnung. Sie befriedigen den irrationalen Drang der Gesellschaft, Sterbliche unsterblich zu machen.

»Der Sieg machte ihn über Nacht zum Helden«, sagte Valdano. »Er hätte auf einem weißen Ross in Argentinien einreiten können, wie San Martín [der Schutzpatron von Buenos Aires]. Die Leute hätten ihm applaudiert und ihn gefeiert, nicht nur als Fußballer, sondern als politisches, militärisches oder gesellschaftliches Vorbild. Er transzendierte seine Rolle als Spieler.«

Die Beziehung zwischen einem Idol und denjenigen, die ihre Sehnsüchte auf dieses Idol projizieren, kann nur dann erfolgreich sein, wenn der Gehuldigte seine Rolle akzeptiert und ausfüllt. Das Idol muss stets den in es gesetzten Erwartungen entsprechen, andernfalls schlägt die Vergötterung schnell in Hass und Feindseligkeit um. Das ist der schmale Grat, auf dem Idole wandern.

»Als ich mit dem WM-Pokal in der Hand auf den Balkon der Casa Rosada trat, fühlte ich mich wie Juan Domingo Perón, der eine Ansprache ans Volk hält«, erklärte Diego. Er war nie wieder so glücklich wie in diesem Moment und fühlte sich nie wieder so eins mit dem, was er tat.

Teil IV
DIEGO ARMANDO MARADONA

KAPITEL 27
Cristiana Sinagra und der erste Scudetto

Neapel führte Maradona zu seinen Wurzeln zurück. Hier war er wieder der Junge aus dem Viertel, geprägt von den engen Gassen mit ihren schäbigen, von der salzigen Meeresluft verwitterten Häusern, im Einklang mit dem Hintergrundrauschen der Stadt. Seine Familie lebte über weite Strecken bei ihm, auch Claudia, die aber im Dezember 1985 nach Buenos Aires zurückkehrte, als sie Diegos Eskapaden und das ganze Chaos satthatte. In dieser Zeit lernte Diego Cristiana Sinagra, die Schwester von Lalos Freundin, kennen.

Die Liebe mochte wankelmütig sein, doch manche Dinge blieben konstant. Jeder Sieg über einen reichen Rivalen aus dem Norden wurde von ganz Süditalien gefeiert. Das befeuerte Diego, der die Herzen der Menschen mühelos eroberte, und zwar »für immer und ohne chirurgischen Eingriff«, wie Guillermo Blanco es einst ausdrückte. Maradona wirbelte die Serie A gehörig durcheinander und entwickelte sich zu so etwas wie einem populistischen Führer.

Die Politologin María Esperanza Casulla beschreibt diese Führerpersönlichkeiten in ihrem Buch *¿Por qué funciona el populismo?* [»Warum funktioniert Populismus?«] wie folgt: »Sie sprechen über sich, über ihre Kindheit, ihre Werte, ihre Familie; sie verweben das Öffentliche, das Private und das Biographische auf tausend Arten miteinander. Das Band zwischen Anhängern und Führer basiert auf Loyalität und verwandelt den Führer in ein Symbol.« Die Menschen folgen dem Führer, und er wird zu ihrem tapferen Retter. Napoli und Diego waren sich einig. Und er hatte das Gefühl, für die Ehre zu spielen, so wie damals bei Cebollitas.

Auf dem Platz lernte Maradona immer besser, auf unterschiedliche Defensivstrategien zu reagieren und den brutalen Attacken der italienischen Verteidiger auszuweichen. Er trainierte hart, und das veränderte seinen Körper. Bei seiner Ankunft in Neapel war die Beweglichkeit seines linken Knöchels noch immer stark eingeschränkt:

Nur eine seitliche Bewegung war möglich, kaum Rotation. Dieser Missstand verbesserte sich zwar nicht, doch dank spezieller Übungen für Beine und Hüfte konnte er seinen Fuß entlasten – eine aufwendige und komplizierte Lösung, für die er viele Stunden mit Fernando Signorini üben musste.

Maradona spielte immer, war aber nicht immer in Topform. Oft wurde er mit Schmerzmitteln abgefüllt, um einsatzbereit zu sein. »Spritzen, die mir die Tränen in die Augen trieben. Eine 10 cm lange Nadel in die Leistengegend«, erinnerte er sich in *Yo Soy El Diego*. Napoli-Trainer Bianchi akzeptierte, dass Diego neben seiner Physiotherapie nur dreimal die Woche mit dem Ball trainierte.

Neapel feierte die Rückkehr eines glücklichen WM-Champions, eines Mannes, der seinen Platz in der Welt gefunden hatte. Diego genoss es, das ramponierte Napoli in die Schlacht zu führen, zu Auswärtsspielen, wo gegnerische Fans Banner mit einem aktiven Vulkan ausrollten, unter dem zu lesen war: »Vesuv – hol sie dir.« Juve-Eigentümer Gianni Agnelli tönte, dass sie Maradona nicht unter Vertrag genommen hätten, weil sie »nicht so arm seien, dass sie von ihm träumen müssten«, obwohl er natürlich genau dies mehrfach versucht hatte. Das erklärt vielleicht, warum Maradona nach seinem legendären Freistoß, mit dem das mächtige Turin bezwungen wurde, verkündete: »Ich repräsentiere einen Teil Italiens, der nicht zählt.«

»Nach der WM wurde alles noch größer«, erklärte Guillermo Cóppola in dem Dokumentarfilm *El Representante de Dios* (»Gottes Stellvertreter«) über Diegos Leben. »Wir reisten mit einem Privatflugzeug, erhielten Anrufe von Richtern, Politikern, Fußballspielern, Schauspielern und Varietékünstlerinnen. Man öffnete Nachtclubs nur für uns. Wir gingen oft ins Restaurant La Finestrella und bekamen exklusive Tische zugewiesen, an denen sonst Musik-Größen wie Eros Ramazzotti, Franco Califano, Zucchero und Peppino di Capri speisten.«

Nach Argentiniens WM-Erfolg verkaufte Napoli 40 000 Dauerkarten. »Ich dachte, er würde eine Verdopplung seines Gehalts fordern«, erinnert sich Präsident Ferlaino. »Stattdessen sagte Maradona nach seiner Rückkehr nur: ›Ich bin wieder ein Napoli-Spieler.‹ Und ich zu ihm: ›Ich möchte dir ein persönliches Geschenk machen. Was würde dir gefallen?‹ Er antwortete: ›Was immer Sie wollen, Herr Präsident.‹ Ich schenkte ihm einen Ferrari.«

Wo immer Diego auftauchte, war er von Menschen unterschiedlichster Couleur umgeben. Gegnerische Teams luden ihn zum Essen ein, danach stürzte man sich gemeinsam ins Nachtleben. In seiner Garage stapelten sich die Autos: Porsches und Lamborghinis, deren Geschwindigkeit in einer Stadt wie Neapel völlig nutzlos war. »Ich darf aber über rote Ampeln fahren«, erklärte er Jon Smith, dem englischen Agenten, der sich eine Zeitlang um seine Geschäfte kümmerte.

Alles, was Diego tat, wirkte überlebensgroß. Einmal fuhren Guillermo Blanco und Signorini hinter ihm her, als sich in der Nähe ein Auto überschlug. Maradona lief hinüber, um den Insassen zu helfen. Einer von ihnen erkannte Diego und rief seinen Namen. »Sofort berappelten sich alle, als wären sie wiederbelebt worden«, erinnert sich Blanco.

Napoli ersehnte seinen ersten Titelgewinn. Nach dem dritten Platz der vorangegangenen Saison schien es, als könne das 60-jährige Warten endlich ein Ende haben. Innenverteidiger Ciro Ferrara und der Mittelfeldspieler Salvatore Bagni wurden geholt, um die Defensive zu verstärken. Im offensiven Mittelfeld sollten Nationalspieler Fernando Di Napoli, im Sturm Andrea Carnevale und Bruno Giordano Diegos Spiel komplementieren.

Dank eines Tors von Maradona in der ersten Halbzeit startete die Mannschaft mit einem 1:0-Sieg über Brescia in die Saison. Die Erwartungen schossen weiter in die Höhe. Doch vor dem zweiten Spieltag …

Im September 1986, am Tag vor der Partie gegen Udinese, trainierte Diego in Soccavo, Napolis Trainingsplatz. So gegen 14 Uhr rief Carlos d'Aquila, der erste argentinische Basketballspieler, der in Europa spielte, bei Fernando Signorini an: »Enrico Tuccillo ist bei mir. Er ist Cristiana Sinagras Anwalt, und er will mit Diego sprechen.« Der italienische Fernsehsender RAI war kurz davor, ein Interview mit Sinagra zu senden, und Tuccillo wollte wissen, ob Maradona sich zur Vaterschaft des Kindes, das seine Mandantin soeben zur Welt gebracht hatte, bekenne. Cristiana und Maradona hatten vom Dezember des vergangenen Jahres bis April ein Verhältnis gehabt. »Moment«, sagte ein überraschter Signorini, »ich rufe ein Taxi.«

Signorini holte Maradona mit dem Taxi ab, und gemeinsam fuhren sie zum Haus von Carlos d'Aquila, wo der Basketballspieler, seine Frau und Anwalt Tuccillo bereits auf sie warteten. Diego war fassungslos und verwirrt; er fühlte sich wie nach einem Schlag in die Magengrube.

»Diego, du bist im Fußball und im Leben ein Champion ...«, setzte der Anwalt an.

Fernando warf Maradona einen Blick zu. Ihm war klar, dass der Anwalt *die Schlange drehte*, wie man in Argentinien sagt – den Finger in die Wunde legte. Diego wurde immer kleiner, sein Kopf sank nach unten, seine Körpersprache war die eines Besiegten. Der Anwalt sprach weiter.

»In Kürze wird in einer Nachrichtensendung ein Interview mit Cristiana ausgestrahlt werden, in dem sie alles sagt. Wenn du die Vaterschaft anerkennst und wir uns einig werden, wenn du dich einverstanden erklärst, für das Kind zu sorgen, dann wird nichts auf Sendung gehen.«

Es war kein langes Treffen. Maradona hatte offensichtlich nicht vor, etwas zu akzeptieren, das nicht im von ihm so stolz verfassten Drehbuch stand. Und schon gar nicht etwas, das er als einen Fehler ansah. Als er von Cristianas Schwangerschaft erfuhr, hatte er sie gebeten abzutreiben. »Sie hätte das tun sollen«, wiederholte er von diesem Tag an Hunderte Male in seinem Kopf.

»Fahr sofort nach Hause«, empfahl Signorini. »Das Interview wird gleich gesendet, und Claudia ist zu Hause.«

In Zimmer 509 der neapolitanischen Sanatrix-Klinik erzählte Sinagra, eine 22-Jährige, die in den Zeitungen später als »arbeitslose Buchhalterin« beschrieben wurde, dem RAI-Journalisten Massimo Milone, dass das Kind, das sie am Morgen geboren hatte, aus ihrer Beziehung zu dem argentinischen Fußballer stamme. Sie würde ihn Diego Armando jr. nennen.

In Schockstarre saßen Maradona und Claudia zu Hause gemeinsam vor dem Bildschirm. Diego wandte sich hilfesuchend an seine Leute, rief Guillermo Cóppola an und bat ihn, aus Buenos Aires zurückzukehren. Napoli stellte seine Anwälte zur Verfügung. In Neapel löste die Nachricht ein wahres Erdbeben aus.

Die Story prangte am nächsten Tag auf der Titelseite der *Corriere della Sera*. »Die Neapolitaner werden das verstehen«, so Enrico Tuccillo. »Ich bin davon überzeugt, dass sie ein Baby für wichtiger halten als Heldenverehrung; dass ein Menschenleben in ihren Augen mehr wert ist als ein Hackentrick, egal wie elegant dieser auch sein mag. Die Menschen werden auf unserer Seite sein, weil für uns Kinder an erster Stelle stehen.« Tuccillo betonte, dass das Verhältnis zwischen Diego und Cristiana vier Monate gedauert habe und sie Maradona nicht finanziell ausnehmen wollten – er solle nur Verantwortung übernehmen.

Maradona legte einen desaströsen Auftritt gegen Udinese hin, der mit einem 1:1-Unentschieden endete. Manche Fans schwenkten Puppen und hielten Banner hoch, auf denen stand: »Maradona, kümmere dich um das Baby«. Diego wollte sich nach dem Spiel nur zu Fußballerischem äußern: »Alles, was ich dazu zu sagen habe, werde ich vor dem Richter sagen. Ich werde mich dabei von der Wahrheit und meinem Gewissen leiten lassen.« Cóppola war derweil in Italien gelandet, wo er von Dutzenden von Reportern empfangen wurde. »RAI kann sich für immer von Diego verabschieden«, sagte er. »Er wird nie wieder mit ihnen sprechen.« Es gab Gerüchte, dass Diego den Verein verlassen wolle.

Die Zeitschrift *Gente* berichtete, dass RAI der jungen Frau 8000 Dollar bezahlt habe. Ihr Vater, der Friseur Alfredo Sinagra, sorgte dafür, dass niemand Fotos von seinem Enkel im Krankenhaus schoss. Ein Napoli-Fan stand am Eingang der Klinik und warnte: »Wenn du sie siehst, sag ihr: Wenn Maradona Neapel verlässt, kriegt sie es mit mir zu tun.« Dutzende von Fans riefen im Krankenhaus an, um die frischgebackene Mutter zu beleidigen und zu bedrohen. Der Bürgermeister von Neapel verurteilte die Sinagra-Familie dafür, dass sie so viel Staub aufgewirbelt habe, ohne »mögliche negative Konsequenzen zu bedenken«, um dann optimistisch hinzuzufügen: »Ich bin aber sicher, dass Maradona nicht so schnell genug von Neapel hat.«

Die Medien hatten Stellung bezogen. Wie immer bei Maradonas unzähligen Geschichten war die Frau entweder nebensächlich oder schuldig. Niemand, schon gar nicht eine Frau, konnte dem besten Spieler der Welt, dem leuchtenden Stern des italienischen Fußballs, etwas anhaben. Journalisten aus dem engeren Umfeld des Fußballers hatten seit Monaten von dem Verhältnis gewusst, aber den Mantel des Schweigens darüber gedeckt.

Drei Tage später kam es zu einem Treffen im Büro eines Anwalts für Zivilrecht. Anwesend waren Maradonas Anwalt Vicenzo Siniscalchi, Diegos Schwester María und ihr Mann Gabriel *El Morsa* Espósito, Claudia, Cóppola, Signorini und Diego selbst. Sein Anwalt konstatierte gleich zu Beginn, dass es eine »wunderbare Idee« sei, die Vaterschaft anzuzweifeln, genau wie von Maradona gewünscht. *»A questa ragazza la sputanamo per tutta la Italia«*, sagte Siniscalchi – »Wir werden in ganz Italien auf dieses Mädchen spucken«. Er war bereit, Diego zu retten, unabhängig von der Wahrheit. Der Zivilrechtler, dessen Name nicht bekannt ist, versuchte, die Gruppe umzustimmen: »In alldem gibt es ein unschuldiges Wesen, und Wahrheit bleibt Wahrheit« – diese Worte blieben Signorini in Erinnerung.

Der Journalist Bruno Passarelli ergatterte als Erster ein Statement von Maradona. »Bericht von einem besorgten Mann« lautete die Schlagzeile in *El Gráfico*. »Ich frage mich, ob das der Preis ist, den ich für diese Stunden der Freude in Mexiko bezahlen muss. Ich verstehe nicht, wie das Mädchen so etwas tun konnte, Maradona zu benutzen, um Publicity für sich selbst zu bekommen. Jemand, der zu so etwas fähig ist, zu so einem teuflischen Erpressungsversuch, muss krank sein, sehr krank. Man kann mich einen Frauenhelden nennen, einen Tunichtgut oder was auch immer, aber ich will nicht, dass mir ein Kind angedichtet wird.«

Das Baby wurde am 1. Oktober als Diego Armando eingetragen – am selben Tag, als Napoli gegen Toulouse im Elfmeterschießen verlor und aus dem UEFA-Cup flog. Maradona verschoss seinen Elfmeter. »Das ist der schlimmste Augenblick meines Lebens«, sagte er

Reportern. »Ich bin krank und fühle mich mies, richtig mies. Alle, die mich hassen, genießen das jetzt sicher. Aber allen, die mich lieben, sage ich: Macht euch keine Sorgen, weil ich am Ende gewinnen werde, egal wie schwer der Kampf ist.«

Alfredo Sinagra bat um »Verständnis und Menschlichkeit«. »Wir kämpfen, damit das Kind uns nicht eines Tages vorwirft, wir hätten nichts für es getan.« Cristiana – die von den Medien als »Lügnerin« und »kindliche« Schurkin abgestempelt wurde – sprach drei Monate nach der Geburt ihres Sohnes mit der italienischen Ausgabe von *Gente*: »Zuerst mochte ich Diego nicht, aber dann verliebte ich mich in ihn ... Er fühlte genauso ... Er widmete mir alle seine Tore.« Sie erzählte, dass sie Todesdrohungen erhalten habe und mit dem Baby in ihrem Haus wie eine Gefangene lebe. Sie träumte davon, dass Diego sie wie früher anrufen würde, direkt nach dem Aufwachen oder nach dem Training. Sie sagte, sie könne nicht glauben, dass ein so liebevoller und großzügiger Mann sich so sehr ändern könne.

Die Geburt von Diego jr. ist ein entscheidender Wendepunkt in Maradonas Geschichte. Er hätte nie vermutet, dass eine Frau, der er eine Rolle zugewiesen hatte, ihn in die Knie zwingen könne. Er war nicht vorbereitet auf diese unerwartete Wendung im Script, die nicht mit seiner Realitätswahrnehmung übereinstimmte. Die Blase der Unantastbarkeit war geplatzt. Von diesem Zeitpunkt an verloren seine Augen ihren Glanz, änderte sich seine Stimmung, und er versuchte gar nicht mehr, seine Affären zu verbergen.

Und Kokain wurde mehr als nur eine Ablenkung.

»Du brauchst Menschen, die dir wirklich helfen wollen, keine falschen Freunde«, warnte Fernando Signorini ihn in Bezug auf die Droge.

»Mach dir keine Sorgen, das mache ich nur ab und zu. Ich kann damit umgehen, kann es kontrollieren ...«

»Er hatte sich den Knöchel gebrochen«, erklärte Signorini, »war aber auf dem Weg der Besserung. Nur wie gegen das Kokain ankämpfen? Es verschleierte die Realität, und er wusste das.«

Cristiana Sinagra nahm nie Geld an, das ihr für eine Abtreibung oder ihr Schweigen angeboten wurde oder dafür, dass sie Diegos

Vaterschaft leugnete. Und Claudia? Maradonas Langzeitfreundin, die gerade mit ihrer ersten Tochter Dalma schwanger war, hatte Cristianas TV-Interview schweigend und kopfschüttelnd verfolgt. Diego leugnete alles, und sie glaubte ihm. Viel später, als Claudia begriff, was wirklich passiert war, insistierte sie mehrfach, dass Diego seinen Sohn anerkennen solle, falls das von der Gegenseite immer noch gewünscht wurde. Dalma kam im April zur Welt und zwei Jahre später ihr zweites Kind Giannina. Die beiden Kinder brachten Diego zusätzlich aus dem Gleichgewicht, da Claudias Welt nun nicht mehr nur um ihn kreiste.

Nachdem er sich dreimal geweigert hatte, einen DNA-Test zu machen, wurde Diego 1992 von der italienischen Justiz dazu verdonnert, seinem Sohn seinen Nachnamen zu geben und Cristiana umgerechnet etwa 3000 Euro Unterhalt pro Monat zu zahlen. Doch er stritt weiter alles ab ... 30 Jahre lang. Seine einzigen Kinder, so wiederholte er immer wieder, seien »Dalma und Giannina, weil sie in Liebe gezeugt wurden«. Etwa um diese Zeit stellte ein gemeinsamer Freund einen telefonischen Kontakt zwischen Claudia und Cristiana her, damit über Diego jr.s Alimente entschieden werden konnte.

Im April 1996 fand Claudia heraus, dass Diego noch ein viertes Kind (Jana) hatte, das seinem Verhältnis mit Valeria Sabalain entsprang, einer Kellnerin, die er in einem Restaurant kennengelernt hatte. Wieder einmal stritt Diego alles ab. Die Anzahl seiner Seitensprünge war enorm, aber Claudia war damit zufrieden, dass er immer nach Hause kam. Doch eines Tages im Jahr 1998 kam er nicht mehr nach Hause. Er ging nach Kuba und verliebte sich erst in Adonay Frutos, dann in Judith, dann in Eileene und zeugte in dieser Zeit drei weitere Kinder mit zwei verschiedenen Frauen. Später hatte er Beziehungen mit Verónica Ojeda und Rocio Oliva. Bis zu seinem Tod erkannte er fünf Kinder von vier Frauen an – neben Dalma, Giannina, Diego Armando jr. und Jana noch Diego Fernando, den Sohn von Verónica Ojeda. Darüber hinaus gab noch sechs weitere Vaterschaftsklagen. Diego lebte, wie es ihm gefiel, ohne Erklärungen, nach seinen eigenen Regeln, frei – man könnte auch sagen: unverantwortlich.

Im Mai 2003 reiste Diego jr., der damals für die Jugendabteilung von Napoli spielte, zu einem Charity-Golfturnier auf der Anlage des Hotels Fiuggi Terme Resort & Spa 150 Kilometer von Neapel entfernt, um zum ersten Mal seinen Vater zu treffen. Mit Kappe und Sonnenbrille ausstaffiert, verschaffte er sich Zugang zum Golfplatz, indem er eine Sicherheitskraft bat, den Parcours begutachten zu dürfen, da er Golfunterricht nehmen wolle. »Ich bin dein Sohn, Diego«, flüsterte er, als er nah genug an seinen Vater herangekommen war. Maradona setzte sich in den Buggy und wollte fliehen. »Dies ist das letzte Mal, dass du mich siehst«, rief Diego jr. ihm hinterher. Der Buggy hielt an.

Die beiden unterhielten sich über 40 Minuten lang. Maradona sagte zu Diego jr.: »Ich weiß, dass du mein Sohn bist.« Zum Abschied gab es eine tränenreiche Umarmung. Bis zur nächsten Umarmung sollte es dann allerdings weitere drei Jahre dauern. Sie fand in Buenos Aires statt. Diego wusste, dass sein Sohn im Fernsehen auftreten sollte, und spürte ihn auf. Ihre Geschichte wurde im TV gesendet. So erfuhr auch Giannina davon. Sie sagte, ihr wäre lieber gewesen, wenn ihr Vater sie vorher angerufen und gestanden hätte: »Tochter, ich habe dich all die Jahre belogen.«

Im Juli 2017 saßen Cristiana Sinagra, Diego jr. und Maradona in einem renommierten Restaurant in Neapel an einem Tisch. Cristiana sagte Diego, dass sie ihm verziehen habe und dass sie beide immer die Wahrheit gekannt hatten. Diego gestand, dass er seinen Sohn liebe. Als Diego jr. Jahre später verkündete, dass er selber Vater werde, ließ Maradona auf Instagram wissen: »Ich werde mich an meinem Enkel erfreuen, so wie ich es bei Diego nicht tat.«

Die Turbulenzen in seinem Privatleben hatten Einfluss auf die sportliche Leistung. Die Saison 1986/87 begann für den Spieler Maradona durchwachsen. Die Mannschaft beschloss jedoch, sich hinter ihren Star zu stellen. Giuseppe Bruscolotti gab die Kapitänsbinde an den Argentinier weiter, was Maradona zu Tränen rührte. »Danke, Peppe«, sagte er, »du hast mir etwas gegeben, das ich nie vergessen werde … und als Kapitän werde ich uns den Titel holen.«

Um die Verbindung zu den Fans zu stärken, setzte Maradona öffentliche Trainingseinheiten durch. Als Sprachrohr der Mannschaft willigte er außerdem ein, wöchentlich eine Pressekonferenz abzuhalten. Auf dem Platz schuf Ottavio Bianchi einen soliden Block, um den herum Maradona zaubern konnte. Die Resultate wurden besser, inklusive eines 3:1-Siegs über Juventus im Stadio Comunale in Turin. Das war eine Ansage. Im November 1986 hatte sich Diego von Cristianas schockierender Offenbarung im Fernsehen erholt.

Während Maradona im letzten Drittel der Saison mehrfach nach Buenos Aires reiste, um seine neugeborene Tochter Dalma zu sehen, ließ Napoli fünf Punkte liegen. Einigen im Verein stieß das sauer auf. Vier Partien waren noch zu spielen, als Napoli zu Hause auf Silvio Berlusconis AC Mailand traf. Es war die erste Saison des zukünftigen Ministerpräsidenten Italiens als Präsident des Vereins. Der 2:1-Sieg, zu dem Diego ein Tor beisteuerte, bedeutete, dass Napoli nun aus eigener Kraft Meister werden konnte, da Platinis Juventus hinten lag. Diego hatte in der Saison bisher nur zehn Tore geschossen, stand aber in jedem Spiel außer einem auf dem Platz. Nach einem 1:1-Unentschieden im Auswärtsspiel gegen Como bereitete man sich darauf vor, nach dem vorletzten Spiel der Saison zu Hause gegen Fiorentina die Meisterschaft zu feiern, die man mit einem weiteren Unentschieden besiegeln konnte.

An diesem Wochenende wurden die Balkone mit Fahnen dekoriert, überall waren riesige, in den Napoli-Farben gekleidete Plastikpuppen zu sehen, alle trugen die blauen Vereinstrikots, und sämtliche Hotels waren ausgebucht. Vor Bars und Geschäften wurden Fernseher aufgebaut, und nachts ertönte in den Straßen das Lied »*O mama mama mama / Sai perché mi batte il corazón / Ho visto Maradona / Innamorato sono*« (O Mutter, Mutter / wie mein Herz schlägt / Ich habe Maradona gesehen / und jetzt bin ich verliebt). Die Stände im Stadion, in das am Spieltag 90 000 Zuschauer drängten, waren mit Fähnchen und Abzeichen dekoriert. Diegos Mannschaftskamerad Ciro Ferrara erinnert sich: »Wir konnten mit unserem Mannschaftsbus nicht den normalen Weg fahren, auch nicht mit Polizeieskorte. Autos waren in zweiter und dritter Reihe geparkt,

Kinder und Erwachsene standen auf ihnen, um Diego zu sehen. Es war der reine Wahnsinn.« Auch Physiotherapeut Salvatore Carnando ist dieser Tag unauslöschlich im Gedächtnis eingebrannt: »Frauen, junge wie nicht mehr ganz so junge, hatten ihre Brüste entblößt und sie in Blau und mit dem Napoli-Wappen bemalt. Sie sagten damit: ›Sieh uns an, Maradona. Wir danken dir für das, was du für uns getan hast.‹«

Napoli erzielte den ersten Treffer. Fiorentina glich zwar aus, das 1:1 reichte jedoch, es brachte den notwendigen Punkt zum Titelgewinn. Danach brach etwas aus, was Maradona als »die größte Party meines Lebens« bezeichnete. Am 10. Mai 1987, sechs Jahrzehnte nach seiner Gründung, stand Napoli uneinholbar an der Tabellenspitze. Die Fans stürmten den Platz und gaben damit den Startschuss für eine mehrtägige Jubelfeier. Maradona war mittendrin, weinend, brüllend, Arme emporgereckt und Menschen umarmend. »Dies ist meine Heimat«, wiederholte er mehrfach.

In der Kabine sprangen nackte Spieler wie Wahnsinnige herum und sangen »*Ho visto Maradona, ey mamá, Innamorato sono*« (»Ich sah Maradona, Mutter, und jetzt bin ich verliebt«). Maradona machte mit, mit nacktem Oberkörper, aber immer noch die Kapitänsbinde tragend. »Wir haben dieses Napoli aus dem Nichts erschaffen!«, brüllte er, während jemand ein neues Lied anstimmte.

Eine Million Menschen in Himmelblau feierten auf den Straßen ausgelassen in gemeinschaftlicher Glückseligkeit und das ohne einen einzigen ernsthaften Vorfall. Am nächsten Morgen erschienen viele Menschen nicht zur Arbeit. Die Schulen waren geöffnet, aber Anwesenheit war nicht Pflicht. Jemand sprühte »*Che vi siete persi*« (»Was Sie verpasst haben«) auf die Mauer des Friedhofs von Poggioreale. Banner in den Straßen trugen Inschriften wie »*Scusate il ritardo*« (»Sorry für die Verspätung«) oder »*I figli del sole strappano lo scudetto ai figli del fredo*« (»Die Kinder der Sonne [des sonnigen Südens] nehmen den Kindern der [nördlichen] Kälte den Scudetto ab«).

Die Titelseiten der überregionalen Zeitungen berichteten endlich einmal positiv über Neapel, und das zu Recht. Die Stadt hatte sich für immer verändert. Der Fußballheld hatte sie trotz aller Zweifel und Unkenrufe zum Sieg geführt. Neapel zeigte allen den Stinkefinger, die sagten: »Ihr kriegt nichts auf die Reihe, ihr habt keine Arbeitsmentalität.« Eigenschaften, die zuvor als Defizite angesehen worden waren, galten nun als Tugenden. Maradona erreichte, wenn auch nur vorübergehend, dass der Süden dem Norden als ebenbürtig angesehen wurde.

In dieser ekstatischen Stadt konnte Diego Armando Maradona das tun und sagen, so sein, was immer und wie er wollte.

Und es gab noch mehr Grund zur Freude. Am 7. Juni besiegte Napoli Atalanta im ersten Finalspiel des Copa Italia mit 3:0. Der 1:0-Auswärtssieg sechs Tage später sicherte den Titel. Napoli war damit der erste Verein des Südens, der das Double – Liga und Pokal – holte, und nur einer von drei Vereinen überhaupt in der Geschichte des italienischen Fußballs, dem dies gelang.

In seinem Buch *Maradona al Desnudo* (»Maradona entblößt«) schreibt der Journalist Bruno Passarelli, der damals in Italien Korrespondent für *El Gráfico* war, über Napolis erfolgreiche Saison: »Aufgrund der Euphorie erkannten nur wenige, dass Maradonas Liga-Form weit entfernt von der war, die bei der WM 86 in Mexiko alles überstrahlt hatte.«

Nachdem er mit seiner Familie ein paar Tage in einem Hotel im spanischen Granada verbracht hatte, erhielt Maradona eine überraschende Einladung. Die kubanische Regierung bot ihm einen Strandurlaub in Varadero an, dem ein Treffen in Havanna mit Commandante Fidel Castro folgen sollte. Sie fuhren hin, doch von Castro keine Spur. Zwei Tage bevor sie nach Italien zurückkehren sollten, erhielt Diego von einem Boten die Nachricht: »Der Commandante erbittet Ihre Anwesenheit.« Geduldig wartete die Familie in einer von dessen offiziellen Residenzen auf das Erscheinen des Máximo Líder. Doch zu ihrer Überraschung erschien um Mitternacht ein Bus und brachte sie zur Plaza de la Revolución. Sobald sie das schlichte Regierungsgebäude am Platz betreten hatten, wurden sie von dem imposanten Castro freundlich begrüßt. Der kubanische Führer gewährte ihnen eine fünfstündige Audienz. »Gibt es beim

Elfmeterschießen ein Geheimnis?«, wollte Castro wissen. »Bevor ich schieße, sehe ich den Torwart an«, verriet Diego. Der Commandante notierte diese Information fein säuberlich in seinem Notizbuch.

Bei Sonnenaufgang verabschiedete sich Castro und schenkte Diego seine Kappe. »Als der Bus losrollte«, erinnert sich Fernando Signorini, der mit dabei war, »kam Castro mit besorgtem Gesichtsausdruck zum Fenster und fragte noch mal nach: ›Bevor ich den Elfmeter schieße, muss ich also den Torwart ansehen, richtig?‹, so als ob dies der wichtigste Rat sei, den er seit langem erhalten habe.«

KAPITEL 28

Maradona und Neapel

Vor dem Gewinn des ersten Scudetto wollte Diego den Geburtstag seiner Schwester María mit der Familie feiern. Dafür wurde, unter Leitung von Guillermo Cóppola, eine filmreife logistische Operation in Gang gesetzt. Ein befreundeter Restaurantbesitzer schloss um 22 Uhr die Pforten für reguläre Besucher. Um 22.30 Uhr wurden die Jalousien heruntergelassen und alle Lichter gelöscht. Um 23 Uhr trudelte die Maradona-Familie ein. »Mit meinem Sohn kann man nirgendwohin gehen«, beschwerte Doña Tota sich mal wieder.

Nach dem Titelgewinn wurde das Ganze noch schlimmer. »Die Stadt war völlig außer Rand und Band«, erinnert sich Cóppola. »Die Leute waren wie besessen. Sie waren verrückt nach Diego. Jeder hätte getötet, nur um ihm nahe zu sein. Jeder.«

Der Fußball trat in den 1980er Jahren in eine neue Phase ein. Die Budgets und Zuschauerzahlen der Weltmeisterschaften stiegen stetig an. Vor diesem Hintergrund wurde Diego Armando Maradona der erste globale Star. Seine Herkunft, sein Erfolg und seine genialen Fähigkeiten faszinierten umso mehr, als er die Menschen an seinem Leben teilhaben ließ. Über 500 Stunden Film (Maradona zu Hause, im Pyjama, beim Spielen mit seinen Töchtern, in Restaurants, beim Training, beim Singen, im Bett, auf Partys) bildeten zum Beispiel die Basis von Asif Kapadias preisgekrönter Dokumentation *Diego Maradona*.

Die Soziologen Fernando Segura und Sergio Levinsky untersuchten die Entwicklung des Fußballs und führten seine verschiedenen Gesichter auf:

Fußball kann ein »soziales Projekt« (Ignacio Ramonet) sein, »eine Zusammenfassung der Conditio humana« (François Brune) oder »der Aufdecker aller Leidenschaften« (Christian Bromberger). Er kann »ein Zauberreich« sein (Eduardo Galeano), »ein einmaliger Sport« (Philippe Baudillon) und »eine säkulare Religion« (Manuel Vázquez

Montalbán). Manche fragen sich sogar, ob es sich um »einen Sport oder ein Ritual« handelt (Marc Augé).

Maradona nahm bei allen eine Hauptrolle ein.

»Gegnerische Spieler fingen an, ihn um einen Trikottausch nach dem Spiel zu bitten«, erinnerte sich Dalma Maradona in ihrem Buch. »Er sagte zu allen ja. Manchmal setzte er das auch als Taktik ein: Er versprach dem stärksten Gegenspieler das Trikot, redete mit ihm und sorgte dafür, dass der Spieler ihm auf dem Platz folgte. So befreite er seine Mitspieler von ihren Bewachern.«

»Einmal waren wir im Flugzeug unterwegs, wir saßen ganz diskret hinten«, erzählt Guillermo Blanco. »Plötzlich gab es heftige Turbulenzen, und die Maschine schien auseinanderzubrechen. Die Passagiere standen kurz vor einer Panik, bis ein Typ aufstand und rief: ›Keine Sorge, Freunde, es kann uns nichts passieren. Gott sitzt in diesem Flieger!‹ Die Passagiere drehten sich zu Diego um, und alle applaudierten.«

Neapel verlor sich in Maradona-Anbetung, so wie Seeleute dem Gesang der Sirene Parthenope, der mythologischen Gründerin Neapels, erlagen. Maradonas Halbgott-Status wurde zu etwas, das Signorini als »erstickende, klammernde Zuneigung« beschrieb.

Eine Krankenschwester, die Maradona Blut für einen Test abgenommen hatte, brachte eine Ampulle mit dem Blutplasma des Fußballers in die Kathedrale der Stadt, wo auch die Gebeine des heiligen Januarius (San Gennaro), des Schutzpatrons von Neapel, liegen. Dreimal jährlich strömen Tausende von Menschen in die Kathedrale, um zu sehen, ob das in einer Reliquie enthaltene getrocknete Blut von Gennaro sich verflüssigt. Die Krankenschwester legte Maradonas Ampulle neben die des Heiligen, um zu sehen, ob damit ein ebensolches Wunder geschehe.

Wenn Maradona zum Training nach Soccavo fuhr, wurde er von drei Polizisten auf Motorrädern eskortiert, die ihn auch zu Teamtreffen im Hotel Royal und zu Spielen im Stadio San Paolo begleiteten. Dutzende von Vespas schwirrten regelmäßig um diese Eskorte herum, um Maradona ihre Reverenz zu erweisen. Claudia musste sich mit den Kleidern begnügen, die man für sie besorgte, oder sie musste Modedesigner und Schneider zu sich ins Haus holen.

Cóppola wusste, wie man aus dieser Popularität kommerziellen Gewinn schlug. Er verlangte 250 000 Dollar pro Monat für eine TV-Sendung bei RAI und unterschrieb einen Fünf-Millionen-Dollar-Vertrag mit Hitoshi für Sportbekleidung mit Maradonas Namen. Er verkaufte Merchandising in Form von Schulmaterialien, *alfajores* (zwei schokoladenüberzogene Kekse gefüllt mit *dulce de leche*, einer argentinischen Spezialität), Softdrinks und mehr.

Der 27-jährige Maradona war in einen Ruhmesstrudel geraten, aus dem es kein Entrinnen gab. Und er entwickelte eine bestimmte Routine, um damit umzugehen. Sonntags spielte er, danach nahm er Kokain und stürzte sich bis Mittwochmorgen ins Nachtleben. Von Mittwoch bis Samstagabend nahm er keine Drogen und schwitzte alles aus, um am Sonntag zu spielen und danach wieder zu versacken.

Es war offensichtlich, dass er die Droge nicht nahm, um seine Leistung auf dem Platz zu verbessern. Signorini hatte die Nase voll von Maradonas Ausreden über schmerzende Knöchel und Füße oder verdorbene Speisen. Eines Tages, als er kam, um seinen Schützling zum Training abzuholen, teilte dieser ihm mit, dass er nicht trainieren wolle.

»Schon wieder?«, fragte Signorini. »Was soll ich diesmal als Ausrede vorbringen?«

»Sag, dass ich nicht schlafen konnte, weil Dalma ...«

»Nein, nein, nein«, unterbrach ihn *El Profe*. »Sei nicht so ein Arschloch! Lass Dalma da raus!«

»Schrei mich nicht an. Ich habe mich schon mit meinem Alten gestritten und weiß nicht, warum. Ich werde mich nicht auch noch mit dir anlegen.«

»Und weißt du, warum nicht? Weil in deiner derzeitigen Verfassung der Schlag, den ich dir verpassen würde, dich in einen Akrobaten verwandeln würde« – der Ausdruck stammte aus Maradonas eigenem treffsicheren und erfinderischen Wörterbuch. »Also geh unter die Dusche, und dann fahren wir los.«

Zwei Minuten später stand ein völlig anderer Mann vor Signorini, zum Training bereit. Dieses Szenario ereignete sich Dutzende Male. Sobald Maradona auf dem Platz stand, waren alle Probleme wie weggeblasen. Jenseits des Rasens spürte der Mann, dem die Welt zu Füßen lag, den unmenschlichen Druck. »Er suchte nach einem Weg, um damit fertigzuwerden«, sagt Signorini.

Wie konnte Maradona so schnell in den Teufelskreis aus drogenbedingten Höhenflügen und Abstürzen geraten? Die Journalistin Gabriela Cociffi befragte ihn Jahre später in einer Reihe von Interviews für die Zeitschrift *Gente* dazu, und Diego erklärte ihr, wie es sich anfühlte, in einem Goldfischglas zu leben – eine schmerzhafte Lektüre.

In manchen Aussagen gibt Maradona an, 1982 zum ersten Mal Drogen genommen zu haben. In anderen Interviews nennt er Spanien, zwei Jahre später, als den Ausgangspunkt seiner Sucht. Angeblich war er da 24, doch mit 24 befand er sich bereits in Neapel. In seinem Buch behauptet er erneut, in Barcelona damit angefangen zu haben. In Asif Kapadias Dokumentarfilm erwähnt er eine Diskothek.

Alles deutet jedoch darauf hin, dass er auf seiner Abschiedsparty in seinem Haus in Barcelona zum ersten Mal Drogen nahm – an dem Tag, als er bei Napoli unterschrieb. Claudia und Fernando Signorini holten ihn am Flughafen El Prat ab, wo der Vertrag in letzter Minute unterzeichnet worden war, und sie fuhren gemeinsam zum Haus in Pedralbes, um zu feiern. Signorini kannte die meisten der anderen Gäste nicht. Als die Party Fahrt aufnahm, sprangen die meisten der etwa 20 Gäste in den Swimmingpool, der sich rosa färbte, nachdem mehrere Flaschen Champagner darin ausgeleert worden waren. *El Profe* ging irgendwann nach Hause (diese Art von Party war nicht so sein Ding), die anderen machten bis tief in die Morgenstunden weiter.

Jemand – Diego sagte nie vor Kameras, wer – bot dem Fußballstar Kokain an. In der fiktionalisierten, von Amazon produzierten Serie über sein Leben ist es sein ehemaliger Schwiegervater, Roque Nicolás (*Coco*) Villafañe, Claudias Vater, der ihn mit der Droge bekanntmacht. Angeblich wurde diese Darstellung von Maradona abgesegnet, doch laut Tochter Dalma leugnete Diego dies Claudia gegenüber. Allerdings scheint auch Claudia zu glauben, dass er an diesem Tag, ihrem letzten Abend in der katalanischen Metropole, zum ersten Mal Kokain konsumierte.

Diego fühlte sich lebendig. Zuerst überkam ihn eine Art Schockwelle, dann wollte er »die ganze Welt im Sturm« erobern. Auch bei späteren Gelegenheiten war es ähnlich: »Alles war so wunderschön, so klar und auch so komisch.« Jedes Mal, wenn er Kokain nahm, gewann er einen Titel oder einen Pokalwettbewerb – das war alles, was zählte. Doch nach dem Hoch kamen Einsamkeit, Angst und Selbstzweifel. Um sich davon zu befreien, musste er erneut Drogen nehmen, um sich wieder lebendig zu fühlen, und so weiter und so fort – ein auswegloser Teufelskreis.

Maradona wurde zum Toiletten-Gespenst, er hing nicht nur in seinem eigenen Haus ständig auf dem Klo, um Kokain zu konsumieren, sondern auch in Restaurants und Bars. Sogar im päpstlichen Palast, während einer Privataudienz bei Johannes Paul II. im Jahr 1985, zog er sich Drogen rein. Oft war das Licht aus, und Diego »puderte« sich im Dunkeln die Nase. Aus Angst davor, von seiner Frau oder Dalma dabei erwischt zu werden, ließ er zu Hause Riegel an die Klotüren anbringen. Eines Morgens klopfte seine Tochter einmal um vier Uhr morgens an die Badezimmertür.

»Papa! Kann ich reinkommen?«

Maradona hatte noch nichts eingenommen, war aber kurz davor. Er spülte das Kokain ins Klo.

»Ja, mein Schatz!« Maradona öffnete die Tür und hob seine kleine Tochter auf den Schoß.

»Was ist los, Papa? Warum sitzt du hier? Kannst du nicht schlafen?«

»Nein, mein Schatz, ich kann nicht schlafen.«

Die Euphorie, die die Drogen ihm anfangs verschafften, blieb zunehmend aus. »Es gibt keine Freude mehr, keinen Spaß, gar nichts. Ganz im Gegenteil: Danach kommen Tränen, Verzweiflung, Angst«, erzählte er Gabriela Cociffi. Er fragte sich, warum er mit den Drogen angefangen hatte, hatte jedoch keine andere Lösung, als sich schlafen zu legen und das Problem zu verdrängen. Er erzählte niemandem von seiner Sucht, weil er fürchtete, dass seine Freunde und die Familie ihn nicht verstehen und sich von ihm abwenden würden. Mit seinem Vater konnte er nicht über Drogen reden – zwischen ihnen ging es immer nur um Arbeit und um Fußball.

Wenn jemand sein Laster entdeckte, log er. »Ich habe es unter Kontrolle«, sagte er, obwohl er sich längst nicht mehr sicher war, dass das stimmte. Fernando Signorini sagte ihm offen ins Gesicht, dass er keinen Physiotherapeuten brauche, weil er kein Spieler mehr sei, und er sich Leute suchen solle, die ihm helfen konnten, seine Sucht zu überwinden. »Aber er behauptete immer, allein damit klarzukommen«, erinnert sich Signorini. Maradona trank Alkohol, um die Wirkung des Kokains zu verstärken und den Rausch zu verlängern, doch diese Kombination ist tödlich, sie erhöht das Risiko, dauerhafte Schäden an Herz und Leber zu erleiden, deutlich.

Schließlich offenbarte er sich zwei Freunden: Einer war sein Dealer, der andere Guillermo Cóppola, der ebenfalls Drogen nahm und mit ihm zusammen in dunkle Abgründe abtauchte. Maradona suchte auch einen Psychologen auf, der ihm riet, sich von Cóppola fernzuhalten. Doch dieser war für Diego als williger Helfer und Kumpan unentbehrlich geworden.

»Wenn er mitten in der Wüste Frösche, Muscheln und Provençal [ein Wein] wollte, musste ich sie ranschaffen«, so Cóppola. Das Duo war häufig im Posillipo und anderen Nachtclubs zu finden, wo sie in den frühen Morgenstunden aufliefen. Sie ließen sich Frauen aufs Zimmer kommen, meist im Hotel Paradiso.

Claudia Villafañe hatte die Nase gestrichen voll von den Frauen, die in Zweier- oder Dreiergruppen anzüglich in Sichtweite des Hauses auf und ab stolzierten und nur auf eine Geste von Diego warteten. Mitten in der Nacht tauchten regelmäßig irgendwelche Kuriere auf. Sie stellte Diego zur Rede: »Was ist los mit dir? Warum tust du das? Warum schließt du dich ein? Warum schläfst du nicht? Was haben diese Leute hier zu suchen?« Doch Diego wies sie barsch zurück und fand immer wieder Gründe, Drogen zu nehmen. Bei Dalmas Geburt überkam ihn das Gefühl, Claudia würde ihn von nun an nicht mehr beachten.

Manchmal schloss Diego sich im Schlafzimmer ein und ließ stundenlang niemanden rein, noch nicht einmal Claudia. Dann dachte er selbstmitleidig an sein altes Viertel, seine Eltern, an die Person, die er wirklich war, und betrauerte das, was aus ihm geworden war. Er wollte die idealisierten Werte und die Lebensweise seiner Kindheit zurückholen, doch diese Grübeleien wurden oft von noch mehr Kokain begleitet. Die Zeit ließ sich nicht zurückdrehen.

Manchmal ließ Claudia ihn den ganzen Tag in Ruhe, an anderen klopfte sie an die Tür, um ihm zu signalisieren, dass sie da war. Noch häufiger aber verfluchte sie ihn lautstark. Doch im Grunde liebte sie ihn und wollte ihn nicht verlassen. Wenn er aus seiner selbstgewählten Isolation hervorkam, war er oft abweisend, impulsiv und manchmal auch gewalttätig. Claudia war in Tränen aufgelöst, und natürlich gingen diese häuslichen Dramen auch an Dalma und Giannina nicht spurlos vorbei.

Manchmal war Diego ein, zwei Monate clean, oft am Saisonende, als Spiele gewonnen werden mussten. Wenn er auf Partys eingeladen war, wurde Claudia sauer, aber sie konnte ihn nicht einsperren. Er ließ sich nichts verbieten. Diego schwankte von einem Extrem zum anderen: von rauschenden Partys zu Rückzug und Isolation in seinem Schlafzimmer. Claudia fand ihn oft allein im Dunkeln liegend. »Es war ihm sehr peinlich, dass ich ihn so sah«, erzählte sie *Gente*.

»Ich ließ das Licht aus, damit er sich nicht schämte, setzte mich aufs Bett und nahm seine Hand. Und ich fragte ihn: ›Wie konnte es so weit kommen, Diego? Es muss etwas tief in dir drin geben, das dich an diesen Punkt gebracht hat. Du musst in dich hineinhorchen.‹« Es dauerte lang, bis er die tiefsitzende Ursache zugeben konnte. Kokain und das damit verbundene Nachtleben, das ihn so begeisterte und noch mehr Aufmerksamkeit auf ihn zog, überdeckten seine Unsicherheit.

»Er nahm auf trostlosen Partys Drogen, um zu vergessen oder vergessen zu werden. Er konnte ohne den ganzen Ruhm, der ihm ein Leben verwehrte, nicht leben«, sagt Signorini. »Nicht wegen, sondern trotz des Kokains spielte er besser als jeder andere.«

Maradona hat oft behauptet, dass es im Fußball immer Drogen gegeben habe. Andere Spieler haben das nach ihrem Rücktritt zugegeben. Diego nahm Kokain nie, um sein Spiel zu verbessern; die Droge trübt das Urteilsvermögen und baut undurchdringliche Mauern um einen herum auf. »Ich versuchte viele Male, den Ball zu kontrollieren, nachdem ich eine Linie Koks gezogen hatte, aber es ging nicht«, erzählte Diego mir. »Was für ein Spieler ich wohl ohne Drogen hätte sein können …«, spekulierte er oft.

»Alles in seinem Leben war exzessiv, auch die Lösungen, die er sich für seine Probleme suchte«, so Jorge Valdano. »Der Mythos wurde größer und damit auch die Krankheit. Wir erzeugten die Krankheit zusammen, aber nur er litt darunter.«

»Ich war drogensüchtig, ich bin drogensüchtig und ich werde in den Augen der Welt für immer ein Drogensüchtiger sein«, verkündete Maradona 1996 in dem Interview mit Gabriele Cociffi für *Gente*. »Und das liegt daran, dass man einem Drogensüchtigen nie vergibt. Der Drogensüchtige wird diskriminiert, er ist ein Hurensohn. Weder seine Eltern noch die Gesellschaft wollen ihn. Einen Drogensüchtigen will niemand. Und wenn du berühmt bist, wirst du doppelt bestraft. Sie geben vor, dir helfen zu wollen, und dann hauen sie dich in die Pfanne. Ein Drogensüchtiger muss als Opfer, als kranker Mensch betrachtet werden. Reicht ihm die Hand, aber entblößt nicht all seine Schwächen und sein Leid.«

In seinem Buch *Vivir en Los Medios* (»In den Medien leben«) schrieb Lalo Zanoni, dass Dalma viele Jahre lang zwei Exemplare der Ausgabe von *Gente* mit diesem ehrlichen Interview in ihrem Nachttisch aufbewahrte. Sie wollte es ihrer Schwester Giannina vorlesen, wenn diese alt genug war, es zu verstehen, was sie schließlich auch tat. 2002 lasen Giannina und ihre Mutter das Interview dann zusammen, und die Mutter erzählte der Tochter, wie das damals alles gewesen war.

Der argentinische Soziologe Juan José Sebreli meint, Maradona hätte sich als linker Rebell gesehen, der Autoritäten gegenüber kritisch war. Doch die Droge seiner Wahl passte nicht zu diesem Image. »Kokain wird von Geschäftsleuten genommen, seine Handlungen, die Ausbrüche, die Schlägereien, das aggressive Verhalten waren die typischen Entgleisungen eines verwöhnten Balgs, eines reichen und exzentrischen Mannes. Oder eines jungen Mannes, der macht, was er will, weil er Geld hat und niemand ihm Einhalt gebietet.« Und natürlich war Kokain die bevorzugte Droge im Kreis seiner privilegierten wohlhabenden Freunde.

Maradonas Abenteuer in Neapel wurden heimlich aufgenommen; das hatte er immer vermutet. Antonino Restino folgte Diego vom Januar 1988 an 18 Monate lang und machte seine Schnüffeleien 2019 im Buch *El Espía de Dios* (»Der Spion Gottes«) öffentlich. Napoli-Präsident Corrado Ferlaino und Sportdirektor Luciano Moggi hatten Restino beauftragt und waren es zufrieden, sich seine Berichte anzuhören, anstatt aktiv etwas gegen Diegos Drogensucht zu unternehmen. Ferlaino regte sich nur auf, als er erfuhr, dass Maradona mit Signorini allein trainierte, ohne die Mannschaft.

Ferlaino gab später zu, dass auch andere junge Fußballspieler damals Drogen nahmen. 2003 erklärte er der Zeitung *Il Mattino*, wie Diego Drogentests überstand: »Von Sonntagabend bis Mittwoch konnte Diego machen, was er wollte. Am Donnerstag musste er clean sein.«

Doch das war noch nicht alles. Moggi und Salvatore Carmando (der Masseur, den Diego nach seinem Wundertor gegen England umarmt hatte) gaben eine kleine Flasche mit dem Urin von jemand anderem als Diegos Urinprobe in die Analyse. Diese Tricksereien wurden nach Napolis erstem Scudetto immer häufiger.

Die Nacht war Maradonas Bühne und Zuflucht. In den angesagten Locations, die er mit Cóppola aufsuchte, gingen auch Mitglieder des Verbrechersyndikats Camorra ein und aus.

Die Camorra hielt in der Stadt alle Fäden in der Hand, und es war unvermeidlich, dass Diego irgendwann mit ihr in Kontakt kommen würde. »In Neapel sind die Grenzen zwischen Gut und Böse sehr subtil«, sagt Rino Cesarano, ein Journalist des *Corriere Dello Sport*. »Du trinkst in einer Bar einen Kaffee und begegnest einem von ihnen. Wenn du keinen starken Willen hast, läufst du

Gefahr, auf Abwege zu geraten. Vor allem, wenn du jemand Wichtiges bist.«

Die Camorra war seit dem 17. Jahrhundert eine Macht in der Stadt. Sie kontrollierte mit Gewalt die Gegenden, die der Staat seit Jahrzehnten vernachlässigte. Neapel war vom Rest Italiens vergessen worden und verfiel zunehmend, vor allem seit dem Erdbeben der Stärke 6,9 im nahegelegenen Irpina im Jahr 1980, bei dem über 2000 Menschen starben, fast 8000 verletzt und eine Viertelmillion obdachlos wurden – der ideale Nährboden für eine kriminelle Parallelwirtschaft. Mitte der 1980er Jahre forderten Revierkämpfe zwischen 30 verschiedenen Clans jährlich Hunderte von Toten und führten dazu, dass die Cutolo-Familie in Neapel ihre Vormachtstellung verlor. Sie wurde von den Giulianos ersetzt, einem Clan mit Unternehmergeist, der mit der Kontrolle öffentlicher Bauaufträge, Tabakschmuggel und Drogenhandel Geld verdiente.

Aufgrund von TV-Übertragungsrechten wurde auch der Fußball als Geschäftsfeld attraktiver. Der Giuliano-Clan übernahm die lukrativen Straßenwetten (*Totonero*) und machte mit einem Gewinn von 60 Millionen Euro den staatlichen Wettbüros (*Totocalcio*) Konkurrenz. Camorra und Napoli traten in Kontakt miteinander. »Ferlaino wurde durch Immobiliengeschäfte reich, und das ist Camorra-Territorium«, erklärte Maurizio Valenzi, ehemaliger Bürgermeister von Neapel. »Er baute ohne Erlaubnis, genau wie die Camorra. Daraufhin bedrohten sie ihn, indem sie eines ihrer Flugzeuge über dem Stadio San Paolo fliegen ließen und seinen Onkel ermordeten – sie waren Teil derselben kriminellen Welt.«

Die Giuliano-Familie kontrollierte alle Geschäfte im und um das San-Paolo-Stadion herum, vom inoffiziellen Merchandising bis hin zu Karten-Weiterverkäufen. Jorge Cyterszpiler bekam das bei seinem Erkundungsbesuch in Neapel vor dem Maradona-Transfer mit. In Asif Kapadias Dokumentarfilm sagt Maradona, er hätte kein Problem damit gehabt, dass die Neapolitaner an seinem Image verdienten. Die Siege der Mannschaft nährten den Schwarzmarkt und sorgten dafür, dass der Absatz von Fahnen, T-Shirts und anderen Produkten, die alle in illegalen Nähstuben hergestellt wurden, sich verdoppelte.

Für die Camorra war es ein Leichtes, sich Zugang zu Napolis Kabine zu verschaffen: mit Partys, Edelprostituierten, Geld und Kokain. Sowohl Spieler als auch Funktionäre wurden im luxuriösen Hauptquartier des Clans im bescheidenen Stadtteil Forcella gesichtet.

Francesco Maglione, ein Anwalt des Giuliano-Clans, erzählte *El País*: »Sobald er angekommen war, fragte Maradona, wer der mächtigste Mann der Stadt sei, und damit meinte er nicht den Bürgermeister, sondern einen Mafia-Capo.« Und natürlich wollten die Giulianos Diego ebenfalls kennenlernen. »Sie sind die Camorra, und Cyterszpiler und Diego mussten sie treffen«, sagte Cyterszpilers Assistent Fernando García. »Sie dachten sich: Wir lassen Maradona kommen, einfach weil er Maradona ist!«

Carmine Giuliano, ein hochrangiges Clanmitglied und Napoli-Fan, setzte sich mit Gennaro *Palummella* Montuori, dem Anführer der Napoli-Ultras und Freund von Diego, in Verbindung, um den Spieler in die Forcella-Residenz, das Hauptquartier der Familie, einzuladen. Es gibt ein Foto von dem Treffen, auf dem Maradona zwischen Carmine und seinem Bruder Guglielmo Giuliano in einer muschelförmigen Badewanne sitzt (ohne Wasser und bekleidet), das jahrelang von der Polizei aufbewahrt wurde.

Dank der Giulianos fühlte Diego sich von der Stadt weniger erdrückt. Diese erste Phase ihrer Beziehung zueinander nannte er das »Goldene Zeitalter«. Einmal pro Woche eröffnete er eine Bar oder einen Nachtclub, die der Camorra gehörten, oder nahm an einer Familienhochzeit teil und bekam dafür zum Dank eine goldene Uhr.

Eine Sache lag Maradona jedoch auf der Seele. Er erzählte Carmine, dass er in *La Gazzetta Dello Sport* gelesen habe, wenn er nach der Copa América 1987 nicht nach Neapel zurückkehre – eine reale Möglichkeit –, würde die Mafia sich an seinen Töchtern rächen. Carmine antwortete: »Mach dir keine Sorgen, Dalma und Giannina wird niemand anfassen. Du hast mein Wort und das Wort der ganzen Giuliano-Familie.«

Diego erlebte offensichtlich einen filmreifen »Dein Problem ist mein Problem«-Moment. Wenn man der Camorra vertraut, wird man zu ihrem Eigentum. Carmine stand ihm am nächsten – sie spielten zusammen Fußball, und er wurde bald Diegos Haupt-Drogenlieferant.

Im Laufe der Zeit wurde Diego klar, wie weit der Arm der Mafia reichte. Einmal wurde ihm gesagt, er solle das Hotel nicht verlassen beziehungsweise sich beim Abendessen Zeit lassen. Am nächsten Tag erfuhr er, dass es einen blutigen Kampf, eine Fehde, mit Toten gegeben habe. »Ich verkehre nicht mit schlechten Menschen«, antwortete der Fußballer verwirrt, als er damals nach dem Vorfall gefragt wurde. »Ich weiß nicht, wer schlecht und wer gut ist. Ich habe mir nicht ihre Ausweise zeigen lassen. Sie baten mich um ein Foto, und dann waren die Fotos auf einmal in den Zeitungen, und es stellt sich raus, dass sie zur Camorra gehören. Aber das wusste ich nicht. Ich habe die Camorra noch nie um etwas gebeten.«

Doch seine Beziehungen zur Camorra wurden stärker, und auch die fußballerischen Geschäfte des Verbrecherclans florierten. Luigi Giuliano, Carmines Neffe, wurde Jahre später ein Polizeiinformant und gab zu, dass sie Spiele getürkt hatten. Diego erinnerte sich an eine Niederlage gegen den AC Mailand in der Saison 1987/88, nach der er sichtlich angefasst gesagt hatte: »Ein Fiat 500 kann niemals einen Ferrari besiegen.« Fast ganz Neapel und viele Neapolitaner auf der ganzen Welt hatten über das inoffizielle Wettsystem *Totonero* der Camorra ein Vermögen darauf gesetzt, dass Napoli den Titel erneut holen würde. Ein zweiter Scudetto für Maradonas Mannschaft hätte die Familie in den Ruin treiben können. Das schlechte Resultat für Napoli rettete sie.

Niemand konnte etwas beweisen, aber in dieser Saison wurde eines von Maradonas Autos zerstört. In die Häuser einiger Spieler wurde eingebrochen. In den 1990ern berichtete Mafia-Verräter Pietro Pugliese vor Gericht von illegalen Wettabsprachen, doch Diegos Mannschaftskamerad Ciro Ferrara verneint jedes Mal vehement, wenn er danach gefragt wird: »Das ist eine dämliche Behauptung, die keinen Kommentar verdient.«

Alles in allem lebte Maradona in einem goldenen Käfig. Bernard Tapie, der umstrittene Eigentümer von Olympique Marseille, bat ihn mehrmals, Napoli zu verlassen – ein Angebot, das ab 1988 zunehmend attraktiver wurde. Michel Hidalgo, Marseilles Sportdirektor, und der Agent Michel Basilevitch trafen sich im Restaurant La Sacristia mit Maradona zum Dinner und hatten diesen praktisch schon überredet, zum französischen Verein zu wechseln. Doch als Diego gegangen war, trat ein Herr an ihren Tisch und deckte diskret ein Halfter mit Waffe auf. Er sagte den Marseillern, dass sie in Neapel nicht willkommen seien und Maradona nicht zum Verkauf stünde. Auch Ramón Mendoza, Präsident von Real Madrid, streckte seine Fühler aus und erhielt von der Camorra dieselbe Botschaft. Mit Berlusconis AC Mailand wurde Maradona ebenfalls handelseinig, doch aufgrund des öffentlichen Drucks wurde auch daraus nichts. Maradonas Leben in Neapel wurde zunehmend schwieriger.

»Eines Tages fuhren wir zum Training«, erzählt Signorini, »und mussten an einer Ampel halten. Einige Menschen erkannten ihn, kamen rüber und drückten ihre Nasen gegen die Scheiben. Diego überkam Panik. Er schlug gegen die Windschutzscheibe, die zersprang.«

Vor Diegos Haus in der Via Scipione Capece Nr. 5 lungerten immer Leute herum. Ab und zu kam Diego raus, um Hallo zu sagen, oder eine wütende Dalma schrie, sie sollten sich nach Hause scheren.

Fernando Garcia berichtet von Maradonas Besuch beim Zahnarzt in Pozzuoli, einer kleinen Ortschaft bei Neapel: »Man sah ihn reingehen, und kurz darauf fanden sich gefühlt 7000 Menschen vor der Praxis ein. Ganz Pozzuoli schien dort versammelt zu sein. Die Polizei kam, kämpfte sich durch die Menge, und Diego musste zum Hinterausgang raus.«

Diego war ein echter »Mann des Volkes«. Er redete direkt mit den Fans und Ultra-Anführer Palummella. Er feierte mit den Napoli-Anhängern, trank, tanzte auf Tischen und sang aus voller Kehle. Er war der Taufpate von Palummellas Tochter. Der Ultra nannte seinen Sohn Diego Armando, und zwischen 1986 und 1990 wurden in Neapel Hunderte von Kindern geboren, die ebenfalls Diego hießen.

Er umgab sich mit Menschen aus der Arbeiterklasse, den einzigen, in deren Gesellschaft er sich wirklich wohlfühlte. Saverio Vignati war drei Jahrzehnte lang Hausmeister im San-Paolo-Stadion, und seine Frau, Lucia Rispoli, arbeitete in Maradonas Haus in

Neapel als Köchin und Haushälterin. »Sie bereitete neapolitanische Speisen für ihn zu«, erinnert sich Saverio. »Pasta mit Kartoffeln und Provolone-Käse und riesige Mengen Obstsalat. Vor Spielen brachte sie ihm immer ein Mortadella-Sandwich vorbei.« Manchmal tauchte Maradona unangekündigt und inkognito in Vignatis Haus im ärmlichen Viertel Secondigliano auf, um ein traditionelles neapolitanisches Abendessen zu genießen. Und die Tochter von Saverio und Lucia spielte Babysitter für Diegos Töchter.

»Neapel mag ja wunderschön sein, aber es hat auch viele Fehler«, sagte Maradona einmal über seine damalige Wahlheimat. »Dieses ganze ›Maradona bedeutet mir mehr als meine Mutter‹ oder ›mehr als Gott‹ verstehe ich einfach nicht. Die Neapolitaner könnten eine viel schönere Stadt haben, wenn sie sie ein bisschen auf Vordermann brächten. Aber die Neapolitaner sind so, wie sie eben sind. Maradona ist nicht aus einem 20 000 Kilometer entfernten Land gekommen, um diese Fehler zu korrigieren. Ich muss nur akzeptieren, wie es ist, und sie an jedem Sonntag so glücklich wie möglich machen.«

KAPITEL 29
Vom zweiten Scudetto zur WM 1990

Auf der Meisterschaftsfeier wurden Särge verbrannt mit Inschriften wie »Mai 1987 – der Tag, an dem das andere Italien besiegt wurde« und »Die Geburt eines neuen Imperiums«. Eine neue Ära begann für den Verein und auch für Maradona. Die potenzielle Energie seines Lebens verwandelte sich in eine frenetische Achterbahnfahrt oder einen Felsblock, der in vollem Tempo einen Berg herunterrollte. Er oszillierte zwischen den Extremen von Liebe und Hass, Großzügigkeit und Narzissmus, und das Ganze war gespickt mit einer ordentlichen Prise Kokain. Weder er noch sonst jemand wusste zu diesem Zeitpunkt, dass seine besten Fußballtage bereits hinter ihm lagen.

In der britischen Presse erschien 1987 ein Artikel, in dem es hieß, dass Leeds United, das als Favorit für den Aufstieg in die Premier League galt, an Maradona Interesse habe. »Ich traf Leeds-Sportdirektor Bill Fotherby zum Lunch«, schreibt Jon Smith, Maradonas Agent für Großbritannien, in seinem Buch *The Deal*:

»›Glaubst du, er würde bei Leeds unterschreiben?‹, fragte Fotherby.

Ich war total überrascht. ›Äh … wahrscheinlich nicht. Zum einen ist das Wetter nicht ganz so gut wie in Neapel.‹

›Ja, aber wenn wir ihm eine Menge Geld bezahlen? Und ihm ein großes Haus zur Verfügung stellen, keine Kosten sparen? Was dann?‹

›Ich weiß nicht. Vielleicht.‹ Ich verschwendete keinen weiteren Gedanken an die Sache, aber basierend auf dieser einen Antwort steckten Leeds United der Presse eine Story nach der anderen, dass Maradona über einen Wechsel nach Leeds nachdenke.«

Tottenham bot Diego 15 Millionen Dollar, und auch der AC Mailand klopfte an. Dass dies zur Presse durchsickerte, war kein Zufall: Maradonas Vertrag mit Napoli lief in zwei Jahren aus, und Guillermo Cóppola war dabei, einen neuen Deal auszuhandeln.

Silvio Berlusconi hatte den AC Mailand 1986 gekauft, und Trainer Arrigo Sacchi hatte eine Mannschaft übernommen, zu der so illustre

Namen wie Ruud Gullit und Marco van Basten gehörten. Während eines Milan-Napoli-Spiels wurde Cóppola in Berlusconis Box eingeladen, um über Diego zu reden. Eine Woche später legte Cóppola mit zwei von Berlusconis Assistenten die Vertragsbedingungen fest. Doch Napoli musste noch überzeugt werden.

»Und was ist mit dir?«, fragte Berlusconi Cóppola. »Du, sein Freund, bist wichtiger als Diego. Kennst du Mailand? Was gefällt dir an Mailand? Die Piazza San Babila zum Beispiel? Wir geben dir dort eine Wohnung, die bis zu eine Million Dollar wert ist. Welche Autos magst du? Such dir eins aus, das bis zu einer Viertelmillion Dollar wert ist. Du kleidest dich gut, 50 000 pro Monat für Klamotten. Zufrieden? Du wirst einen VIP-Platz im Stadion haben, Frauen, Ruhm …« Cóppola musste nicht weiter überredet werden. Und Maradona auch nicht. Mailand würde ihm doppelt so viel zahlen wie Napoli, und er hatte das Gefühl, ein Tapetenwechsel würde ihm guttun und ihm helfen, bestimmte Laster abzulegen.

Claudia war sich nicht so sicher. »Wir müssen hier nicht unbedingt weg«, meinte sie, denn sie hatte das Gefühl, dass die Veränderung in Diego selbst stattfinden müsse und ein Umzug nicht unbedingt ihre Probleme lösen würde.

Am Morgen nach dem Treffen mit Milan drängten sich viermal so viele Reporter wie sonst auf Napolis Trainingsplatz in Soccavo. Canal 5, einer von Berlusconis TV-Sendern, hatte verkündet, dass Maradona und Mailand sich einig waren.

»Was ist los?«, wurde Diego auf der PK, die er selber organisiert hatte, gefragt. Cóppola saß neben ihm.

»Guillermo hat in Mailand eine persönliche vertragliche Angelegenheit besprochen. Muss ich euch alles erzählen, was ich außerhalb von Neapel mache? Ich wünschte, dass sie mich bei Milan wollten. Aber tatsächlich ist Herr Berlusconi daran interessiert, mir einen Vertrag für ein Buch über meine Zeit in Neapel anzubieten.« Niemand konnte sich so geschmeidig wie Maradona aus einer brenzligen Situation herauswinden, der mit dieser Notlüge eine Explosion verhindert hatte. Doch der Zünder der Bombe brannte und zwang Napoli zu handeln – ein neuer Vertrag wurde unterschrieben, der

Maradona bis 1993 an den Verein binden und ihm 12 Millionen Dollar pro Jahr – die damals höchste Summe in der Geschichte des Fußballs – bescheren würde.

Die Saison 1987/88 hatte gerade erst begonnen, als Maradona plötzlich von der Bildfläche verschwand. Angeblich war er verletzt, irgendein muskuläres Problem. Er wurde 20 Tage lang nicht gesehen. Als er Ende September wiederauftauchte, war er dünner, hatte sich die Haare schneiden lassen und sah wie ein neuer Mensch aus – drogenfrei.

In dieser Saison bestand Napolis Sturm aus dem meistgefürchteten Triumvirat der Serie A: aus Maradona, Bruno Giordano und dem Brasilianer Antônio de Oliveira *Careca*, einem der Stars der WM 1986. Die drei wurden nach den zwei Anfangsbuchstaben ihrer Namen benannt – Ma-Gi-Ca (magisch). Careca kam wegen Diego nach Neapel: »Ich hatte damals auch ein Angebot von Real Madrid, aber ich entschied mich für Napoli, weil es mein Traum war, mit Maradona zu spielen.« Zu dritt schossen sie 36 der insgesamt 55 Saisontore ihres Teams.

Napoli legte einen grandiosen Saisonstart hin. Milan tat sich schwer, und Juventus – zwar mit Stürmer Ian Rush aus Liverpool, aber ohne Michel Platini – war zu unbeständig.

Als noch fünf Partien zu spielen waren, führte Napoli die Tabelle mit vier Punkten Vorsprung an – sie hatten erst zwei Niederlagen einstecken müssen. Damals brachte ein Sieg noch zwei Punkte ein – der Titel schien ihnen sicher. Wie bereits erwähnt, fürchtete die Camorra den finanziellen Ruin, wenn Napoli erneut Meister wurde, da Tausende von illegalen Wetten auf die amtierenden Champions gesetzt worden waren. Was nun folgte, war eine sehr seltsame Reihung von Ergebnissen: Von den fünf noch verbleibenden Spielen verlor Napoli vier und spielte einmal unentschieden. Entscheidend war vor allem die Niederlage im vorvorletzten Spiel, einem Heimspiel gegen den AC Mailand, der Berlusconis Verein maßgeblich half, den Titel zu holen.

»Ich dachte nie, dass man mich beschuldigen würde«, so Maradona Jahre später in seiner Autobiographie. »Ich war bereit, Napoli zu verlassen, wenn die Leute dachten, es gäbe einen Spieler, der sich habe kaufen lassen.« Er war in diese Saison mit 15 Toren Napolis Top-Scorer. Sich rechtfertigend, sagte er: »Ich akzeptiere das heute nicht und habe es auch damals nicht getan. Deshalb blieb ich auch nach dieser Saison in Neapel, weil ich mich zeigen wollte.« Niemand konnte je beweisen, dass es nicht mit rechten Dingen zugegangen war.

Die Saison hatte für Diego mit einer heilsamen Entgiftung begonnen und endete mit Gerüchten und Zweifeln. Im Sommer 1988 spielte er neben Pelé in Michel Platinis Abschiedsspiel. Er ließ sich zusammen mit dem Franzosen ablichten, beide tragen auf dem Foto T-Shirts einer Anti-Drogen-Kampagne.

Präsident Ferlaino beschloss, den Kader aufzufrischen, und verlängerte Bianchis Vertrag, obwohl das Verhältnis des Trainers zu Maradona zunehmend angespannt war und der Spieler immer öfter das Training schwänzte. Diego betrachtete Bianchis weitere Verpflichtung als Affront und nahm in den Medien kein Blatt vor den Mund. Ferlaino musste sich in dieser Phase oft auf die Zunge beißen.

Die folgende Saison (1988/89) hätte leicht Maradonas letzte in Neapel sein können. Die Mannschaft zeigte eine robuste Leistung und kämpfte in drei Wettbewerben um den Sieg. In der Liga lagen sie lange Kopf an Kopf mit Inter, das sich mit Andreas Brehme und Lothar Matthäus verstärkt hatte, und wurden Zweiter. In der Coppa Italia unterlagen sie im Finale Sampdoria. Doch die Krönung der Saison war zweifellos der Gewinn des UEFA-Pokals, Napolis erster europäischer Titel überhaupt.

Verletzungen setzten Maradona zu. Vor dem Hinspiel des Halbfinales im UEFA-Pokal gegen Bayern München musste er von Dr. Rubén Dario Oliva, dem Arzt der argentinischen Nationalmannschaft, behandelt werden und war deutlich beeinträchtigt. Napoli gewann das Hinspiel in Neapel mit 2:0, Maradona bereitete beide Tore für Careca und Carnevale vor. In der Liga gegen Milan bekam er eine Pause und spielte nur ein paar Minuten gegen Fiorentina, bevor das Rückspiel in München anstand.

Der damalige Hit »Live Is Life« der Gruppe Opus hallte aus den Lautsprechern des Olympiastadions. Maradona, mit offenen

Schnürsenkeln, passte seine Aufwärmübungen der Musik an: Er ließ den Ball vom Fuß zum Kopf, zu den Schultern, dann auf den Knien aufspringen und bewegte dabei die Hüften zum Rhythmus der Musik. Der Rest der Mannschaft spulte derweil die standardmäßigen Dehnübungen ab. Maradona, der natürlich wusste, dass er im Mittelpunkt der Aufmerksamkeit stand, und hoffte, den Gegner einzuschüchtern, hatte sichtlich Spaß und bescherte der Nachwelt einen der größten Fußball-Kultmomente der 1980er. Das ZDF, das das Spiel übertrug, zeigte dieses zwölfminütige Aufwärmprogramm nicht live, aber der belgische Produzent Frank Raes erkannte die Besonderheit des Moments und forderte eine Kopie der Aufnahme an, die inzwischen leicht im Internet zugänglich ist.

Die Partie endete 2:2, Diego lieferte Assists für beide Tore der Neapolitaner. Beim ersten luchste er den Bayern den Ball ab und bediente Careca, das zweite war ein Konter, bei dem er erneut Careca die Vorlage lieferte. Nach dem Rückspiel stand es zusammengerechnet 4:2 für Napoli, das damit zum ersten Mal ein europäisches Finale erreichte.

Zurück in Neapel feierte Maradona diesen Erfolg im Restaurant La Stagnata. Die Party weitete sich auf die Straße aus, wo die eingeladenen Gäste tanzten und sangen und Diego den Dirigenten spielte. Eine alte Frau, die sich vom Lärm gestört fühlte, schrie von ihrem Balkon: »Für wen hältst du dich? Für den Besitzer von Neapel?« Diego antwortete mit dem Fangesang aus dem San Paolo: »*Ich bin ... Maradoooo, Maradoooo.*« Die alte Dame vergaß im Nu ihre schlechte Laune, warf Diego Kusshändchen zu, sang mit und applaudierte. »Ich weiß nicht, ob sie mich so sehr lieben sollten«, sagte Diego hinterher zu seinen Freunden.

Bernard Tapie, der Präsident von Olympique Marseille, wusste, dass der Star zunehmend unzufrieden war, und bekundete erneut Interesse an einer Verpflichtung; Diego war nicht abgeneigt. Einer der Direktoren des Vereins kam nach Neapel, und Maradona bat nur um eins: Seelenfrieden. »Ein Haus, das Meer und ein Pool, okay?«, sagte er dem Direktor, nachdem er, in der dritten Person von sich redend, versprach, Corrado Ferlaino höchstpersönlich zu einer Freigabe zu überreden. Marseille bot an, Maradonas

Zwölf-Millionen-Dollar-Gehalt zu verdoppeln und ihm einen privaten Sicherheitsdienst sowie eine Residenz im exklusivsten Viertel der Stadt am Meer zur Verfügung zu stellen.

Ferlaino, der trotz allem wollte, dass Diego länger in seinen Diensten blieb, bat die UEFA und den italienischen Fußballverband um Hilfe. Er wusste, dass er ein Ass im Ärmel hatte, denn damals konnten Spieler nicht ohne Zustimmung ihres aktuellen Arbeitgebers den Verein wechseln. Doch Ferlaino verbarg seine wahren Absichten, damit Maradona auf dem Platz alles gab. Maradona hingegen glaubte dem Wort des Präsidenten, der versprochen hatte, ihn ziehen zu lassen. Falls Diego doch seinen Willen bekam, musste sein Abgang aus Sicht des Vereins medial vorbereitet werden. Die neapolitanische Zeitung *Il Mattino*, an der Ferlaino Anteile hielt, veröffentlichte ständig kritische Artikel über das ausschweifende Leben des Fußballers und spekulierte darüber, dass seine Hüft- und Rückenverletzungen eine Folge dieser Exzesse seien.

Ferlaino hielt sich so alle Optionen offen, aber auch Maradona beherrschte das Spiel mit den Medien. Im Fernsehen verkündete Diego Claudias erneute Schwangerschaft und teilte mit, dass seine Frau das Kind in Argentinien bekommen wolle. Er sagte, sein Traum sei es, zu Boca zurückzukehren, wenn der Verein ihn wolle und »ich mir meinen Platz verdienen kann«. Doch Boca konnte keine europäischen Gehälter zahlen, und Ferlaino, mit seinem Ass im Ärmel, wollte Maradona nicht gehen lassen.

Das Hinspiel des UEFA-Pokal-Finales gegen den VfB Stuttgart fand in Neapel statt. Maradona, nicht topfit und aufgrund des unregelmäßigen Trainings mit ein paar Pfunden zu viel auf den Rippen, führte Freistöße und Ecken aus und versuchte, das Spielgeschehen zu lenken, ohne dabei besonders viel zu laufen. Die Westdeutschen gingen dank eines kapitalen Bocks von Napoli-Torhüter Giuliani in Führung: Ein harter Distanzschuss des Stuttgarters Gaudino konnte von Giuliani nicht gehalten werden und prallte ins Netz, zur Halbzeit stand es 1:0 für die Gäste.

In der zweiten Halbzeit fand sich Maradona im Stuttgarter Strafraum wieder. Er kontrollierte den Ball mit der Brust und schoss einen Volley gegen die Hand von Verteidiger Günther Schäfer. Der Napoli-Kapitän verwandelte den darauffolgenden Elfmeter, indem er VfB-Torhüter Immel mit einer Finte in die falsche Richtung schickte. Drei Minuten vor dem Schlusspfiff erreichte ein langer Pass Maradona auf der rechten Seite des Stuttgarter Strafraums. Mit einem flink gechippten Ball hebelte er seinen Verteidiger aus, der zu Boden ging, und spielte den Ball dann mit seinem »schlechten« rechten Fuß nach innen. Careca stolperte nach der Ballannahme, schaffte es aber, ihn zum 2:1-Sieg im Stuttgarter Tor zu platzieren.

Vier Tage später spielte Napoli in der Liga auswärts gegen Bologna. 24 Stunden vor Anpfiff war Maradona Berichten zufolge wieder verletzt, diesmal angeblich am Rücken. Am Spieltag verkündete er, dass er sich gut fühle und in einer Privatmaschine nach Bologna fliegen würde. Doch Ferlaino wollte davon nichts wissen. Also nutzte Maradona eine Fernsehsendung, um seine Position zu erläutern und zu betonen, dass seine Verletzung echt sei. »Wenn der Präsident eher der Presse als mir glaubt, kann ich hier nicht länger bleiben«, so seine Worte. Maradona setzte alles auf eine Karte: Wie konnte der Präsident es wagen, den besten Spieler in der Vereinsgeschichte nicht auflaufen zu lassen.

Am Tag vor dem UEFA-Pokal-Rückspiel war Maradona im Hotel in Stuttgart, während Claudia in Buenos Aires ihre zweite Tochter, Giannina Dinorah, zur Welt brachte.

Das Rückspiel im Neckarstadion war eine Achterbahnfahrt. Napoli ging durch ein Stolpertor von Alemão in Führung, dann erzielte Jürgen Klinsmann, der das Hinspiel verpasst hatte, per Kopfball nach einer Ecke den Ausgleich. Kurz vor Ende der ersten Halbzeit führte Maradona einen Eckstoß aus. Der Ball kam zu ihm zurück, er köpfte ihn in die Mitte, wo Ciro Ferrara ihn per Direktabnahme ins Tor beförderte – 2:1. Das dritte Tor der Italiener fiel 17 Minuten nach Beginn der zweiten Halbzeit durch einen von Maradona angeführten Konter. Als er vor dem gegnerischen Strafraum von einem Stuttgarter Verteidiger gestellt wurde, blieb er stehen, wartete kurz und spielte dann einen perfekten Pass zu Careca, der den Ball über den heranstürmenden Torwart ins Netz lupfte – 3:1. Zwei Defensivfehler – ein schlimmes Eigentor gefolgt von einem noch schlimmeren Rückpass, den VfB-Stürmer Olaf Schmäler einköpfte – führten zum 3:3-Endergebnis. Mit einer Gesamtwertung von 5:4 für Napoli gewann Diego den einzigen europäischen Titel seiner Karriere.

Noch während der Jubelfeier flüsterte Ferlaino Maradona unangenehme Neuigkeiten ins Ohr: Er würde ein paar Tage mehr freibekommen als der Rest des Teams, aber es würde keinen Transfer geben. »Wir bleiben bis 93 zusammen.« Diego konnte nicht glauben, was er da hörte. »Jetzt ist nicht der richtige Zeitpunkt, um darüber zu reden, Herr Präsident«, erwiderte er. Doch Ferlaino sagte vor den Medien: »Maradona wird in Neapel bleiben, solange ich will, dass er in Neapel bleibt.« Damit knallte der »Gefängniswart« (so nennt der ehemalige Napoli-Präsident sich heutzutage selbst) die Türen hinter Maradona zu.

Der großzügige Sechs-Jahres-Vertrag, den Diego 1987 unterzeichnet hatte, wurde zum goldenen Käfig. Er tat sich schwer damit, dies zu akzeptieren, konnte aber wenig dagegen tun. Die Stimmung trübte sich. Careca und Maradona kritisierten öffentlich die defensiv ausgerichtete Taktik von Trainer Ottavio Bianchi. Ferlaino wiederum wollte jedes Anzeichen von Aufmüpfigkeit im Keim ersticken und benutzte den Trainer als Schild gegen Maradonas Wut. Schließlich führten die fast täglichen Kontroversen zwischen dem Trainer und seinen besten Spielern jedoch zu dessen Entlassung, und an Bianchis Stelle trat der diplomatischere Albertino Bigon, der seinen Star offensichtlich bei Laune halten wollte. Währenddessen fuhr die Presse munter fort, über Diegos nächtliche Eskapaden zu berichten.

Die Fluchtwege nach Marseille oder Boca waren blockiert. Fußball schien für Diego seinen Reiz zu verlieren, und das Training war auf einmal Arbeit statt Spiel. Es wurde immer mühsamer, ihn morgens zum Aufstehen zu bewegen. Nachts hockte Claudia stundenlang vor der verschlossenen Badezimmertür, ihn schweigend unterstützend, während Diego sich in seiner dunklen selbstgewählten Gefängniszelle verbarrikadierte, weinte und immer mehr Kokain nahm.

»Er hatte gute Spieler um sich rum, aber man darf nicht vergessen, dass Maradona 30 Prozent von dem, was er hätte leisten können, verschenkte«, sagte der argentinische Nationalspieler Claudio Caniggia der Zeitschrift *Jot Down*. »Er trainierte, wann immer er Lust dazu hatte, und wir wissen ja, was sonst noch so lief. Er war zweifellos der Beste aller Zeiten, aber wir haben nie das volle Ausmaß seines Talents gesehen.«

Diegos bipolarer Charakter kam zunehmend zum Vorschein: Er oszillierte zwischen himmelhochjauchzend und zu Tode betrübt. Seine Familie flog oft nach Argentinien. Ab und zu besuchte er sie dort – manchmal mit, häufig auch ohne Erlaubnis des Vereins –, doch er fühlte sich zunehmend isoliert. »Ganz gleich, mit wie vielen Menschen man sich umgibt, man ist doch allein«, sagte Fernando Signorini dem argentinischen Journalisten Jorge Lanata in dessen TV-Sendung *Malditos*. »Maradona sagte einmal: ›Ich wurde da oben raufgeschoben, auf die Spitze eines Bergs gestellt, aber niemand hat mir erklärt, was ich tun sollte und wie.‹ Manchmal konnte man auf seinem Gesicht eine Art Traurigkeit und Desillusionierung erkennen.«

Die nächsten Spiele musste Maradona wegen Verletzungen pausieren, und Gallensteine verhinderten seine Teilnahme an der Partie gegen Ascoli. In der 17. Minute des letzten Heimspiels in der Liga gegen Pisa bat Maradona um Auswechslung, als er fühlte, dass er sich einen Muskel gezerrt hatte. Die Fans pfiffen ihn aus, beleidigten Cóppola, Claudia und sogar Dalma sowie alle, die in der VIP-Box saßen. Beim letzten Ligaspiel in Como lief Maradona ebenfalls nicht auf, und Napoli beendete die Saison als abgeschlagener Zweiter, elf Punkte hinter Meister Inter.

Am 16. August 1989 – Maradonas Urlaub in Buenos Aires ging zu Ende, und er stand kurz vor seiner Rückkehr nach Neapel – schickte Cóppola dem Verein ein Fax. Er teilte mit, dass Diego sich in die Klinik Villa Eden im Südtiroler Kurort Meran einweisen würde, um eine Entziehungskur zu machen. Er würde zwölf Tage später, am 28., zum Training stoßen. Ferlaino lehnte das ab, woraufhin Diego in Argentinien blieb und mit seinem Vater nach Esquina zum Angeln fuhr – mit der strikten Anweisung an Cóppola, dass er von niemandem gestört werden wolle. Napoli drohte, seinen Vertrag zu zerreißen, den Wechsel zu einem anderen Verein zu verbieten und ihm sogar die Erlaubnis, in der WM 1990 zu spielen, zu verweigern. Für die von der hetzenden Boulevardpresse angestachelten Napoli-Fans fühlte sich jede neue Ankündigung wie ein Messerstich in den Rücken an.

Viele glaubten in jenem Sommer 1989, dass der Argentinier nicht die Absicht habe, jemals nach Neapel zurückzukehren. Die Lokalzeitungen veröffentlichten Drohworte der Fans und Umfragen, in denen immer dem Spieler die ganze Schuld zugewiesen wurde. Am 23. August gab Cóppola eine Presseerklärung heraus, in der er erläuterte, warum Diego und seine Familie nicht nach Neapel zurückkehren wollten. In *Yo Soy El Diego* erklärte Maradona, dass sie in dieser Presseerklärung Details über die erlittenen Angriffe preisgegeben hatten, »zum Beispiel eine Metallkugel, die durch die Windschutzscheibe geworfen wurde; Einbrüche, die nie untersucht wurden, wie als sie den Ballon d'Or 1986 aus meinem Haus stahlen. Wir sagten der Welt damit, dass eine Verschwörung gegen meine Familie im Gang war.«

Die Stadt wurde der Komplizenschaft bei diesem vermeintlichen Terror gegen Diego beschuldigt, was dort nicht gut ankam. Und auch die Camorra war nicht begeistert. Vor der ganzen Welt hatte Maradona Neapel mal wieder als Stadt des Verbrechens abgestempelt. Auf einmal tauchten Fotos von Maradona mit den Camorra-Bossen aus seiner Anfangszeit bei Napoli in der Presse auf. »Sehen die wie Feinde aus?«, fragten die Blätter damit provokant. Die *Gazzetta Dello Sport* nannte das Ganze eine »Sommer-Farce«.

Die Medien reagierten gemäß der damaligen Norm: Fußballer muckten in der Regel nicht auf, die Vereine kümmerten sich um die Kommunikation nach außen und hatten in der Wahrnehmung der Öffentlichkeit meistens recht. Über das, um was es wirklich ging, wurde dabei kaum diskutiert: Diego wollte weg aus Neapel. Marseille witterte angesichts der Spannungen eine Chance und machte Napoli ein lukratives Angebot, das erneut ausgeschlagen wurde.

Die Serie A ging am 27. August 1989 wieder an den Start – ohne Diego, der noch immer mit seinem Vater beim Angeln war. Am 2.

September machte *El Pelusa* sich auf zum Flughafen Ezeiza in Buenos Aires, weigerte sich dann aber, an Bord zu gehen, weil er keinen Platz in der ersten Klasse hatte. Am Morgen dieses Tages versprach er, am darauffolgenden Tag nach Italien zurückzukehren und die offenen Probleme mit dem Verein zu klären. Am Nachmittag desselben Tages verkündete er, dass er in den Ruhestand treten wolle. Auf einer Polizeiwache in Neapel zeigte ein Mitglied der Giuliano-Familie Maradona wegen Kokainmissbrauchs an.

Am 4. September landete ein gelassenerer Maradona auf dem Flughafen Fiumicino bei Rom und bat um ein Treffen mit Ferlaino. Der Präsident beschnitt die Privilegien seines Starspielers, darunter die Trainingsteilnahme nach Lust und Laune, und vier Tage später stand Diego wieder mit seinen Mitspielern auf dem Trainingsplatz. Er legte nachmittags Sondertrainings mit Signorini ein, um wieder in Form zu kommen; er nahm ab und hörte mit dem Koksen auf. Die Zeitungen waren voll des Lobes über die positive Einstellung des Argentiniers. Als er in der zweiten Halbzeit des fünften Saisonspiels im San Paolo eingewechselt wurde, jubelte eine erleichterte Fangemeinde ihm zu. Dank einer Glanzleistung von Maradona verwandelte sich der Zwei-Tore-Rückstand in einen 3:2-Sieg für Napoli – und das, obwohl er einen Elfmeter verschoss. Solche Formausbrüche nach oben sollten für den Rest seiner Karriere typisch werden.

Zwei Wochen später schlug Napoli Arrigo Sacchis AC Mailand mit 3:0 – die ersten beiden Tore machte Carnevale (beide von Diego vorbereitet), und das dritte schoss *El Pelusa* selbst. Er ging in ein Einzu-eins mit dem Torhüter, täuschte einen Schuss an und chippte den Ball dann über den ausgetricksten Abwehrspieler, der am Boden lag, weil er Diegos Finte aufgesessen war. Napoli führte die Serie A an.

Nach der Geburt seiner zweiten Tochter hatte Diego das Gefühl, dass eine wichtige Angelegenheit in seinem Leben noch nicht unter Dach und Fach war. Vor Jahren, als sie noch in Buenos Aires lebten, hatte er Claudia einen Heiratsantrag gemacht. Sie saßen in einem geparkten Auto hinter der Escuela Superior de Mecánica de la

Armada (Marineakademie für Mechaniker) und hatten nur eine Flasche Cidre dabei. »Ich habe nur das, mein Schatz«, sagte Diego und zog erst den Cidre und dann einen Verlobungsring aus der Tasche.

Die Hochzeit musste noch warten. Doch am 7. November des stürmischen Jahres 1989 war es endlich so weit: Zwei Tage nach einem weiteren Sieg von Napoli in der Liga feierten Diego und Claudia die aufwendigste Hochzeit, die Buenos Aires je gesehen hatte.

Neben Verwandten, Freunden, Spielern von Cebollitas, Argentinos Juniors, Boca, Napoli und argentinischen Spielern der Serie A waren auch Prominente aus dem Showbusiness und viele andere unter den Gästen. Um die 250 Geladene flogen aus Italien ein, und insgesamt waren es über 1100 Gäste, wobei viele Eingeladene gar nicht teilnehmen konnten. Fidel Castro musste aus protokollarischen und Sicherheitsgründen absagen. Jorge Cyterszpiler war nicht eingeladen. Der ehemalige Mittelfeldspieler Massimo Mauro erinnerte sich in *Corriere Dello Sport* an das unvergessliche Event: »Diego machte es zu einer Party für seine Freunde. Er wollte, dass sie glücklich waren und sich wohlfühlten. Als ich ankam, öffnete eine blonde junge Frau mit blauen Augen das Hotelzimmer und sagte: ›Ich stehe dir drei Tage lang zur Verfügung.‹«

Braut und Bräutigam wurden zuerst auf dem Standesamt getraut und fuhren danach ins Hotel, um sich umzuziehen. Ein paar Stunden später betrat Maradona die Basílica Santísimo Sacramento am Arm von Doña Tota, während Claudia Villafañe von ihrem Vater Coco zum Altar geführt wurde.

Danach fuhren Claudia und Diego in einem 1937er-Rolls-Royce-Landaulet zum Empfang zum Luna Park. Ihr Chauffeur war Giorgio, Türsteher eines New Yorker Nachtclubs.

Es war drei Uhr morgens, als das Paar die Bühne betrat, um die Hochzeitstorte anzuschneiden. An der Torte hingen 100 weiße Bänder: Jede der geladenen Frauen durfte an einem Band ziehen, an dessen Ende sich ein Goldring verbarg. Nur an einem Band hing ein Diamantring, den Cali, die jüngste von Diegos fünf Schwestern, erwischte. Die Feierlichkeiten gingen bis acht Uhr morgens, danach brausten die Frischverheirateten in einem Mercedes davon (ein weiterer Mercedes wurde eingesetzt, um die Presse auf eine falsche Fährte zu führen). Das Paar verbrachte die Flitterwochen auf Capri, zusammen mit seinen zwei Töchtern und einer Gruppe von Freunden. Organisiert hatte das Ganze Cóppola.

Argentinien befand sich zu der Zeit mitten in einer Finanzkrise, gebeutelt von hoher Arbeitslosigkeit und einer steigenden Inflationsrate. Daran hatte Maradona zwar keine Schuld, aber kritische Stimmen fragten, ob dies die richtige Zeit für eine derartige Zurschaustellung von Reichtum sei. Die Hochzeitskosten wurden größtenteils von Marketing- und Werbeeinnahmen gedeckt, vor allem durch die TV-Rechte und den Verkauf der Fotoshootings, doch das ließ die Kritiker nicht verstummen. Maradona meinte dazu: »Sie [die Kritiker] haben Angst, sich mit denen an der Spitze anzulegen. Stattdessen attackieren sie lieber einen Fußballer. Sie haben sich auf meine Party eingeschossen, aber was ist mit den ganzen ökonomischen Parteien, die dieses Land zerstört haben?«

Die Mannschaft von Napoli bildete weiterhin das Rückgrat des neapolitanischen Lebens. Ein Fan rief einmal: »*Ti amo più che ai miei figli*« (»Ich liebe dich mehr als meine Kinder«), als er Maradona im Auto auf der Straße entdeckte. Doch nicht alle waren zufrieden. Careca erinnert sich, dass es eine Saison mit Höhen und Tiefen war, mit Konflikten mit der Presse und sogar mit den Fans. »Sie wollen, dass wir immer gewinnen, aber manchmal geht das nicht«, erklärte der brasilianische Torjäger. »Aber wir waren eine sehr bodenständige Truppe.« In dieser Saison kämpften der AC Mailand und Napoli bis zum letzten Spieltag um die Meisterschaft.

Jahre später erklärte Ferlaino im amerikanischen Sportsender ESPN, wie man sich in der Saison 1989/90 um alle »Details« kümmerte. »Das Spiel Verona gegen Milan war wichtig. Ich hatte ein gutes Verhältnis zu dem Mann, der die Schiedsrichter einteilte, Cesare Gussoni. Milan hatten einen freundlichen kleinen Schiri, Tullio Lanese, genannt *Der Mailänder*, auf ihrer Seite. Wir hingegen standen Rosario Lo Bello näher.« Der Kampf um den Titel trat nun in die entscheidende Phase ein, jedes Detail zählte. Am vorletzten Spieltag reiste der AC Mailand nach Verona, wo Ferlainos Freund

Lo Bello zum Schiedsrichter bestimmt wurde. Die Partie bot alles: verbale Schlagabtausche, Ausraster und drei rote Karten für Mailand. Sacchis Mannschaft verlor 2:1, Verona gelang in der 89. Minute der Siegtreffer. Parallel dazu besiegte Napoli Bologna auswärts mit 4:2. Diego steuerte ein Tor bei, das 16. der Saison, womit er der Top-Scorer seines Teams war. Napoli hatte schon eine Hand auf dem zweiten Scudetto der Vereinsgeschichte.

Das letzte Spiel der Saison war ein Heimspiel gegen Lazio. Im auf Krawall gestimmten San-Paolo-Stadion gab es nur Stehplätze. Hunderte von Fahnen wehten im Wind, die Fans grölten aus voller Kehle, und Rauchbomben vernebelten die Sicht. Die heimischen Spieler kamen mit ihren Familien auf den Platz, angeführt von Diego und Claudia, die Dalma und Giannina trugen. Mit einem Sieg hätte Napoli den Titel sicher. Nach nur sieben Minuten führte Maradona mit links einen Freistoß aus, den Abwehrspieler Marco Baroni zum einzigen Tor des Spiels einköpfte.

Nach dem Abpfiff lagen sich auf dem Platz Reporter, Fans, Funktionäre und Spieler weinend und lachend in den Armen. Männer, Frauen und Kinder jeden Alters feierten zusammen mit den Spielern. Signorini rannte mit Dalma auf seinen Schultern aufs Spielfeld.

In der Kabine wurde der Sieg ungezügelt und wahrhaft vereint zelebriert, zusammen mit den Fernsehteams. Natürlich ertönte auch hier die Hymne »*Ho visto Maradona / Ho visto Maradona ...*«.

Diego posierte vor den Kameras, schnappte sich ein Mikrofon und interviewte aus dem Stegreif Napolis Präsidenten. »Sind Sie zufrieden?«, wollte er wissen. Als Ferlaino antwortete, dass sie auch die vergangenen zwei Meisterschaften hätten gewinnen können, kommentierte Diego: »Mamma mia, wir müssen auch mal andere gewinnen lassen, sonst wird es zu langweilig. Sie sind ein großer Präsident.« Dann drehte er sich um und kehrte zur Party zurück.

Mitte der 1990er nahmen neapolitanische Richter, die dem Drogenhandel auf der Spur waren, den italienischen Fußballer Massimo Crippa ins Kreuzverhör. Dieser schilderte detailliert, wie der Napoli-Kader nach dem Gewinn der Meisterschaft weitergefeiert hatte. Die Party verlagerte sich auf ein von Cóppola angemietetes Schiff, das vor dem Vesuv ankerte. Ein Jet-Ski kam an und lieferte zwei Pakete ab. Crippa sagte aus, dass Cóppola gerufen habe: »Das Kokain ist da!«

Die Quartieri Spagnoli sind ein ärmliches Stadtviertel im historischen Kern Neapels, seine Bewohner sind unprätentiös und bescheiden. Früher trieben hier Taschendiebe, Schmuggler und andere Kriminelle ihr Unwesen, und auch heute gilt das Viertel als sozialer Brennpunkt. In jenem legendären Sommer 1990 entstand auf einem seiner Plätze ein Wandgemälde zu Ehren Maradonas – ein dreistöckiges Bild von Diego zusammen mit anderen Fotos und Zeichnungen, die seine Jahre in Neapel und seinen Sieg bei der WM 1986 darstellen.

Es wird erzählt, dass Maradona eines Nachts allein zu dieser Piazza fuhr und sich fünf Minuten lang selbst anstarrte.

KAPITEL 30

WM 1990 in Italien

»Einmal stand Bilardo um neun Uhr abends bei mir vor der Tür«, erinnerte sich Maradona im argentinischen TV-Sender TyC Sports an seine Napoli-Jahre. Es war der Tag nach dem Sieg gegen Como. Diego trank oben gerade etwas mit einigen Mannschaftskameraden. Claudia kam hoch und teilte ihm mit, dass Bilardo unten wäre. »Sie wurden sofort alle stocksteif und schlichen sich auf Zehenspitzen raus wie Kinder, die was ausgefressen haben«, erzählte Maradona mit einem schelmischen Grinsen. »Bilardo sagte zu mir: ›Ich nehme Caniggia nicht mit zur WM.‹ Darauf ich: ›Okay, du hast gerade zwei Stürmer verloren.‹ Er nestelte an seiner Krawatte und meinte: ›Er achtet nicht auf sich.‹ Und ich: ›Red nicht so einen Quatsch!‹«

Argentinien würde mit Carlos Bilardo zur WM in Italien fahren, demselben Trainer, mit dem sie 1986 in Mexiko Weltmeister geworden waren. Und Caniggia wurde schließlich doch noch in den Kader berufen – einen Kader, der durch neue Spieler verjüngt worden war, der sich aber eher auf den Ruhm vergangener Tage als auf spielerische Qualitäten berufen konnte. Die Argentinier hatten seit 1986 lediglich sieben ihrer insgesamt 34 Spiele gewonnen, keiner sah sie als Favoriten an. Aber sie hatten immerhin Maradona als unangefochtenen Führungsspieler, der Mitspieler, Gegner und Schiedsrichter beeinflussen konnte.

Maradona hörte für eine Weile mit dem Koksen auf und versuchte sich in Form zu bringen. Die WM 1990 bot ihm schließlich die Chance, sich in idealerweise sieben Partien erneut als der beste Spieler aller Zeiten zu präsentieren. Seine größte Sorge galt seinem verletzungsanfälligen linken Knöchel, der in der Serie A zur Größe eines Tennisballs angeschwollen war. Beim Training konnte er kaum seine Fußballschuhe überziehen und verbrachte die meiste Zeit in Flipflops, um den »Knöchel der Nation« zu schützen. Rubén Moschella, Bilardos Assistenztrainer, berichtete Lalo Zanoni für dessen

Buch *Vivir en los medios – Maradona Off the Record*, dass 90 Prozent des Kaders vor dem Turnierstart in Behandlung waren. Diegos Knöchel war immer geschwollen, und kurz vor einem Spiel wurde darauf als Zusatz zu den Medikamenten eine teerartige Paste aufgetragen.

Guillermo Blanco erzählte Zanoni, dass Diego in seiner Anfangszeit bei Napoli nach Barcelona fliegen musste, um sich die Schrauben aus dem Knöchel entfernen zu lassen. Dabei brach ein Schraubenkopf ab, der für immer im Knochen des Fußballers steckenblieb. Vor Argentiniens Eröffnungsspiel der Gruppe B gegen Kamerun fiel Diego zudem der Nagel seines rechten großen Zehs ab.

Maradona war bei dieser WM nie in Topform, ließ aber keinen Zweifel daran, dass er jede Sekunde des Turniers spielen würde. Sein Selbstbewusstsein auf dem Platz spiegelte sich auch in seinen Pressekonferenzen wider. Seine Schwarz-Weiß-Sicht auf die Welt schien sich noch verstärkt zu haben – entweder man war für oder gegen ihn. »Ich bin lieber unfreundlich, als Dinge zu verschweigen«, sagte er. Die Wahrheiten, die er aussprach, wirkten zwei Jahrzehnte später, als die Korruptionsaffäre um die WM-Stimmenvergabe ans Licht kam, wie Vorausahnungen.

João Havelange, FIFA-Präsident von 1974 bis 1998, hatte eine fast amateurhafte Vereinigung übernommen und sie in eine geschmeidige multinationale Organisation verwandelt, bei der vieles oft willkürlich und hinter verschlossenen Türen beschlossen wurde. Havelange und andere prominente Mitglieder der FIFA wurden durch Bestechungsgelder, die in die Millionen gingen, reich und unterhielten beste Beziehungen zu Diktaturen wie der in Argentinien. Er war der perfekte Schurke und damit die ideale Zielscheibe für Maradonas theatralisch vorgebrachte Anklage.

Diego ignorierte die guten Beziehungen zwischen der FIFA und dem argentinischen Fußballverband und verteidigte seine Anschuldigung, dass die Ziehung der WM-Paarungen eine Farce gewesen sei, die Argentinien benachteilige. Als die FIFA mit Sanktionen drohte, entschuldigte er sich schließlich – zum letzten Mal. Doch wenige Tage vor dem Eröffnungsspiel gegen Kamerun in Mailand holte er wieder zu einem verbalen Schlag aus, diesmal zum Schutz aller Fußballer, die oft in extremer Hitze spielen mussten. »Warum sollten wir um drei Uhr nachmittags bei 70 Grad spielen? Wir sind diejenigen, die aufs Feld müssen. Gebt Havelange ein Paar Fußballschuhe, gebt Blatter [FIFA-Generalsekretär] ein paar Fußballhosen. Ihr wisst genau, wie lächerlich sie da draußen aussehen würden.« Interessanterweise musste Argentinien das ganze Turnier über nicht ein einziges Mal zur unbeliebtesten Anpfiffzeit um 15 Uhr spielen.

Ihr erstes Spiel gegen Kamerun verlor Argentinien mit 1:0, und das, obwohl die Kameruner in der zweiten Hälfte erst mit zehn Mann und zum Schluss nur noch mit neun Mann spielten. Da half auch das mutmachende Getrommel der argentinischen Fans nichts.

Carlos Bilardo erzählte dem Journalisten Diego Borinsky für *El Gráfico*: »Ich hatte in einem Buch von einem Deutschen gelesen, der sich nach einer verlorenen Schlacht die Haare schneiden ließ und sich schick anzog. Ich tat dasselbe – Parfüm, das ganze Programm. Ich ging mit Diego zur Pressekonferenz und begrüßte freundlich alle, an denen ich unterwegs vorbeikam. Hinterher sagte Maradona zu mir: ›Zum ersten Mal in meinem Leben hat niemand mich aufgehalten.‹ Ich antwortete: ›Klar, die haben alle mich angesehen.‹«

Bilardo übernahm die komplette Verantwortung für den desaströsen Start ins Turnier. In der Startformation für das nächste Spiel gegen die UdSSR, die ihr erstes Spiel ebenfalls verloren hatten, standen fünf neue Gesichter. Pumpido, die argentinische Nr. 1 im Tor, verletzte sich früh im Spiel, und Sergio Goycochea, der im Turnier noch eine wesentliche Rolle spielen sollte, gab sein WM-Debüt. Beim Stand von 0:0 in der ersten Halbzeit führte eine sowjetische Ecke zu einem Kopfball, der auf das leere argentinische Tor zuflog. Maradona verhinderte mit einer Armbewegung, dass der Ball reinging. Der Schiedsrichter pfiff trotz sowjetischer Proteste kein Handspiel. Argentinien gewann am Ende 2:0. Die Hand Gottes hatte erneut eingegriffen, doch niemand spricht mehr über diese Neuauflage der berühmten Intervention von 1986 – vielleicht um das Original nicht zu ruinieren.

Nach einem 1:1-Unentschieden gegen Rumänien zog Argentinien als bestes Team unter den vier Drittplatzierten ins Achtelfinale ein, wo es auf den Gruppenersten Brasilien traf. Im brasilianischen Team befanden sich so klangvolle Namen wie Taffarel, Careca, Valdo, Dunga und Alemão (Romário und Bebeto saßen auf der Bank). »Maradona war bei 20 Prozent, aber es kommt ihm gar nicht in den Sinn aufzugeben«, schrieb Aldo Proietto in *El Gráfico*. Sein linker Knöchel streikte. »Geben Sie mir etwas, Doktor«, sagte Diego vor dem Spiel in Turin. Der Arzt überreichte *El Pelusa* eine Spritze mit entzündungshemmenden Medikamenten, und Maradona rammte sich die Nadel selbst in den Knöchel. Wenige Minuten nach Anpfiff hatte sein Freund Alemão dem berühmten linken Knöchel bereits einige herzhafte Tritte verpasst.

Die Brasilianer dominierten die Partie, die in spätnachmittäglicher Hitze ausgetragen wurde. Unmittelbar vor Ende der ersten Halbzeit musste der argentinische Mittelfeldspieler Pedro Troglio nach einem vehementen Tackling von Ricardo Rocha behandelt werden. Das medizinische Team der Argentinier kam auf den Platz und brachte Wasserflaschen mit – die Marke war eine andere als sonst. Der brasilianische Flügelspieler Branco trank aus einer Flasche, die der argentinische Betreuer Miguel di Lorenzo ihm reichte. Kurz darauf überkamen Branco Übelkeit und Schwindel, möglicherweise ein Nebeneffekt der großen Hitze. Oder das Resultat von Bilardos Anweisungen an Miguel di Lorenzo, das Wasser mit dem Schlafmittel Rohypnol zu versetzen.

»Einige aus unserer Mannschaft wollten Wasser trinken. Julio Olarticoechea hätte fast etwas getrunken. Ich rief: ›Nein, *Vasco*! Nein!‹«, erzählte Maradona 25 Jahre später auf TyC Sports. »Ich sagte zu Valdo [Branco]: ›Trink ruhig, Valdo, trink. Es ist heiß.‹ Und Branco trank die Flasche leer. Danach stolperte er bei Freistößen und konnte nur noch verschwommen sehen. Jemand hatte ein Beruhigungsmittel in die Flasche gefüllt, und dann ging für sie alles schief.« So berichtete es ein lächelnder Maradona im Fernsehen. Trotz der Proteste des brasilianischen Verbands untersuchte die FIFA den Vorfall nicht. Wieder einmal hatte die argentinische Öffentlichkeit mit Unterstützung von Maradonas frecher Erklärung kollektiv einen Akt des Betrugs in eine lobenswerte Aktion umgedeutet.

In der 81. Minute nahm Diego den Ball am Mittelkreis an; nur Caniggia war von den Argentiniern noch zwischen ihm und dem gegnerischen Strafraum. Maradona spielte einen Brasilianer aus und startete einen seiner typischen Dribbelläufe. »Sie kamen alle mit mir«, erinnerte er sich in derselben TV-Sendung. »Ich dribbelte immer weiter und konnte nur Caniggia sehen. Ich riskierte einen Pass mit dem rechten Fuß, der perfekt funktionierte. Ich glaube, das war der beste Pass meines Lebens.« Caniggia umrundete den Torwart und schoss das 1:0. Danach wurde Brasiliens Kapitän Ricardo Gomes noch wegen eines Fouls vom Platz gestellt, und Argentinien war eine Runde weiter.

Im Viertelfinale gegen Jugoslawien sahen die Zuschauer in der regulären Spielzeit ein langweiliges 0:0. Nachdem auch die 30 Minuten der Verlängerung keine Entscheidung gebracht hatten, kam es zum Elfmeterschießen, bei dem Maradona und Troglio verschossen. Die Jugoslawen hatten indes drei Fehlversuche, zwei ihrer Elfmeter wehrte Goycochea ab, darunter einen des legendären Dragan Stojković, und der Titelverteidiger war wieder eine Runde weiter.

Im Halbfinale spielte Argentinien gegen Italien – ausgerechnet in Neapel, wo Maradona noch immer bei Napoli unter Vertrag stand. *La Gazzetta Dello Sport* übertitelte einen Vorbericht vorausahnend mit der Schlagzeile »Maradona ist der Teufel«.

»Der beste Spieler der Welt wurde zum meistgehassten«, schrieb Lalo Zanoni auf der argentinischen Nachrichten-Website *Infobae*. »Für mich war das das Schlüsselspiel in Diegos Karriere. Weder das wichtigste oder das großartigste (er bekam als Wertung 7 von 8 Punkten), noch das berühmteste. Aber es war das Spiel, in dem er seine ganze Intelligenz, sein ganzes fußballerisches Gespür einsetzte. Es gelang ihm, Italien wenige Tage vor dem Spiel zu spalten.«

»Ich werde Italien heute entzweien«, verkündete Maradona seinen Mitspielern, als feststand, dass der nächste Gegner Italien sein würde, und bevor er sich mit einem Appell an die Neapolitaner richtete. »Nach so viel Rassismus erinnern sich die Italiener erst jetzt daran, dass Neapel ein Teil von Italien ist. 364 Tage im Jahr sprechen sie von den Südländern, den stinkenden *terroni*, den düsteren und kaputten Menschen« – so wurde Maradona in einem »Neapel liebt mich« übertitelten Artikel in *Corriere Dello Sport* zitiert.

»Seine Aussagen in den Medien erwischten die Öffentlichkeit und unsere Mannschaft kalt«, gab der italienische Mittelfeldspieler Aldo Serena zu, der bei diesem Spiel auf der Bank saß. »Das Publikum war nicht so wie das in Rom beim Viertelfinale, sondern es war gespalten.«

»Ich weiß noch, dass ich auf dem Weg zum San-Paolo-Stadion hinten im Mannschaftsbus saß«, erinnert sich Signorini. »Ich blickte durchs Fenster nach hinten. Etwa 15 Meter entfernt fuhren die Motorräder der Polizei. Aber vor ihnen fuhr ein Enduro-Motorrad mit großer Lenkstange. Das war Carmine Giuliano.« Diegos Verhältnis zur Camorra hatte sich gewandelt, seitdem Diego und Cóppola angedeutet hatten, dass die Camorra hinter Vorgängen steckte, die ihnen das Leben schwer machten. Doch Carmine wollte ganz nah am Geschehen sein.

Das Spiel fand in angespannter Atmosphäre statt, Maradona wurde gnadenlos beschimpft und ausgepfiffen. Die Argentinier setzten weiterhin auf ihre Defensivstrategie und warteten darauf, dass Maradona und Caniggia zauberten. Italien ging in der 17. Minute in Führung, Torschütze war Salvatore *Toto* Schillaci, der am Ende zum Top-Scorer des Turniers und zudem mit dem Goldenen Ball als bester Spieler ausgezeichnet wurde. Das Tackling war auf beiden Seiten oft am Rande des Erlaubten, manchmal auch jenseits davon.

In der zweiten Halbzeit glich Argentinien aus, Caniggia versenkte einen von links in die Mitte geschlenzten Ball im Tor. In der Verlängerung wurde Ricardo Giusti nach einer zweiten gelben Karte vom Platz gestellt, doch auch mit nur zehn Mann hielt Argentinien bis zum Elfmeterschießen durch. Maradona, von dem man im Spiel nur wenig gesehen hatte, war unter den ersten vier argentinischen Elfmeterschützen, die sicher verwandelten. Goycochea hielt die letzten zwei italienischen Elfer und sicherte seinem Team einen 4:3-Sieg. Italien war bei der WM im eigenen Land ausgeschieden. In dieser Nacht war in den Straßen von Neapel oft der Ausruf »*Maradona, figlio di putana*« (»Maradona, Hurensohn«) zu hören, nur gelegentlich gemischt mit einem zögerlichen »*Maradoooo!*«.

Diegos Vertrag in Neapel lief noch drei Jahre. »Ich will kein Feind sein, bitte verstehen Sie mich richtig«, appellierte er, nachdem er soeben für einen nationalen emotionalen Ausnahmezustand gesorgt hatte, der schon bald in Rache übergehen würde. Als der Reporter Diego Borinsky ihn fragte, was ihm mehr Freude bereitet habe: der Sieg über England 1986 oder der Rauswurf Italiens 1990, antwortete Maradona, ohne lange nachzudenken: »Italien wegen aller Konnotationen, die das hatte.« Und das, obwohl die meisten davon extrem negativ waren.

Das Italien-Spiel zementierte seinen Status als bester Fußballer der Welt, der abliefert, wenn es darauf ankommt. Es war aber auch der Anfang vom Ende, sozusagen sein Schwanengesang. Lalo Zanoni schrieb, dass Maradona es »auf seine Art machte, als großes Spektakel. Er warf Italien raus, während die FIFA-Bosse ungläubig von ihrer Box aus zusahen, wie dieser dunkelhäutige kleine Emporkömmling aus Villa Fiorito Geschichte schrieb.«

Im Finale traf Argentinien erneut auf Westdeutschland, diesmal in Rom.

Maradona und viele andere haben ihre Versionen über das, was in Italien als Nächstes geschah, zu Protokoll gegeben. Sie beschuldigen die FIFA, in ein Komplott verwickelt gewesen zu sein, das Argentinien einen Sieg verwehren sollte. Havelange, Blatter und Julio Grondona, der Präsident des argentinischen Fußballverbands, waren laut Maradona alle darin verwickelt und alle korrupt.

Diego wurde das am Vorabend des Finales klar, nach Argentiniens Trainingseinheit im römischen Stadio Olimpico. Grondona kam auf ihn zu, als er unter der Dusche stand. In seiner Autobiographie schildert Maradona das Gespräch zwischen den beiden so:

»Es ist vorbei, Diego. Wir haben das Finale erreicht.«

»Was? Wovon redest du, Julio?«

»Davon, dass es das jetzt war. Wir haben getan, was wir konnten. Sieh nur, wie weit wir gekommen sind. Und du gehst auf dem Zahnfleisch. Wir sind fertig.«

»Darauf scheiße ich! Wir haben morgen ein Finale, und das wollen wir gewinnen. Sag mir nicht, dass du das Finale verkauft hast. Eh?«

Jahre später erzählte Maradona Borinsky weitere Details: »Es war ein abgekartetes Spiel. Wir hatten Matarrese [Mitglied des WM-Organisationskomitees] und Italien abserviert. Das Finale sollte eigentlich Italien – Deutschland sein, das war beschlossene Sache. Darauf war das ganze Unternehmen ausgerichtet. Wir versauten den WM-Organisatoren 180 Millionen Dollar, wir zerstörten die Fahne der FIFA, ihr Megaphon, wir versauten die Feiern, die TV-Übertragungsrechte. Wir hatten ein totales Desaster verursacht. Und natürlich mussten wir dafür bezahlen.«

Das Finale symbolisierte den endgültigen Bruch zwischen einem wütenden Maradona, der gegen die ganze Welt wetterte, und dem italienischen Fußball. Und es zerstörte die Beziehungen zwischen dem Spieler und den führenden Fußballfunktionären. Diegos Beziehung zur Öffentlichkeit änderte sich ebenfalls: Der außergewöhnliche Fußballer und Retter wurde zu einem unzerstörbaren Mythos, einem unermüdlichen Kämpfer für die gerechte Sache. Das England-Spiel hatte ihm einen Platz in der Geschichte gegeben, aber die WM 1990 machte ihn zur Legende.

Im Finale in Rom spielte eine solide westdeutsche Mannschaft gegen eine stark dezimierte argentinische; Caniggia, Giusti und Olarticoechea standen nicht im Startaufgebot. Maradona hatte zusätzlich zu seinem Problemknöchel und dem abgefallenen Zehennagel auch noch mit einer Muskelverletzung zu kämpfen. Die argentinische Nationalhymne wurde von den deutschen und italienischen Fans mit Pfiffen begleitet. Ein wutentbrannter Maradona wartete, bis die Kamera sich auf ihn richtete, um dann zweimal deutlich »Hijos de puta« (Hurensöhne) zu brüllen.

Vor dem Münzwurf sprach Schiedsrichter Edgardo Codesal Mendéz – ein gebürtiger Uruguayer, aber mexikanischer Staatsbürger – Maradona direkt an: »Diego, bleib ruhig. Verlier nicht den Kopf, beweise, was für ein Spieler du bist. Du hast 90 Minuten, um es zu zeigen und diesen Stachel aus deinem Herzen zu kriegen.« Doch der Zorn saß tief. »Nein, nein, diese Hurensöhne ...«, fauchte Maradona. Codesal Mendéz erinnerte sich in der uruguayischen Radiosendung *Tirando Paredes*, dass er zu Maradona sagte: »Begreifst du nicht, dass zumindest ich Sympathien für dich hege? Wirst du dich beruhigen? Lasst uns die Münze werfen, und dann möge das geschehen, was Gott will.«

Bis zur 56. Minute plätscherte das Spiel relativ ereignislos dahin. Dann flog Pedro Monzón (der nach der Pause für den verletzten Oscar Ruggeri eingewechselt worden war) zu spät auf Jürgen Klinsmann zu und vergrub seine Stollen im Schienbein des deutschen Stürmers, nachdem der Ball schon längst weg war. Er bekam die rote Karte, als erster Spieler überhaupt in einem WM-Finale. »Maradona kam auf mich zu«, fuhr Codesal Mendéz fort, »und sagte: ›Wir wussten ja schon, dass wir beraubt werden würden. Die FIFA hat dich geschickt, um den Sieg von uns zu stehlen.‹ Dafür hätte ich ihm auch die rote Karte verpassen können!«

Fünf Minuten vor Ende der regulären Spielzeit rannte Rudi Völler in den argentinischen Strafraum, nachdem er von Lothar Matthäus mit einem perfekten Steilpass bedient worden war. Der argentinische Verteidiger Roberto Sensini war an Völler dran, befand sich aber auf der falschen Seite und etwas zu weit hinten. Der Schiedsrichter hatte keine ideale Sicht auf das Geschehen, als der Argentinier ungeschickt versuchte, den Ball mit dem rechten Fuß anzunehmen, und dabei den Stürmer kreuzte. Sensinis ungünstige Ausgangsposition führte zu einem Knäuel aus Armen und Beinen, als beide Spieler zu Boden gingen. Der Schiedsrichter entschied auf Strafstoß. Jahre später gaben Andreas Brehme und Matthäus zu, dass der Kontakt eigentlich keinen Elfmeter gerechtfertigt hätte.

Der Schiedsrichter ermahnte den vor Wut kochenden Maradona: »Hör mal, das ist ein WM-Finale, und du bist der beste Spieler der Welt. Beruhige dich und spiel Fußball.« Diegos Proteste hätten leicht in einen Platzverweis münden können, vor allem da dies bereits seine zweite Ermahnung war. »Er gibt den Elfmeter, und später kriegt er in Mexiko einen Job als oberster Schiedsrichter«, schrieb Maradona in seinem Buch. Codesal Mendéz reagierte 30 Jahre später im uruguayischen Radio darauf: »Er ist einer der schlimmsten Menschen, die mir je begegnet sind.«

Brehme schob den Strafstoß fast sanft in die untere rechte Ecke von Goycocheas Tor ein; der argentinische Torwart konnte seinem Ruf als Elfmeterkiller diesmal nicht gerecht werden. Danach wurde es turbulent. Monzón sollte nicht lange der einzige Spieler bleiben, der bei einem WM-Finale vom Platz gestellt wurde: Stürmer Gustavo Dezotti sah Rot, als er Jürgen Kohler an der Eckfahne am Hals packte und zu Boden warf, weil dieser sich seiner Meinung nach zu viel Zeit ließ. Maradonas anhaltende Proteste wurden schließlich mit Gelb bestraft.

Als der Schiedsrichter die Partie abpfiff, wiederholte ein weinender Diego sein Mantra: »Hurensöhne, Hurensöhne.« Seine Rebellion würde ab sofort nicht mehr stumm oder diplomatisch sein. Er ignorierte Havelange, nachdem er seine Medaille für den zweiten Platz erhalten hatte, eine öffentliche, sehr demonstrative Geste. »Ich hatte gehofft, dass diese schwarze Hand der Macht nicht so stark sein würde, aber …«, sagte er der Presse gegenüber kurz danach. Seitdem war die FIFA für ihn »eine Mafia«.

Maradona weinte die ganze Nacht. »Ich hatte das Gefühl, dass wir unfair behandelt wurden und Havelange sich an uns gerächt hatte«, erklärte er in *El Gráfico*. »Wir kommen aus verschiedenen Welten. Eine Beziehung ist unmöglich, auch wenn er behauptet, mich wie einen Sohn zu lieben.« Solche Anschuldigungen gegen führende Fußballfunktionäre hörte man regelmäßig von ihm. »Ich würde João Havelanges Website ladrón.com [*ladrón* = Dieb] nennen«, stichelte er. »Die AFA [argentinischer Fußballverband] braucht eine Handgranate gegen sich und eine Rundumerneuerung.«

Als Kind akzeptierte Maradona nie eine Niederlage. Und als Erwachsener kämpfte er ständig gegen Ungerechtigkeiten, ob echte oder vermeintliche. »Er verteidigte seine soziale Klasse, stellte sich gegen Unterdrücker und Ungeheuerlichkeiten«, erklärt Signorini.

»Die Medien nahmen Diego immer mehr in die Zange«, so sein ehemaliger Personal Trainer Signorini heute. »Er wurde ihnen gegenüber zunehmend misstrauischer und immer vehementer in seinen Aussagen. Das waren keine einstudierten Phrasen, sondern sie kamen aus der Kultur seiner Vorfahren, vielleicht von seinen Großeltern oder Don Diego. Maradona war schonungslos im Umgang mit Mächten, die schonungslos mit ihm umgingen.«

Die Mächtigen, immer darauf aus, Opposition im Keim zu ersticken, reagieren auf Rebellen. »Weil ich aus Villa Fiorito komme, darf ich nicht sprechen?«, fragte Diego in *Yo Soy El Diego*. »Ich bin die Stimme der Stimmlosen ... ich habe mit dem Papst gestritten. Ich diskutierte mit ihm, weil ich im Vatikan war und die goldenen Decken sah. Und dann hörte ich den Papst sagen, dass die Kirche sich um arme Kinder sorge. Dann verkauf doch die Decke, du Bestie. Tu etwas! Wofür ist die Banco Ambrosiano da? Um Drogen zu verkaufen und Waffen zu schmuggeln?«

»Sie versuchten mehrmals, mich zu kaufen«, sagte Diego in *Mi Mundial, Mi Verdad* [Meine WM, meine Wahrheit]. »1993 gaben sie mir eine Medaille als bester Spieler aller Zeiten, und dann schlossen sie mich in einem Raum mit Havelange ein. Blatter war auch da. Und sie sagten: ›Dieguito, wir wollen, dass du Teil der FIFA-Familie wirst.‹« Maradona lehnte ab und versuchte stattdessen, eine Fußballer-Gewerkschaft ins Leben zu rufen (»Fußballer können angesichts dessen, was gerade alles in diesem Sport passiert, nicht passiv bleiben«, sagte er den Medien.) Er traf sich in Paris mit einigen Spielern, darunter Eric Cantona, konnte aber nicht genug Unterstützer für sein Vorhaben gewinnen. Sein Fazit: »Diese Fabrik wird immer erfolgreicher, weil ihre Arbeiter alles akzeptieren.«

Diego war von Macht fasziniert, und deshalb wurde er allmählich, von Deklaration zu Deklaration, von Kampf zu Kampf, selbst zu einer Macht.

KAPITEL 31

Das Ende bei Napoli

Ein Team des französischsprachigen Fernsehsenders Télé Monte Carlo (TMC) reiste Anfang der Saison 1990/91 nach Neapel, um Maradona zu interviewen. Diego wollte im Dunkeln gefilmt werden. Er sagte auf Italienisch: »Diese Woche wurde so viel über meine dunkle Seite berichtet, dass wir den Zuschauern von Télé Monte Carlo unbedingt diese dunkle Seite zeigen müssen. Bis bald.« Sein Leben voller Extreme war so öffentlich, dass er darüber Witze machte. Und während er über sich selbst lachte, konnte er die rasante Abwärtsspirale ignorieren, in der er sich befand.

1990 war Maradona ein Drogensüchtiger ohne Kontrolle über sein Verhalten, der konstruktive Lösungen ablehnte und stattdessen ständig auf der Suche nach neuen Feinden war. Aufgrund seiner Kokainsucht und wegen anhaltender Ischiasprobleme verging für ihn kein Tag ohne Schmerzen oder das Verlangen nach Drogen. Weder der Gewinn der italienischen Meisterschaft noch die Vizeweltmeisterschaft konnten dies lindern, und auch der 5:1-Sieg über Juventus im italienischen Super Cup vor Saisonstart verlieh ihm nicht die positive Einstellung, die er brauchte, um sein Verhältnis zum Verein zu kitten. Nur wenige Monate nach dem Finale gegen Deutschland brach er den Kontakt zu Guillermo Cóppola ab.

Nach der WM war jede Reise von Buenos Aires zurück nach Neapel für Maradona eine wahre Qual. Er wollte nicht mehr Fußball spielen – vielleicht konnte er es auch nicht mehr. Und der Hass der Öffentlichkeit traf auch die Menschen in seinem Umfeld. »Eines Tages fuhr ich auf meinem Motorrad zur Bank, und jemand warf einen Stein nach mir«, erzählt Cóppola. Seiner Einschätzung nach waren das nicht einfach nur Fans, die darauf reagierten, dass Diego Napoli verlassen wollte, sondern etwas Bedrohlicheres steckte dahinter. Maradona sagte in letzter Minute Filmaufnahmen ab und ignorierte kommerzielle Verpflichtungen, was juristische Verfahren nach sich zog. Er benötigte Schutz und hatte das Gefühl, dass sein alter Freund und Agent Guillermo ihm diesen nicht bieten konnte.

Der Agent brauchte Zeit und Raum, um sich seinen eigenen Dämonen zu stellen, und hörte noch im selben Jahr mit dem Koksen auf. Maradona suchte nach einer anderen Art von Unterstützung und stellte Cóppolas Stellvertreter Marcos Franchi ein, einen studierten Betriebswirtschaftler. Franchi tat, was getan werden musste: Er managte. Mit Realitätssinn und gesundem Menschenverstand versuchte er, Maradonas ins Trudeln geratene Schiff vor dem Untergang zu bewahren. »Du kannst als Spieler nicht wie ein ehemaliger Spieler leben«, sagte er Diego einmal.

Im November 1990 reiste Napoli zum Achtelfinal-Rückspiel des UEFA-Pokals gegen Spartak Moskau nach Moskau (das Hinspiel war 0:0 ausgegangen). Maradona war zunächst begeistert, zum ersten Mal in seinem Leben die Sowjetunion zu besuchen, erschien dann aber nicht am Flughafen. Ciro Ferrara und zwei andere Spieler wurden gebeten, ihren Mannschaftskollegen zu Hause abzuholen. »Er schläft«, teilte Claudia ihnen mit. Ihr Mann hatte sich in seinem Zimmer eingeschlossen, sich unter der Bettdecke versteckt und weigerte sich, mit irgendjemandem zu reden.

»Viele Leute haben uns vorgeworfen, dass wir damals zu Komplizen wurden«, sagte Ferrara in einer Dokumentarsendung von ESPN. »Ich war damals noch sehr jung. Ich hatte nicht genug Selbstbewusstsein, um mich vor Maradona aufzustellen und ihn zu fragen: ›Was zum Teufel machst du da?‹« Das Team wartete zweieinhalb Stunden auf seinen Starspieler und flog schließlich ohne ihn.

Napolis Geschäftsführer Luciano Moggi deutete an, dass dieses Verhalten der Anfang vom Ende war. »Das war heute ein entscheidender Tag in der Beziehung zwischen Maradona und Napoli«, sagte Ferlaino und bestätigte, dass der Verein kurz davorstand, den Argentinier fallenzulassen. »Er ist Angestellter des Vereins und nicht umgekehrt.«

Am nächsten Tag mietete sich Maradona für 30 000 Dollar einen Privatjet und flog mit Claudia und seinem neuen Agenten Franchi nach Moskau. Er käme als Fan, nicht als Spieler, verkündete er.

»Haben sie nicht gesagt, dass sie mich bestrafen werden und ich nicht spielen darf?« Nach seiner Ankunft ging Maradona zum Roten Platz, zu dem ihm die Polizei zunächst den Zugang verwehrte. Doch dann erkannte man ihn, er erhielt eine Privatführung im Lenin-Mausoleum und kam schlussendlich um drei Uhr morgens im Team-Hotel an. Er bat Moggi, ihn spielen zu lassen.

Nach 65 Minuten beim Stand von 0:0 wurde Maradona für Gianfranco Zola eingewechselt, um den Angriff zu verstärken. Doch die Partie blieb auch in der Verlängerung torlos, und Napoli schied im Elfmeterschießen mit 3:5 aus – es sollte Maradonas letztes Spiel für den italienischen Verein im europäischen Wettbewerb sein.

Im Dezember 1990 bat Luciano Moggi Antonio Matarrese, den Präsidenten des italienischen Fußballverbands Federcalcio, im Fall Maradona um Hilfe. Der widerspenstige Fußballer trainierte nicht, und Moggi befürchtete, dass er nach seinem üblichen Weihnachtsurlaub in Argentinien nicht nach Italien zurückkehren würde. Das Wettbewerbskomitee des Federcalcio belegte Diego für sein Fehlen mit einer 70 000-Dollar-Strafe, und Napoli verklagte ihn dafür, dass er dem Image des Vereins mit seinem erratischen Benehmen schadete.

Franchi verkündete, dass sein Klient »den Spitzenfußball spätestens zum Juli 1991« verlassen würde und dass eine Rückkehr zu Boca »sehr wahrscheinlich« sei. Obwohl Maradonas Vertrag bei Napoli noch zweieinhalb Jahre lief, sagte Franchi: »Diego kann dem Fußball nichts mehr geben«, und bot an, den Rest des Vertrags abzubezahlen. Anfang 1991 kehrte Maradona tatsächlich nach Italien zurück, nur um zu erleben, dass die Situation sich immer weiter zuspitzte.

Moggi und Ferlaino hatten beschlossen, dass sie Diego loswerden mussten, bevor er das Ansehen des Vereins ruinierte. Und sie waren nicht die Einzigen, die schlecht auf ihn zu sprechen waren: Die Camorra hatte Maradona nicht verziehen, dass er die Stadt öffentlich kritisiert und das verurteilt hatte, was er zuvor mit Begeisterung aufgesogen hatte.

Für die neapolitanische Mafia waren schwierige Zeiten angebrochen. Die Obrigkeit saß ihnen seit dem Beginn von »Operation

China« im November 1990 im Nacken, einer Operation, bei der die Polizei Verbindungen zwischen der Camorra und dem Kokainhandel untersuchte. Maradonas Hang zu Prostituierten zog ihn in das kriminelle Netz der Mafiosi, und Gespräche wurden aufgezeichnet, die ihn belasteten – die Carabinieri hatten die Prostituierten mit versteckten Mikrofonen ausgestattet. In einer Aufnahme verlangt er »zwei Frauen« und in einer anderen bestätigt eine anonyme Stimme, dass sie ihm Frauen und »*roba*« (Straßenjargon für Kokain) schickt.

Die Tore zu Maradonas persönlicher Hölle öffneten sich noch weiter. Die Zeitungen füllten ganze Seiten mit Statements von diversen Personen aus Neapels berüchtigten nächtlichen Etablissements. Fünf Prostituierte behaupteten, Maradona habe ihnen vor dem Sex Kokain angeboten. Ohne Prozess wurde er von der Presse in allen Punkten für schuldig befunden. Die damit einhergehende Hysterie belastete nicht nur ihn, sondern auch seine Familie.

Am 17. Februar 1991 sagte Maradona vor Gericht aus; ihm wurden »der Konsum und die Verbreitung von Kokain« zur Last gelegt. Zuvor sprach er mit den Medien – »Ich war noch nie so ruhig« – und gab zu, dass er auf Anraten seiner Frau und seiner Töchter freiwillig den Gerichtstermin wahrnehme. Er sagte, dass seine Familie ihm auch vorgeschlagen habe, das Fußballspielen an den Nagel zu hängen und in sein Heimatland zurückzukehren. Seine Aussage im Zeugenstand dauerte drei Stunden. Seine Anwälte hatten ihm empfohlen, seine sexuellen Eskapaden zuzugeben (er schilderte dazu viele Details), aber den Tatbestand des Konsums und der Verbreitung von Kokain, die mit einer Gefängnisstrafe von acht bis 20 Jahren geahndet werden konnten, abzustreiten. Er wurde zu 14 Monaten Gefängnis und einer Geldstrafe von vier Millionen Lire für Kokainbesitz verurteilt, die Strafe wurde jedoch zur Bewährung ausgesetzt.

Maradonas Analyse fiel kurz und bündig aus: Es handelte sich um eine Vendetta. Von Seiten der FIFA, die sich durch seine Anschuldigungen bedroht fühlte. Von Seiten des italienischen Fußballverbands (der seine Anti-Doping-Kontrollen verschärfte) als Rache für die WM. Vom Verein Napoli, der seine Exzesse nicht länger unter den Teppich kehren wollte. Von der Camorra, die ihren gefallenen

Engel nicht länger brauchte. Von Silvio Berlusconis Medien, die seine Probleme öffentlich zur Schau stellten. Der Schutz, den selbige Presse, dieselben Richter und derselbe Verein ihm bisher geboten hatten, war plötzlich verschwunden.

»Es gab bereits eine Kampagne der Mächtigen, in diesem Fall Napoli, sich dieser ausgepressten Zitrone zu entledigen«, erklärte Fernando Signorini Jorge Lanata in dessen TV-Sendung *Malditos*. »Die ganze Welt wusste, dass Diego Drogen nahm. Nicht nur Napoli, sondern auch die zuständigen Behörden des Weltfußballs wussten davon. Aber er spielte immer noch, füllte immer noch Stadien, diente ihnen. Als das Problem, sein Problem, diese schreckliche Sache, die ihm aus Suchtgründen passierte, unerträglich wurde, warfen sie ihn weg wie eine Zigarettenkippe. Er hatte keinen Nutzen mehr.«

Es ist relativ leicht, die öffentliche Meinung zu manipulieren, sogar wenn es um einstmals verehrte Idole geht. *La Repubblica* veröffentlichte eine Umfrage, aus der hervorging, dass Maradona die meistgehasste Person in Italien war, noch vor dem irakischen Diktator Saddam Hussein. Hier fand in aller Öffentlichkeit ein Rufmord statt.

Nach dem Gerichtsprozess wurde das Hintergrundrauschen etwas leiser, doch der Schaden war irreparabel. Maradona trainierte noch bei Napoli, obwohl er und der Verein sich bereits darauf geeinigt hatten, dass man sich trennen würde. Eine Woche vor dem Heimspiel gegen Bari am 17. März 1991 erinnerte Ferlaino Maradona daran, dass er die Dopingkontrolle bestehen würde, wenn er vor Donnerstag, dem 14., aufhören würde zu koksen. Maradona, der inzwischen weder Kalenderdaten noch Termine im Griff hatte und dem außerdem alles egal war, sagte nur: »Ich habe nichts genommen.«

»Bist du fit?«, wollte Moggi vor dem Spiel wissen.

»Alles in Ordnung«, antwortete der Spieler.

Nach dem Bari-Spiel rief Luciano Nizzola, der Präsident des italienischen Fußballverbands, Ferlaino an. »Er ist positiv«, sagte er. Laut Aussage des Vereins fragte Ferlaino Nizzola, was man tun könne. »Jetzt nichts mehr«, lautete die Antwort. Diego erreichte die Hiobsbotschaft zu Hause. Er fing an zu zittern und zu weinen und rief nach seinem Anwalt, Vicenzo Siniscalchi. Als dieser ankam, schlief sein Mandant tief und fest. Als er aufwachte, sagte er: »Wir haben alles verloren. Verzeiht mir.« Doch dieser Anflug von Reue hielt nicht lange an. Schon bald begann er aufzulisten, auf welche Weise jene, die sich in der Vergangenheit seine Freunde genannt hatten, ihn verraten und hintergangen hatten.

War Maradona erwischt worden? Oder war das Ganze eher ein Hilfeschrei? »Ich wurde fast absichtlich positiv getestet – ja, absichtlich, ich wollte es«, gab er Jahre später in einem Interview mit dem Journalisten Daniel Arcucci zu. »Positiv auf Drogen getestet zu werden, rettete mich damals«, gestand er Gabriela Cociffi von der Zeitschrift *Gente* sechs Jahre später. »Ich war nicht während des Bari-Spiels, sondern vorher auf Droge, aber ich wusste, dass man mich jederzeit erwischen konnte. Ich testete die Grenzen aus. Drogen gab es überall. Sie wurden mir buchstäblich unter die Nase geschoben.«

Fast zwei Jahrzehnte nach diesem positiven Test erzählte Maradona Diego Borinsky: »Es war meine Schuld, ich mache niemanden sonst dafür verantwortlich. Aber eins will ich klarstellen: Alle, die sagen, dass sie keine Drogen mit mir nahmen? Sie nahmen alle welche. Ich nenne keine Namen, weil ich kein Sicherheitsbeamter oder Informant bin, aber wenn sie etwas zu mir sagen, reagiere ich.« Wie so oft bei Maradona musste die Schuld verteilt werden.

Acht Monate nach der WM 1990 sperrte die Disziplinarkommission der italienischen Liga Maradona für 15 Monate bis zum 30. Juni 1992, und die Sperre wurde von der FIFA übernommen und weltweit ausgedehnt. Der renommierte Anti-Doping-Experte Manfred Donike äußerte zwar Zweifel in Bezug auf die fachgerechte Aufbewahrung und den Transport der Reagenzgläser, doch diese Bedenken wurden von den zuständigen Behörden ignoriert. »Nach meinem Doping wurde auch Caniggia erwischt und bestraft, aber danach … niemand sonst«, konstatierte Diego in Emir Kusturicas Dokumentarfilm. »Im italienischen Fußball hat außer Maradona und Caniggia niemand auch nur eine Paracetamol eingenommen.«

In *Mi Mundial, Mi Verdad*, geschrieben über ein Jahrzehnt nach seiner Drogensperre, bemerkt Maradona treffend und zeitgemäß, wie absurd es ist, drogensüchtige Fußballer zu bestrafen, da ein

Suchtkranker, der auf der Straße lebt, ja auch Hilfe statt einer Strafe bekommt. Mit anderen Worten: Auch wenn der Spieler zum Fußball nicht mehr taugt, so taugt er doch noch fürs Leben, und wenn man den Fußballer nicht zurückholen kann, muss man den Menschen zurückholen.

Diego Maradona war nicht nur Napolis Spielmacher, sondern bis 2017 mit 115 Toren in 259 Spielen (inklusive 30 Freistoßtoren) auch der Top-Scorer. Er impfte der Mannschaft eine Siegermentalität ein und führte sie zu zwei Meisterschaften, einem italienischen Pokalsieg, einem Super Cup und einem UEFA-Pokal. Und dieser Mann stand kurz davor, den Verein durch die Hintertür zu verlassen. In der Saison 1990/91 erreichte Napoli in der Liga Platz acht und hörte mit Maradonas Weggang schlagartig auf, an der Spitze mitzumischen. In den folgenden Jahren stieg der Klub zweimal in die Serie B ab und ging pleite, 2007 wurde er von Aurelio de Laurentiis gerettet, einem Mitglied der berühmten Filmproduzenten-Familie.

Am Abend des 31. März 1991 bat Maradona seine Freunde und die Journalisten, die ihm am nächsten standen, zu sich nach Hause. Er begrüßte sie an der Tür seiner Villa in Posillipo in Jogginganzug und Pantoffeln, die mit Stofftierhunden verziert waren. Er wollte sich von allen verabschieden. Der italienische Reporter Vittorio de Asmundis fragte ihn geradeheraus nach den eigentlichen, tiefliegenden Gründen für seinen Weggang:

»Du schleichst dich davon wie ein Dieb.«

»Sie zwingen mich zu fliehen.«

»Wer? Ferlaino? Punzo [Napoli-Vizepräsident]? Und wer steht hinter ihnen? Montezemolo [Ferrari-Verwaltungsratsvorsitzender]? Matarrese [Präsident des italienischen Verbands]? Casarin [der Schiedsrichter für die Serie A auswählte]?«

In seiner Autobiographie beschuldigte Maradona Ferlaino und Matarrese, hinter den mit seinem Weggang verbundenen Ereignissen zu stehen. »Sie straften mich dafür ab, dass ich ein Ausländer bin und Italien im Halbfinale der WM rauswarf.« Als er das Land verließ, waren noch vier Gerichtsverfahren gegen ihn anhängig: der

Sinagra-»Fall«; Anschuldigungen des Informanten und ehemaligen *camorrista* Pietro Pugliese, der behauptete, Diego hätte Drogen verkauft; Napolis Klage auf Vertragsbruch sowie der noch offene Kokain- und Prostitutions-Fall.

Seine Abschiedsworte, als er in den Wagen stieg, der ihn zum Flughafen bringen sollte, waren: »Ich laufe nicht weg.« Ohne ein angemessenes Abschiedsspiel in San Paolo, um das Ende einer Ära zu würdigen, schien er jedoch genau das zu tun. Welch ein Kontrast zu seiner Ankunft vor gerade mal sieben Sommern, als er von 70 000 Fans frenetisch gefeiert worden war.

Nicht alle kamen rechtzeitig an, um ihn zu verabschieden und ihn ein letztes Mal zu umarmen. Die Vignatis, die Familie der neapolitanischen Mutter und Köchin, die Diego adoptiert hatte, standen vor verschlossenen Türen. Aber er hatte klare Anweisungen hinterlassen, was mit seinen Habseligkeiten zu geschehen habe. Sie sollten unter seinen Hausangestellten verteilt werden, und zwar so, wie von Sergio Levinsky in *Infobae* wie folgt beschrieben: »Die Honda 750 für Ignacio; der Koala für Ciro, den Elektriker; ein Auto für Felice, der Seat Ibiza für Gianni, eine Rolex für Federico und alles, was in der Küche war, für Lucia …«

Die Neapolitaner fühlten sich hintergangen von diesem »verfluchten Fußballer«, der sie verlassen hatte. Viele hielten ihn für einen großartigen Fußballspieler, der aber als Mensch versagt hatte. Es dauerte mehrere Jahre voller sportlicher und politischer Frustration, bis Maradona sich seinen Platz als Ehrenbürger wiedererobern konnte. »Ich habe Maradona spielen sehen« lautet der Spruch auf einem Sticker, den man heutzutage auf vielen Autos und Motorrädern findet, und sein Konterfei prangt auf den Mauern heruntergekommener Stadtteile.

Fernando Signorini und Marcos Franchi planten bereits die nächsten Schritte, trotz Maradonas Versicherung, dass er die Lage und seine Sucht im Griff habe. Sie wollten, dass er drei Spezialisten aufsuche: einen Psychiater, einen Psychologen und einen Internisten. Suchtexperten mokierten sich darüber, dass diese Auswahl in etwa so effektiv wäre, wie einem Krebskranken Pfefferminzbonbons zu verabreichen, und empfahlen stattdessen eine Elektroschock-Therapie. Signorini und Franchi wollten Diego überreden, sich in eine Entzugsklinik in Colorado Springs einweisen zu lassen, wo auch Filmstar Elizabeth Taylor behandelt worden war. Er lehnte ab und zog es vor, nach Hause zu fliegen, um bei seiner Familie zu sein. Psychologen überredeten ihn schließlich, nach Buenos Aires zu gehen und sich eine Weile vom Rest der Welt zu isolieren. Das stürzte ihn in eine Depression, und er fuhr fort, Kokain zu konsumieren.

»Als er im April 1991 seine Therapie in Buenos Aires begann, in einer Wohnung auf der Avenida Libertador, die er besaß, rief Claudia mich an«, erzählt Signorini. »Ich war in Neapel geblieben, um für Diego den Umzug abzuwickeln, mich um sein Auto, seine Kleidung, die Möbel und den Schmuck zu kümmern. Ich musste die Container bestellen und die Sachen je nach Anweisung von Claudia wegwerfen, Mitarbeitern schenken oder nach Argentinien verschicken. Claudia sagte mir, dass die Therapeuten mich sehen wollten, da Diego oft über mich gesprochen hatte.«

Also begab sich Signorini zu Maradonas Wohnung in Buenos Aires. Dr. Julio Villena Aragón leitete die Behandlung in Argentinien. Er bat den Personal Trainer, in Diegos Anwesenheit über diesen zu reden. »Diego sagte, dass er vor mir Angst habe«, berichtet Signorini weiter. »Aber es war keine physische Angst, sondern er befürchtete, dass ich nicht auf ihn reagieren würde. Tatsächlich prüfte er mich die ganze Zeit, und ich wusste das. Er brauchte jemanden, der streng mit ihm war. Jemanden, dem er vertrauen, den er aber nicht um den Finger wickeln konnte.« Maradonas Personal Trainer musste die strenge Vaterfigur sein, die Diego nie gehabt hatte.

Einen Monat nach seiner Rückkehr nach Buenos Aires wurde Maradona zusammen mit zwei anderen Personen um drei Uhr nachmittags in einer Wohnung auf der Calle Franklin y Rojas im Viertel Caballito verhaftet. Die Presse berichtete, dass ihm der Besitz von 30 Gramm Kokain zur Last gelegt wurde. Die Razzia war Teil einer »versteckten« Überwachung, die aber auf mysteriöse Weise Reportern zu Ohren kam, die pünktlich zur Verhaftung mit Kameras und Mikrofonen am Gebäudeeingang Stellung bezogen.

»Es ist eine Lüge, dass man mich beim Konsumieren von Drogen erwischte«, erzählte Maradona Gabriele Cociffi. »Ich begriff erst gar nicht, dass sie die Wohnung durchsuchten. Ich schlief so fest, dass sie mich an den Beinen ziehen mussten, um mich aufzuwecken. Als ich aufwachte, rief ich ›Claudia!‹, weil ich nicht wusste, wo ich war. Ich hatte auch Schlaftabletten genommen, das gebe ich zu. Mir ging es nicht gut.«

Maradona betrat die Drogenbekämpfungsabteilung der Bundespolizei weinend und wurde über 24 Stunden dort festgehalten. Nachdem er eine Kaution von 20 000 Dollar hinterlegt hatte, wurde er freigelassen und kehrte unrasiert und mit dunklen Ringen unter den Augen nach Hause zurück.

KAPITEL 32
FC Sevilla

Marcos Franchi hatte mit den argentinischen Gerichten einen Deal ausgehandelt: Diego würde nicht für den Besitz und Gebrauch von Kokain verurteilt werden, sich dafür aber regelmäßigen Überprüfungen unterziehen müssen. Richterin Amelia Berraz beschloss, keine Anklage zu erheben. Stattdessen ordnete sie an, dass Diego eine Entziehungskur machen und regelmäßig vor Gericht erscheinen müsse, um seine Fortschritte zu dokumentieren. Neun Jahre lang hatte Maradona davon geträumt, in seinem Heimatland in vertrauter Umgebung auszuspannen. Doch seit seiner Ankunft wurde er auf Schritt und Tritt von seinen Dämonen heimgesucht und von paranoiden Gedanken gequält.

»Seit langem schon zieht eine schwarze Hand in Argentinien hinter den Kulissen die Strippen«, gab er gegenüber dem Journalisten Gonzalo Bonadeo im ersten Interview nach seiner Freilassung zu Protokoll. »Und jetzt ist Maradona die Zielscheibe. Alle machen sich Sorgen um Maradona, aber es interessiert sie nicht, wie es Diego geht. Was ich getan habe, war schlimm, aber im Vergleich mit dem, was in diesem Land passiert, ist es nichts.« Seine Gedanken gingen wild durcheinander, unterschiedliche Themen vermischend.

»Vielleicht vergaß ich wegen des Drucks, unter dem ich stand, mich selbst zu lieben«, sagte Maradona dem italienischen Fernsehsender RAI TV. »Zum Schluss war ich in Italien wie Ayrton Senna: Ich fuhr einen Formel-1-Wagen, der nie abbremste. Jetzt gurke ich mit meiner Familie gemächlich in einem Fiat 500 durch die Gegend. Mein Leben wird ohne den Profifußball ganz anders sein, aber ich habe mich noch nicht entschieden, was ich als Nächstes machen werde. Wenn Sie mich heute fragen, sage ich, dass ich nicht wieder auf einem Fußballplatz stehen werde.«

Der beste Spieler der Welt befand sich mitten in seiner 15-monatigen Sperre. Aus heutiger Sicht erscheint es bizarr, dass das Ganze so dargestellt wurde, als sei ein Verbrecher gefasst worden, obwohl hier nur ein Drogensüchtiger bestraft wurde. Die Sperre endete am 1. Juli 1992, und Napoli verlangte, dass er zur Saisonvorbereitung am Training teilnehme. In Wahrheit wollte der Verein nur eine Transfersumme für einen Spieler einstreichen, dessen Vertrag noch ein Jahr lief. Maradona weigerte sich, nach Italien zurückzukehren – dem Land, das »an allem, was mir passiert ist, schuld ist« –, und träumte davon, für einen Verein zu spielen, der ihn auf die WM 1994 vorbereitete. Marcos Franchi bat den katalanischen Agenten Josep María Minguella um Hilfe.

Minguella teilte Napoli-Präsident Corrado Ferlaino mit, dass Maradona wertlos sei, weil er nicht spiele. Wenn man allerdings einen erschwinglichen Preis für den Argentinier ansetze, würde er, Minguella, für den Verein noch ein hübsches Sümmchen rausholen. Ferlaino war einverstanden unter der Bedingung, dass Maradona nicht zu einem anderen italienischen Klub wechsle.

Im Sommer 1992 wurde Carlos Bilardo als Trainer beim spanischen Klub FC Sevilla verpflichtet. Minguella rief ihn an. »Aber wir haben keinen einzigen Peso«, klagte Bilardo. »Ich schlug vor, Freundschaftsspiele zu veranstalten, um sowohl Napoli als auch den Spieler zu bezahlen«, erzählte mir Minguella.

Bilardo akzeptierte Maradonas Bedingung, nur dreimal pro Woche zu trainieren, und machte auch seinerseits Druck. In der Sommerpause verkündete er: »Wenn Diego nicht kommt, packe ich meine Koffer und gehe zurück nach Buenos Aires.« José Maria del Nido, Anwalt und der zukünftige Präsident von Sevilla, handelte die Vertragsdetails aus und gibt heute zu, dass Maradonas Vertrag einer der kompliziertesten war, mit denen er je zu tun hatte, da Zahlungen an ausländische Unternehmen ein Wirrwarr an juristischen Problemen ergaben.

»Als die Verpflichtung von Maradona in trockenen Tüchern zu sein schien, hielt Bilardo im Hotel eine Mannschaftsansprache«, erzählt Sevillas damaliger Torwart Juan Carlos Unzué. »An der Wand war ein Bild. Der Trainer teilte das Bild in zwei Hälften. Auf die obere Hälfte zeigend, sagte er: ›Hier sind wir, die Mannschaft und das Trainerteam. Und auf der anderen Seite der Linie ist Diego. Er geht seinen eigenen Weg, mit anderen Regeln und Trainingsplänen. Das ist sehr ungewöhnlich, aber ich bin mir sicher, dass er euch nicht enttäuschen wird.«« Die Reaktion fiel so aus wie erwartet. »Wir fühlten uns wie in einem Traum, eine Legende würde kommen«, sagte Monchi, Sevillas Ersatzkeeper. Die drei Kapitäne, Manolo Jiménez, Rafa Paz und Juan Carlos Unzué, waren damit einverstanden, dem Neuzugang die Kapitänsbinde zu überlassen.

Die Verhandlungen hatten sich bereits über 86 Tage hingezogen und waren immer noch nicht abgeschlossen, als Maradona kurz vor seinem 32. Geburtstag nach Sevilla reiste, um eine Entscheidung zu erzwingen. Er bekreuzigte sich, bevor er in Buenos Aires in den Flieger stieg, und nochmals, als er in der Maschine war. Während des langen Flugs machte er kaum ein Auge zu, sondern redete die ganze Nacht mit seiner Entourage, bestehend aus Don Diego, Claudia, seiner Schwiegermutter Ana María Elía, seinem Psychologen Carlos Navedo, seinem Agenten Marcos Franchi und einer Auswahl an spanischen und argentinischen Journalisten. Diego würde zum Fußball zurückkehren, und sein Enthusiasmus war ansteckend, er wollte wieder ein Meisterschaftsteam aufbauen. Nach der Landung verkündete Franchi den wartenden Reportern, dass Maradona gedenke, am folgenden Montag, dem 14. September 1992, ins Training einzusteigen. Und obwohl er vertraglich noch an Napoli gebunden war, tat er genau das.

»Bei seiner Ankunft befanden wir uns alle in einem Hotel außerhalb von Sevilla«, erinnert sich Unzué. »Ich werde das nie vergessen. Alle waren in einem großen Raum versammelt, und er erschien dort einfach. Er hatte lange Haare, ein bisschen Übergewicht, aber ... es war Maradona, verdammt noch mal. Der Trainer wollte ihn aus Argentinien rausholen, ihn wieder in ein Fußballumfeld, eine Kabine, bringen, damit er gesund werden und zu sich selbst finden konnte.«

Die FIFA wollte, dass Maradona bei der WM 1994 in den USA auflief, um das Turnier attraktiver zu machen, und übte Druck auf die zwei Vereine aus, sich endlich zu einigen. Auf der Sitzung der Kommission für den Status von Spielern in Zürich am 22. September wurde die Ablösesumme zwischen den Vereinspräsidenten Ferlaino (für Napoli) und Luis Cuervas (für Sevilla) heiß diskutiert.

Derweil begab sich Maradona auf Haussuche und besichtigte mehrere Villen. Die Stunden vergingen, und immer noch hatte man sich nicht auf eine endgültige Summe geeinigt. Diego, im Schlepptau einen Pulk an internationalen Reportern, ging ins Fitnessstudio, um zu trainieren, und fragte die Reporter regelmäßig: »Habt ihr schon was gehört?« Im privaten Kreis hatte er bereits verlauten lassen, dass er seinen Rücktritt erklären würde, falls er nicht für Sevilla spielen könne. Nach dem Workout speiste er mit seiner Familie im Hotel. Es war fast drei Uhr nachmittags, als Franchi den lang erwarteten Anruf erhielt.

Die Italiener würden insgesamt 750 Millionen Pesetas (7,9 Millionen Dollar) für Maradona bekommen. Sevilla würde eine Anzahlung von 300 Millionen Pesetas leisten, gefolgt von vier zinsfreien Zahlungen alle sechs Monate. Minguella verkaufte die Übertragungsrechte an den Freundschaftsspielen an mehrere Sender, darunter der spanische Sender Telecinco, der AC-Mailand-Eigner Silvio Berlusconi gehörte. Berlusconi wurde so absurderweise zum größten Sponsor des Transfers. Wenn alles gut lief, würde Sevilla Maradona fast für umsonst bekommen.

Über 150 Journalisten aus der ganzen Welt nahmen an Maradonas Vorstellungszeremonie in einem Hotel im Zentrum von Sevilla teil. Maradona schwärmte, dass die Rückkehr auf den Fußballplatz sich anfühle, »wie wieder laufen zu können«. Er dankte Ferlaino dafür, dass dieser ihm seine Freiheit geschenkt habe, und schlug vor, dass sie sich beide irgendwann einmal zusammensetzen sollten, um in Erinnerungen an ihre gemeinsame Zeit zu schwelgen. Ein solches Treffen fand nie statt.

Maradona gab seinen Einstand bei Sevilla in einem Freundschaftsspiel gegen Bayern München. Der Gegner in seinem ersten offiziellen Spiel für Sevilla war zufällig derselbe wie in seinem letzten Spiel für Barcelona: Athletic Bilbao. Er trainierte weiterhin hart, wie schon seit zwei Monaten. Als Fernando Signorini im November ankam, verbesserte er, der Diegos Grenzen am besten kannte, die

Kondition seines Zöglings weiter. »Er trainierte hart, probierte auch andere Dinge aus, die nichts mit Fußball zu tun hatten«, erklärte Signorini in der Sportsendung *Informe Robinson* von Canal Plus. »Ich glaubte zu sehen, dass es für ihn eigentlich zu viel Stress bedeutete, immer noch im Auge des Sturms zu sein.«

Sevilla reiste zu Freundschaftsspielen nach Argentinien (wo sie zweimal gegen Boca spielten), in die Schweiz und in die Türkei, wo 3000 Menschen Maradona am Flughafen erwarteten. Seine neuen Mitspieler entdeckten, welche Anziehungskraft ihr neuer Starspieler besaß. Während sie sich im Hotel ausruhen konnten, musste Maradona sich mit den örtlichen Honoratioren treffen und Ehrungen und Auszeichnungen in Empfang nehmen. Nach Italien konnte Maradona, sehr zu Telecincos Bedauern, allerdings nicht reisen, da er dem Fiskus dort noch vier Millionen Dollar schuldete.

Maradona wohnte eine Zeitlang im Andalusí Park Hotel, bevor er sich in Simón Verde niederließ, einem Vorort von Sevilla. Dort mietete er das Haus des berühmten Stierkämpfers Juan Antonio Ruiz Román, genannt Spartacus. Das große, farbenfrohe Haus war von großzügigen Terrassen umgeben und mit Stiefkampf-Memorabilia dekoriert. »Beeindruckend« nannte Diego es in seiner Autobiographie. »Am dankbarsten war ich für den Frieden, den die Andalusier mir schenkten.«

Viele Menschen lebten zeitweise mit ihm in diesem Haus: seine Frau und seine zwei Töchter, seine Eltern und Schwiegereltern, Franchi. Einige Hausangestellte wohnten ebenfalls auf dem Grundstück – diverse Hausmädchen, ein Chauffeur und ein Haushälter-Ehepaar. Hier feierte Diego auch seinen 32. Geburtstag, zu dem ein Überraschungsgast aus Miami eingeflogen wurde. Die argentinische Sängerin Fabiana Cantilo kündigte ihr Eintreffen an, indem sie im Hof sang. »Es war so, als hätte Diego Madonna gesehen«, erzählt Monchi. »Er musste mehrmals das Hemd wechseln, weil er vom Singen und Tanzen schweißgebadet war.«

Der Journalist Enrique Romero beschrieb die Oase der Ruhe in Sevilla im Mai 1993 für *El Gráfico*: »Er hat sich verändert; er ist ein anderer; Diego Armando Maradona ist nicht wiederzuerkennen. Er ist ausgeglichen. Er trainiert. Er spielt. Er geht nicht oft aus. Er hat

Spaß mit seinen Töchtern. Er kommt immer vor zehn Uhr abends nach Hause. Ein Wunder? ›Sevilla ist magisch‹, sagt Diego. Seine Familie, seine Kollegen, die Einheimischen und sein Psychologe haben dieses Wunder vollbracht.«

»Diego war liebenswert. Er behandelte uns alle gleich, vom Zeugwart bis zu den alteingesessenen Spielern«, berichtet Juan Carlos Unzué. »Er kümmerte sich immer um die Belange seiner Mannschaftskameraden, verteidigte sie vor dem Management und machte sich zum Sprachrohr der Mannschaft. Er wollte nichts für sich selbst herausschlagen, sondern es ging ihm um das Team. In seinen ersten Tagen im Andalusí Park ließ er Mitspieler seinen Sportwagen auf der Autobahn bei Huelva ausprobieren.«

Der Kader war, genau wie die Argentinos Juniors viele Jahre zuvor, begeistert davon, um die ganze Welt reisen zu können. Doch als Maradona herausfand, dass sie für die Freundschaftsspiele nicht bezahlt wurden, verlangte er, dass jeder Spieler pro Partie 10 000 Dollar bekommen solle. »Wir übernachteten oft in der Stadt, in der die Spiele stattfanden«, erzählt Unzué weiter. »Normalerweise schlichen wir uns nachts raus, aber mit Diego ging das nicht. Manchmal versammelten wir 16 uns alle zusammen in einem Zimmer. Er berichtete uns dann von seinen Erfahrungen und sagte: ›Ich teile das mit euch, weil ich euch mag und nicht möchte, dass ihr dieselben Fehler wie ich macht.‹«

Diego Simeone, der damals noch ein Neuling war, blickte voller Bewunderung zu Maradona auf. Auch Davor Šuker, ein weiterer zukünftiger Star aus Kroatien, lernte viel vom Argentinier. »Davor«, sagte Diego zu ihm, »blick nicht nach hinten, sondern renn einfach los, und ich sorge dafür, dass der Ball zu dir kommt.« Stürmer Nacho Conte sagte: »Ich bekam Pässe von ihm und dachte: Was soll ich jetzt tun? Ich hatte gar nicht damit gerechnet, den Ball zu bekommen.« Maradona sparte durch sein Gespür für den Flugweg des Balls und seine Ballkontrolle wertvolle Sekunden ein, die er dringend brauchte, da er nicht mehr so schnell war wie früher.

»Man wusste nie, wohin er schießen würde, bis zur letzten Sekunde nicht«, sagte Torhüter Unzué. Monchi ergänzt: »Er hatte kleine Füße, sein Schuss war präzise, der Ball flatterte und senkte sich schnell ab.«

Maradona ließ Kleidung von Gianni Versace aus Mailand einfliegen und verteilte sie an seine Kollegen. »Wir fuhren nach Barcelona, um gegen Espanyol zu spielen«, erinnert sich Monchi. »Am Morgen machten wir auf Las Ramblas einen Spaziergang. Ich trug eine gefälschte Rolex, die ich auf Ibiza gekauft hatte. ›Warum kaufst du dir keine echte?‹, fragte er mich. ›Ja, weißt du, so viel verdiene ich nicht.‹ Vier Monate später lud er mich zu sich zum Essen ein. Er überreichte mir eine Tüte, und darin war eine Cartier-Uhr!«

Mit Maradona im Kader verkaufte Sevilla 38 000 Dauerkarten – ein Rekord. Mit ihm auf der Titelseite verkauften die nationalen Sportzeitschriften mehr Exemplare als mit jedem anderen Spieler aus Barcelona oder Madrid. »Es war so schwer für Maradona«, sagt Unzué. »Ich weiß noch, dass es im Trainingsbereich 50 Fernsehkameras gab und 3000 Menschen kamen, nur um ihm beim Training zuzusehen. Sevilla war weltweit in allen Nachrichtensendungen.« Dutzende von Kindern warteten am Ende der Trainingssessions auf Autogramme. »Wir mussten immer auf ihn warten, wenn wir zusammen zum Lunch gingen«, erinnert sich Unzué. »In Sevilla sind die Menschen manchmal ein bisschen frech. Einmal berührte jemand seine Haare, was er nicht ausstehen konnte. Er drehte sich um und blaffte: ›Was machst du?‹ Und das war dann der einzige Videoclip, der in den Nachrichten gezeigt wurde.«

»Er verbrachte viel Zeit zu Hause, und wenn ihm die Decke auf den Kopf fiel, fuhr er nach Málaga oder Jerez«, berichtete Mannschaftskamerad Pepe Prieto der Website *A la contra*. »Alle drei Wochen fanden Teamessen statt, und er nahm immer daran teil. Man schloss das Restaurant für uns.« Diego sagte zu Signorini, dass er sich »wie ein Zigeuner« fühle. Als Marginalisierter und Bestrafter identifizierte er sich mit dieser ethnischen Gruppe, die in einigen Vierteln der Stadt lebte. »Man träumt davon, an die Spitze zu kommen, der Beste der Welt zu sein, doch das hat seinen Preis, wie wir an Diego Armando sahen«, erklärte Rafa Paz auf EPSN.com. »Man braucht eine gewaltige mentale Stärke, um damit umzugehen. Wir haben versucht zu helfen, hatten sogar konkrete Strategien, aber er besaß Neigungen, die er nicht kontrollieren konnte.«

Maradona erhielt für seinen empfindlichen Knöchel immer noch Steroide, entzündungshemmende Medikamente und Schmerzmittel. »Meist bekam man eine Spritze, wenn man Schmerzen hatte«, sagt Unzué. »Wir wussten nicht, was sie uns gaben. Er musste immer mit Spritzen spielen. Wir gehören zu einer Generation, der es verboten war zu klagen. Sie beseitigten die Schmerzen, über die Schmerzursachen dachten wir nicht nach.«

Maradona lebte immer wieder für Kurzzeitprojekte in der Liga auf. Vor einem vorweihnachtlichen Heimspiel gegen Real Madrid im Stadion Ramón Sánchez Pizjuán speckte er fünf Kilo ab. Es war sein bestes Spiel im Sevilla-Trikot, ein 2:0-Sieg mit mehreren seiner typischen Zauberpässe. »Das war das erste Spiel, bei dem er sich richtig traute, sich seinen Gegnern entgegenzustellen«, erinnert sich Unzué. »Bis dahin hieß es nur: ›Gib mir den Ball, und ich werde ihn verteilen.‹ Er war nicht in allerbester physischer Verfassung.« Bevor das Jahr 1992 zur Neige ging, deutete Maradona an, dass eine Vertragsverlängerung bei Sevilla möglich sei.

Maradona hatte weiterhin Schmerzen, von den Knien bis zum Rücken. Er verbrachte viel Zeit auf dem Behandlungstisch und fehlte häufig beim Morgentraining. Es kamen nun deutlich weniger Reporter aufs Vereinsgelände. Er musste immer noch regelmäßig nach Argentinien fliegen, um seine Bewährungsauflagen zu erfüllen, und nach einer dieser Reisen – und vor allem nach dem Madrid-Spiel – war von ihm noch weniger zu sehen. Bilardo ist der Meinung, dass der sportliche Niedergang noch früher begann. »Ich glaube, er ›ging‹, als die Schmerzen im unteren Rücken einsetzten«, erzählte er dem Sender ABC Jahre später. »Diese 15, 20 Tage, die er deswegen pausierte. Danach fiel es ihm schwer, wieder reinzukommen.« Das war nach dem Spiel im November gegen Oviedo.

Die Erwartungen wurden insgesamt enttäuscht, eine 2:0-Niederlage gegen Logroñes am 21. Februar 1993 brachte die endgültige Wende zum Schlechten. Maradona und Diego Simeone waren für zwei Freundschaftsspiele, die sich mit dem Logroñes-Spiel überschnitten, in die argentinische Nationalmannschaft berufen worden. Entgegen den Wünschen des Vereins charterte Diego eine Maschine, um nach dem Spiel direkt nach Argentinien fliegen zu können. Er war stinksauer auf Cuervas und del Nido, die ihn nicht gehen lassen wollten. Von diesem Moment an wurden seine Ischiasbeschwerden stärker, und seine Motivation sank. Er nahm zu und nutzte jede erdenkliche Ausrede, um noch mehr Trainingseinheiten und sogar Spiele zu verpassen.

Sevilla eröffnete gegen die zwei Argentinier Disziplinarverfahren. Der Verein hatte Maradona die bis zu diesem Zeitpunkt vertraglich vereinbarten 1 350 000 Dollar bezahlt, überlegte aber nun in Anbetracht der Lage, wie sich die vierte und letzte Rate seines Gehalts, die im Mai fällig war, umgehen ließe.

»Wir Spieler hatten das Gefühl, der Verein habe beschlossen, dass Maradona nicht die Zukunft repräsentierte und seine Zeit hier vorbei war«, sagte Pepe Prieto der Website *A la contra*. »Ökonomisch war seine Verpflichtung ein großer Erfolg. Sie versuchten, nachzuverhandeln und einige Vertragsbedingungen zu ändern. Maradona fühlte, dass der Verein kein Vertrauen mehr in ihn setzte, und das Verhältnis verschlechterte sich.«

In einer Partie gegen Cádiz überhörte Maradona, wie die gegnerische Bank ihn während des Spiels mehrfach beleidigte, und reagierte nach dem Abpfiff. Polizisten mussten ihn zurückhalten, La Liga sperrte ihn für zwei Spiele. Er äußerte gegenüber den Medien, dass es auch außerhalb von Italien eine Mafia gebe.

Der FC Sevilla engagierte eine Detektei, um das Privatleben des Spielers auszuspionieren – als Munition für zukünftige juristische Auseinandersetzungen. Im Verein wusste man von dieser Überwachung. »Sie waren sehr schlampig«, bestätigte Prieto im Interview mit der Website *A la contra*. »Maradona saß in einem Porsche, und der Privatdetektiv jagte ihm auf einem Motorroller hinterher.«

Reporter Manuel Aguilar berichtete damals ausschließlich über Maradona. Er sagte *A la contra*: »Del Nido zeigte Maradona eine Aktentasche, in der eine Videokassette lag. Er sagte dem Spieler, dass dieser auf einen Teil des Geldes, das Sevilla ihm schuldete, verzichten müsse. Falls nicht, würde das Video an die Öffentlichkeit gelangen.« Der Journalist José Manuel García berichtet Ähnliches: »Sevilla erpresste Maradona anhand von Privatdetektiven und Dokumenten, um die anderthalb Millionen Dollar, die sie ihm schuldeten, nicht bezahlen zu müssen.« Dass Maradona Kokain nahm, war ja bereits bekannt. Was hatte der Privatdetektiv also herausgefunden, was den Argentinier dazu bewegen konnte, auf über eine Million Dollar zu verzichten? Was war auf dem Video? Oder war das Ganze ein großer Bluff?

Ende Mai wollte Telecinco die Geschäftsbeziehungen mit Maradona beenden – er hatte mehrfach Vereinbarungen nicht eingehalten, indem er nicht für geplante Sendungen erschien, und damit Sevillas Einnahmen drastisch reduziert.

»Wenn er im Krisenmodus war, zog er sich zurück und flüchtete sich in den Schlaf«, erzählt Pepe Prieto. »Dabei nahm er Beruhigungsmittel. Und wenn er aufwachte, fuhr er zum Training. Eines Tages erwischte ihn die Polizei bei einer Geschwindigkeitsüberschreitung.« Eine Trainingssession im Mai war vom üblichen Trainingsgelände ins Ramón-Sánchez-Pizjuán-Stadion verlegt worden, und Maradona bretterte mit seinem Porsche mit 120 km/h durch die Innenstadt von Sevilla.

Am 23. Mai füllte sich das Madrider Bernabéu-Stadion mit Zuschauern, die alle auf Maradona gespannt waren. Am darauffolgenden Tag verrissen die Zeitungen seine Leistung auf dem Platz als »abwesend« und »kläglich«. Am 12. Juni 1993 endete Maradonas Sevilla-Abenteuer. Im vorletzten Ligaspiel gegen Burgos zu Hause bekam Diego in der Halbzeitpause eine schmerzstillende Spritze, um in der zweiten Halbzeit spielen zu können. Trainer Bilardo wechselte seinen Starspieler jedoch bereits sieben Minuten nach Wiederanpfiff aus. Maradona schleuderte die Kapitänsbinde von sich und schüttelte noch nicht mal die Hand von Pineda, der für ihn reinkam. »Hurensohn!«, schrie Diego in Richtung Bilardo, der seinen Spieler ignorierte. Maradona ging direkt in die Kabine.

Bilardo sah Maradonas Reaktion am Abend im Fernsehen. Er fuhr sofort zu Diegos Haus, doch dieser war nach Madrid geflüchtet.

Am Montag, den 14. Juni, informierte der Vereinsvorstand die Presse, dass sie überlegten, Maradonas Vertrag wegen dessen (von einem Privatdetektiv dokumentierten) Lebensstil zu annullieren.

Der Trainer machte bis zu Maradonas Rückkehr drei Tage später kaum ein Auge zu. In der Kabine entschuldigte Maradona sich bei Pineda. Am Nachmittag stattete ein reumütiger Bilardo dem Fußballer einen weiteren Besuch ab. »Ich habe mir drei große Spritzen setzen lassen, um weiterzumachen, und du hast mich trotzdem ausgewechselt«, warf der Spieler seinem Trainer vor. Was weiter passierte, schildert er in seinem Buch *Yo Soy El Diego* wie folgt: »Dann kam er auf mich zu und versetzte mir einen Stoß. Ich rastete aus. Ich verpasste ihm eine. Bam! Ich warf ihn zu Boden, hielt ihn dort fest. Und als ich ihn wieder schlagen wollte ... ich konnte es nicht.« Claudia und Marcos kamen herbeigerannt, zogen ihn von Bilardo runter. Diego schrie: »Nie wieder für Sevilla, niemals. Ich höre lieber mit dem Fußball auf, als wieder für die zu spielen. Wir gehen.«

Sevilla beendete die Saison als Siebter und verpasste die Teilnahme am europäischen Wettbewerb. Die Vereinsoberen zerrissen Maradonas Vertrag, als Grund gaben sie Vertragsbruch von Seiten des Spielers an. Die unzufriedenen Fans, deren Hoffnungen zerstört waren, stellten sich ebenfalls gegen den Superstar. Die Bilanz: Maradona hatte für Sevilla 30 offizielle Partien bestritten (damals wurden noch keine Daten über die Freundschaftsspiele erhoben) – 26 in der Liga und vier im Copa del Rey – und insgesamt sieben Tore geschossen. Es würde noch ein ganzes Jahr dauern, bis die zwei Parteien sich finanziell einigten. Am Ende zog der Verein seine Schadensforderungen zurück, und der Spieler verzichtete auf seine letzte Gehaltszahlung.

Am Nachmittag des 23. Juni 1993 verließ Diego Armando Maradona Sevilla. Er wog zehn Kilo zu viel und trug eine Sonnenbrille, um die Verzweiflung in seinem Blick zu verbergen. Er wusste, dass er körperlich nicht mehr in der Lage war, auf oberstem Niveau zu spielen.

KAPITEL 33

Newell's Old Boys und der Weg zur WM 1994 in den USA

Jorge *El Indio* Solari, der Trainer der Newell's Old Boys, verlegte das Training plötzlich auf die ungewöhnliche Uhrzeit sechs Uhr abends. Ebenfalls ungewöhnlich war, dass er auf einmal häufig die dreistündige Fahrt von Rosario nach Buenos Aires machte. Die erfahrenen Spieler spürten, dass etwas im Gange war, und verlangten eine Erklärung.

»Jungs, was würdet ihr davon halten, wenn wir Maradona verpflichten würden?«, fragte Solari. Diego, der Sevilla zwei Monate zuvor verlassen hatte, war offen für Angebote. »Maradona bei Newell's? Unmöglich!« Es war Innenverteidiger Mauricio Pochettino, der seine Zweifel lautstark artikulierte.

»Die Möglichkeit besteht durchaus«, entgegnete *El Indio*. »Wie würde euch das gefallen?«

»Wir würden vor Aufregung sterben!«

Ricardo *El Gringo* Giusti, ein ehemaliger Mannschaftskamerad von Diego, der inzwischen als Agent arbeitete, war auf die Idee gekommen, den arbeitslosen Superstar zu verpflichten, als er ein Spiel der Old Boys sah. Sie brauchen einen neuen Antrieb, und ich weiß genau den Richtigen dafür, dachte er sich.

Nach mehreren langen Unterhaltungen mit *El Indio* und *El Gringo* wurde das Angebot für Diego immer verlockender.

Im Bereich der Nationalmannschaft musste Maradona etwa zur selben Zeit mitansehen, wie Argentinien im Stadion El Monumental in Buenos Aires von Kolumbien (für das Größen wie Carlos Valderrama und Faustino Asprilla spielten) mit 5:0 vom Platz gefegt wurde – neun Monate vor der WM 94 in den USA. Im Anschluss an diese Blamage forderten die Fans eine Rückkehr von Diego ins

Nationalteam, und der Anruf von AFA-Präsident Julio Grondona ließ nicht lange auf sich warten.

Argentinien hatte in Maradonas Abwesenheit unter Trainer Alfio Basile und mit den neuen Stars Gabriel Batistuta und Diego Simeone zwar 1991 und 1993 den Copa América gewonnen, aber die Qualifikation für die WM erwies sich als mühsam.

Franchi erinnert sich, dass Grondona zu ihm sagte: »Wir brauchen ihn, er muss zurückkommen, er muss unter allen Umständen fit werden. Wenn er Hilfe braucht ...«

Eine Woche später nahm Diego das Angebot von Newell's an. Sein Gehalt würde um 40 Prozent höher als das des bisherigen Spitzenverdieners dort liegen, und er würde am Erlös aus Freundschaftsspielen prozentual beteiligt werden. Doch er verlangte darüber hinaus auch ein Geschenk für den Rest der Mannschaft, woraufhin die Prämien der anderen Spieler verdoppelt wurden.

Weitere sieben Tage später traf er sich mit Basile in Ezeiza, und danach wurde seine Rückkehr zur Nationalmannschaft verkündet.

Er wollte wieder erleben, was es heißt, in einem vollgepackten Stadion bejubelt zu werden.

El Gringo Giusti gab einigen Spielern im Team Diegos Telefonnummer, darunter auch Mauricio Pochettino. »Soll ich ihn anrufen?«, grübelte dieser. »Und wie rede ich ihn an? Mit Diego, mit Maradona, oder wie?« Schließlich ging es darum, den Typen anzurufen, der seit Jahren als Poster über seinem Bett hing.

»Hallo, Diego, hier ist Mauricio Pochettino. Ich werde dein Teamkollege sein.«

»*Poche*! Wie geht es dir, *Poche*? Ich bin dir sehr dankbar, dass du mich anrufst, ich werde bald zu euch rüberfliegen ...« Pochettino war überwältigt und konnte kaum einen Satz hervorstammeln.

Bei Diegos Ankunft in Rosario wurde der Flughafen von Hunderten von Fans belagert, die einen Blick auf ihn, Claudia, Don Diego, Giannina und Dalma erhaschen wollten. Am 9. September 1993 unterschrieb er bei den Newell's Old Boys, und am Montag, dem 13., wurde er vor 40 000 Menschen offiziell vorgestellt. Sogar die gelegentliche Rosario-Central-Fahne war zu sehen, eine ungewöhnliche Respektbekundung von Fans des Lokalrivalen. Die Spieler sahen sich ungläubig an, fassungslos, dass Maradona nun tatsächlich einer von ihnen war.

Newell's hatte kein eigenes Fitnessstudio, die Spieler nutzten das Studio in der nahegelegenen Avenida Mendoza. Diego trainierte fleißig: Morgens ging er zum Krafttraining, nachmittags trainierte er mit der Mannschaft. Oft sah er sich zusammen mit seinen Teamkollegen Spiele im Fernsehen an. Einmal versuchte sich ein Spieler im Fernsehen an einem überambitionierten Schuss, und Pochettino rief aus: »Seht euch den an! Der denkt wohl, er wäre Maradona.« Mauricio, dem plötzlich bewusst wurde, was er da gerade gesagt hatte, drehte sich besorgt zu Maradona um, der sich vor Lachen ausschüttete.

Sein Newell's-Debüt gab Maradona im Oktober in einem Freundschaftsspiel gegen Club Sport Emelec aus Ecuador. Das Estadio El Coloso war bis auf den letzten Platz gefüllt, und unter den Zuschauern befand sich auch ein ganz besonderer kleiner Junge: der sechsjährige Leo Messi. Maradona schoss ein Tor mit dem rechten Fuß, das so bejubelt wurde, als wäre es sein erstes oder letztes gewesen. Freunde und Fans aller Altersgruppen stürmten den Platz, und die Fotografen rannten hinter ihm her. Viele Spieler baten ihn nach dem Spiel um sein Trikot, doch das war bereits für Fidel Castro reserviert.

Außerhalb der Mannschaft hatte Maradona so gut wie kein Sozialleben. Es beruhigte ihn und ängstigte ihn gleichzeitig, nicht mehr ständig einen Pulk von Menschen um sich herum zu haben. An der Bar des Hotels, wo er untergekommen war, mischte er sich in die Unterhaltungen wildfremder Menschen ein.

Eines Tages auf dem Trainingsgelände ging Carlos Haro, der für den Verein im Bereich Kartenverkauf arbeitete, in die Toilette der Umkleidekabine und fand Maradona in der Dusche vor, mit erhobenem Kopf und geschlossenen Augen. Als dieser Haros Anwesenheit bemerkte, fragte er: »Was ist los, *gordo*?«

»Nichts, Diego. Ähm … Wie fühlt es sich an, so ganz allein, mit niemandem, der dich belästigt?«

»Ich würde liebend gerne für immer in der Dusche leben.«

Dieser ewige Kampf …

Nach zwei Jahren und sieben Monaten wurde Diego für ein WM-Qualifikationsspiel gegen Australien zum ersten Mal wieder in die Nationalmannschaft berufen. Das konnte ein fulminantes Comeback oder der totale Abstieg bedeuten.

Die WM-Organisatoren in den USA hatten mit Hilfe von Prominenten aus Politik und Showbusiness (Bill Clinton, Rod Stewart, Stevie Wonder, Faye Dunaway) versucht, die US-amerikanischen Fußballfans zu elektrisieren, doch eine Umfrage ergab, dass 90 Prozent der Bevölkerung nicht wusste, dass die WM in ihrem Land stattfand. Nur Diego Maradona war in dieser »exotischen« Sportart ein bekannter Name. Die Hauptsponsoren und die FIFA brauchten ihn also dringend.

Mit Maradona an der Spitze schaffte die argentinische Nationalmannschaft die Qualifikation. Beim 1:1-Quali-Spiel in Australien gab es übrigens keine Dopingkontrolle.

Julio Zamora, der unter Basile eigentlich Stammspieler, aber beim Match in Australien nicht mit dabei gewesen war, erhielt von Diego einen Anruf: »Kumpel, ich habe gerade von der AFA einen Scheck für die Qualifikation zur WM bekommen. Die Hälfte davon gehört dir.«

Während des Trainings waren oft von jenseits des Zauns »Diego, Diego«-Rufe von einer älteren Dame zu hören. »Schau mal rüber, was da los ist«, bat Maradona einen der Assistenztrainer. »Sie will mit dir sprechen«, hieß es, also ging er rüber. Ein paar Tage später kam Diego mit einem gefalteten Blatt Papier zum Training. »Gib ihr das und erzählt niemandem davon«, sagte er dem Assistenten. Dieser schaute aus Neugier hinein und fand einen Scheck über 8500 Dollar vor. Das war typisch für Diego.

Obwohl er sich nicht verletzte, erholte er sich zunehmend langsamer von physischen Anstrengungen. Seine Beine taten nicht mehr das, was er wollte, und er hatte seit fünf Spielen kein einziges Tor erzielt. Am 26. Januar 1994 stand er in einem Freundschaftsspiel gegen den brasilianischen Verein Vasco da Gama auf dem Platz und sollte danach ein weiteres Spiel in Mar del Plata bestreiten. Doch dieses Spiel musste abgesagt werden, die Karten wurden zurückerstattet, denn Diego war plötzlich verschwunden.

Kurz darauf ließ der Verein verlauten, dass der Vertrag mit Maradona nach fünf offiziellen Begegnungen und zwei Freundschaftsspielen »im gegenseitigen Einvernehmen« aufgelöst worden war. Maradona behauptete, der Präsident sei schuld, und er habe zurückkommen wollen. Bei den Fans von Newell's entschuldigte er sich dafür, »dass ich eure Erwartungen nicht erfüllt habe«.

Aber es gab noch ein kurzfristiges Ziel: die WM. Diego rief Fernando Signorini an und bat ihn, ihm bei der Vorbereitung auf die WM zu helfen, doch der Fitnesstrainer lehnte ab. »Wozu? Du hast doch bereits in drei Weltmeisterschaften gespielt!« Maradona führte eine ganze Reihe von Gründen an, unter anderem den, dass Dalma und Giannina ihn zum ersten Mal in einer WM sehen würden. »Such dir den Trainingsort aus«, sagte er zu Signorini.

Drei Monate vor der WM wog Maradona 104 Kilo. Mit einem veralteten Kleinflugzeug erreichte er den Ort 40 km von Santa Rosa entfernt in der Provinz La Pampa, an dem Signorini einen Übungsplatz für ihn vorbereitet hatte. »Hier?«, fragte der Fußballer ungläubig.

»Ich habe dich sozusagen nach Fiorito zurückgebracht. Hier werden wir unter uns sein, ohne Ablenkungen, das ist genau das, was du brauchst. Wie heißt es so schön im Text zum Tango ›El Choclo‹: Wenn du wieder an die Spitze kommen willst, musst du ›den dreckigen Sumpf verlassen und den Himmel suchen‹.«

Daniel Cerrini, ein Bodybuilding-Trainer, den Cóppola angeworben hatte, gehörte ebenfalls zum Trainingscamp, in dem täglich drei Sessions stattfanden. Cerrini kümmerte sich um Diegos Ernährung und ließ ihn zahlreiche Pillen schlucken, was Signorini suspekt erschien. »Ich sagte zu ihm: ›Nein, nicht so, Diego. Du erreichst dein Ziel auch mit guten Lebensmitteln, ohne diese seltsamen Dinger.‹« Aber Maradona nahm sie trotzdem.

»Wir blieben zwölf wundervolle Tage dort«, erinnert sich Signorini. »Das war vielleicht die schönste Zeit meines Lebens. Er legte sich ins Zeug und hörte aus eigenem Antrieb mit dem Koksen auf. Er ließ das Kokain in Buenos Aires, brachte nicht mal ein halbes Milligramm von dem Zeug mit.«

Eines Nachts hörte Signorini ein Geräusch und stand auf, um die Ursache zu erforschen. Diego stand im Türrahmen und starrte ihn an. Mit dem Kopf deutete er an, dass Signorini ihm folgen solle. »Ich verstand, dass er an Entzugserscheinungen litt. Wir rannten eine Bahn nach der anderen rauf und runter. ›Ahhhh, jetzt fühle ich mich besser!‹ Es war vorbei. Ich werde emotional, wenn ich daran zurückdenke, weil nur Diego und ich wissen, wie sehr er kämpfte, um dieses Scheißkokain zu besiegen und Dalma und Giannina glücklich zu machen. Es war ein Zeichen der Liebe für sie und den Fußball. Die WM war in gewisser Weise nur ein Zufall.«

Nach diesen intensiven Tagen, in die auch ein Freundschaftsspiel gegen Marokko fiel, zog die Gruppe in ein anderes Quartier in Norberto de la Riestra in der Provinz Buenos Aires um und stieß anschließend zur Nationalmannschaft, zu der solche Ausnahmespieler wie Redondo, Ruggeri, Simeone, Batistuta und Ortega gehörten. Stationen auf der nun folgenden ausgedehnten, aber schlecht organisierten Tour waren Chile, Ecuador, Israel und Kroatien, doch die Resultate waren unbefriedigend und ließen Zweifel an der Qualität der Argentinier aufkommen. Zweimal drohte Maradona, nach Buenos Aires zurückzufliegen.

Caniggia schilderte die Situation auf lanzalaboladeportes.com: »Es fing alles mit einem Flug nach New York an. Wir waren die Weltmeister von 1986 und Vizemeister von 1990, und trotzdem steckten sie uns vor der WM 1994 auf einem 13-stündigen Flug in die Economy Class. Zwei von uns saßen vorne, zwei weitere hinten, alle neben Menschen, die wir nicht kannten. Maradona saß zwischen drei Touristen. Ich saß in einer Dreierreihe, wo der mittlere Platz von einem Fremden belegt war. Batistuta saß auch neben zwei Fremden.« Die 22 Spieler saßen verstreut zwischen den 250 Flugpassagieren. Diego fing an, sich zu ärgern. Basile ging zu ihm rüber und sagte: »In der Business Class ist ein Platz frei«, doch Maradona antwortete: »Ich bleibe hier bei meinen Mannschaftskameraden.«

Nachdem sie endlich in New York angekommen waren, fand das Team keinen geeigneten Trainingsplatz. Die Spieler wurden vom Trainer-Team angewiesen, mit dem Taxi zu einem Park zu fahren, der sich als Brache mit verdorrtem Gras, Glasscherben und streunenden Hunden erwies. Maradona hatte genug. Er wollte nicht bleiben und äußerte dies auch klar, obwohl das wohl eher eine leere Drohung war, um eine Reaktion der AFA zu provozieren.

Eines Nachts gegen zwei Uhr überkam ihn eine andere Art von Unbehagen. Er tigerte durch die Hotellobby, das Hotel erschien ihm wie ein Labyrinth, und er schrie, dass er nach Hause fliegen und mit Claudia sprechen wolle. Carlos Losaura, ein auf den Boxsport spezialisierter Sportjournalist, der für *La Nación* über die WM berichtete, rief ihn zu sich rüber an die Bar: »Komm her, setz dich und hör auf rumzulaufen. Unterhalten wir uns übers Boxen.« Diego gehorchte. »Ja, du hast recht, lass uns übers Boxen sprechen.« Er beruhigte sich.

Um sicherzugehen, dass Maradona keine Drogen nahm, hatte das medizinische Betreuerteam der argentinischen Nationalmannschaft Grondona vorgeschlagen, eine unangekündigte Dopingkontrolle für den ganzen Kader, nicht nur Diego, durchzuführen und diese als FIFA-Auflage auszugeben. Doch der Präsident meinte, das sei eine unnötige Zumutung für die Spieler, und lehnte den Vorschlag ab.

Trotz der Irritationen und Frustrationen fühlte sich Diego insgesamt wohl. Er hatte mit Signorini das angestrebte Fitnesslevel erreicht und trainierte am letzten Tag des Aufenthalts mit Dalma und Giannina im Fitnessstudio. Er wog nun 74,5 Kilo, sogar noch weniger als 1986.

»Wir waren so glücklich, Fernando war so glücklich«, erinnerte sich Maradona. »Das wusste ich, obwohl wir unsere Gefühle nicht in Worte fassten. Wir sahen uns ständig an und dachten: Wir haben das erreicht, was wir erreichen wollten. Jetzt fängt die WM für uns an.«

KAPITEL 34

Der Dopingfall der WM 1994

Auf dem Weg zum Foxboro Stadium (das inzwischen abgerissen wurde, um einem riesigen Einkaufszentrum Platz zu machen) brachten die griechischen und argentinischen Fans etwas Leben in eine Atmosphäre, die eher zu einer IT-Konferenz als zu einer Fußball-WM passte. Die FIFA warb in den Medien mit Diegos Konterfei, um Besucher aus dem Staat Massachusetts anzulocken, doch in der unmittelbaren Umgebung des Stadions waren weder Werbetafeln noch Fotos von ihm zu sehen.

Maradona hatte gehörig abgespeckt und glitt wie in alten Tagen über den Rasen. In Argentiniens Eröffnungsspiel gegen Griechenland am Dienstag, dem 21. Juni, schossen er und Hattrick-Held Gabriel Batistuta die Mannschaft zu einem komfortablen 4:0-Sieg. Diegos Tor ging ein wunderschönes Zusammenspiel zwischen Abel Balbo, Fernando Redondo und Claudio Caniggia voraus. Maradona krönte den Spielzug, indem er den Ball mit der Genauigkeit eines Dartspielers, der das Bullseye von der 2,37-Meter-Linie trifft, in die obere linke Ecke donnerte.

Er war zurück, obwohl dies sein letztes internationales Tor sein würde. Seinen geradezu orgiastischen Torjubel zeigte er demonstrativ vor einer TV-Kamera, ein Bild, das bis zum heutigen Tag gern als ekstatischer Ausdruck der Rache missinterpretiert wird.

Der nächste Gegner im Spiel am darauffolgenden Samstag, wieder in Foxboro, hieß Nigeria. Die Super Eagles galten als starkes Team. Wie konnten sie geschlagen werden?

Die Spieler beider Teams warteten im Tunnel eine gefühlte Ewigkeit auf den Schiedsrichter. Plötzlich fing Diego an, seine Gegner zu umarmen. »Bruder! Mein Freund!« Es folgte eine Umarmung nach der anderen, Maradona begrüßte die gegnerischen Spieler sogar mit Namen. Die Nigerianer waren sprachlos, würde man ein solch freundliches Verhalten doch eher nach einem Spiel erwarten als vor einem WM-Duell, bei dem es um das Erreichen der nächsten Runde ging. Doch Diego arbeitete als ausgekochtes Schlitzohr mit allen Mitteln. Als die Partie endlich angepfiffen wurde, berührten die Nigerianer ihn kaum und stellten bei Standardsituationen auch keine Mauer auf.

Die Afrikaner schossen das erste Tor, was Diego anzuspornen schien; er jagte jedem Ball hinterher. Caniggia drehte das Spiel dann mit zwei Toren, wovon das zweite nach einem Freistoß von Maradona fiel, der den Gegner kalt erwischte. Damit hatte diese argentinische Mannschaft mit Simeone, Redondo, Ruggeri, Balbo und Batistuta die nächste Runde erreicht und galt nun sogar als Mitfavorit für den Titelgewinn.

Diego verließ das Spielfeld augenscheinlich Hand in Hand mit einer blonden Krankenschwester – ein unauslöschliches Bild. Was hatte sie da zu suchen? Doch Sue Carpenter war keine Krankenschwester, sondern eine von vier FIFA-Mitarbeitern, die die Spieler zu ihren Urin-Dopingkontrollen führen sollten. Sie hatte an diesem Tag beschlossen, Weiß zu tragen. Aber musste sie vor den Augen der ganzen Welt auf Maradona zugehen? Und ihn an die Hand nehmen?

Minuten vor Abpfiff stand Carpenter im Tunnel und unterhielt sich mit Dr. Roberto Peidró, der zum medizinischen Team der Argentinier gehörte. Carpenter erwähnte, dass ihr Ex-Mann Argentinier sei. Als klar war, dass Maradona und Verteidiger Sergio Vázquez getestet werden sollten, schlug Peidró vor: »Geh und hol Maradona. Dann wird dein Ex-Mann dich im Fernsehen erkennen.«

Auf dem Feld trat ein chilenisches Mitglied der FIFA-Pressestelle zwischen Maradona und Carpenter. »Was ist mit dieser Frau?«, wollte Diego wissen. »Sie ist da, um dich zur Dopingkontrolle zu eskortieren«, antwortete der Chilene. »Okay, aber ich will zuerst Claudia und meine Leute begrüßen.« Seine Frau frech angrinsend, rief Maradona in Claudias Richtung: »Ich werde dieser Krankenschwester selber etwas spritzen.« Claudia lachte sich darüber kaputt.

In der VIP-Box des argentinischen Verbands bekreuzigte Julio Grondona sich und murmelte: »Gott steh uns bei.«

Am frühen Nachmittag des Tages vor dem letzten Gruppenspiel gegen Bulgarien flogen die Argentinier von ihrem Mannschaftsquartier in Boston nach Dallas, wo sie noch am selben Abend im Cotton Bowl, wo die Partie ausgetragen wurde, trainieren sollten. Aus technischen Gründen machte American Airlines zwischen Boston und Dallas eine Zwischenlandung in Baltimore. Trainer *Coco* Basile verließ die Maschine in dem wohligen Gefühl, dass alles nach Plan laufe. Doch dann kam ein Funktionär auf ihn zu und flüsterte, sodass niemand anderes es mitbekam: »Coco, eine Probe war positiv. Wir wissen noch nicht, wer es ist.«

»Wovon redest du?« Basile traute seinen Ohren nicht und rechnete mit dem Schlimmsten.

Während des Flugs von Baltimore nach Dallas bat Basile einen Assistenten, Sergio Vázquez zu ihm herüberzuholen. »Hast du irgendwas genommen? Hast du irgendwas getan, was du nicht hättest tun sollen?«, fragte Basile ihn.

»Nein, nichts.«

Diego wusste sofort, dass etwas nicht in Ordnung war, doch Basile beschloss, ihn nicht während des Flugs auf die Sache anzusprechen.

Am Flughafen von Dallas wartete schon eine Gruppe von Reportern auf sie, und auch vor dem Hoteleingang hatten sich Medienvertreter versammelt, um eine Reaktion auf die neuesten Ereignisse zu bekommen.

In Diegos Urinprobe war Pseudoephedrin gefunden worden, ein Mittel, das von der FIFA auf die Liste der verbotenen Substanzen gesetzt worden war, in den USA aber verschreibungsfrei verkauft wurde. Daniel Cerrini, der nicht das Vertrauen von Diegos engstem Kreis besaß, hatte den Fehler gemacht, Ripped Fuel [ein Nahrungsergänzungsmittel zum Abnehmen] zu kaufen, das es in zwei Versionen gab: einmal mit und einmal ohne Pseudoephedrin. Entweder hatte Cerrini nicht gesehen, dass auf dem Etikett sechs Prozent Ephedrin angegeben waren, oder er dachte, dass diese geringe Menge unerheblich wäre.

FIFA-Generalsekretär Sepp Blatter hatte Grondona informiert, der bereits in Dallas eingetroffen war. »Lass es uns zusammen machen«, schlug der AFA-Boss dem argentinischen Nationaltrainer im Hotel vor. Basile und Grondona gingen also gemeinsam zu Diego, und es flossen Tränen. Kurz danach machte Basile sich zum Training im Cotton Bowl auf, wo bereits weitere Reporter auf ihn warteten.

Grondona sagte Basile, dass es noch einen Hoffnungsschimmer gäbe. Bei der WM in Mexiko war der Spanier Ramón Calderé positiv auf Pseudoephedrin getestet und nur für ein Spiel gesperrt worden.

»Wir werden uns auf dieselbe Verteidigungsstrategie stützen«, sagte Grondona. »Wir treffen uns morgen um 8.30 Uhr am Hotel der FIFA.« In dieser Nacht – der schlimmsten seines Lebens, wie er später sagte – machte Basile kein Auge zu.

Während die Mannschaft trainierte, klopfte jemand an die Tür zu Fernando Signorinis Zimmer. Es war Cerrini. »Hast du es schon gehört?«, fragte er.

Fernando antwortete wütend: »Was machst du hier? Steig in ein Flugzeug und flieg bis ans Ende der Welt, weil Don Diego auf dem Weg hierher ist. Wenn er dich hier vorfindet, wird er dich erschießen!«

Am nächsten Morgen beim Frühstück erhielt Basile einen Anruf, den er an der Rezeption entgegennahm. Es war Grondona. »Wir sind fast fertig und machen uns gleich auf zu unserem Treffen«, sagte Basile. »Das ist nicht mehr nötig«, erwiderte der AFA-Präsident.

FIFA-Präsident João Havelange hatte Grondona mitgeteilt, dass Maradona gesperrt, der Sieg über Nigeria annulliert und Argentinien nach Hause geschickt und auch für die nächste WM gesperrt sein würde. »Nein, ich glaube nicht, dass wir das so machen«, hatte Grondona daraufhin gesagt und dem FIFA-Boss gegenüber dann einige Themen angeschnitten, von denen niemand wollte, dass sie an die Öffentlichkeit gelangten. Hatte zum Beispiel Havelange nicht Juan Antonio Samaranch, dem Präsidenten des Internationalen Olympischen Komitees (IOC), Geld gegeben, um nach der Olympiade in Barcelona einige Finanzierungslücken zu stopfen? Wo war dieses Geld abgeblieben? War es vielleicht in den Taschen von Ricardo Teixeira, dem Chef des brasilianischen Fußballverbands, gelandet?

Nach einer unangenehmen Diskussion einigten sie sich auf einen Aktionsplan, bei dem die AFA einer harten Bestrafung entging,

Havelange aber trotzdem als jemand dastand, der Dopingfälle konsequent ahndete.

Maradona musste von der AFA aus dem WM-Kader entfernt werden, seine Strafe würde nach dem Ende des Turniers festgelegt werden.

Grondona informierte Basile telefonisch: »Du musst nicht herkommen. Diego ist von der WM ausgeschlossen. Er muss das Hotel räumen und darf nicht mehr zusammen mit unserer Gruppe gesehen werden.« Basile wäre am liebsten gestorben, so beschrieb er seine damaligen Gefühle Jahre später.

Signorini war benachrichtigt worden und ging in Diegos Zimmer. »Es war alles verdunkelt, und ich musste ihn schütteln ... ›Los, Diego, auf mit dir. Sie haben uns vernichtet.‹ Ich sagte ›uns‹, um zu vermitteln, dass es nicht nur ihm passiert war, sondern uns allen; ein Zeichen der Solidarität. Er tat so, als würde er schlafen, so als könne er den Moment einfach vorbeiziehen lassen. ›Was ist passiert?‹ – ›Es ist vorbei, Diego.‹ Ich ging raus und ließ ihn allein. Ich schloss die Tür hinter mir und hörte nur einen dumpfen Schlag, gefolgt von einem Aufschrei voller Wut und Schmerz.«

Wenige Minuten später betraten Diegos Agent Franchi sowie Ruggeri und Signorini den Raum, um ihn zu beruhigen. »Es ist vorbei, *Diegucho* ... Das war's, aus und vorbei, geh nach Hause, sie haben uns umgebracht ...«

In einer Pressekonferenz teilte die FIFA weitere Einzelheiten zur Sperre mit und vertagte die Entscheidung über eine weitere Strafe für Maradona auf die Zeit nach der WM. Havelange sagte: »Die Vereinigten Staaten geben 50 Milliarden Dollar jährlich im Kampf gegen Drogen aus. Glauben Sie, wir könnten einen solchen Fall einfach ignorieren?«

Die völlig demoralisierte argentinische Nationalmannschaft verlor im Cotton Bowl gegen Bulgarien mit 2:0. In der nächsten Runde wurden sie von Rumänien aus dem Turnier gekegelt.

Im August verkündete die FIFA Maradonas Strafe: eine 15-monatige nationale und internationale Sperre sowie eine Geldstrafe von 20 000 Schweizer Franken. Daniel Cerrini erhielt dieselbe Strafe. Die AFA konnte keine Berufung einlegen.

Heutzutage würde das Ephedrin, das Diego einnahm, nicht als Doping gelten. Man fragt sich immer noch, warum es in der Qualifikation gegen Australien keine Dopingtests gab. Vielleicht wollte die FIFA unbedingt, dass Maradona bei der WM spielte. Zumindest Grondona tat sein Möglichstes, um dies zu gewährleisten.

Da die Argentinier die Einzigen waren, bei denen ein Spieler gegen die Regularien verstieß, hätte man erwarten können, dass auch die obersten AFA-Funktionäre von der FIFA bestraft werden. Doch Grondona blieb weiterhin FIFA-Vizepräsident sowie Vorsitzender des Finanzkomitees, und das, obwohl er kein Wort Englisch sprach.

Maradona absolvierte in seiner Karriere insgesamt 91 Länderspiele und erzielte dabei 34 Tore. Das Spiel gegen Nigeria bei der WM 1994 war sein letzter Einsatz als Spieler im internationalen Fußball, aber der darauffolgende Disput mit der FIFA sollte nicht der letzte gewesen sein. Der Vogel war nicht nur bestraft worden, sondern man hatte ihm die Flügel abgeschnitten. »Es ist sehr traurig«, erklärte Signorini, »weil er sich so enorm angestrengt hatte. Er ließ das Kokain in Buenos Aires und riskierte damit Entzugserscheinungen, die schrecklich sind. Nach der WM gab es keine reelle Chance mehr, jemals wieder an die Spitze zu kommen.«

Maradona schilderte seine Sicht der Ereignisse kurz nach seinem Rausschmiss in einem Interview mit dem argentinischen Journalisten Adrián Paenza, das Paenza im Podcast *!Hola!? Qué tal, cómo estás?* wie folgt beschreibt:

Als die Dopinggeschichte an die Öffentlichkeit kam, vereinbarte ich über seinen Agenten Marcos Franchi ein Interview mit Diego, weil das ganze Land darauf wartete. Es war eine sehr delikate Situation. Vor dem Hotel in Dallas warteten gefühlt 5000 Reporter. Als die Tür sich öffnete, sah ich Diego in einer dunklen Ecke in Buddha-Position in einem großen Sessel sitzen. Sobald er mich sah, stand er auf, kam auf mich zu, umarmte mich und fing auf eine Art an zu weinen, die mir auch die Tränen in die Augen trieb, so als wäre jemandes Sohn gestorben. Er sagte: »Ich habe keine Drogen genommen, ich habe keine Drogen genommen.« Dann kam Grondona rein und fragte: »Was machen Sie hier?« Diego antwortete: »Was schert es dich? Adrián ist mein Freund, und er bleibt hier. Sie haben mich ja schon rausgeworfen; ich gehöre nicht länger zur Nationalmannschaft.« Marcos Franchi bat mich, auf sein Zimmer zu gehen und dort zu warten. Kurz darauf kam auch Diego und wir machten das Interview.

MARADONA: Es tut wirklich weh, weil sie mir die Beine abgeschnitten haben. Sie haben mich abgesägt, als ich die Chance hatte, endlich wiederzukommen nach allem, was passiert war. Als ich damals Drogen genommen hatte, sagte ich zum Richter: ›Ja, ich habe Drogen genommen. Wie lautet die Strafe?‹ Und ich akzeptierte sie. Es war sehr hart, zwei Jahre lang alle zwei oder drei Monate hinzugehen oder wann immer der Richter mich für eine Rhinoskopie oder eine Urinprobe herbestellte, aber das hier kapiere ich nicht ... ich dachte, das Justizsystem wäre gut, aber bei mir haben sie einen Fehler gemacht.

PAENZA: Warum wurde dann diese Substanz in deiner Probe gefunden, Diego?

MARADONA: Das weiß ich nicht. Vielleicht weil wir etwas übersehen haben. Aber ich schwöre beim Leben meiner Töchter, dass ich keine Drogen genommen habe. Sie haben mich endgültig aus dem Fußballsport rausgeworfen, denn ich glaube nicht, dass es noch ein Comeback geben wird. Ich habe meiner Frau und meinen Töchtern versprochen, dass ich nicht weinen werde, aber ...

KAPITEL 35

Auf dem Weg nach unten: Ein Wiedersehen mit den Boca Juniors

Maradonas 15-monatige Sperre erstreckte sich bis September 1995. Er durfte nicht spielen, aber er konnte als Trainer arbeiten. Der ehemalige argentinische Nationaltorhüter Sergio Goycochea wechselte zu Deportivo Mandiyú in Corrientes und half, Maradona zu überreden, dort einen Job als Trainer anzunehmen. Wieder einmal schwamm Diego stromaufwärts zurück zu seinen Wurzeln; er arbeitete nun für einen Verein ganz in der Nähe des Ortes, an dem seine Großmutter und sein Vater sich angesiedelt hatten, nachdem sie Santiago del Estero verließen. Er kannte die Gegend gut, war während seiner Erholungs- und Fluchtphasen oft mit Don Diego dort zum Angeln gegangen.

Carlos Fren, der zusammen mit Maradona in der ersten Mannschaft der Argentinos Juniors gespielt hatte, wurde eine Stelle als Assistenztrainer angeboten. »Der Job ist perfekt, er wird dich beschäftigen, also wenn du willst, dann machen wir das«, sagte Fren. Die zwei leiteten gemeinsam Trainingseinheiten und überlegten zusammen, wie Diegos Fußball-Know-how den drohenden Abstieg in die zweite Liga abwenden könne. Ihre Diskussionen fanden beim Grillen statt und auf Angelexkursionen, die Tiefkühltruhe des Vereins war bald voll mit Fisch. Maradona blieb am Tag vor einem Spiel im Mannschaftshotel, während Fren dem Team den letzten Feinschliff verpasste. An Spieltagen sah man dann Diegos sonnige Seite; der neue Trainer strahlte positive Energie und Motivation aus.

Maradonas Debüt als Trainer fand am 9. Oktober 1994 in einem Heimspiel gegen Rosario Central statt und endete mit einer 2:1-Niederlage. Er musste allerdings von der Tribüne aus zuschauen, da er noch auf seine Trainerlizenz und die Freigabe von der AFA wartete. Ein paar Spiele später gelang Deportivo Mandiyú auswärts ein 2:2-Unentschieden gegen River Plate. Nach einer Heimniederlage gegen Independiente nannte Maradona Schiedsrichter Ángel Sánchez einen Mafioso und ließ eine Schimpfkanonade gegen Independientes Präsidenten los.

Wenn sein Team in Buenos Aires spielte, fuhr Maradona schon einen Tag vor dem Spiel hin, um sich in der Hauptstadt zu amüsieren.

In seinen ersten zwei Monaten als Trainer brachte Maradona es in zwölf Spielen auf einen Sieg und sechs Unentschieden. Angesichts dieser bescheidenen Bilanz stürmte Mandiyú-Präsident Roberto Cruz in die Kabine, um seinen neuen Trainer zu beschimpfen und taktische Ratschläge zu verteilen. »Ich bin hier der Chef«, erwiderte Maradona, nur um anschließend seine Kündigung einzureichen.

Obwohl Maradona Mandiyú am Rande des Abstiegs verlassen hatte, klopfte Juan Destéfano, Präsident des historischen und populären Buenos-Aires-Vereins Racing Club, bei ihm an. Der inzwischen 34-jährige Maradona bat Cóppola, wieder in seine Dienste zu treten und den Deal mit Racing zu besiegeln. Anfang 1995 wurde er der neue Cheftrainer des Klubs. Parallel dazu verlieh ihm, der als Spieler ja gesperrt war, die Zeitschrift *France Football* den Ballon d'Or für seine gesamte Karriere.

Fren wurde auch bei Racing Maradonas Nummer zwei, obwohl das für ihn eine erhebliche Gehaltseinbuße bedeutete. Mandiyú zahlte ihm 15 000 US-Dollar monatlich, während Racing Club »zehn Pesos« bot. »Es war einer dieser seltsamen Deals, die Maradona so machte, aber ich wollte einfach arbeiten«, erklärte Fren. Doch schon bald zogen Wolken am Himmel auf. Diego fing an, Trainingssessions zu verpassen, und dann auch Spiele. »Diegos Tagesroutine war schon vor dem Ende seiner Spielerlaufbahn völlig zerstört, und jetzt, ohne feste Trainingszeiten und echte Motivation – außer der, ein Publikum zu haben –, wurde Alkohol zu seiner Krücke.«

Vor einem Spiel gegen San Lorenzo musste Fren Maradona mitteilen, dass er für alle »peinlich« sei. Auslöser war, dass sie ausgemacht hatten, in Anzügen beim Spiel zu erscheinen. Doch Maradona hatte sich mit Claudia gestritten und war nicht passend angezogen. Daraufhin schlossen sie sich in der Kabine ein, und Fren warf Maradona ein paar Wahrheiten an den Kopf. Diego fing an zu weinen und sagte, dass er es nicht unter Kontrolle habe. Sie verloren das Spiel mit 2:1, und Maradona verschwand. Fren sah ihn erst zwei, drei Wochen später wieder.

Der Ausflug zu Racing Club dauerte genau vier Monate und brachte in elf Partien zwei Siege. Schon ein paar Tage nach dem Ende seiner Tätigkeit dort trafen sich Maradona und Fren mit den Vorständen seines alten Klubs Boca Juniors, bei dem Maradona liebend gerne als Trainer arbeiten wollte. Nach dem Treffen hielten sie an der Flusspromenade an. Maradona lehnte sich ans Geländer und blickte auf den Río de la Plata. Herausfordernd sagte er zu Fren: »Da du ja offensichtlich alles weißt: Sag, was stimmt nicht mit mir?«

»Das liegt doch auf der Hand«, antwortete Fren. »Eine Hälfte deines Gehirns will nach Hause zu Claudia und den Mädchen gehen, und die andere Hälfte will das tun, was du letztlich immer tust.« Maradona gab Fren unter Tränen recht und amüsierte sich anschließend bis in die frühen Morgenstunden in einem Nachtclub.

Am 27. Dezember, Frens Geburtstag, rief Diego ihn um drei Uhr morgens von Cóppolas Haus aus an. Er war depressiv. Seine Familie war nach Punta del Este gefahren, er war seit drei Tagen allein. Fren fuhr zu ihm rüber und fand ihn in Tränen aufgelöst vor, weil er sich mit Claudia gestritten hatte. Der Assistent fuhr ihn nach Punta del Este zu Claudia. Ein paar Tage später rief Maradona Fren an und dankte ihm dafür, dass er Silvester mit seinen Töchtern hatte verbringen dürfen.

Argentinien wurde von 1989 bis 1999 von Präsident Carlos Saúl Menem und der peronistischen Partei Partido Justicialista regiert, die einen globalen Hedonismus propagierten. Menem befürwortete die Privatisierung von staatlichen Betrieben und unterstützte die unlogische Gleichsetzung von US-Dollar und argentinischem Peso. Man sah ihn in seinem Sportwagen herumfahren und mit diversen Prominenten, darunter die Rolling Stones, Bill Clinton und Maradona, für Fotos posieren. Diese Verschwendungssucht sollte das Land tief verschulden und schließlich ins soziale Chaos führen. Doch vor der absehbaren schweren Krise von 2001 erlebte der argentinische Fußball eine goldene Ära, in der in allen großen argentinischen

Vereinen internationale Superstars spielten. Einige kamen aus Übersee zurück, und die jüngeren südamerikanischen Stars entfalteten ihr Talent zu Hause, ohne dass europäische Spitzenklubs versucht hätten, sie für astronomische Summen abzuwerben. River Plate, San Lorenzo, Vélez Sarsfield, Racing Club und Independiente kämpften alle mit Boca um den begehrten Meisterschaftstitel.

1995 trafen sich Pelé und Diego in Brasilien. Der Brasilianer hatte die Idee, den Argentinier für Pelés altes Team Santos zu verpflichten, sobald die FIFA-Sperre aufgehoben war. Der Presse wurde – vielleicht aus PR-Gründen – gesteckt, dass man sich handelseinig war, doch es erwies sich mal wieder als ein halbausgegorenes Projekt, aus dem nichts wurde, wie so viele, die mit Diego zu tun hatten.

Boca war der Verein, zu dem es Maradona am meisten hinzog, und zwar nicht nur als Spieler, sondern auch als Trainer. Zumindest einer dieser Wünsche ging in Erfüllung. Der Verein behielt zwar Silvio Marzolini als Trainer, doch die Sehnsucht der argentinischen Liga nach Glamour verlangte die Rückkehr ihres Fußballgenies. Mehrere Geschäftsleute legten zusammen, um sein Gehalt zu bezahlen, und so konnte Maradona tatsächlich wieder als Spieler in den Boca-Farben auflaufen.

Erneut war es Daniel Cerrini, der ihm half, in Punta del Este in Form zu kommen. Sein zweites Boca-Debüt gab Diego im September 1995 in einem Freundschaftsspiel gegen eine südkoreanische Mannschaft in Seoul – ganze 14 Jahre nach seinem ersten Auftritt für die Juniors. Boca gewann 2:1, und das erste Boca-Tor fiel nach einer Ecke von Maradona (einer seiner typischen Eckbälle mit starker Innenkurve), bevor er ausgewechselt wurde.

Über 300 Reporter aus aller Welt waren gekommen, um diesem Schauspiel beizuwohnen. In der Zeit wurde zunehmend mehr Fußball übertragen, entsprechend stürzte sich die Presse auf Diegos Rückkehr auf den grünen Rasen, wo er neben Legenden wie Carlos Navarro Montoya, Cristian *Kily* González und Claudio Caniggia spielte und Boca als Titelanwärter positionierte.

Doch das Training ödete Maradona an. Abseits des grünen Rasens befriedigte er seinen Hang, sich mit Autoritäten anzulegen, indem er

Eric Cantona half, die Spielergewerkschaft World Footballers' Union ins Leben zu rufen (die nur zwei Jahre Bestand hatte).

An einem Punkt in der Saison hatte Boca in der Tabelle sechs Punkte Vorsprung vor Hauptkonkurrent Vélez, doch gegen Saisonende kollabierten die »Xeneize«, wie sie sich selbst nennen, und landeten auf einem abgeschlagenen fünften Platz. »Ich hatte überlegt, auf dem Platz den Spielertrainer zu geben«, schrieb Maradona in seiner Autobiographie. »Ich dachte ja nicht, dass Marzolini wütend werden würde.« Maradona drohte damit, Boca den Rücken zu kehren. Der Verein reagierte: Nach der Saison wurde Trainer Marzolini entlassen, und Mauricio Macri (späterer Präsident Argentiniens) wurde zum neuen Vorsitzenden gewählt.

Die kontinuierlich expandierende Fußballindustrie befasste sich besorgt mit der Möglichkeit, dass ihr Goldesel in den Ruhestand treten könne. Die AFA zwang die argentinische Fußballlegende Juan Funes, aufgrund seiner Herzerkrankung zurückzutreten. Maradona hingegen durfte weiterspielen, obwohl er aufgrund seiner fast 15-jährigen Drogensucht ähnlich gravierende gesundheitliche Probleme hatte. Einige Medienvertreter forderten allen Ernstes, dass Kokain von der Liste der verbotenen Substanzen gestrichen werde, da es keine Leistungssteigerung auf dem Platz bewirke.

Boca entschied sich für Carlos Bilardo als neuen Trainer für die Saison 1996/97, was Maradona erneut dazu bewegte, Rücktrittsdrohungen auszustoßen. Zu gegenwärtig waren ihm noch die Auseinandersetzungen mit Bilardo in Sevilla. Doch schließlich fand er sich damit ab, machte wieder einmal einen Entzug und fing im März 1996 an, sich in Form zu bringen. Als Verstärkung für die Mannschaft wurde außerdem der großartige Mittelfeldspieler Sebastian Verón verpflichtet.

Maradona lenkte das Spielgeschehen mit seinen präzisen Pässen, lief aber wenig und spielte nicht immer die vollen 90 Minuten. Er verschoss im April einen Elfmeter gegen Newell's Old Boys und erlitt danach einen Riss des linken Wadenmuskels, durch den er einen Monat ausfiel. Mit Boca ging es derweil stetig bergab. In einem Spiel gegen Vélez im Juni schickte Schiedsrichter Javier Castrilli einen Maradona, der völlig außer sich war, vom Platz. Diego schrie Castrilli an: »Sprich mit mir. Oder bist du tot?« In seinem Buch *Yo Soy El Diego* schreibt er dazu: »Ich hätte ihm am liebsten den Kiefer gebrochen.«

Castrilli schildert das Geschehen wie folgt:

> Auslöser des Ganzen war ein Tor von Vélez. Boca lag mit 1:0 vorne, als es zu dem Zwischenfall kam. Mein Assistent sagt mir, dass Bocas Torwart Carlos Navarro Montoya den Ball selbst über die Torlinie bugsiert habe. Ich muss das Tor geben, und ab diesem Moment verlor Boca den Faden [sie verloren das Spiel schließlich mit 5:1], weil sie nicht mehr gegen Vélez spielten, sondern nur noch gegen die Entscheidungen des Schiedsrichters angingen. Die Spieler waren wütend, völlig außer Rand und Band und behandelten mich, als wäre ich ein Irrer.
>
> Dann ging es mit den Platzverweisen los [es gab insgesamt drei rote Karten], woraufhin gewaltbereite Fans von Boca Zäune zerstörten und versuchten, den Platz zu stürmen. Mitten in diesem ganzen Chaos ist Maradona. Er steht etwa sieben oder acht Meter von mir entfernt, kommt dann auf mich zu und zeigt auf das Geschehen – die Polizei setzt Tränengas ein, die Feuerwehr besprizt die Menschen mit kaltem Wasser, obwohl es draußen eiskalt ist. Dann zeigt er auf mich. Ich interpretiere das als Aufforderung zur Gewalt und schicke ihn vom Platz. Während ich auf ihn zugehe, bemerke ich, dass er die rote Karte gesehen hat. Er dreht sich um und verlässt den Platz. Ich zeige ihm die rote Karte und gehe zum Mittelkreis. Ich erinnere mich nicht mehr, ob es ein Reporter oder ein Polizist war, der mich fragte, ob man die rote Karte nicht rückgängig machen könne. Ich verneinte – solange ich hier die Leitung habe, spielt Maradona nicht. In diesem Moment, als die Polizei alles unter Kontrolle hatte, fand ich mich inmitten eines großen Pulks von Menschen wieder. Mittendrin, vor den Kameras, stand Maradona, der angeblich von mir eine Erklärung haben wollte, obwohl er ganz genau wusste, warum

er vom Platz geschickt worden war. Ich habe noch nie eine Entscheidung getroffen, ohne dass der Spieler nicht genau wusste, warum ich sie traf.

Wie jeder Sport formt und bildet der Fußball Menschen und ist ein Vehikel zur Übermittlung von Werten. Wenn der Fußball, der die gesamte Gesellschaft erreicht, Menschen vorführt, wie man jenseits des Gesetzes seine Ziele erreicht, und ihnen zeigt, dass dieses Gesetz kriminelle Machenschaften unterstützt und dass solche Machenschaften zu Erfolg, Macht, Ruhm und Reichtum führen, dann wird die Gesellschaft korrupt.

Ein spektakulärer Sieg im *Superclásico* über River Plate (4:1, bei dem Diego einen weiteren Elfmeter verschoss) reichte zwar nicht, um Boca im Endspurt um die Meisterschaft mitmischen zu lassen, brachte aber immerhin ein ikonisches Bild hervor: Maradona und Caniggia küssten sich nach einem Boca-Tor voll auf die Lippen. Caniggia hatte gegen diesen innigen Austausch nichts einzuwenden. Caniggias damalige Frau Mariana Nanis sagte hingegen, sie sei »angeekelt«. Maradona reagierte darauf mit: »Claudio ist mein Freund, aber wenn er seine Frau nicht kontrollieren kann, existiert er für mich nicht.« Diegos Machismo war von einer gewissen hedonistischen Uneindeutigkeit durchzogen, die manchmal offen zutage trat. Das war eine Herausforderung für die Welt des Fußballs, in der damals Vorurteile herrschten (und es heute immer noch tun). Man hatte Maradona bereits in Diskotheken in dicken Pelzmänteln und provokativer Kleidung gesehen; manchmal verkleidete er sich auf Partys als Frau oder wackelte lasziv mit dem Hintern, wenn er wusste, dass er gefilmt wurde. Andererseits hielt ihn nichts davon ab, Homosexualität mit den abschätzigsten Ausdrücken zu verdammen.

In Bocas vorletztem Ligaspiel der Saison gegen Estudiantes de la Plata – der Titel war bereits unerreichbar – verschoss Maradona den fünften Elfmeter in Folge. Das war im August 1996. Danach wurde er elf Monate lang nicht mehr auf einem Fußballplatz gesichtet.

»Ich war, bin und werde immer drogensüchtig sein ... ich will nicht, dass es jungen Menschen auch so geht«, sagte er in dieser Zeit im Rahmen der Kampagne »Sol sin drogas« (Sonne ohne Drogen) der argentinischen Regierung. Er selber hatte sich in eine Schweizer Klinik eingewiesen, um seine Kokainsucht zu überwinden. Zwei Tage nach seiner Ankunft dort hielt Dr. Harutyun Arto Van ohne Maradonas Zustimmung eine Pressekonferenz ab. »Er hat allen alles über mich erzählt«, beschwerte sich der irritierte Fußballer.

»Sein Grundproblem ist ein existenzielles«, sagte Arto Van. »Meine Aufgabe ist es, im Laufe von zehn Tagen seine psychologische Immunität zu stärken, damit er diesen existenziellen Problemen widerstehen kann. Er greift zu Kokain, wenn er sich extrem unter Druck fühlt, nicht aufgrund einer physischen Sucht. Er fühlt sich verletzlich. Er ist kein glücklicher Mensch und sieht sich als Versager.«

Als Maradona die Klinik verließ, entschuldigte der Arzt sich mit den Worten »Es tut mir leid, ich konnte dem Druck der Medien nicht widerstehen« für die Indiskretion. Maradonas Antwort darauf: »Ich lebe schon seit zwanzig Jahren mit diesem Druck, und Sie konnten ihn nicht mal zwei Tage lang aushalten.«

Im Herbst 1996 wurde Cóppola verhaftet, weil ein Richter zu der Überzeugung kam, dass er nicht nur Kokain konsumierte, sondern Teil eines Drogenkartells war. Die Welt des desillusionierten Maradona, der die Boca-Spiele von einer privaten Box aus erlebte, schien zusammenzubrechen. In einem Interview mit dem TV-Sender América betonte er, dass er nur aus Liebe zu seinen Töchtern nicht Selbstmord begehen würde.

1997 versuchte ein scheinbar mental gestärkter Maradona, ein drittes Mal bei Boca zu landen. Dafür setzte er altbewährte Mittel ein – zum Beispiel gab er Interviews, mit denen er die Vereinsoberen öffentlich unter Druck setzte. Im April wurde er ins Krankenhaus eingewiesen, nachdem während eines TV-Auftritts sein Blutdruck extrem angestiegen war. Einige Tage danach hatte er Atembeschwerden, nachdem er in einer anderen Sendung *cumbia* getanzt hatte. Doch er hämmerte weiter gegen Bocas Türen und unterzeichnete schließlich tatsächlich einen neuen Vertrag, der für die Medien erneut willkommenes Futter war.

Maradona wollte den Vertrag »live« vor laufenden Kameras unterzeichnen, doch Boca hielt lieber eine konventionelle Pressekonferenz ab. Maradona war inzwischen 36 Jahre alt, er hatte vor achteinhalb Monaten sein letztes offizielles Spiel bestritten und seit mindestens sechs Spielzeiten nicht mehr regelmäßig und professionell trainiert. Bocas neuer Trainer war Hector Veira, und Diego brachte sich zusammen mit Ben Johnson in Form, dem kanadischen Sprinterstar, der bei den Olympischen Spielen in einen Dopingskandal verwickelt gewesen war. Dass Maradona am 9. Juli 1997 gegen Newell's Old Boys wieder auf dem Platz stand, war in allen Zeitungen des Landes die Titelstory.

Sechs Wochen später, am 24. August, wurde Diego nach einem 4:2-Sieg seiner Mannschaft über Argentinos Juniors bei einer Dopingkontrolle erneut positiv getestet; es wurden Spuren von Kokain gefunden. Er behauptete, es handele sich um ein Komplott gegen ihn und dass Anrufer damit gedroht hatten, die Droge in seine Testprobe zu geben. Der Kontrolltest war jedoch ebenfalls positiv, und es kam, was kommen musste: Sperre durch die AFA, Medienskandal und Depressionen. Don Diegos Blutdruck stieg bedrohlich, worauf Diego sagte: »Wenn das meinem Vater noch mal passiert, gebe ich den Fußball auf.«

Richter Claudio Bonadío, dem enge Verbindungen zur Regierung von Präsident Menem nachgesagt wurden, sah von einer Strafverfolgung ab, ordnete aber regelmäßige Anti-Doping-Tests an. Die AFA musste die Sperre aufheben. Maradona fühlte sich trotzdem von den Autoritäten verfolgt, auch wenn diese (sowie die Medien und Fans) ihn in diesem Fall beschützt hatten.

Maradona war erneut fit genug und kehrte auf den Platz zurück, wo er sich plötzlich auf einem mit Blumen bestreuten Weg zu Heldentum und Triumph wiederfand. Boca spielte um den Titel mit, und Maradonas linker Fuß tupfte sporadisch geniale Pinselstriche auf die grüne Rasen-Leinwand. Nach einer Verletzung gegen Colo Colo in Chile war er eine Zeitlang wieder weg vom Fenster, erholte sich aber rechtzeitig für den *Superclásico* gegen River. In diesem Spiel verletzte er sich jedoch erneut und wurde in der Halbzeit durch Jungstar Juan Román Riquelme ersetzt. Boca gewann mit 2:1, und Maradona lief beim Abpfiff auf den Platz und jubelte vor den gegnerischen Fans von River. Nachdem er sich sowohl den Anti-Doping-Tests der AFA als auch den von Richter Bonadío geforderten unterzogen hatte, fuhr er nach Hause, köpfte eine Flasche Cristal-Champagner und sang und feierte die ganze Nacht.

Gerüchte über ein positives Testergebnis machten bereits die Runde, bevor die Proben analysiert worden waren. Diego wurde berichtet, dass ein Radiosender den Tod seines Vaters verkündet habe. Verzweifelt rief er zu Hause an. »Er ist hier bei mir, Sohn«, beruhigte ihn Doña Tota. Wenige Tage später traf Maradona sich mit Don Diego in Maradonas Anwesen im Stadtteil Villa Devoto in Buenos Aires.

Am nächsten Tag, an seinem 37. Geburtstag, verkündete Maradona im argentinischen Radiosender La Red, dass er seine Fußballschuhe an den Nagel hängen werde.

»Ich höre auf, ich kann nicht mehr. Und das ist endgültig. Mein alter Herr hat mich unter Tränen darum gebeten. Meine Familie soll nicht weiter darunter leiden, dass wir ständig unter Beobachtung stehen und jede Gerüchtewelle über uns zusammenschlägt. Ich höre auf. Ich kann es nicht mehr ertragen.«

Nach 692 Spielen, 352 Toren und 11 großen Erfolgen mit der Nationalmannschaft und diversen Vereinen war Diego Armando Maradona kein Fußballspieler mehr.

Nun, wo er nie wieder einen Pass falsch platzieren oder einen Elfmeter verschießen würde, stand seiner Gottwerdung nichts mehr im Weg.

KAPITEL 36

Auf dem Weg zur Gottwerdung

Carlos Soríns Film *El Camino de San Diego* (»Der Weg nach San Diego«) spielt im Frühjahr 2004. Protagonist ist ein junger Mann namens Tati Benítez aus der armen argentinischen Provinz Misiones, der ein glühender Verehrer von Maradona ist. Er trägt immer ein Trikot der argentinischen Nationalmannschaft mit der Nummer 10, hat sich ein Bild von Maradona auf den Arm tätowieren lassen, weiß alles über sein Idol. Tati hilft einem örtlichen Künstler, im Wald Holz als Arbeitsmaterial zu finden. Eines Tages wird er dabei von einem Gewitter überrascht, bei dem ein Baum entwurzelt wird. In der aus der Erde ragenden Wurzel glaubt er ein Bild von Diego mit hocherhobenen Armen beim Torjubel zu erkennen. Er nimmt das Holzstück mit nach Hause und bearbeitet es.

In einer zwei Monate alten Zeitung liest Tati, dass demnächst ein Boca-Museum eröffnet. Vielleicht wird es die Holzstatue ausstellen? Oder vielleicht würde Diego es gerne besitzen? Seine Freunde lachen ihn aus. »Wer will schon ein Stück Holz von einem Niemand aus Misiones? Maradona redet mit Königen und Fidel Castro, nicht mit dir!« Eines Morgens erfährt Tati, dass Maradona in Buenos Aires mit einem Herzinfarkt ins Krankenhaus eingeliefert wurde und dort um sein Leben kämpft. Tati sieht im einzigen Fernseher seines Dorfes, wie Hunderte von Menschen aus dem ganzen Land sich vor dem Krankenhaus versammeln. Einige halten Transparente hoch, auf denen »Diego, du wirst immer leben, Gott will keine Konkurrenz« steht oder einfach »D10S«, eine Kombination aus *Dios*, dem spanischen Wort für Gott, und der Nummer 10. Andere skandieren seinen Namen. Einige Frauen beten auf Knien den Rosenkranz oder küssen Heiligenreliquien. Auch vier Mitglieder der »Iglesia Maradoniana« (der Kirche Maradonas) sind anwesend und bezeugen »dem Größten« ihre Reverenz.

Tati sucht einen Schamanen auf, der bestätigt, dass er unbedingt nach Buenos Aires gehen muss. Obwohl er knapp bei Kasse ist, kauft er vorher noch eine Kamera, da niemand ihm glauben würde, wenn er ohne Bildbeweis sein Geschenk an Maradona überreicht. Dann macht er sich per Bus und Anhalter auf den Weg. Als Tati endlich die argentinische Hauptstadt erreicht, hat Maradona bereits das Krankenhaus verlassen und spielt Golf. Tati kann jeden Schritt seines Idols auf TV-Bildschirmen in Tankstellen verfolgen. Hubschrauber folgen Maradonas Auto zum Golfplatz, Radiosender analysieren jedes Detail seiner Krankheit und seiner »wundersamen« Genesung. »Er ist unsterblich«, sagt jemand.

Tati erreicht den Golfplatz und übergibt seine Holzstatue einem Ordner. Ein paar Stunden später fahren Polizeiwagen und Limousinen durch die Menge. Diego hat den Golfplatz verlassen.

Tati erkundigt sich nach seinem Geschenk. Hat Diego es bekommen? Er kehrt ohne die Statue und ohne Beweis, dass Maradona sie erhalten hat, nach Hause zurück. Trotzdem fühlt er sich seltsam befriedigt. Er hat das Gefühl, das seine Pilgerfahrt ihn einem geistigen Wesen nähergebracht hat.

Diego ein Gott?

El Camino de San Diego ist unter den mehr als ein Dutzend Spielfilmen über den Star derjenige, der das Phänomen Maradona am besten erklärt. Es gibt außerdem etwa 30 Dokumentarfilme über ihn, Hunderte von akademischen Abhandlungen und über 50 Bücher, von den Milliarden von geschriebenen und gesprochenen Wörtern in den Medien ganz zu schweigen. Alles, was mit Maradona zu tun hatte, wurde minutiös aufgezeichnet und dokumentiert, vor allem nach seiner Rückkehr nach Argentinien und seinem Rückzug vom Fußball im Oktober 1997. In diesen Jahren wurde der Boulevardjournalismus in Printmedien und TV immer mächtiger, und Diego war ein wichtiger Bestandteil davon. Es wurde mehr über das berichtet, was der Journalist Juan Pablo Varsky als die »Peripherie« um Diego herum bezeichnet hat – die geschäftliche Seite und Diegos öffentliche Statements –, als über sein sich zunehmend verschlechterndes Fußballspiel. So wurde ein neuer Maradona-Trend geschaffen, der bis zum bitteren Ende anhielt.

Nachdem er sich als aktiver Spieler vom professionellen Fußball verabschiedet hatte, wuchsen der Maradona-Legende wie der mythologischen Wasserschlange Hydra viele Köpfe. Ein Kopf war der kleine verlassene Junge aus Villa Fiorito, ein anderer ein Mann, der weiterhin im Licht der Öffentlichkeit stehen wollte. Wieder ein anderer war der Maradona, der in Gerichtsverfahren zu ersticken drohte (Gerüchte besagten, dass die Trennung von Claudia unmittelbar bevorstand). Es gab auch den Diego der nächtlichen Ausschweifungen, den, der weltweit in der Öffentlichkeit auftrat, und den privateren, der seiner Wut freien Lauf ließ. Und nun trat noch ein weiterer hervor, der für seine Anhänger besonders wichtig war: der des Heiligen, Wundertätigen und sogar Gottes.

Im Jahr 1998 erfanden drei Freunde aus Rosario – Héctor Campomar, Alejandro Verón und Hernán Amez, die Iglesia Maradoniana. Die drei verkündeten mit subtiler Ironie ihre Verehrung von Maradona und verfassten auf Wunsch der Medien die Zehn Gebote ihrer neuen Kirche: *Der Ball soll nie befleckt werden; Du sollst das Wort von Diegos Wundern in die Welt tragen; Du sollst deinen Sohn Diego nennen; Du sollst den Fußball über alles lieben* und so weiter. Die Kirche hat auch ihre eigenen Feiertage: So liegt das Maradonianische Ostern auf dem 22. Juni, dem Tag der WM 1986, an dem er seine berühmten zwei Tore schoss. Es gibt keine Gebete, keine Spendenaufrufe, keine Tempel und keine Pilgerfahrten. Die Kirche Maradonas ist Theater und Folklore und dient dazu, Maradona für alles zu danken, was er der Welt gegeben hat. Am allerersten Maradonianischen Weihnachtstag (dem 30. Oktober, seinem Geburtstag) trafen sich die drei Gründungsväter mit ein paar anderen Freunden auf ein Bierchen.

Diese postmoderne religiöse Parodie entsprang der Deifizierung des Diego Armando Maradona, einem Vorgang mit zeitlich klar identifizierbarem Anfang. Das Ganze begann nicht mit den Toren gegen England, der WM 1986 oder den Erfolgen mit Napoli, sondern erst mit Maradonas erster »Wiederauferstehung« zwei Jahre nach seinem Rücktritt als Spieler.

Am 31. Dezember 1999 flog der Argentinier in einem Privatflugzeug ins uruguayische Punta del Este, um den Beginn des neuen Millenniums zu feiern. Claudia, die beiden Töchter, weitere Verwandte sowie Freunde wie Guillermo Cóppola trudelten alle gegen 23 Uhr ein. Am 1. Januar mittags warfen sie in sengender Hitze den Grill an. »Diego war am Ende völlig erschöpft«, erinnerte sich Cóppola in einer Dokumentation über sein Leben im Sender Canal Infinito. Er verschlang zwei volle Teller mit Grillgut und schlief dann in seiner privaten Blockhütte zwölf Stunden durch.

Am 2. Januar gab Maradona der uruguayischen Zeitschrift *Caras* ein Interview, spielte eine Weile mit seinen Töchtern und ging dann mit Cóppola und einigen Freunden zum Dinner aus. Er landete schließlich im Hotel Las Dunas, in dem Claudia wohnte. Am darauffolgenden Tag begab sich Maradona auf die Suche nach einer seltenen Delikatesse zu einem Metzger, der für seinen prominenten Kunden drei Kilo Kuh-Euter heranschaffte. Maradona verspeiste davon zweieinhalb Kilo und zog sich dann in sein Zimmer zurück. Das Licht blieb die ganze Nacht an.

Als Cóppola am nächsten Morgen gegen sieben aufwachte, ging er gleich zu Diegos Blockhütte. Diego saß in Buddha-Haltung mit nach vorne geneigtem Kopf, als würde er schlafen. »Ich gehe rein, rede mit ihm, aber er antwortet nicht«, so Cóppola. »Ich sehe eine grüne Flüssigkeit aus seinem Mund kommen, die ich berühre, aber er bewegt sich nicht.«

Diego erinnerte sich in einem Interview mit Gabriela Cociffi für *Gente* an den Traum, den er damals hatte: »Ich träumte, ich hätte den Gipfel des Aconcagua bestiegen. Dann fiel ich, blieb aber oben an einem Felsen hängen … das hat mich gerettet. Das ist ein Traum für einen Psychologen, oder?«

Diego befand sich im Koma. Cóppola rief nach einem Arzt, versuchte, ihn mit einem mit Eis gefüllten Handtuch wiederzubeleben. Erst nach einer Viertelstunde traf ein Arzt ein. Augenzeugen zufolge wollte Cóppola zunächst aus Angst vor der Reaktion der Medien nicht, dass Maradona in ein Krankenhaus gebracht werde, stimmte dem jedoch schließlich zu.

»Zwei Stunden später – Diego ist tot«, erklärte Cóppola auf Canal Infinito. »Er reagiert nicht, keine Reflexe. Seine Eltern, seine Töchter, weitere Familienmitglieder, die Presse, eine wahre Flut an Leuten, die ganze Welt ist da. Wir sitzen im Raum nebenan, und plötzlich geht die Tür auf und vor uns steht ein Typ, aus dem überall Schläuche rauskommen. ›Guille, Guille, besorg mir ein Steak mit Fritten und einem Ei und hol mich hier raus. Wo bin ich?‹ Da haben wir die Entscheidung getroffen, nach Kuba zu fliegen.«

Die offizielle Diagnose des uruguayischen Krankenhauses lautete »toxische dilatative Kardiomyopathie aufgrund von Kokain- und wahrscheinlich Alkoholmissbrauch«. Nur 38 Prozent seines Herzens funktionierten richtig. »Der Mann im Himmel gab mir noch eine Chance«, sagte Maradona Gabriela Cociffi, die ihn in der Klinik in Punta del Este besuchte, um für *Gente* seine Wiederauferstehung von den Toten zu dokumentieren. Eine Studie der Mount Sinai School of Medicine hat gezeigt, dass Kokainkonsum über einen längeren Zeitraum die Teile des Gehirns schädigen kann, die Selbsteinschätzung und Sozialverhalten steuern. Menschen, die davon betroffen sind, fällt es schwer, ihre Fehler zu erkennen und entsprechend zu reagieren. Cociffi fragte Maradona, ob er sich mit den ganzen Alkoholexzessen und Drogen nicht umbringe. Seine Antwort: »Die Entscheidung darüber, ob ich sterben will, liegt bei mir. Nicht bei den Argentiniern, nicht bei Jesus Christus und nicht bei den Ärzten. Es ist allein meine Entscheidung.«

Das hört sich mutig an, doch Maradona muss von Angstzuständen geplagt gewesen sein, denn er nahm Medikamente gegen mindestens ein halbes Dutzend Beschwerden, darunter Beruhigungsmittel, Tabletten gegen Würgereiz, Hautausschlag, Leberschmerzen und Blähungen. Cóppola bat Cociffi, in ihrem Artikel diskret anzudeuten, dass Diego dringend Arbeit brauche: »Er muss ein Projekt haben, bei dem er den Ton angeben kann.« Zum ersten Mal beteten die Menschen auf der Straße für seine Genesung. Etwa hundert Menschen hielten sich vor dem Krankenhaus an den Händen und sangen seinen Namen. Maradona lehnte sich aus dem Fenster wie der Papst bei Segnungen. Als er die Menschenmenge sah, stieg sein Puls an, und sein Arzt empfahl Bettruhe.

Maradona musste vor einem uruguayischen Gericht aussagen, weil seine Blut- und Urinproben Spuren von Kokain enthielten, doch es kam nicht zur Anklage. Nach einigen Tagen durfte er in sein Anwesen in Buenos Aires zurückkehren und flog anschließend nach Kuba, wo er als Gast von Fidel Castro seine Reha fortsetzte. Diego gefielen diese Sonderbehandlung und der ganze Zirkus um seine Person. Er fühlte sich unsterblich, was eine ernsthafte Genesung fast unmöglich machte. Doch weder er noch seine Entourage waren in der Lage, die nötigen Schritte einzuleiten.

Laut der spanischen Tageszeitung *El País* sagte Diego während eines 20-minütigen Treffens zu Castro: »*Comandante*, es war sehr leicht, in diese Situation hineinzugeraten, aber es ist sehr schwer, wieder rauszukommen.« Die Begegnung hatte laut Maradonas eigenen Angaben einen »therapeutischen Effekt«, da Castro für ihn eine Art »zweiter Vater« und eine »Quelle der Inspiration« war. Er hatte bereits ein Tattoo von Che Guevara auf dem rechten Unterarm und beschloss nun, sich Castros Konterfei in die linke Wade stechen zu lassen.

Claudia Maradona stand trotz aller Eheprobleme in diesen ersten Monaten in Havanna fest an der Seite ihres Mannes. Sie half ihm, wieder in Form zu kommen, redete mit den Ärzten, überwachte seine Ernährung, beantwortete E-Mails, dankte Menschen für ihre Genesungswünsche und betreute Besucher. »Ich habe Claudia einmal gefragt, wie Diego es geschafft hat zu überleben«, sagte Regisseur Emir Kusturica in seinem Dokumentarfilm über den Fußballer. »Sie antwortete, dass niemand sie je gefragt habe, wie sie es geschafft hat.«

Sowohl Claudias als auch Diegos Eltern reisten nach Kuba. Im ersten Monat waren 30 Leute da, von denen nach anderthalb Monaten noch ganze drei übrigblieben: Cóppola, Claudia und Diego. Drei Monate später waren es nur noch Cóppola und Diego. Maradona verbrachte seine Zeit damit, Musik zu hören, Golf zu spielen und viel Fußball zu gucken. Er bereitete auch seine Autobiographie *Yo Soy El Diego* mit Daniel Arcucci vor, gab Interviews und ruhte sich aus. Oft sah man ihn einfach nur stundenlang vor seinem Haus oder am Meer sitzen.

Guillermo Cóppola und Diego waren in dieser Zeit wie Pech und Schwefel und genossen gemeinsam das Leben in La Habana in vollen Zügen. »Ich schätze, dass ich in Kuba mit 700 verschiedenen Frauen geschlafen habe«, gab Cóppola zu. »Ich tat nichts anders.« Maradona war ebenfalls kein Kind von Traurigkeit. Seinen zahlreichen Affären auf der Insel entsprangen vier Kinder (Javielito, Lu, Johanna und Harold) von drei verschiedenen Müttern – und alle wurden anfangs von ihm verleugnet.

Jemand schlug ein Abschiedsspiel für ihn vor, und er war von der Idee begeistert, obwohl er es nicht als »Abschied« tituliert haben wollte. Dafür kehrte er für kurze Zeit nach Buenos Aires zurück. Auch geschwächt war es ihm wichtig, an seinem Mythos weiterzustricken.

Drei Jahre nach ihrer Gründung besuchten am 30. Oktober 2001 bereits 150 Gläubige das »Weihnachtstreffen« der Iglesia Maradoniana.

Am 10. November 2001, dem Tag seines Abschiedsspiels, unterbrach Maradona ein Fernsehinterview, um Cóppola mitzuteilen, dass er nicht spielen würde. »Aber Diego, Pelé ist hier, Platini, alle sind da.«

»Du hast mir gesagt, das Stadion würde voll sein, aber es ist leer.«

»Ja, Diego, du hast recht. Es ist leer, weil noch kein Einlass ist.«

Vier Jahre nach Diegos Rücktritt als Spieler und nur elf Monate nachdem er dem Tod von der Schippe gesprungen war, war das Bombonera-Stadion der Boca Juniors bis auf den letzten Platz gefüllt. Maradonas Argentinien-Team wurde vom legendären Trainer Marcelo Bielsa gecoacht, und in der Startformation standen unter anderem Aimar, Verón, Roberto Ayala und Mauricio Pochettino. In den Reihen der Weltauswahl, die gegen sie antrat, standen so illustre Spieler wie Lothar Matthäus, Davor Šuker, Hristo Stoichkov, René Higuita und Juna Román Riquelme.

Nach dem Spiel, das Argentinien (unter anderem dank zweier von Maradona verwandelter Strafstöße) mit 6:3 gewann, sprach Diego die 50 000 Zuschauer auf so persönliche Art an, als würde er sich in intimer Atmosphäre mit jemandem unterhalten. Im Boca-Trikot bedankte er sich zunächst fünf Minuten lang bei allen, die an diesem Abschiedsspiel beteiligt waren, und ergriff dann die Gelegenheit, um sein angekratztes Image aufzupolieren. Er gab Fehler zu, entschuldigte sich beim Fußballsport und bat um Hilfe. Oben auf der Tribüne saßen Claudia und Don Diego in Argentinien-Trikots. Doña Tota hingegen trug Schwarz und applaudierte im Gegensatz zu ihrem Mann nicht jedem Satz ihres Sohns.

»Ich habe versucht, das Fußballspielen zu genießen und euch alle glücklich zu machen. Ich glaube, das ist mir gelungen. Das ist alles zu viel für einen Menschen, zu viel für einen Spieler.«

»Ich habe mehr als eine Träne vergossen«, gestand Jorge Valdano dem Journalisten Diego Borinsky in *El Gráfico*. »Ich war bewegt von seiner unvergleichlichen Bühnenpräsenz und der Spontanität seiner Rede. Von unvergesslichen Passagen wie ›Das ist zu viel für einen Menschen‹. Und vor allem vom bewegenden Eingeständnis seiner Fehler in einem Land, in dem so etwas nicht gerade häufig vorkommt.«

»Ich habe so lang auf dieses Spiel gewartet«, fuhr Maradona fort, »und nun ist es schon vorbei. Ich hoffe, dass die Liebe, die ich für den Fußball empfinde, nie enden wird, und dass diese Party nie enden wird und dass die Liebe, die ihr mir entgegenbringt, nie enden wird.«

Zum Schluss umarmte Diego sich selbst. Das war seine Art, eine Umarmung des Publikums anzudeuten und sich gleichzeitig selbst davor zu bewahren, in Tränen auszubrechen.

»Ich danke euch im Namen meiner Töchter, im Namen meiner Mutter, im Namen meines alten Herrn, im Namen Guillermos und aller Fußballspieler der Welt.«

Dann brach seine Stimme.

»Fußball ist der schönste und gesündeste Sport der Welt, daran sollte niemand zweifeln. Wenn jemand einen Fehler macht, sollte der Fußball nicht dafür bezahlen. Ich war im Unrecht, und ich habe dafür bezahlt. Aber …«

Die Ovationen der Menge unterbrachen ihn. Wie so oft zuvor hatte Maradona die rechten Worte zur rechten Zeit gefunden.

»… aber nicht der Ball. Der Ball ist niemals befleckt.«

Eine einsame Träne lief ihm die Wange hinunter, während weitere Ovationen von der Tribüne herabschallten.

Auch Pochettino weinte. »Wie auch nicht? Unser Idol verabschiedete sich.«

»Ich wünsche euch noch einen schönen Nachmittag, und möge diese Liebe niemals enden. Darum bitte ich euch im Namen meiner Töchter und meiner Familie. Danke. Ich schulde euch viel. Ich liebe euch sehr. Auf Wiedersehen.«

Er hatte vergessen, Claudia zu erwähnen.

Zwei Jahre später war auch die Beziehung vorbei, die neben der zum Fußball die wichtigste in Maradonas Leben gewesen war. Am 7. März 2003, nach 14-jähriger Ehe, reichte Claudia die Scheidung ein. Als juristischen Grund gab sie »Verlassen der Familie seit Juli 1998« an.

In Havanna wurde derweil das Geld knapp, und Cóppola zog bei Diego ein. »Wir waren wie ein Ehepaar«, erklärte Cóppola im Dokumentarfilm auf Canal Infinito. »Wir aßen mittags zusammen, wir aßen abends zusammen, es war wie eine Ehe.«

Doch das Zusammenleben lief nicht spannungsfrei ab. Cóppola durfte keine anderen Vertrauten oder eine Freundin haben oder einen anderen Fußballspieler vertreten. »An seinem 43. Geburtstag teilte Diego mir mit, dass jemand käme, um zu filmen. Ich sagte: ›Diego, keine Kameras‹, worauf er antwortete: ›Willst du meinen Geburtstag versauen? Sie kommen.‹ Es gab Musik, wir hatten Spaß, aber in dieser Nacht änderte sich für mich etwas. Ich war schlecht drauf und wollte allein sein. Also ging ich schlafen. Am nächsten Morgen sah ich mich um und dachte zum ersten Mal daran, nach Hause zu fahren. Am Nachmittag setzten wir uns zusammen, um zu reden. Diesen Moment werde ich nie vergessen. ›Du bist nicht mehr derselbe‹, sagte Diego. ›Du auch nicht‹, erwiderte ich. Das war's, mehr nicht. Wir umarmten uns und fingen beide an zu weinen. Wir weinten viel. ›Ich liebe dich‹, sagte er. ›Ich liebe dich auch‹, antwortete ich. Dann sagte ich ihm, dass ich weggehen würde. Er verstand. ›Dann geh‹, sagte er.« Auf dem ganzen Weg zum Flughafen weinte Cóppola wie ein Kind.

Nach diesem Abschied redeten sie jahrelang nicht miteinander.

Maradonas prekärer Gesundheitszustand erzeugte bei vielen eine melancholische Bewunderung für das Ausnahmetalent, das nun seinem Ende entgegensegelte. Dalma Maradona berichtete in ihrem Buch *La Hija de Dios* (»Die Tochter Gottes«): »Wenn mein Vater Auto fährt und ein anderes Auto mit seinem Namen oder seiner Unterschrift sieht, hupt er oder betätigt die Lichthupe und hebt den Daumen. Das muss man sich mal vorstellen! […] Ich habe schon alle möglichen Reaktionen erlebt, zum Beispiel große Kerle, die aus dem Auto stiegen und sofort anfingen zu weinen.«

Maradona fuhr nach Rosario, um im Stadion der Newell's Old Boys die Zuschauertribüne einzuweihen, die seinen Namen tragen sollte. Dort traf er Alejandro Verón von der Iglesia Maradoniana, die als ironische Hommage begann und heute eine halbe Million Anhänger weltweit hat. Diego und Alejandro machten ein Selfie. Das war zu viel für den Kirchengründer, der im Tunnel zur Kabine in Tränen ausbrach. Jemand klopfte ihm auf den Kopf: »Warum weinst du?« Es war Diego. »Weißt du, wie viele Menschen jetzt gerade liebend gern an meiner Stelle wären?«, antwortete Alejandro, worauf Maradona ihn zu einem Schwätzchen zu sich ins Hotel einlud.

Gesundheitlich ging es mit dem so Verehrten immer weiter bergab. 2004 konsumierte er noch immer Kokain. Im April wurde er mit extrem hohem Blutdruck, Atem- und Herzbeschwerden ins Krankenhaus Suizo Argentina in Buenos Aires eingeliefert und in ein künstliches Koma versetzt. Wieder einmal war er dem Tode nah. »Es war, als würde ich in schwarzem Teer stecken, und sie warfen mir Haken zu, um mir zu helfen, und ich versuchte, sie mit meinen Händen zu greifen, aber ich kam nicht raus«, erzählte er im argentinischen TV-Sender TyC Sports.

Verónica Ojeda, Diegos damalige Freundin und Mutter seines Sohns Dieguito Fernando, und Claudia wachten zusammen an Maradonas Bett. Draußen bildeten Hunderte von Argentiniern, die aus dem ganzen Land angereist waren, eine Menschenkette um die Klinik herum und beteten für ihr Idol.

Maradona verließ das Krankenhaus auf eigenen Wunsch. Anfang Mai wurde er erneut dort eingeliefert, und die Ärzte empfahlen eine

Reha-Klinik. Einige Kliniken wiesen ihn ab, doch schließlich landete er in der Privatklinik Psiquiatrica Park im Ituzaingó-Viertel von Buenos Aires. Manche der Patienten dort bildeten sich ein, Batman oder Tarzan zu sein. »Aber niemand glaubte mir, als ich sagte, ich sei Maradona«, erzählte Daniel Arcucci.

Im Januar 2005 brachte Maradona 120 Kilo auf die Waage. Im Buch *Vivir en los Medios* heißt es, dass die französische Zeitung *L'Équipe* schrieb: »Dieses reine Fußballgenie wurde vor langer Zeit zu Grabe getragen. Was übrig blieb, sind die elenden Exzesse eines 44-jährigen Mannes, der sich in seinem eigenen Mythos verloren hat.« Eine wandelnde Urne, die nur noch die Asche von Maradonas Geist enthielt.

Doch das Unfassbare geschah. »Die Nummer 10 kündigte mal wieder eine Rückkehr an (zum Fußball, zu Argentinien, zum Leben, zu seinen endlosen Dramen), und tatsächlich stand dieser moderne Lazarus aus Villa Fiorito erneut auf und lief«, schrieb Luis Hermida in *Clarín*. Und weiter: »Ein paar persönliche Entscheidungen [er gab auf Drängen seiner Töchter das Koksen auf] und eine Magenoperation [im März 2005 wurden ihm in einer Klinik im kolumbianischen Cartagena 80 Prozent seines Magens entfernt, woraufhin er 30 kg abnahm] bewirkten ein Wunder: Der verlorene Sohn war zurückgekehrt.«

Im selben Jahr feierten die Boca Juniors ihr 100-jähriges Bestehen, und Vereinspräsident Mauricio Macri lud Maradona als Ehrengast zur Feier ein. Das vorangegangene Jahr war mit dem Gewinn aller fünf angestrebten Titel für den Klub äußerst erfolgreich gewesen. Macri wollte zudem in jenem Wahljahr um das Präsidentenamt kandidieren und erhoffte sich von Maradonas Auftritt Schützenhilfe. Maradona nahm die Einladung an. Außerdem reiste er nach Europa, wo er Ronaldo, Roberto Carlos, Santi Solari, Fernando Redondo, Jorge Valdano und Arrigo Sacchi traf. Und er besuchte mit Regisseur Emir Kusturica das Filmfestival in Cannes. »Ich stürze mich nicht mehr ins Nachtleben«, erklärte Diego damals. »Meine Töchter haben mich aus einer schlimmen Situation rausgeholt, sie haben mich gerettet.«

Dass er mit dem Kokain aufhörte, grenzte an ein Wunder. Doch Alkohol und Anxiolytika (Angstlöser) nahmen zunehmend den Platz der illegalen Droge in seinem Leben ein.

Im Mai verkündete Canal 13, dass Maradona an 13 aufeinanderfolgenden Montagen eine eigene Talkshow moderieren würde: *La Noche del 10* (»Die Nacht der Nummer 10«). Die Mediengruppe Clarín, zu der Canal 13 gehörte, scheute keine Kosten: Sie stellten ein Produktionsteam aus 260 Leuten zusammen und verwendeten für die Sendung 14 Kameras. Maradona interviewte Fidel Castro, Mike Tyson, Pelé und den argentinischen Schauspieler Ricardo Darín. Und er lud Leo Messi ein, gegen Carlos Tévez und Ex-Fußballer und Comedian Rubén Enrique Brieva Fußballtennis zu spielen. Die Einschaltquoten der Sendung stellten alle anderen Programme in den Schatten und lagen zeitweise bei 39 Prozent. »Vor anderthalb Jahren war ich tot«, sagte Diego seinen Zuschauern.

Er interviewte auch sich selbst. Ein elegant gekleideter Diego nahm dabei einen legereren Diego in die Zange und fragte ihn, was er im Leben bedauere. Zu oft nicht dagewesen zu sein, als seine Töchter klein waren, lautete die Antwort. »Ich habe einige Partys der Mädchen verpasst.« Er fügte hinzu, er bedauere, dass »mein Alter, meine Frau, meine Brüder und diejenigen, die mich lieben, leiden mussten«. Er gab außerdem zu, Drogen genommen zu haben. »… wir nahmen sie und gingen auf den Platz. Ich schenkte meinen Gegnern einen Vorsprung.«

»Was wirst du sagen, wenn der Tod kommt?«, fragte er sich selbst. »Danke, dass ich Fußball spielen durfte, weil das der Sport ist, der mir die meiste Freude und Freiheit gab. Dank des Balls habe ich den Himmel mit den Händen berührt.«

Drei Monate lang kam Maradona ständig in die Wohnzimmer der Menschen und füllte mit Unterstützung der mächtigen Clarín-Gruppe Zeitungsspalten, Radiostunden und Websites. Seine fast täglichen Statements wurden zu Schlagzeilen. Lalo Zanoni führt in *Vivir en Los Medios* aus, dass Maradona an einem Tag Anfang November 2005 die Titelstory in fast allen Nachrichtensparten war: im Sektor Politik, weil er eine Demonstration gegen George Bush in Mar del

Plata anführte und Fidel Castro interviewte; im Sektor Kultur, weil er zehn Werke von renommierten Künstlern versteigern ließ; im Sektor Unterhaltung aufgrund der letzten Ausgabe seiner Sendung; und nicht zuletzt im Sektor Sport, weil er sich mit AFA-Präsident Julio Grondona getroffen hatte, um die Möglichkeiten einer Funktion in der Nationalmannschaft zu besprechen (eine Idee, die drei Jahre später Früchte tragen sollte).

»Es war, als wäre seine Rückkehr der letzte *bondi*-Bus nach Fiorito, bevor alles explodierte, überflutet wurde oder einfach ausstarb. Und wir stiegen alle ein«, so Luis Hermida weiter in seinem Artikel für *Clarín*. »Wir waren überglücklich, ein Teil davon zu sein. Maradona wurde praktisch über Nacht wieder zu einer begehrten Marke.« Coca-Cola war das einzige Produkt, das in Argentinien bekannter war als Diego Maradona.

Doch der für ihn so charakteristische Funke fehlte. Das Establishment hatte die Bestie gezähmt und eine ausgewogene Vernunftehe arrangiert. Die erfolgreichen Maradona-Sendungen wurden allseits über Gebühr gelobt, jegliche Kritik war verstummt. »Die Medien waren auf eine noch nie dagewesene Art fasziniert von Maradona«, schreibt Zanoni. »Sie nannten seine Sendung ›Gottes Nacht‹ und sprachen in exaltierten Tönen über ihn. Fast alle Artikel über Maradona enthielten in der Überschrift das Wort ›Gott‹.«

Die »Hand Gottes« war Diegos erster Anflug von Göttlichkeit gewesen. Dieser Samen keimte und trieb drei Jahrzehnte später Blüten. Die Zeitschrift *Noticias* griff das Thema auf, nachdem seine letzte Sendung ausgestrahlt worden war. »In diesem Jahr [2005] sind wir Argentinier völlig durchgedreht. Seine Heiligsprechung zeugt von einer Gesellschaft, die weder Unterstützung noch Kontrolle hat. Warum haben alle Angst vor ihm, und warum traut sich niemand, ihn zu kritisieren?«

In Argentinien, wie in ganz Lateinamerika, ist der Fußball ein Weg, um sich auszudrücken; er baut das Image und die Narrative einer ganzen Nation auf und dient als Gesellschaftsbarometer. Es war nur allzu leicht zu glauben, dass Maradonas Geschichte der typischen Gottwerdung des mythologischen Helden folgte – man durfte nur nicht zu genau hinsehen. Touristenläden im Viertel San Telmo von Buenos Aires verkaufen auch heute noch Kürbisse für Mate-Tee, Bilder von Carlos Gardel und Evita und Tango tanzenden Menschen – und Produkte, auf denen Maradonas Konterfei prangt. Fußballikonen repräsentieren ein Land.

Maradona wurde in einem armen Dorf geboren; damit gab er an, als er erfolgreich wurde, obwohl er nie wieder dorthin zurückkehrte. Er war ein Kind, das in eine Jauchegrube fiel und unbeschadet daraus hervorkletterte – eine Fähigkeit, die er sein ganzes Leben lang effektiv einsetzte. Seine Errungenschaften wurden vor dem Hintergrund seiner bescheidenen Herkunft bewertet, während man dunklere Flecken in seiner Biographie ignorierte. Er passte nicht ins bürgerliche Barcelona, wurde aber in Neapel trotz Mafia-Verbindungen zum Erlöser.

Er vermischte Volkslegenden mit seinen eigenen Erlebnissen und wurde so zur Nationallegende: Maradona, Rächer der sozial Benachteiligten, Fürsprecher der einfachen Leute, Rebell für die Jugend. Nachdem er sich in seiner Zeit in Neapel über die lateinamerikanischen Sozialisten und die kommunistischen Anführer der 1970er informiert hatte, wurde er zum Poster Boy der Linken, obwohl er gleichzeitig mit multinationalen Unternehmen millionenschwere Deals abschloss.

Diego spürte instinktiv, dass Märchen in unseren Gewissenskämpfen über die Realität siegen. Doch solche phantastische Geschichten brauchen ein Publikum. Eines Tages begleitete Daniel Arcucci ihn auf einem einstündigen Spaziergang in der Gegend von Bern in der Schweiz. Die Menschen erkannten den Fußballstar entweder nicht oder beobachteten ihn nur aus respektvoller Distanz. »Diego, du musst hierherziehen, das ist der ideale Ort für dich«, sagte der Journalist. Worauf Maradona erwiderte: »Nach zwei Tagen würde ich mich umbringen.«

Maradona brauchte das Fernsehen, um Maradona zu sein. Es war vielleicht kein Zufall, dass er schon in den 1970ern, als Fußballspiele noch nicht live übertragen wurden, in einem TV-Interview mit einem Ball jonglierte und über seine Träume sprach. In den 1980ern wurde er zum Idol. Fernsehzuschauer zwischen Buenos Aires und Corrientes, London und Tokio sahen ihn im Trikot von Napoli oder Argentinien. In den 1990ern war er dann der Fußballgott, den man überall und jederzeit bewundern konnte – sein ekstatischer Torjubel gegen Griechenland bei der WM 1994 fiel mit dem explosionsartigen Aufkommen des Satelliten- und Kabelfernsehens zusammen und steigerte seinen Bekanntheitsgrad noch. Die digitalen Medien des 21. Jahrhunderts schließlich boten auch der jüngeren Generation eine Plattform, auf der sie dem Maradona-Melodrama beiwohnen konnte, und sicherten ihm weiterhin einen Platz im Lichte der Öffentlichkeit.

Der argentinische Medienzirkus schraubte sich kontinuierlich hoch; es gab Liveberichterstattungen über alles: von Trainingseinheiten über den Start des Mannschaftsfliegers bis hin zur Ankunft eines Krankenwagens vor dem Haus eines Stars. Mit der zunehmenden Zahl der Kommentatoren wuchs auch deren Bedürfnis, sich mit extremen Meinungen aus der Menge hervorzuheben. In den Social Media wurde immer stärker polarisiert. Jahrzehnte nachdem er beruflich gegen einen Ball getreten hatte, war Maradona immer noch ein weltweites Medienphänomen.

Reporter und Journalisten, die ihm begegneten, erlebten, wie abgezockt, witzig und charismatisch er sein konnte. Niemand fühlte sich von oben herab behandelt. Er wiederum nutzte seine besondere Beziehung zu den Medien aus, um seine eigenen Interessen durchzusetzen. Und er machte, was er wollte: Manchmal gab er einem jungen Reporter ein kostenloses Interview, manchmal verlangte er Millionen für ein Gespräch mit einem globalen Medienunternehmen.

Der Boden für Maradonas Vergöttlichung war perfekt vorbereitet: Der Zusammenbruch der großen Ideologien der 1980er und 1990er (Kommunismus, Sozialismus) ging einher mit dem Aufkommen eines hedonistischen Lebensstils und der von den sozialen Medien geschürten Gier nach Geschichten über die Reichen und Berühmten. Der Autor Eduardo Galeano sagte über Maradona: »Jeder kann in Maradona eine Synthese von menschlichen (oder zumindest männlichen) Schwächen erkennen: Frauenheld, gierig, Trinker, Betrüger,

Lügner, Aufschneider, ein Mann ohne Verantwortung.« Der perfekte Rebell und Querkopf, der Nike und Versace trug.

»Ich bin gerne Diego, *El Pelusa*, Maradona, ein Hurensohn, gut, normal und ignorant. Ich bin gerne so, wie ich bin.« Diese Aussage machte Maradona für ein Video der fünfköpfigen Band Tifosis del Rey, bei dem diese einen Fangesang über Diego adaptierten. Die Fans fühlten, dass dieser junge Millionär genau wie sie redete und ihre Sehnsüchte teilte. Und auch Diego wollte unbedingt einer von ihnen sein, sich unter sie mischen und dabei nicht jedes Mal bestraft werden, wenn er mit dem Gesetz in Konflikt geriet.

Kein anderer Fußballspieler ist je so stark in die Popkultur eingedrungen wie Maradona. Spielfilme strickten an der Legendenbildung weiter, während Dokumentationen sein außergewöhnliches Talent – und seine Fehler – beleuchteten. Musikalisch reichte das Spektrum von einem Tango von Quinteto Negro La Boca bis zu Potro Rodrigos Hymne mit der Textzeile »*Y todo el pueblo cantó: Maradó, Maradó, nació la mano de Dios*« (»Und alle sangen Maradó, Maradó, und die Hand Gottes ward geboren«).

War er der beste Spieler aller Zeiten? Pelé, Cruyff, Di Stéfano, Messi und Cristiano Ronaldo haben viel mehr Tore geschossen und waren über längere Zeitspannen hinweg erfolgreich. Doch die populistische Demagogie und Megalomanie Argentiniens, eines Landes, dessen Bewohner zugeben, narzisstisch, intensiv, obsessiv und theatralisch zu sein, lässt in diesem Punkt keinen Raum für Diskussionen. Jeder Zweifel an Maradonas Anspruch auf die ewige Fußballkrone wird als Angriff auf die nationale Identität und Maradonas göttliche Aura betrachtet. Umgekehrt werden diejenigen, die als Versager gelten, mit vernichtender Kritik überzogen. So wird Messi angelastet, dass er für sein Land keine WM gewonnen und drei Finalspiele verloren hat und darüber hinaus kalt und unnahbar wirkt. In Wahrheit bestraft man ihn dafür, dass er nicht Maradona ist.

Schiedsrichter Javier Castrilli sagt dazu Folgendes: »Ich denke, dass alle Argentinier, die gegen Messi sind, Maradona vergöttlichen. Das ist kein Zufall. Welche Aspekte von Maradonas Persönlichkeit erzeugen solch eine blinde, fanatische Anbetung, eine Vergötterung, die gegenüber einem anderen Persönlichkeitstyp in Ablehnung umschlägt? Vielleicht wollen diese Leute ja nicht, dass irgendjemand ihren Gott in den Schatten stellt.«

2007 wurde Maradona wieder einmal ins Krankenhaus eingeliefert, diesmal mit akuter Hepatitis aufgrund von exzessivem Alkoholkonsum. Er wurde ein paar Monate in einer psychiatrischen Klinik behandelt, bevor er den Posten des argentinischen Nationaltrainers annahm. Seine Regenerationsfähigkeit wurde als übermenschlich wahrgenommen. »*El Barbas* [Der alte Mann] will mich noch nicht«, meinte er selbst dazu. Maradona sprach zwar im Ton respektloser Vertrautheit über Gott, aber er war gläubig. Einmal verkündete er zum Beispiel zur Belustigung seiner Zuhörer: »Es gibt nur einen Gott. Er hat Kinder und liebt manche mehr als andere. Ich gehöre zu denen, die er am meisten liebt, und deshalb schenkt er mir so viel Freude.«

Diego hatte scheinbar tausendundein Leben, ständig war er in irgendwelchen Kliniken. Seine Kraft schwand mit jeder Kontroverse, jedem neuen Skandal. Doch mit jedem Sturz vom Podest wurde er auch noch mehr vergöttert und vergöttlicht. Sein einstmals messerscharfer Verstand wurde stumpf. Er war in juristische Auseinandersetzungen mit Claudia und anderen verwickelt und gab zu, der Vater weiterer Kinder zu sein.

Seine Eltern starben, und ohne diesen Anker driftete er ziellos im Ozean des Lebens umher. Es kam, wie es kommen musste: Das Laster siegte, der Körper brach zusammen. Übrig blieben nur der Schatten eines einstmaligen Ausnahmetalents und das mediale Getöse.

Epilog

Maradonas sterbliche Hülle geisterte von Dubai in die USA, von Weißrussland nach La Plata in Argentinien und Sinaloa in Mexiko. Diverse Sportprojekte fütterten sein Ego – und sein Bankkonto. Doch sein lädierter Körper protestierte, und eine Gehirnverletzung hatte sein Sprechen verlangsamt. Sein Hang zur Selbstmedikation verhinderte zudem, dass seine Lungen-, Leber- und Herz-Kreislauf-Probleme adäquat behandelt wurden. Am 30. Oktober 2020, seinem 60. Geburtstag, verließ er mit Hilfe von zwei seiner Assistenten das Haus, um mitten in der Covid-19-Pandemie im Stadion von Gimnasia y Esgrima La Plata, deren Trainer er zu dieser Zeit war, zu erscheinen. Später am selben Tag sollte ein Ligaspiel stattfinden. Der Verein La Plata warb trotz seines bedauernswerten Zustands weiterhin mit Diego, der Fußballikone. Als er aufgedunsen und mit schleppendem Gang, gestützt auf seine Helfer, das Stadion betrat, wussten die Fans nicht, was sie denken sollten; der Anblick war schmerzhaft. Er kehrte noch vor Anpfiff des Spiels nach Hause zurück.

Das Leben wurde für Diego immer beschwerlicher. »Ich würde gerne mal Urlaub von Maradona machen«, gestand er den Menschen in seinem engsten Umfeld, die ihn schließlich überredeten, sich wegen vermuteter Anämie und Dehydrierung ins Krankenhaus zu begeben. Die Ärzte dort entdeckten eine Gehirnblutung – eine Vene im Gehirn war geplatzt. Er musste operiert werden. Der Genesungsprozess verlief von Anfang an schlecht; durch den Entzug von Alkohol und Schlaftabletten war der Patient verwirrt und hatte mit Angstzuständen zu kämpfen. Er wollte das Krankenhaus verlassen, wurde aber acht Tage lang dortbehalten, bis man ihn in ein angemietetes Haus in San Andrés brachte, einem Stadtteil von Buenos Aires in der Nähe seiner Töchter Dalma und Giannina.

Sein provisorisches Zuhause dort bestand aus vier Zimmern auf zwei Etagen. Der Zustand der Türen, Fenster und Möbel passte zur schlechten Verfassung des neuen Bewohners. Diego konnte keine Treppen steigen, also richtete man im Erdgeschoss neben der Küche ein Zimmer mit Fernseher, chemischer Toilette und Massagesessel für ihn ein.

Maradonas Neffe Jony Espósita zog mit ein, und sein Leibarzt Leopoldo Luque kam alle drei Tage vorbei. Mehrere Pfleger kümmerten sich abwechselnd um ihn. Komplettiert wurde die Entourage durch einen Assistenten, einen Sicherheitsmann und einen Koch. Maradona hatte zudem regelmäßig Behandlungstermine mit einem Kinesiologen, dem Psychologen Carlos Días und der Psychiaterin Agustina Cosachov. Eine adäquate medizinische Ausstattung wurde nicht wirklich eingerichtet.

Diego nahm all seine Medikamente ohne Widerspruch. Menschen in Kuba, Venezuela und Barcelona schmiedeten Pläne, um ihn aus dem Haus rauszuholen und zu retten. Tage vergingen ohne Nachrichten über seinen Gesundheitszustand. Giannina und Dalma kamen zu Besuch, ebenso wie sein Sohn Dieguito Fernando mit Dieguitos Mutter Verónica Ojeda. Auch Jana, die Tochter von Valeria Sabalain, kam vorbei. (Zu Sabalain hatte Maradona jeglichen Kontakt abgebrochen, als sie mit 18 Jahren schwanger wurde, nachdem sie den Fußballstar in einem Nachtclub kennengelernt hatte.)

Nachdem sie gegangen waren, bat Diego darum, keine weiteren Besucher empfangen zu müssen – er war nicht in der Stimmung dazu und sprach sowieso kaum.

Dann stürzte er und schlug mit dem Kopf auf, verweigerte jedoch eine medizinische Betreuung. Sein Blutdruck war extrem hoch. Er weinte, wenn er an Doña Tota und Chitoro dachte, und phantasierte von ihnen. Nachbarn sahen ihn einige Male im Innenhof des Hauses Mate-Tee trinken. Irgendwann kam er nicht mehr aus seinem Zimmer raus.

Jony Espósita verabschiedete sich am 24. November um elf Uhr nachts von seinem Onkel. Am nächsten Morgen hörte der Koch ein Geräusch aus Diegos Zimmer. Vielleicht nahm dieser ja gerade seine Tabletten ein, also beschloss er, ihn nicht zu stören.

Am 25. November 2020 zu einem unbekannten Zeitpunkt starb Maradona allein, endlich erlöst von der Last, Diego Armando Maradona zu sein.

Im Autopsiebericht steht, Maradona sei »an akutem Herzversagen mit dilatativer Kardiomyopathie« gestorben. Dies sei absehbar gewesen, der »logische Suizid« eines »chronisch Depressiven«, so Dr. Alfredo Cahe, der zwei Jahrzehnte lang sein Hausarzt gewesen war. Einer von Maradonas Assistenten hatte Dr. Cahe einige Tage zuvor mit den Worten »Er hat in diesem Leben alles getan« auf das nahende Ende vorbereitet.

Es war immer klar, dass Maradona nie im gesegneten Alter von 90 friedlich vor dem Fernseher einschlafen würde. Seine Ausschweifungen waren von selbstzerstörerischen Impulsen begleitet. Die Autopsie unterstrich dies: Es gab zwar keine Spuren von Alkohol oder Drogen, aber er nahm Psychopharmaka gegen seine schweren Depressionen: Antipsychotika, Mittel gegen Epilepsie und Naltrexon gegen Alkoholentzugserscheinungen. Sein Herz wog mehr als doppelt so viel wie ein gesundes Herz, ausgerechnet dafür nahm er keine Medikamente. Die Autopsie führt zu dem Schluss, dass sein Todeskampf sechs bis acht Stunden dauerte; damit war unausweichlich, dass wegen unterlassener medizinischer Hilfeleistung ermittelt werden würde.

Maradonas Sarg, bedeckt mit einer argentinischen Fahne und einem Boca-Juniors-Trikot, wurde vom Autopsiesaal der San-Fernando-Klinik nach Casa Rosada, dem Sitz des argentinischen Präsidenten, verlegt. Dort wurde er in der Halle der lateinamerikanischen Patrioten aufgebahrt, unter dem Beisein von Dalma und Giannina, Verónica Ojeda, Dieguito Fernando und Jana. Auch Claudia, die die Beerdigung organisierte, war anwesend. Genauso wie Mannschaftskameraden aus dem Weltmeisterteam, Torhüter Sergio Goycochea und Physiotherapeut Loco Galíndez, der in Barcelona und Neapel mit Maradona gearbeitet hatte. Auch Guillermo Cóppola war da. Diego jr. hatte nach der Operation seines Vaters vorgehabt, aus Italien zu kommen, doch er wurde positiv auf Covid-19 getestet und durfte nicht reisen. Er erfuhr aus dem Fernsehen vom Tod seines Vaters. Maradonas letzter Anwalt, Matías Morla, war nicht eingeladen, ebenso wenig wie seine letzte Freundin Rocío Oliva. Beide hatten sehr öffentliche Auseinandersetzungen mit Claudia, Dalma und

Giannina geführt, die den beiden vorwarfen, Maradona bewusst von seiner Familie fernzuhalten.

Improvisierte Altäre mit T-Shirts, Fotos, Blumen und Spruchbändern – »Diego lebt in uns weiter« – wurden in für Maradona besonderen Orten in ganz Buenos Aires aufgestellt. Einer stand am Estadio Diego Armando Maradona der Argentinos Juniors, ein anderer bei Boca. Ein weiterer erschien an seiner ehemaligen Adresse im Viertel Devoto, die in den 1990ern bekannt geworden war, nachdem Maradona den gegnerischen Spieler Julio César Toresani nach einem Spiel zu einem Kampf herausgefordert hatte: »Segurola y Habana 4310, siebter Stock, und mal sehen, ob er gegen mich 30 Sekunden übersteht.«

Immer mehr Menschen versammelten sich vor der Casa Rosada. Bilder von Diegos Leben wurden auf die Fassade des Gebäudes projiziert. Stände schossen spontan rund um die präsidiale Residenz aus dem Boden, die Hüte, *choripénes* (Chorizo-Sandwiches) und Bier verkauften und eine regelrechte Spieltagsatmosphäre erzeugten. Fangesänge setzten ein: »*El que no salte es ingles*« (»Wer nicht springt, ist Engländer«) und »Dieeeeeego, Dieeeeeego«. Das Ganze klang mehr nach Schlachtruf als nach Abschiedsgesang. Manche Menschen weinten, andere lagen sich in den Armen. Das ganze Land trauerte.

Die Pforten der Casa Rosada öffneten sich am Morgen des 26. November um sechs Uhr. Anfangs war die Schlange noch diszipliniert, und die Wartenden – die meisten trugen pandemiebedingt Masken – wurden mit Desinfektionsmittel besprüht, bevor sie die Kapelle, in der Maradona aufgebahrt war, betraten. Der Berg aus Blumen und Kränzen wurde immer höher, je mehr Menschen sich in die Schlange einreihten. Es hätte Tage gedauert, alle am Sarg vorbeidefilieren zu lassen.

Doch die Familie wollte, dass die Totenwache um sieben Uhr abends desselben Tages endete. Schnell wurde die Atmosphäre angespannt, als diese Deadline sich näherte; Scharmützel brachen aus, und die Polizei musste sich einschalten. Es gab Prügeleien, Leute wurden zusammengeschlagen, manche übersprangen die Absperrungen, und Hunderte stürmten in die Casa Rosada. Polizisten feuerten Gummigeschosse ab und versuchten, die Situation mit Pfefferspray in den Griff zu bekommen, doch vergeblich. Der Sarg wurde inmitten dieses Tumultes in Sicherheit gebracht. Eine Szene, die typisch für Argentinien und typisch für Maradona war.

Bei der Beerdigung sorgten über tausend Menschen dafür, dass der Leichenwagen sicheres Geleit zum Friedhof Jardines Bella Vista bekam. Viele tausend weitere Menschen säumten die Straßen. Die meisten argentinischen TV-Sender übertrugen die Totenwache, den Leichenzug und die Beerdigung, bei der Drohnen über dem Friedhof kreisten.

Am Grab selbst standen nicht mehr als dreißig Menschen, darunter Diegos Bruder Lalo (Hugo konnte wegen der pandemiebedingten Einreisebeschränkungen nicht aus Italien kommen) und seine fünf Schwestern, zwei Ex-Lebensgefährtinnen und seine Töchter. Guillermo Cóppola war einer der Sargträger, eine Aufgabe, die er schon bei Don Diegos Beerdigung übernommen hatte. »Das Letzte, was ich zu ihm sagte, war, dass er mich im Stich ließ, weil er eigentlich derjenige sein sollte, der mich ins Grab bringt«, sagte er in der argentinischen TV-Sendung *Verdad Consecuente*.

Diego hinterließ sechzig laufende Gerichtsverfahren; bei einigen war er der Kläger, bei anderen der Angeklagte. Die Liste der Anklagepunkte war lang und bunt: Sachbeschädigungen und finanzielle Schädigungen, Vaterschaftsklagen, Fahrerflucht, häusliche Gewalt (gegen Rocío Oliva), sexuelle Belästigung, Steuerhinterziehung in Italien und das Beschießen von Journalisten mit einem Luftgewehr. Dazu kamen sieben Klagen von seiner Ex-Frau Claudia.

Leopoldo Luque, der vier Jahre lang Diegos Leibarzt war, wurde von Dalma und Giannina beschuldigt, ihren Vater bewusst nicht angemessen betreut zu haben. Gegen Luque und andere, die sich in Maradonas letzten Tagen um ihn kümmerten, wurde eine Untersuchung eingeleitet. Der Autor Andrés Burgos schrieb auf Twitter: »Die Jagd nach den Schuldigen an Maradonas Tod hat begonnen, so als ob er erst in seinen letzten Tagen gesundheitlich abgebaut hätte und nicht wegen dem, was er tat oder nicht tat, seit er 40 war. Das ist, als würde man das Foto betrachten und nicht den Film.«

Zu Maradonas Nachlass gehören Autos, Immobilien, Investments, Lizenzrechte von Bekleidungsfirmen, eine Fußballschule, die Marken Diego Maradona, Diego und El Diez sowie Dutzende von wertvollen Geschenken, darunter ein Amphibienfahrzeug. Das Vermögen wird insgesamt auf ca. 75 Millionen Dollar geschätzt und soll auf seine fünf anerkannten Kinder (Dalma, Giannina, Diego jr., Dieguito Fernando und Jana) verteilt werden. Doch es gibt weitere, nicht anerkannte, Kinder: Santiago Lara (19 Jahre alt) in La Plata, Magalí Gil (24) in Buenos Aires und vier in Kuba geborene Kinder, die zum Zeitpunkt von Diegos Tod zwischen 19 und 21 Jahre alt waren. Die dazu anhängigen Vaterschaftsklagen haben verhindert, dass Diegos Leiche verbrannt wurde, damit seine DNA erhalten bleibt. Die Erbschaftsstreitigkeiten werden sich über Monate, vielleicht sogar Jahre, hinziehen.

Neben den offensichtlichen Wertsachen gibt es einen Container mit 200 Gegenständen, die einen sentimentalen Wert haben – Diegos Leben in einer großen Kiste.

Die ganze Welt nahm von Maradona Abschied, vom Papst bis zu diversen Präsidenten. Pelé sagte, er hoffe, dass sie »eines Tages im Himmel zusammenspielen« würden.

Mich erreichte die Nachricht von seinem Tod, während ich für den US-Sender CBS in Mailand das Champions-League-Spiel Inter gegen Real Madrid kommentierte. Ich beschloss, nach Neapel zu fahren. Sobald ich am Morgen des 26. aus dem Bahnhof in Neapel trat, kam schon jemand auf mich zu und wollte mir Maradona-Souvenirs verkaufen. Sonst war es in der Stadt mitten in der Pandemie ruhig. Ich ließ mich ins Quartieri Spagnoli fahren, wo die Straßen eng sind und man die Armut der Bewohner förmlich riechen kann.

Vor einem der Maradona-Gemälde, die eine ganze Häuserwand bedecken, hatten sich einige Menschen versammelt. Ich sprach mit ein paar jungen Neapolitanern, die ohne Masken um einen Motorroller herumstanden und rauchten. Sie hatten Maradona nie spielen sehen. »Mein Vater hat mir von ihm erzählt«, erklärte mir einer.

»Er war jemand, der uns stolz machte.« Dann redete er darüber, den Norden, die Reichen zu schlagen ... und dass an diesem Abend alle in Neapel etwas im Andenken an Maradona auf ihre Balkone hängen würden – Fahnen, Transparente, Poster, was immer sie finden konnten.

Nichts hatte mich darauf vorbereitet, was ich kurz danach am Stadion erlebte, das noch in derselben Woche in Stadio Diego Armando Maradona umbenannt wurde. Am Abend nach seinem Tod würde hier in der Europa League ein Geisterspiel ohne Zuschauer zwischen Napoli und Rijeka ausgetragen werden, und langsam fingen die Menschen an, sich vor dem Stadion zu versammeln. Zwei Stunden vor Anpfiff waren es fast 10 000, viele mit Zigaretten zwischen den Lippen und alle in Fackelrauch eingehüllt. Männer in den Zwanzigern und Dreißigern brüllten die alten Lieder – »*Ho visto Maradona, ho visto Maradona!*« (»Ich habe Maradona gesehen«) –, obwohl sie ihn tatsächlich nie gesehen hatten. Fackeln wurden angezündet, Fahnen wurden geschwenkt, und ein riesiges Banner mit der Aufschrift »The King« wurde auf der Tribüne ausgerollt.

Ich hatte mich – wegen der Pandemie und drängender Deadlines für Texte – die vorangegangenen sieben Monate größtenteils in Isolation begeben. Diese Szenerie verschlug mir den Atem. Das Bild, das sich mir bot, war grandios. Ganz spontan hatten Tausende meist junger Männer das Stadion umringt und Fackeln angezündet, die die Spielstätte in rotes Flammenlicht tauchten.

Obwohl Maradona nie Vorbild für irgendetwas sein wollte, sahen diese Fans ihn als solches an – als einen von ihnen, doch gleichzeitig über ihnen stehend. In Neapel war er eine andere Art von Gott als in Argentinien; weniger glamourös, dafür rachsüchtiger und kämpferischer; sicherlich weniger komplex, aber niemals vergessen. Deshalb waren sie gekommen.

Dramatis Personae

Diego Maradona und Familie

Diego Armando Maradona (La Pelusa, Pelu, Maradó, Dieguito)

Don Diego (*Chitoro*), Doña Tota (Dalma Salvadora Franco, Mama Dorá), DMs Vater und Mutter

Salvadora Cariolicci, Doña Totas Mutter

Uncle Cirilo (*Tapón*), Don Diegos Bruder

Ana, Rita, María Rosa, Lili, DMs Schwestern

Hugo, Lalo, DMs Brüder

José Ignacio Maradona, ein Verwandter DMs

Raúl and Beto, DMs Cousins

Jony Espósito, DMs Neffe

Claudia Villafañe DMs Frau

Ana María Elía, Claudias Mutter; Roque Nicolás ›Coco‹ Villafañe, ihr Vater

Dalma and Gianinna, DMs Töchter mit Claudia

Verónica Ojeda, DMs zweite Frau

Dieguito Fernando, DMs Sohn mit Verónica Ojeda

Cristiana Sinagra, DMs Geliebte, Mutter von Diego Jr.

Diego Armando Jr., DMs Sohn mit Cristiana

Jana Sabalain, DMs Tochter mit Valeria Sabalain

Valeria Sabalain, DMs Freundin, Mutter von Jana

Diego Maradona: Mitarbeiter

Néstor ›*Ladilla*‹ Barrone, ein Freund

Guillermo Blanco, DMs Pressesprecher

Dr. Alfredo Cahe, DMs Hausarzt

Goyo Carrizo, Jugendfreund

Guillermo Cóppola (Guille), DMs Agent (Napoli)

Agustina Cosachov, Psychiater

Jorge Cyterszpiler, DMs Agent (Spanien)

Carlos Días, DMs Psychologe

Marcos Franchi, DMs Geschäftsführer nach Cóppola

Luis Hermida, Publizist

Leopoldo Luque, Arzt

Josep María Minguella, Agent und Vermittler bei DMs Wechsel zu Napoli

Matías Morla, DMs letzter Anwalt

Carlos Navedo, Psychiater

Rocío Oliva, DMs letzte Lebensgefährtin

Fernando Signorini, *el profe*, Barça-Fitness-Trainer/DMs Personaltrainer

Vicenzo Siniscalchi, DMs Anwalt

Redakteure und Medien

Ricardo Alfieri, Fotograf

Benicio Acosta, Trainer von San Lorenzo

Daniel Arcucci, Journalist/Autor

Vittorio de Asmundis, Journalist

Miguel Ángel Bertolotto, Journalist

Gonzalo Bonadeo, Journalist

Diego Borinsky, Journalist

Alex Botines, Journalist

Andrés Burgos, Autor

Lluis Canut, Journalist

Rino Cesarano, Journalist

Allain Chaillou, Journalist

Cheppi, Journalist

Gabriela Cociffi (Gabi), Journalist

Néstor Ferrero, Redakteur einer Nachrichtenagentur

José Manuel García, Journalist

Quique Guasch, Journalist

Pepe Gutiérrez, Journalist

Gerardo ›Zoilo‹ Horovitz, Fotograf

Asif Kapadia, Dokumentarfilm-Regisseur

Emir Kusturica, Dokumentarfilm-Regisseur

Juan Carlos Laburu, Kameramann

Jorge Lanata, Journalist

Julio Macías, Journalist

Francesco Maglione, Camorra-Anwalt

Massimo Milone, Journalist

Ramón Miravitllas, Redakteur

Ezequiel Fernandez Moores, Journalist

Víctor Hugo Morales, Radio-/TV-Kommentator

Héctor Vega Onesime, Journalist

Fabián Ortiz, Journalist

Adrián Paenza, Journalist

Horacio Pagani, Journalist

Pier Paolo Paoletti, Journalist

Bruno Passarelli, Journalist

Frederic Porta, Journalist

Horacio del Prado, Journalist

Tony Pritchett, Journalist

Aldo Proietto, Journalist

Alfredo Relaño, Journalist

Christian Rémoli, Dokumentarfilm-Regisseur

Enrique Romero, Journalist

Emilio Pérez de Rozas, Journalist

Carlos Ruberto, Journalist

Humberto Speranza, Fotograf

Jorge Taiana, Produzent, Claudias Liebhaber

Juan Pablo Varsky, Journalist

Leandro Zanoni, Autor

Ausgewählte Fußballspieler, Vereinsfunktionäre usw.

Gianni Agnelli, Inhaber von Juventus

José Alberti, Argentinischer Freund von Signorini

Italo Allodi, Direktor von Napoli

González Ario, Mannschaftsarzt von Barça

Alfio *Coco* Basile, Argentiniens WM-Coach 1994

Ali Bennaceur, Schiedsrichter

Silvio Berlusconi, AC Inhaber von Milan, Medienmagnat

Ottavio Bianchi, Napoli-Trainer

Carlos Bilardo, Trainer von Argentinien und Sevilla

Sepp Blatter, FIFA Generalsekretär

Giampiero Boniperti, Präsident von Juventus

Keith Burkinshaw, Trainer von Tottenham Hotspur

Rafael Aragón Cabrera, Präsident von River

Salvatore Carmando, Napoli-Masseur

Nicolau Casaus, Vize-Präsident von Barça

Dino Celentano, Sportdirektor von

Edgardo Codesal, Schiedsrichter aus Uruguay

Prospero Cónsoli, Vereinspräsident der Argentinos

Francis Cornejo (*El Negro*, *El Zurdo*), Jugendtrainer der Argentinos

Osvaldo Dalla Buona, DMs Mitspieler bei den Argentinos

Polvorita Delgado, Jugendspieler/DMs Mitspieler

Ramon ›*Pelado*‹ Diaz, Argentinischer Nationalspieler

Juan Destéfano, Präsident von Racing

Bogdan Dotchev, Bulgarischer Schiedsrichter

Rubén Favret, Mitspieler

Corrado Ferlaino, Präsident von Napoli

Carlos Fren, Mitspieler bei Argentinos; Assistent bei Deportivo Mandiyú

Fernando García, Cyterszpilers Sekretär und Freund

Hugo ›*El Loco*‹ Gatti, Boca-Torwart

Andoni Goikoetxea, Verteidiger bei Athletic Bilbao

Julio Grondona, AFA Präsident

Harry Haslam, Trainer von Sheffield United

John Hassall, Präsident von Sheffield United

João Havelange, FIFA Präsident

Antonio Juliano, Generaldirektor von Napoli

Jaume Langa, Physiotherapeut Barça

Udo Lattek, Barça-Trainer

Aurelio de Laurentiis, Eigentümer von Napoli 2007

Miguel di Lorenzo, Argentiniens Physiotherapeut, alias Loco Galíndez

Dr. Raúl Madero, Argentiniens Mannschaftsarzt bei der WM 86

Rino Marchesi, Napoli-Trainer

Silvio Marzolini, Boca-Trainer

Antonio Matarrese, Italiens Liga-Präsident

Reinaldo Mediot, Vorstandsmitglied bei den Argentinos

Ramón Mendoza, Präsident Real Madrid

César Luis Menotti (*El Flaco*), Trainer von Argentinien and Barça

Rubén Moschella, Bilardos Assistent

Angel Mur, Physiotherapeut bei Barça

José Maria del Nido, Präsident von Sevilla president

Luciano Nizzola, Präsident des italienischen Verbandes

Martín Benito Noel, Boca-Präsident

Josep Lluís Núñez, Barça-Präsident

Julio ›*Vasco*‹ Olarticoechea, Mitspieler

Ruben Oliva, Argentinischer Mannschaftsarzt 1989

Dr. Roberto ›*Cacho*‹ Paladino, Arzt bei den Cebollitas

Dr. Roberto Peidró, Argentinischer Mannschaftsarzt

Pelé, Brasilianische Legende

Alberto Pérez, Trainer der Argentinos

Marshal Perfumo, Abwehrrecke

Pablo Porta, Präsident des spanischen Verbandes

Carlos Randazzo, ehemaliger Spieler, potenzieller Agent für DM

Antonio Rattín, Boca-Legende

Victoriano Sánchez, Argentinischer Schiedsrichter

Tomasso Starace, Zeugwart bei Napoli

Ricardo Teixeira, Präsident des brasilianischen Verbandes

Domingo Tessone, Geschäftsführer bei den Argentinos

Julio César Toresani, Fußballer, der von DM zu einem Kampf herausgefordert wurde

Jorge Valdano, Mitspieler DMs

Quique Wolff, Mitspieler DMs

Argentinische Junta

Vizeadmiral Carlos Alberto Lacoste

General Carlos ›Pajarito‹ Suárez Mason

Admiral Emilio Eduardo Massera

Jorge Rafael Videla

Roberto Eduardo Viola, Oberbefehlshaber

Sonstige

Pablo Alabarces, Soziologe

Prinz Albert von Monaco

Raúl Alfonsín, Präsident Argentiniens

Julio Villena Aragón, Arzt in Buenos Aires

Gustavo Bernstein, Argentinischer Philosoph und Historiker

Héctor Cámpora, Präsident Argentiniens

María Esperanza Casullo, Politikwissenschaftlerin

President Arturo Frondizi, Präsident Argentiniens

Carlos Gardel, Sänger

Carmine Giuliano, Camorra-Boss in Neapel

Felipe González, Präsident Spaniens

Artur Umberto Illía, Präsident Argentiniens

König Juan Carlos und Königin Sofía von Spanien

Sergio Levinsky, Soziologe

Carlos Saúl Menem, Präsident Argentiniens

Gennaro Montuori, Napoli-Ultra

Rubén Darío Oliva, Argentinischer Mannschaftsarzt

Juan Domingo Perón, Präsident Argentiniens

María Estela Martínez de Perón (Isabelita)

Prinz Rainier III. von Monaco

Juan Antonio Ruiz Román, ›Spartacus‹, Stierkämpfer

Juan Antonio Samaranch, IOC-Präsident

Juan José Sebreli, Soziologe

Joan Manuel Serrat, Sänger

›Cacho‹ Steinberg, Geschäftsmann

Alfredo Stroessner, Diktator

José Trotta, Cornejos Assistant und Chauffeur

Enrico Tuccillo, Cristiana Sinagras Anwalt

Dr. Harutyun Arto Van, Argentinischer Therapeut für Drogenabhängige

Danksagung

Ein Buch schreibt nie eine Person ganz allein. Ich brauchte Rat, Unterstützung, Ideen und noch so viel mehr und bekam all das wie immer von meinem Team: von meiner Assistentin Maribel Herruzo, die nun ihre geschundenen Schultern ausruhen kann; vom kenntnisreichen und liebevollen Sergio Levinsky; wie immer von William Glasswell; vom loyalen Brent Wilks; vom stets zuverlässigen Peter Lockyer, vom talentierten Marc Joss; und vom jüngsten Neuzugang, dem stets gutgelaunten Tom Shearman. Meine Mutter, meine Schwester Yolanda, mein Bruder Gustavo und seine Lebensgefährtin Jana sowie meine Nichte Alba gaben mir die nötige Energie. Luis Miguel García hatte immer ein offenes Ohr und war bereit, mit mir zu diskutieren. Von Mark Wright bekam ich viele Detailinformationen über Maradonas Autos, und Paul Ruiz half mir, wann immer ich darum bat. Es tut mir leid, dass Peter Bennet mir nicht mehr sein sehr detailliertes Feedback geben wird, aber ich werde ihn nicht vergessen. Dank geht an Teresa Carvi von Mediapro und Garth Brameld von der BBC, die mir erlaubten, Pausen einzulegen, die mir halfen, das Buch zu beenden. Und auch an Tony Kennedy, der mir die richtigen Musiktipps für meine Reisen und die langen Schreibphasen gab. Alan Samson vom Verlag Weidenfeld & Nicolson weiß, wie man es schafft, dass ein Autor sich wohl und geschätzt fühlt, also vielen Dank an ihn (und es war so schön, wieder mit Lucinda McNeile zu arbeiten). Mein Agent David Luxton musste sich sogar mit der Form des »G« auf dem Cover befassen, man kann sich also leicht vorstellen, wie dankbar ich ihm bin!

Unterhaltungen über Maradona beherrschten über zwei Jahre mein Leben, eine Liste mit Menschen, die mir neue Blickwinkel auf diese faszinierende Geschichte zeigten, würde also dieses bereits ziemlich dicke Buch noch dicker machen. Ich möchte aber zumindest diejenigen erwähnen, die sich mit mir zusammensetzten, um ihre persönlichen Erlebnisse mit mir zu teilen: Paco Aguilar,

Daniel Arcucci, Néstor Barrone, Guillermo Blanco, Gustavo Berstein, Diego Borinsky, Lluis Canut, Javier Castrilli, Rodolfo Chisleanschi, Nacho Conte, Gerry Cox, Fernando García, Juan Gaspart, Jesús Gómez, Quique Guasch, Pepe Gutiérrez, Gary Lineker, Daniele Martinelli, Josep M. Minguella, Víctor Hugo Morales, Fabián Ortiz, Alberto Miguel Pérez, César Pérez, Emilio Pérez de Rozas, Mauricio Pochettino, Adrián Remis, Ramón Rodríguez *Monchi*, Fernando Signorini, Santi Solari, Víctor Tujschinaider, Juan Carlos Unzué, Jorge Valdano, Julián Varsavsky, Eugenia Vega, Leandro Zanoni und Claudio Zuth.

IMPRESSUM

Übersetzung: *Sonja Kerkhoffs, Print & Screen Productions (bis Kap. 26)* | *Ronit Jariv, derschoenstesatz (ab Kap. 27)*
Projektkoordination & Lektorat: *Dr. Marten Brandt*
Layout und Satz: *Datagrafix GSP GmbH, Berlin | www.datagrafix.com*
Gestaltung von Umschlag und Bildstrecke:: *Groothuis. Gesellschaft der Ideen und Passionen mbH | www.groothuis.de*
Umschlagfotos: *Gettyimages / Onze / Kontributor*
Lithografie: *Frische Grafik, Hamburg*
Producing: *Frische Grafik, Hamburg*
Druck & Bindung: *GGP Media GmbH, Pößneck*

Alle Rechte vorbehalten. All rights reserved. Das Werk darf — auch teilweise — nur mit Genehmigung des Verlags wiedergegeben werden.

2. Auflage 2023
© 2021 Edel Verlagsgruppe GmbH
Neumühlen 17
D-22736 Hamburg
ISBN: 978-3-98588-002-7

LIEBE LESERINNEN, LIEBE LESER

wie schön, dass Sie ein Buch von EDEL SPORTS lesen! Wir lieben große Geschichten, herausragende Persönlichkeiten und starke Meinungen aus der faszinierenden Welt des Sports und freuen uns sehr, dass Sie diese Leidenschaft mit uns teilen. Sport ist Emotion, Entertainment und Business zugleich. Geben Sie uns gern Ihr Feedback auf Instagram (@edel.sports) oder schreiben uns an:
info-edelsports@edel.com.

UNSER VERLAGSHAUS

Mit Standorten in Hamburg und München zählt die Edel Verlagsgruppe zu den größten unabhängigen Buchanbietern Deutschlands. Zur Gruppe gehören die Verlage Dr. Oetker Verlag, Edel Sports, KARIBU und ZS.

EDEL Sports – Ein Verlag der Edel Verlagsgruppe
🌐 www.edelsports.com
📷 www.instagram.com/edel.sports

FOTOS IM INNENTEIL:

Katherine Balmer (kbalmer@shutterstock.com): 1 (oben); 10 (unten); 13 (oben) Guido Bonfante (Guido.Bonfante@torneos.com): 3 (oben); 3 (unten); 4 (unten); 8 (unten); 15 (oben) Lee Curran (lee@alamy.com): 6 (unten); 9 (oben); 11 (unten); 12; 13 (unten) Stephen Kirkby (stephen.kirkby@gettyimages.com): 1 (unten); 2 (oben); 2 (links); 2 (rechts); 4 (oben); 5; 6 (oben); 7 (unten); 8 (unten); 9 (unten); 10 (oben); 11 (oben); 14 (oben); 14 (unten); 15 (unten); 16 (oben); 16 (unten)

WARUM WIR SO VERRÜCKT NACH FUSSBALL SIND

**Arnd Zeigler
Traumfußball**

ISBN 978-3-8419-0731-8

Eine ernst gemeinte satirische Liebeserklärung

Jetzt überall, wo es gute Bücher gibt.

OHNE LEISTUNGSZENTRUM ZUM NATIONALSPIELER

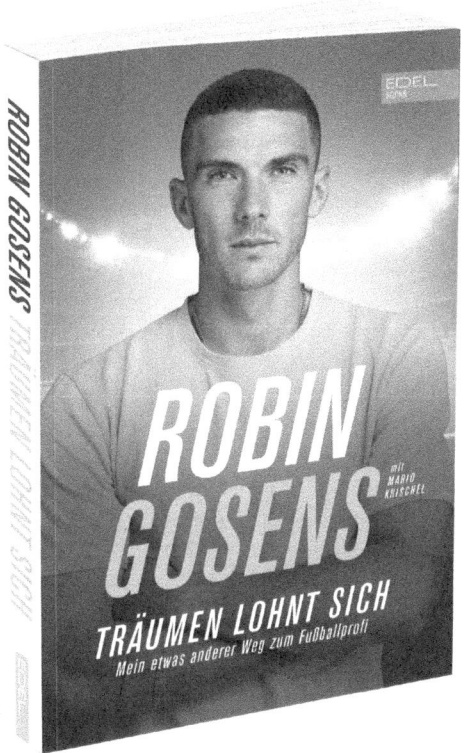

**Robin Gosens,
Mario Krischel -
Träumen lohnt sich**

ISBN 978-3-8419-0760-8

Authentisch und anders

Jetzt überall,
wo es gute Bücher gibt.

DIE WAHRE LEIDENSCHAFT JENSEITS DES KOMMERZ

Christian Werner
An jedem verdammten Sonntag

ISBN 978-3-8419-0632-8

Eine ehrliche Huldigung

Jetzt überall,
wo es gute Bücher gibt.

MARIO BASLERS
UNKONVENTIONELLER WEG

Mario Basler, Alex Raack – Eigentlich bin ich ein super Typ

ISBN 978-3-8419-0675-5

Fußballrebell und Freigeist

Jetzt überall, wo es gute Bücher gibt.

DIE WAHRHEIT EINES FUSSBALLPROFIS UND ALKOHOLIKERS

Uli Borowka,
Alex Raack -
Volle Pulle

ISBN 978-3-8419-0333-4

Abstieg und Aufstieg Borowkas

Jetzt überall,
wo es gute Bücher gibt.